십자가의 복음 I

하나님과의 친밀함

십자가의 복음 I (개정증보판)

제 1 판 1쇄 발행 2009년 6월 15일
개정판 21쇄 발행 2025년 4월 11일

지은이 여주봉
펴낸이 김용성
펴낸데 요단출판사

주 소 07238 서울특별시 영등포구 국회대로 76길 10
기 획 (02)2643-7390
보 급 (02)2643-7290 FAX (02)2643-1877
등 록 1973. 8. 23. 제13-10호

정가 14,000원
ISBN 978-89-350-1234-3 03230

이 책의 성경 구절은 개역개정을 인용하였습니다.

십자가의 복음 I

하나님과의 친밀함

여주봉 지음

요단

머리말

왜 예수를 몇십 년 믿었는데도 삶이 변화되지 않는가? 성경은 놀라운 십자가의 능력에 대해서 말하고 있는데, 성도들은 왜 그것을 경험하지 못하고 있는가? 왜 하나님의 교회 가운데 하나님의 임재가 없는가? 왜 하나님의 백성들이 죄를 이기지 못하고 있는가? 왜 그렇게 많이 기도하는데도 하나님과의 교제가 열리지 않고 답답하기만 한가?

반면에 하나님께서는 오늘날 성령이 자유롭게 역사하시는 교회, 예수님의 사역이 놀라웁게 이루어지는 교회, 십자가의 능력으로 성도들의 삶이 변하고, 성도들의 삶 가운데 주님의 열매가 가득한 교회를 실제로 세우고 계십니다. 또 하나님의 모든 교회들을 그렇게 회복시키기 원하십니다.

그렇다면, 오늘날의 교회가 성경이 지향하고 목표하는 교회로 회복될 수 있는 비결은 무엇입니까? 그것은 다름이 아니고, 교회가 십자가의 복음과 성령의 사역의 토대 위에 세워지는 것입니다. 많은 사람들은 성령의 큰 능력만 임하면 될 줄로 생각합니다. 그러나 그렇지 않습니다. 십자가의 복음이 같이 가지 않으면, 진정한 성령의 역사가 나타날 수 없을 뿐 아니라, 절대로 성도들의 삶이 변화되지 않고, 주님의 진정한 열매가 거기에 맺히지 않습니다.

이 토대 위에 우리의 예배가 회복되어야 합니다. 하나님이 말씀하시는 기준과 마음의 자세에 따라 우리의 예배가 드려져야 합니다. 이 때 우리는 놀라운 하나님의 임재와 십자가의 능력을 경험하게 될 것이며, 또한 놀라운 성령의 역사를 경험하게 될 것입니다.

그 중에서 가장 중요한 것은 바로 십자가의 복음입니다. 십자가의 복음 하면 많은 목회자들과 성도들이 그저 당연한 것으로 생각합니다. 예수를 처음 믿을 때, 당연히 십자가의 복음을 믿음으로 구원을 받았기 때문에, 이미 그 복음은 다 섭렵했다고 생각합니다. 그러나 십자가의 복음은 우리들이 처음 구원받을 때에만 필요한 것이 아닙니다. 십자가의 복음의 능력은 우리가 항상 순간순간 의지해야 하는 것입니다. 그 때 우리는 참으로 놀라운 승리를 경험할 수 있습니다.

저는 이 책에서 저의 책 「성령이 역사하시는 교회」와 「다가오는 하나님의 군대」에 나오는 십자가의 복음에 해당하는 부분을 성경공부 교재식으로 정리하였습니다.

아무쪼록 이 책이 목사님들과 성도님들이 주 안에서 놀라웁게 승리하는 삶을 사는 데 도움이 되었으면 합니다. 다시 말해서, 사도 바울이 갈라디아서 2:20에서 말한 예수님이 여러분 안에서 사시는 삶을 실제로 사는 데 도움이 되었으면 합니다. 그리고 이 나라의 모든 교회가 속히 새부대의 교회로 회복되는 데 있어 작은 도움이나마 되었으면 합니다.

여주봉 목사

차례

5단원 하나님을 아는 것

6단원 하나님을 사랑하는 것

7단원 하나님의 얼굴을 구하는 삶

제 1단원

신앙의 본질

Power of the Cross

제1과 하나님과의 친밀한 교제

우리 신앙의 핵심은 하나님과의 친밀한 교제입니다. 사실 인격체이신 만군의 하나님과 나누는 사랑의 친밀한 교제는 우리 신앙의 모든 것이라고 해도 과언이 아닙니다. 하나님과의 친밀한 사랑의 교제는 우리 신앙의 다른 무엇보다 우선입니다. 우리가 하나님과의 친밀한 교제 가운데 있을때 신앙의 다른 부분들도 진정으로 가능해지며 거기에 하나님의 모든 생명이 넘칩니다.

창조에 나타난 하나님의 계획

창세기 1장~3장에 나오는 인간의 창조와 타락에 관한 기록을 읽어보면, 하나님은 인간을 창조하시되, 친밀한 사랑의 교제를 나눌 가족으로 창조하셨다는 사실을 볼 수 있습니다.

여호와 하나님이 그 사람을 이끌어 에덴 동산에 두어 그것을 경작하며 지키게 하시고 여호와 하나님이 그 사람에게 명하여 이르시되 동산 각종 나무의 열매는 네가 임의로 먹되 선악을 알게 하는 나무의 열매는 먹지 말라 네가 먹는 날에는 반드시 죽으리라 하시니라
(창 2:15-17)

창세기 2:15-17을 읽고 다음의 물음에 답하십시오.

하나님께서 아담을 창조하시고, 그를 어디에 두셨습니까?

하나님께서 그 동산 중앙에 어떤 나무를 두셨습니까?

하나님은 아담이 선악을 알게 하는 나무의 실과를 먹는 날에는 어떻게 되리라고 하셨습니까?

당신은 왜 하나님께서 동산 중앙에 선악을 알게 하는 나무를 두셨다고 생각합니까?

아담과 하와가 타락한 후, 아담을 찾으시는 하나님의 모습에서 당신은 그동안 하나님께서 아담과 가지셨던 교제가 어떠했다고 생각합니까?(창 3:8-10)

> 그들이 그 날 바람이 불 때 동산에 거니시는 여호와 하나님의 소리를 듣고 아담과 그의 아내가 여호와 하나님의 낯을 피하여 동산 나무 사이에 숨은지라 여호와 하나님이 아담을 부르시며 그에게 이르시되 네가 어디 있느냐 이르되 내가 동산에서 하나님의 소리를 듣고 내가 벗었으므로 두려워하여 숨었나이다
> (창 3:8-10)

하나님께서 아담을 창조하시고 그를 에덴동산에 두셨습니다. 아담을 먼저 창조하시고 그로 하여금 수고하여 에덴동산을 만들게 하신 것이 아니라, 모든 것을 다 지어놓으시고 그를 그곳에 두셨습니다. 그 동산 중앙에는 생명나무와 선악을 알게 하는 나무가 있었습니다. 하나님은 아담이 선악을 알게 하는 나무의 실과를 먹는 날에는 반드시 죽으리라고 하셨습니다. 어떤 사람들은 “하나님께서 무엇 때문에 선악을 알게 하는 나무를 만들어서 아담으로 하여금 넘어지게 하셨는가? 차라리 선악과를 만들지 않으셨다면 아담이 넘어지지도 않았을 텐데”라고 생각합니다. 그러나 선악과는 최소한 두 가지 면에서 매우 중요한 의미를 가집니다. 그리고 그 속에서 인간을 향한 하나님의 계획과 사랑을 볼 수 있습니다. 우선 선악과는 하나님께서 우리 인간을 창조하시되 로봇으로 만들지 아니하시고, 자유의지를 가진, 하나님의 형상을 닮은 진정한 인간으로 창조하신 것을 보여줍니다(창 1:26-27). 다른 선택의 여지가 없기에 순종하는 것은 진정한 순종이 아닙니다. 다른 선택의 여지가 없기에 사랑하는 것은 진정한 사랑이 아닙니다. 그래서 하나님은 아담이 진정으로 하나님을 사랑하기로 선택하여 사랑하고 순종할 수 있도록 에덴동산에 선악과를 두셨습니다. 아담이 하나님을 거역할 수 있는 가능성을 감수하시면서까지 하나님은 아담이 진정한 사람이 되기를 원하셨고, 그와의 친밀한 사랑의 교제를 원하셨던 것입니다. 그만큼 하나님은 인간을 사랑하셨습니다. 그리고 아담이 타락한 후 아담을 찾으시는 하나님의 모습에서 우리는 아담이 타락하기 전에 얼마나 하나님과의 친밀한 사랑의 교제 가운데 살았는지, 그리고 하나님께서 아담과의 그 사랑의 교제를 얼마나 원하시는지를 알 수 있습니다. 이처럼 하나님은 인간을 창조하시되, 무엇보다 하나님과의 사랑의 교제를 위해 창조하셨습니다. 선악과의 또 다른 의미와 중요성은 1단원 4과에서 살펴볼 것입니다.

하나님을 위한 한 백성을 세우신 목적

하나님을 위한 한 백성을 세우신 주된 목적도 하나님과의 친밀한 교제를 위함이었습니다.

출애굽기 19:3-6을 읽고 다음의 물음에 답하십시오.

이스라엘 백성들을 애굽에서 건져내시고 그들을 광야에서 인도하시기 위해 하나님께서 얼마나 놀라운 일들을 행하셨습니까?

> 모세가 하나님 앞에 올라가니 여호와께서 산에서 그를 불러 말씀하시되 너는 이같이 야곱의 집에 말하고 이스라엘 자손들에게 말하라 내가 애굽 사람에게 어떻게 행하였음과 내가 어떻게 독수리 날개로 너희를 업어 내게로 인도하였음을 너희가 보았느니라 세계가 다 내게 속하였나니 너희가 내 말을 잘 듣고 내 언약을 지키면 너희는 모든 민족 중에서 내 소유가 되겠고 너희가 내게 대하여 제사장 나라가 되며 거룩한 백성이 되리라 너는 이 말을 이스라엘 자손에게 전할지니라
> (출 19:3-6)

하나님은 그들을 어디로 인도하시기 위해 그렇게 놀라운 일들을 행하셨습니까?

이 구절이 오늘날 우리와는 무슨 상관이 있습니까?

하나님께서 우리를 구원하시기 위해 행하신 일들을 간단히 기록해 보십시오.

아브라함을 부르실 때부터 하나님은 하나님을 위한 한 백성을 세우기 원하셨습니다. 그리고 그 일을 위해 하나님은 그 놀라운 권능과 능력을 행하시면서 이스라엘 백성들을 애굽에서 건져내시고, 광야를 통해 인도하셨습니다. 그런데 성경은 하나님께서 그렇게 하신 가장 주된 목적은 그들을 하나님께로 인도하기 위함이었다고 말합니다. 우리는 일반적으로 하나님께서 이스라엘 백성들을 애굽에서 건져내신 것은 그들을 가나안 땅으로 인도하기 위함이었다고 생각합니다. 그러나 하나님의 주된 목적은 그들을 가나안이 아니라, 하나님 자신에게로 인도하기 위함이었습니다. 즉, 하나님과의 친밀한 사랑의 교제로 인도하기 위함이었습니다. 이스라엘 백성들이 하나님과의 친밀한 교제 가운데 머물 때, 가나안은 부수적으로 주어지는 것이었습니다. 반면에 그들이 가나안 땅에 들어간 이후에도 그들의 관심이 가나안에만 있고 하나님과의 사랑의 교제에서 떠났을 때 그들은 가나안에서 쫓겨났습니다(신 30:17-18).

하나님을 위한 한 백성으로서의 이스라엘은 실패했습니다. 그래서 하나님은 유대인과 이방인을 합하여 새 백성을 만드셨습니다(엡 2:11-20). 그것이 교회입니다. 그러므로 여기 이스라엘을 향한 하나님의 목적은 곧 교회를 향한 하나님의 목적이기도 합니다. 하나님께서 우리를 구원하시기 위해 행하신 일들은 이스라엘 백성들을 애굽에서 건져내시기 위해 행하신 일들과는 비교도 안될 만큼 크십니다. 하나님의 아들이 인간의 몸을 입고 오셔서 십자가에서 돌아가시고 부활하셨습니다. 그런데 하나님께서 그 놀라운 일들을 행하셔서 우리를 구원하신 가장 주된 목적은 바로 우리를 하나님께로 인도하기 위함입니다. 즉, 하나님과의 친밀한 사랑의 교제로 인도하기 위함입니다.

보라 내가 오늘 생명과 복과 사망과 화를 네 앞에 두었나니 곧 내가 오늘 네게 명령하여 네 하나님 여호와를 사랑하고 그 모든 길로 행하며 그의 명령과 규례와 법도를 지키라 하는 것이라 그리하면 네가 생존하며 번성할 것이요 또 네 하나님 여호와께서 네가 가서 차지할 땅에서 네게 복을 주실 것임이니라

(신 30:15-16)

하나님과의 친밀한 교제는 명령과 규례를 지키는 것보다 우선입니다

신명기 30:15-16을 읽고 다음의 물음에 답하십시오.

하나님은 이스라엘 백성들이 하나님이 제시하신 생명과 복을 얻기 위해 어떻게 하라고 말씀하십니까? 그 세 가지를 차례대로 써보십시오.

하나님은 그들에게 하나님을 사랑하고, 하나님의 모든 길로 행하고, 하나님의 명령과 규례를 지키라고 명령하십니다.

우리는 이러한 구절을 읽을 때, 하나님의 명령과 규례를 지키는 것에 초점을 맞춥니다. 그래서 위에 나오는 출애굽기 19:3 이하의 말씀만 하더라도, 우리는 하나님의 말씀을 잘 듣고 하나님의 언약을 지키면 하나님께서 우리에게 놀라운 복을 주신다고 생각합니다. 그러나 그렇지 않습니다.

여기에서 매우 중요한 것은 순서입니다. 하나님은 우리에게 가장 먼저 하나님을 사랑하라고 명령하셨습니다. 다시 말해서 하나님과의 친밀한 교제가 가장 먼저입니다. 그리고 하나님은 우리에게 하나님과의 친밀한 사랑의 교제 가운데서 하나님의 모든 길로 행하고, 하나님의 명령과 규례를 지키라고 명령하셨습니다. 출애굽기 19:3 이하에 나오는 말씀도 마찬가지였습니다. 이처럼 하나님과의 친밀한 사랑의 교제가 명령과 규례를 지키는 것보다 우선입니다.

우리가 먼저 하나님과의 친밀한 사랑의 교제 가운데 거하지 않으면, 우리는 하나님의 길로 행할 수 없고 하나님의 명령과 규례도 온전히 지킬 수 없습니다. 바리새인들이 이에 대한 좋은 예입니다. 그들은 명령과 규례를 지키는 것에 초점을 맞추었습니다. 그래서 율법을 613가지로 요약해서 그것들을 철저히 잘 지키려고 노력했습니다. 그리고 그들은 율법을 누구보다 잘 지켰기 때문에 자기들은 누구보다 의롭고 하나님을 잘 섬긴다고 자부했습니다. 그러나 그들은 하나님을 사랑하지 않았습니다(요 5:42). 물론 본인들은 명령과 규례를 잘 지켰기 때문에 누구보다 하나님을 사랑한다고 생각했지만, 인격체이신 하나님을 전존재로 사랑하지 않았습니다. 그 결과, 그들은 하나님의 길을 전혀 알지 못했습니다(마 23:16-24). 그리고 하나님의 말씀을 진정으로 지키지도 않았습니다(마 15:3-9). 그들은 전통에 따라 그리고 자기들이 원하는 대로 몇 가지 규례들을 선별적으로 지켰을 따름입니다.

당신은 우리 신앙에 대한 이해를 올바로 가지고 있습니까?

□ 올바른 이해를 가지고 있다. □ 바리새인들과 같은 이해를 가지고 있다.

의식보다 하나님과의 친밀한 교제가 우선입니다

하나님과의 친밀한 사랑의 교제는 하나님의 명령과 규례를 지키는 것보다 우선일 뿐 아니라, 하나님을 위한 모든 의식보다 우선입니다.

나는 인애를 원하고 제사를 원하지 아니하며 번제보다 하나님을 아는 것을 원하노라

(호 6:6)

호세아 6:6을 읽고, 다음의 물음에 답하십시오.

하나님께서 원하시는 두 가지는 무엇입니까?

하나님께서 원치 않으시는 두 가지는 무엇입니까?

하나님께서 원하시는 두 가지는 하나님을 아는 것과 하나님을 사랑하는 것입니다. 여기에서 말하는 인애는 하나님을 사랑하는 것을 말합니다. 그리고 하나님께서 원치 않으시는 두 가지는 번제와 제사입니다.

그런데 하나님께서 번제와 제사를 원치 않으신다는 말은 문자 그대로 하나님께서 번제와 제사를 원치 않으신다는 말이 아닙니다. 하나님은 나중에 이스라엘 백성들이 번제와 제사를 올바로 드리지 않았을 때 그들이 하나님을 멸시한다고 말씀하셨습니다(말 1:6-8). 이 말은 하나님께서 하나님의 백성들에게서 원하시는 가장 핵심적인 것은 혹은 가장 본질적은 것은 번제와 제사가 아니라는 말입니다. 그것은 하나님을 알고 사랑하는 하나님과의 친밀한 교제라는 말입니다. 이처럼 하나님과의 친밀한 사랑의 교제는 하나님께 대한 어떠한 의식보다 우선입니다. 이 부분은 우리가 앞으로 좀더 상세하게 살펴볼 것입니다.

사역보다 하나님과의 친밀한 교제가 우선입니다

하나님과의 친밀한 사랑의 교제는 하나님을 위한 우리의 사역보다 우선입니다. 우리는 이 점을 사도들을 세우시는 예수님의 모습에서 살펴볼 수 있습니다. 하나님을 위한 한 새 백성이 교회입니다. 그리고 교회를 위한 가장 중추적인 일꾼들이 사도들입니다(고전 12:28). 또한 사도들은 하나님을 위해, 그리고 교회를 위해 가장 많은 희생을 하고, 가장 많은 사역을 감당한 사람들이기도 합니다(고전 4:9-13). 예수님께서 그러한 사도들을 세우시는 장면이 마가복음 3장에 기록되어 있습니다.

또 산에 오르사 자기가 원하는 자들을 부르시니 나아온지라 이에 열둘을 세우셨으니 이는 자기와 함께 있게 하시고 또 보내사 전도도 하며 귀신을 내쫓는 권능도 가지게 하려 하심이러라

(막 3:13-15)

마가복음 3:13-15을 읽고 다음의 물음에 답하십시오.

예수님께서 사도들을 세우신 두 가지 목적이 무엇이었습니까?

마가복음은 예수님의 사역을 어떻게 두 가지로 요약하고 있습니까?(막 1:38-39)

예수님께서 사도들을 세우신 두 가지 목적을 마가복음은 예수님과 함께 있는 것 그리고 보내어 예수님의 사역을 감당하게 하는 것이었다고 말하고 있습니다. 마가복음은 예수님의 사역을 전도와 귀신을 쫓아내는 것으로 요약하고 있습니다. 여기에서 말하는 전도는 말씀을 선포하는 것입니다. 그리고 마가복음은 예수님께서 감당하신 성령의 사역을 귀신을 쫓아내는 것으로 요약하고 있습니다. 그래서 예수님은 열 두 사도들을 세우실 때, 당연히 그들이 예수님과 동일한 사역을 감당하도록 세우셨습니다. 그런데 마가복음은 예수님께서 사도들을 세우실 때, 사역보다 먼저 그들이 예수님과 함께 있게 하기 위해 세우셨다고 말하고 있습니다. 다시 말해서, 친밀한 사랑의 교제가 예수님께서 사도들을 세우신 주된 목적이었습니다. 주님의 교회를 위해서 가장 많은 희생과 헌신을 한 사도들을 세우신 목적이 그러하였다면 다른 일꾼들을 향한 주님의 목적은 얼마나 더욱더 그러하겠습니까!

이르시되 우리가 다른 가까운 마을들로 가자 거기서도 전도하리니 내가 이를 위하여 왔노라 하시고 이에 온 갈릴리에 다니시며 그들의 여러 회당에서 전도하시고 또 귀신들을 내쫓으시더라
(막 1:38-39)

이 순서는 올바른 사역을 위해서도 매우 중요합니다. 우리가 하나님과의 친밀한 사랑의 교제 가운데 거해야 성경이 말하는 올바른 사역을 감당할 수 있습니다. 물론 하나님과의 친밀한 교제 없이도 자기중심적인 사역은 감당할 수 있습니다. 또 사람들 눈에 보기에 매우 큰 성과를 이룰 수도 있습니다. 그러나 하나님과의 친밀한 사랑의 교제 없이 하나님이 기뻐하시는 하나님 중심적인 사역은 가능하지 않습니다. 영원한 가치를 가진 진정한 하나님의 역사는 가능하지 않습니다. 하나님께서 의도하시고 목적하신 하나님의 뜻을 이루는 사역은 가능하지 않습니다.

| 주의 종의 개념

목회자뿐 아니라 모든 하나님의 백성들은 한편으로 주의 종입니다. 그런데 많은 목회자들과 일반 성도들이 종에 대한 잘못된 이해를 가지고 있습니다. 즉, 사역 위주의 개념을 가지고 있습니다. 그 결과, 하나님의 종으로서 올바르지 못한 자세를 가지고 있을 뿐 아니라, 정신적인 부담이나 죄책감 등으로 심한 스트레스를 받고 있습니다.

당신은 주의 종으로서 하나님과의 관계에서 무엇이 먼저 당신의 머릿속에 떠오릅니까?

□ 하나님과의 친밀한 사랑의 교제 □ 하나님을 위한 당신의 사역

당신은 주의 종으로서 언제 자부심을 크게 느낍니까?

반면에 당신이 기대하고 바라는 만큼 사역이 이루어지지 않을 때, 당신은 어떻게 느낍니까?

당신은 성경이 말하는 종의 개념을 어떻게 이해합니까?

□ 아들 □ 일꾼

당신은 당신의 사역을 생각할 때 어떠한 느낌을 갖습니까?

□ 기쁨과 평안 □ 심한 부담감 □ 정신적인 압박

만약 이 질문들에 대한 당신의 대답이 하나님을 위한 당신의 사역, 사역이 잘 진행될 때, 낙심하고 죄책감을 느낀다, 일꾼, 심한 부담감이나 정신적인 압박 등이었다면, 당신은 종에 대한 잘못된 개념을 가지고 있습니다. 다시 말해서, 당신은 하나님과의 친밀한 사랑의 관계보다 사역 위주의 그릇된 개념을 가지고 있습니다.

오늘날 많은 목회자들과 일반 성도들이 하나님과의 관계를 이해할 때 그 관계를 사역 중심적으로 잘못 이해합니다. 그 결과, 자기가 기대하는 만큼 사역이 이루어지면 소위 밥값 한 것처럼 편안해하고 때로는 큰 자부심을 갖기도 합니다. 반면에 자기가 기대하고 원하는 만큼 사역이 이루어지지 않으면, 늘 하나님 앞에서 마음이 위축되고 죄책감이 듭니다. 둘 다 전혀 올바르지 못한 자세입니다. 그러한 자세는 하나님의 의도를 전혀 이해하지 못하는 데서 나오는 것입니다.

하나님은 우리를 종 이전에 아들로 부르셨습니다. 그리고 사역 이전에 교제의 관계로 우리를 부르셨습니다. 우리가 하나님과의 친밀한 사랑의 교제 가운데 거할 때, 우리는 거기에서 진정한 평강과 안식을 얻을 수 있으며 삶의 만족과 기쁨을 얻을 수 있습니다. 그리고 하나님의 행하심을 보고 온 힘으로 사역에 동참할 수 있을 뿐 아니라, 하나님의 목적을 위해 우리의 삶이 드려지는 것을 하나님이 주시는 특권으로 알아 기쁨으로 동참할 수 있습니다. 뿐만 아니라, 하나님께서 아무리 놀라운 일들을 우리를 통해서 하실지라도 그것이 우리로 인한 것이 아닌 것을 알기에 자부심을 갖거나 마음이 높아지지 아니하고, 하나님의 은혜로 인하여 감사를 드리며, 여전히 하나님과의 친밀한 사랑의 교제만이 유일한 목적이 되는 자리에 머물 수 있습니다.

오늘 배운 것을 복습하십시오. 오늘 배운 내용 중에서 하나님께서 당신으로 하여금 이해하고, 배우고, 실천하기 원하는 부분이나 성구를 한두 개 지적해 주시도록 기도하십시오. 그리고 난 후 다음의 질문에 답하십시오.

✣ 오늘 배운 내용 중에서 어떤 부분이나 성구가 가장 뜻있게 와 닿았습니까?

✣ 위의 부분이나 성구를 하나님께 대한 당신의 기도로 바꾸십시오.

✣ 오늘의 학습에 대한 반응으로 하나님은 당신이 무엇을 하기를 원하십니까?

이 과의 요점

- 하나님과의 친밀한 교제는 우리 신앙의 가장 핵심이요 근본입니다.
- 하나님은 우리를 사랑의 교제를 나눌 가족으로 창조하셨습니다.
- 하나님의 백성을 세우신 가장 주된 목적은 하나님과의 친밀한 교제를 위함입니다.
- 하나님과의 친밀한 교제는 명령과 규례를 지키는 것보다 우선입니다.
- 하나님과의 친밀한 교제는 의식보다 우선입니다.
- 하나님과의 친밀한 교제는 사역보다 우선입니다.

제2과 하나님의 동역자

우리 신앙의 가장 핵심은 하나님과의 친밀한 교제입니다. 또 하나의 중요한 핵심은 하나님의 행하심을 보고 온 삶으로 동참하는 동역자의 삶입니다. 하나님은 우리를 창조하실 때부터 하나님의 동역자로 창조하셨고, 구원하셔서 우리를 하나님의 동역자로 삼으셨습니다.

천지 창조에 나타난 하나님의 의도

하나님은 맨 처음 아담을 창조하실 때부터 그를 하나님의 목적을 위한 동역자로 창조하셨습니다. 우리는 이러한 하나님의 의도를 아담을 창조하신 기록에서 살펴볼 수 있습니다.

먼저 하나님은 사람을 창조하시고 그 이름을 아담이라고 부르셨습니다. 아담이라는 말은 사람이라는 뜻입니다. 하나님은 사람을 창조하시고, 그 이름을 사람이라고 부르신 것입니다. 이 사실은 하나님이 대표적인 사람으로 아담을 창조하신 것을 보여줍니다. 그래서 아담을 향한 하나님의 계획과 의도를 보면 모든 인간을 향한 하나님의 계획과 의도를 알 수 있습니다.

하나님이 이르시되 우리의 형상을 따라 우리의 모양대로 우리가 사람을 만들고 그들로 바다의 물고기와 하늘의 새와 가축과 온 땅과 땅에 기는 모든 것을 다스리게 하자 하시고 하나님이 자기 형상 곧 하나님의 형상대로 사람을 창조하시되 남자와 여자를 창조하시고 하나님이 그들에게 복을 주시며 하나님이 그들에게 이르시되 생육하고 번성하여 땅에 충만하라, 땅을 정복하라, 바다의 물고기와 하늘의 새와 땅에 움직이는 모든 생물을 다스리라 하시니라

(창 1:26-28)

또한 하나님은 아담을 이 땅에서 하나님을 대표하는 자로 창조하셨습니다. 즉 하나님은 하나님을 대신하여 혹은 대표하여 이 땅을 다스릴 자로 아담을 창조하셨습니다.

창세기 1:26-28을 읽고 다음의 물음에 답하십시오.

하나님께서 모든 천지 만물을 창조하셨습니다. 그리고 맨 마지막으로 누구의 형상을 따라 사람을 창조하셨습니까?

하나님은 아담에게 하나님의 다른 피조물들을 어떻게 하도록 하셨습니까?

하나님은 모든 천지 만물을 창조하신 후 마지막으로 하나님의 형상을 따라 사람을 창조하셨습니다. 그리고 아담(사람)으로 하여금 하나님의 다른 모든 피조물들을 다스리도록 하셨습니다. 이 말은 하나님께서 아담을 이 땅에서 하나님을 대신하는 자 혹은 대표하는 자로 삼으신 것을 의미합니다. 즉, 하나님은 아담을 이 땅에서의 하나님의 목적을 위한 동역자로 창조하신 것입니다.

그런데 하나님께서 아담에게 부여해 주신 이 땅을 지배하고 다스리는 권세가 최종적이었기 때문에, 하나님이 아니라 아담이 그것을 다른 이에게 넘겨줄 수 있었습니다. 이 사실은 하나님은 그만큼 땅에서는 사람을 통해서 일하시기로 작정하셨다는 것을 보여줍니다.

누가복음 4:5-7을 읽고 질문에 답하십시오.

마귀가 또 예수를 이끌고 올라가서 순식간에 천하 만국을 보이며 이르되 이 모든 권위와 그 영광을 내가 네게 주리라 이것은 내게 넘겨 준 것이므로 내가 원하는 자에게 주노라 그러므로 네가 만일 내게 절하면 다 네 것이 되리라
(눅 4:5-7)

사탄이 예수님을 시험한 내용 중 하나는 무엇이었습니까?

이 세상의 권세와 영광을 가지고 있다는 사탄의 주장에 대해 예수님은 반박하셨습니까?

누가 그 권세를 사탄에게 넘겨주었습니까?

원래 그 권세는 하나님께서 누구에게 주신 것입니까?(창 1:26, 28)

아담이 그 권세를 사탄에게 줄 수 있었다는 것은 무엇을 의미합니까?

사탄이 예수님을 시험한 내용 중 하나는 그에게 경배하면 그가 세상의 모든 영광과 권세를 예수님에게 주겠다는 것이었습니다. 그러면서 사탄은 세상의 모든 영광과 권세를 자기가 가지고 있다고 주장했습니다. 이에 대해 예수님은 아무런 반박도 하지 않으셨습니다. 사실 성경은 사탄을 "이 세상 신"(고후 4:4), "이 세상의 임금"(요 12:31) 혹은 "공중의 권세 잡은 자"(엡 2:2) 등으로 표현하고 있습니다. 원래 그 권세는 하나님께서 아담에게 주신 것이었습니다. 그런데 아담이 사탄에게 복종함으로써 그 권세를 사탄에게 넘겨준 것입니다.
만약 어떤 회사의 소유주가 자기 회사의 경영권을 다른 사람에게 맡긴다면, 경영을 맡은 사장은 소유주를 대신하여 그리고 소유주를 대표하여 회사를 운영합니

다. 그러다가 사장의 실적이 좋지 않아서 회사의 경영권을 다른 사람에게 넘기려면, 사장이 아니라, 소유주가 그렇게 합니다. 그런데 이 세상에서 하나님의 피조물(회사)을 다스리는 권세(경영권)를 하나님이 아니라, 아담이 사탄에게 넘겨주었습니다. 이 말의 의미는 이 세상을 다스리는 권세를 하나님께서 그만큼 최종적으로 아담에게 넘겨 주었다는 것을 의미합니다. 다시 말해서, 하나님은 그만큼 아담을 동역자로 삼아서 이 땅에서 하나님의 목적을 이루시기로 작정하신 것을 보여줍니다.

동역자의 삶의 의미

동역자라는 말은 동업자라는 말과 같은 말입니다. 일반적으로 동업자는 재물과 시간과 재능과 노력을 공동으로 투자해서 그 이익을 공동으로 분배하는 사람들을 가리킵니다. 그러나 성경에서 말하는 동역자는 그 의미가 다릅니다. 성경에서 말하는 동역자의 삶에는 중요한 두 가지 요소가 들어있습니다.

1. 하나님의 주도권

동역자의 삶에서 핵심적인 요소는 하나님의 주도권입니다. 하나님께서 모든 것을 주도하십니다. 모든 것을 계획하시고, 모든 면에서 인도하십니다. 그리고 하나님께서 그 모든 일들도 하나님의 능력으로 이루시고 성취하십니다.

다음의 구절들을 읽고, 그 일이 누구의 계획이었으며, 누구의 능력으로 이루어진 일인지 V표 하십시오.

홍해를 가른 일(출 14:15-21).

□ 하나님의 계획　　□ 모세의 계획
□ 하나님의 능력　　□ 모세의 능력

모압과 암몬과 마온의 연합군을 물리친 일(대하 20:16-23).

□ 하나님의 계획　　□ 여호사밧의 계획
□ 하나님의 능력　　□ 여호사밧의 능력

사울(바울)을 전도하고 치유한 일(행 9:10-18).

□ 하나님의 계획　　□ 아나니아의 계획
□ 하나님의 능력　　□ 아나니아의 능력

모세가 그의 장인 미디안 제사장 이드로의 양 떼를 치더니 그 떼를 광야 서쪽으로 인도하여 하나님의 산 호렙에 이르매 여호와의 사자가 떨기나무 가운데로부터 나오는 불꽃 안에서 그에게 나타나시니라 그가 보니 떨기나무에 불이 붙었으나 그 떨기나무가 사라지지 아니하는지라 이에 모세가 이르되 내가 돌이켜 가서 이 큰 광경을 보리라 떨기나무가 어찌하여 타지 아니하는고 하니 그 때에 여호와께서 그가 보려고 돌이켜 오는 것을 보신지라 하나님이 떨기나무 가운데서 그를 불러 이르시되 모세야 모세야 하시매 그가 이르되 내가 여기 있나이다 하나님이 이르시되 이리로 가까이 오지 말라 네가 선 곳은 거룩한 땅이니 네 발에서 신을 벗으라 또 이르시되 나는 네 조상의 하나님이니 아브라함의 하나님, 이삭의 하나님, 야곱의 하답변은 모두 하나님의 계획과 하나님의 능력입니다. 하나님은 이 땅에서 하나님의 목적을 위해 사람을 동역자로 삼으시되, 하나님께서 모든 일을 주도하시고 또 하나님의 능력으로 모든 일을 이루십니다.

하나님께서 주도권을 잡으시고 계시하십니다

하나님께서 주도권을 잡으시고 하나님의 목적을 성취시키기 위해 하나님의 백성들에게 다음의 세 가지를 계시하십니다. 그리고 그 목적은 다음과 같습니다.

하나님께서 계시하시는 것들	그 목적
하나님 자신	하나님과의 친밀한 교제를 위해 하나님을 믿음으로 신뢰하도록
하나님의 목적	그 일에 동참하도록
하나님의 길	순종하도록

하나님은 우리에게 하나님의 목적을 계시하십니다. 그것은 우리로 하여금 그 목적에 동참하라는 하나님의 초청입니다. 하나님께서 주도권을 잡으시고 하나님의 목적을 이루어가시되, 우리를 동역자로 삼으셨기 때문에, 우리로 그 일에 동참하도록 하나님의 목적을 우리에게 계시하시는 것입니다.

하나님은 하나님의 길들을 계시하십니다. 하나님의 목적은 항상 하나님의 길로만 성취되기 때문입니다. 위에 나오는 세 가지 사건 뿐 아니라, 출애굽 사건, 여호수아를 통한 가나안 정복, 기드온을 통해 이스라엘 백성들을 미디안 백성에게서 건져내신 사건 모두 하나님의 길을 따라 성취되었습니다. 그리고 우리가 하나님의 길을 따라 순종할 때, 우리는 하나님의 역사를 경험할 수 있습니다.

하나님은 무엇보다 하나님 자신을 계시하십니다. 다시 말해서 하나님의 성품을 계시하십니다. 주된 목적은 우리를 하나님과의 친밀한 교제로 이끌기 위함입니다. 그리고 또 다른 목적은 우리가 하나님을 믿음으로 신뢰할 수 있도록 하기 위함입니다. 이 땅에서의 하나님의 목적은 우리의 자원과 능력으로 할 수 있는 일들이 아닙니다. 그것은 모두 하나님의 자원과 능력으로 가능한 일들 입니다. 그러므로 우리가 하나님의 목적을 보고 그 일에 동참하려면 믿음이 없이는 불가능합니다. 그래서 하나님은 하나님 자신을 우리에게 계시하십니다. 우리가 하나님을 아는 만큼 하나님을 믿을 수 있기 때문입니다.

나님이니라 모세가 하나님 뵈옵기를 두려워하여 얼굴을 가리매 여호와께서 이르시되 내가 애굽에 있는 내 백성의 고통을 분명히 보고 그들이 그들의 감독자로 말미암아 부르짖음을 듣고 그 근심을 알고 내가 내려가서 그들을 애굽인의 손에서 건져내고 그들을 그 땅에서 인도하여 아름답고 광대한 땅, 젖과 꿀이 흐르는 땅 곧 가나안 족속, 헷 족속, 아모리 족속, 브리스 족속, 히위 족속, 여부스 족속의 지방에 데려가려 하노라 이제 가라 이스라엘 자손의 부르짖음이 내게 달하고 애굽 사람이 그들을 괴롭히는 학대도 내가 보았으니 이제 내가 너를 바로에게 보내어 너에게 내 백성 이스라엘 자손을 애굽에서 인도하여 내게 하리라 모세가 하나님께 아뢰되 내가 누구이기에 바로에게 가며 이스라엘 자손을 애굽에서 인도하여 내리이까 하나님이 이르시되 내가 반드시 너와 함께 있으리라 네가 그 백성을 애굽에서 인도하여 낸 후에 너희가 이 산에서 하나님을 섬기리니 이것이 내가 너를 보낸 증거니라 모세가 하나님께 아뢰되 내가 이스라엘 자손에게 가서 이르기를 너희의 조상의 하나님이 나를 너희에게 보내셨다 하면 그들이 내게 묻기를 그의 이름이 무엇이냐 하리니 내가 무엇이라고 그들에게 말하리이까 하나님이 모세에게 이르시되 나는 스스로 있는 자이니라 또 이르시되 너는 이스라엘 자손에게 이같이 이르기를 스스로 있는 자가 나를 너희에게 보내셨다 하라 하나님이 또 모세에게 이르시되 너는 이스라엘 자손에게 이같이 이르기를 너희 조상의 하나님 여호와 곧 아브라함의 하나님, 이삭의 하나님, 야곱의 하나님께서 나를 너희에게 보내셨다 하라 이는 나의 영원한 이름이요 대대로 기억

출애굽 사건의 예

하나님께서 하나님의 사람들을 통해 하나님의 목적을 성취시키기 위해 어떻게 위의 세 가지를 하나님의 동역자들에게 계시하시는가에 대한 좋은 예가 출애굽 사건입니다.

출애굽기 3:1-22을 읽고, 다음의 질문에 답하십시오.

모세에게 계시하신 하나님은 어떤 하나님이었습니까?

하나님은 하나님의 어떤 목적을 모세에게 계시하셨습니까?

모세에게 계시하신 하나님의 길을 간단히 요약해 보십시오.

하나님은 모세에게 자신을 아브라함과 이삭과 야곱의 하나님으로, 그리고 여호와 하나님으로 계시하셨습니다. 이것은 아브라함과 이삭과 야곱 때부터 시작하신 일을 이루실 분으로 그리고 주권적인 하나님으로서 말씀하신 바를 반드시 이루실 분으로 자신을 계시하신 것입니다. 또한 하나님은 이스라엘 백성들을 애굽의 종살이에서 건져내어 젖과 꿀이 흐르는 가나안 땅으로 인도하는 하나님의 계획을 모세에게 알리셨습니다. 그리고 하나님은 모세에게 먼저 애굽에 있는 이스라엘 백성들을 찾아갈 것뿐 아니라, 가서 어떻게 말할 것을 알려주셨고, 이어서 어떻게 바로에게 나갈 것도 알려주셨습니다. 우리가 출애굽기를 계속 읽어보면, 하나님은 계속해서 모세에게 하나님의 길을 구체적으로 계시해주셨고, 모세가 순종하였고, 그때마다 하나님이 놀라운 능력으로 역사하셨던 것을 볼 수 있습니다.

2. 인간의 동참

성경이 말하는 동역자의 삶에서 중요한 요소는 인간의 동참입니다. 하나님께서 주도권을 잡으시고 하나님의 능력으로 하나님의 목적을 성취하시되, 하나님은 사람을 통해서 그 일을 이루십니다. 이것은 하나의 신비이며, 놀라운 하나님의 사랑의 표현입니다.

엘리야 시대에 있었던 3년의 가뭄 후 다시 비가 내린 사건과 관련한 다음의 성경구절들을 읽고 질문에 답하십시오.

할 나의 칭호니라 너는 가서 이스라엘의 장로들을 모으고 그들에게 이르기를 여호와 너희 조상의 하나님 곧 아브라함과 이삭과 야곱의 하나님이 내게 나타나 이르시되 내가 너희를 돌보아 너희가 애굽에서 당한 일을 확실히 보았노라 내가 말하였거니와 내가 너희를 애굽의 고난 중에서 인도하여 내어 젖과 꿀이 흐르는 땅 곧 가나안 족속, 헷 족속, 아모리 족속, 브리스 족속, 히위 족속, 여부스 족속의 땅으로 올라가게 하리라 하셨다 하면 그들이 네 말을 들으리니 너는 그들의 장로들과 함께 애굽 왕에게 이르기를 히브리 사람의 하나님 여호와께서 우리에게 임하셨은즉 우리가 우리 하나님 여호와께 제사를 드리려 하오니 사흘길쯤 광야로 가도록 허락하소서 하라 내가 아노니 강한 손으로 치기 전에는 애굽 왕이 너희가 가도록 허락하지 아니하다가 내가 내 손을 들어 애굽 중에 여러 가지 이적으로 그 나라를 친 후에야 그가 너희를 보내리라 내가 애굽 사람으로 이 백성에게 은혜를 입히게 할지라 너희가 나갈 때에 빈손으로 가지 아니하리니 여인들은 모두 그 이웃 사람과 및 자기 집에 거류하는 여인에게 은 패물과 금 패물과 의복을 구하여 너희의 자녀를 꾸미라 너희는 애굽 사람들의 물품을 취하리라

(출 3:1-22)

다시 지면에 비를 내리는 것이 누구의 계획이었습니까?(왕상 18:1, 41)

하나님의 계획을 보았을 때, 엘리야는 어떻게 했습니까?(왕상 18:41-44)

성경은 누구의 기도응답으로 하나님께서 비를 주셨다고 말하고 있습니까?(약 5:17-18)

그렇다면 만약 엘리야가 기도하지 않았다고 하더라도, 지면에 비가 내렸을 것이라고 생각합니까?

ㅁ 비가 왔을 것이다.　　　ㅁ 비가 오지 않았을 것이다.

만약 엘리야가 하나님의 목적과 의도를 무시하고 임의대로 비가 오도록 기도했더라도 비가 왔을 것이라고 생각합니까?

ㅁ 비가 왔을 것이다.　　　ㅁ 비가 오지 않았을 것이다.

3년이 넘는 가뭄 후 지면에 비를 다시 내리는 것이 하나님의 뜻이었습니다. 그것이 하나님의 계획이었습니다. 엘리야는 하나님의 의도와 계획을 발견하였을 때, 기도로 그 일에 동참했습니다. 그는 실제로 손바닥만한 구름이 떠오를 때까지 얼굴을 양 무릎 사이에 넣고 일곱 번씩이나 간절히 기도했습니다. 그 자세는 그 당시 팔레스타인 여성들이 아이를 낳는 자세였다고 합니다. 그리고 성경에서 일곱은 완전 수 입니다.

성경은 하나님께서 엘리야의 기도에 응답하셔서 비를 내리셨다고 말하고 있습니다. 이 말은 만약 엘리야가 손바닥만한 구름이 실제로 떠오르기까지 간절히 기도하지 않았다면 비가 오지 않았을 것을 의미합니다. 비가 오는 것이 하나님의 뜻이었음에도 불구하고, 엘리야가 하나님의 계획을 발견하고 동참하지 않았다면 그 일은 일어나지 않았을 것입니다. 위에 나오는 홍해 앞에서 모세와 적의 연합군 앞에서 여호사밧과 아나니아를 보십시오. 하나님의 뜻이 분명했음에도 불구하고, 그들이 하나님의 목적과 의도를 발견하고 그 일에 믿음으로 동참하지 않았다면 하나님의 계획들은 성취되지 않았을 것입니다. 이것이 동역자의 삶의 중요성이요, 신비요, 하나님의 사랑의 표현입니다. 엘리야건 모세건 여호사밧이건 아나니아건, 그들은 자기 임의대로 그 일들을 행하지 않았습니다. 만약 그들이 자기 임의대로 그 일들을 행했더라면, 그들은 성경이 말하고 있는 하나님의 역사들을 경

많은 날이 지나고 제삼년에 여호와의 말씀이 엘리야에게 임하여 이르시되 너는 가서 아합에게 보이라 내가 비를 지면에 내리리라…엘리야가 아합에게 이르되 올라가서 먹고 마시소서 큰 비 소리가 있나이다

(왕상 18:1, 41)

엘리야가 아합에게 이르되 올라가서 먹고 마시소서 큰 비 소리가 있나이다 아합이 먹고 마시러 올라가니라 엘리야가 갈멜 산 꼭대기로 올라가서 땅에 꿇어 엎드려 그의 얼굴을 무릎 사이에 넣고 그의 사환에게 이르되 올라가 바다쪽을 바라보라 그가 올라가 바라보고 말하되 아무것도 없나이다 이르되 일곱 번까지 다시 가라 일곱 번째 이르러서는 그가 말하되 바다에서 사람의 손 만한 작은 구름이 일어나나이다 이르되 올라가 아합에게 말하기를 비에 막히지 아니하도록 마차를 갖추고 내려가소서 하라 하니라

(왕상 18:41-44)

엘리야는 우리와 성정이 같은 사람이로되 그가 비가 오지 않기를 간절히 기도한즉 삼 년 육 개월 동안 땅에 비가 오지 아니하고 다시 기도하니 하늘이 비를 주고 땅이 열매를 맺었느니라

(약 5:17-18)

또 어떤 사람이 타국에 갈 때 그 종들을 불러 자기 소유를 맡김과 같으니 각각 그 재능대로 한 사람에게는 금 다섯 달란트를, 한 사람에게는 두 달란트를, 한 사람에게는 한 달란트를 주고 떠났더니 다섯 달란트 받은 자는 바로 가서 그것으로 장사하여 또 다섯 달란트를 남기고 두 달란트 받은 자도 그같이 하여 또 두 달란트를 남겼으되 한 달란트 받은 자는 가서 땅을 파고 그 주인의 돈을 감추어 두었더니 오랜 후에 그 종들의 주인이 돌아와 그들과 결산할새 다섯 달란트 받았던 자는 다섯 달란트를 더 가지고 와서 이르되 주인이여 내게 다섯 달란트를 주셨는데 보소서 내가 또 다섯 달란트를 남겼나이다 그 주인이 이르되 잘하였도다 착하고 충성된 종아 네가 적은 일에 충성하였으매 내가 많은 것을 네게 맡기리니 네 주인의 즐거움에 참여할지어다 하고 두 달란트 받았던 자도 와서 이르되 주인이여 내게 두 달란트를 주셨는데 보소서 내가 또 두 달란트를 남겼나이다 그 주인이 이르되 잘하였도다 착하고 충성된 종아 네가 적은 일에 충성하였으매 내가 많은 것을 네게 맡기리니 네 주인의 즐거움에 참여할지어다 하고 한 달란트 받았던 자는 와서 이르되 주인이여 당신은 굳은 사람이라 심지 않은 데서 거두고 헤치지 않은 데서 모으는 줄을 내가 알았으므로 두려워하여 나가서 당신의 달란트를 땅에 감추어 두었었나이다 보소서 당신의 것을 가지셨나이

험하지 못했을 것입니다. 성경에 보면 처음부터 끝까지 하나님의 주권과 인간의 자유가 나란히 같이 가고 있는데, 동역자의 삶에서 정확하게 그 두 가지가 조화를 이룹니다.

성경이 말하는 동역자의 삶을 이해하고 난 지금 당신의 느낌을 써보십시오.

| 한 달란트 받은 자

마태복음 25:14-30을 읽고, 다음의 물음에 답하십시오.

다섯 달란트 받은 사람과 두 달란트 받은 사람은 각기 어떻게 했습니까?

예수님은 그들을 어떻게 칭찬하셨습니까?

당신은 오늘날 어떤 사람이 다섯 달란트 받은 사람과 두 달란트 받은 사람과 같은 사람이라고 생각합니까?

반면에 한 달란트 받은 사람은 어떻게 했습니까?

그를 향한 예수님의 심판은 어떤 것이었습니까?

당신은 오늘날 어떤 사람이 한 달란트 받은 사람에 해당한다고 생각합니까?

한 달란트 받은 사람이 그렇게 행동한 배후에는 어떤 가치관을 가지고 있었습니까?

다섯 달란트 받은 사람과 두 달란트 받은 사람은 열심히 장사하여 각각 다섯 달란트와 두 달란트를 남겼습니다. 그 결과 두 사람은 주인(예수님)에게 "착하고 충성된 종"이라는 칭찬과 함께 주인의 집에서 더욱 더 많은 것을 맡게 되는 축복을 받았습니다. 그리고 받은 대로 섬긴 두 사람이 받는 상급은 똑같았습니다.

우리는 일반적으로 하나님께서 주신 재능대로 열심히 하나님을 섬긴 사람들이 다섯 달란트와 두 달란트를 받은 사람을 가리킨다고 생각합니다. 그러나 성경을 전체적으로 볼 때 그러한 이해는 틀린 이해입니다. 왜냐하면 성경이 말하는 우리의 사역은 그저 우리가 임의대로 하나님을 위해 무엇인가를 열심히 하는 것을 의미하는 것이 아니기 때문입니다. 여기에서 말하는 다섯 달란트 받은 사람과 두 달란트 받은 사람은 하나님의 행하심을 보고 온 삶으로 동참하되, 자기에게 주어진 온 삶으로 동참한 사람을 가리킵니다. 예를 들어, 오늘날 우리가 하나님의 행하심을 보고 온 삶으로 동참하되, 목회자인 내가 온 삶으로 동참하는 것과 지체 중 한 사람이 온 삶으로 동참하는 것은 다를 것입니다.

반면에 한 달란트 받은 사람은 그가 받은 것을 땅에 묻어 두었다가 주인에게 그대로 드렸습니다. 그러자 주인은 그를 "악하고 게으른 종"이라고 꾸짖었을 뿐 아니라, 그 한 달란트를 빼앗아 열 달란트 가진 자에게 주고, 그를 바깥 어두운 곳으로 내어쫓아 그곳에서 슬피 울며 이를 갈게 하였습니다.

여기에서 핵심은 한 달란트 받은 사람이 가지고 있던 가치관입니다. 그는 하나님은 능하신 분임을 알았습니다. 그래서 그는 자기가 하지 않아도 하나님께서 다 하실 것이라고 여겼기 때문에 그렇게 했던 것입니다. 오늘날 "하나님은 전능하신 분이기 때문에 당연히 그분의 능력으로 그분의 모든 뜻을 이루실 것입니다" 라고 말하며, 자신은 전혀 하나님의 행하심을 보고 온 삶으로 동참하려고 하지 않는 사람들이 바로 성경이 말하는 한 달란트 받은 사람에 해당합니다.

다 그 주인이 대답하여 이르되 악하고 게으른 종아 나는 심지 않은 데서 거두고 헤치지 않은 데서 모으는 줄로 네가 알았느냐 그러면 네가 마땅히 내 돈을 취리하는 자들에게나 맡겼다가 내가 돌아와서 내 원금과 이자를 받게 하였을 것이니라 하고 그에게서 그 한 달란트를 빼앗아 열 달란트 가진 자에게 주라 무릇 있는 자는 받아 풍족하게 되고 없는 자는 그 있는 것까지 빼앗기리라 이 무익한 종을 바깥 어두운 데로 내쫓으라 거기서 슬피 울며 이를 갈리라 하니라

(마 25:14-30)

오늘 배운 것을 복습하십시오. 오늘 배운 내용 중에서 하나님께서 당신으로 하여금 이해하고, 배우고, 실천하기 원하는 부분이나 성구를 한두 개 지적해 주시도록 기도하십시오. 그리고 난 후 다음의 질문에 답하십시오.

✣ 오늘 배운 내용 중에서 어떤 부분이나 성구가 가장 뜻있게 와 닿았습니까?

✣ 위의 부분이나 성구를 하나님께 대한 당신의 기도로 바꾸십시오.

✣ 오늘의 학습에 대한 반응으로 하나님은 당신이 무엇을 하기를 원하십니까?

이 과의 요점

- 하나님은 우리를 이 땅에서 하나님의 목적을 위한 동역자로 창조하셨습니다.
- 동역자의 삶은 하나님의 주도권과 인간의 동참 두 가지 요소를 가지고 있습니다.
- 하나님은 주도권을 잡으시고 일하십니다.
- 하나님은 우리에게 하나님 자신과 하나님의 목적과 길을 계시하십니다.
- 우리가 하나님의 목적과 길을 보고 믿음으로 동참할 때, 하나님은 우리를 통해 하나님의 일을 이루십니다.
- 하나님의 목적과 길을 보고 동참하지 않는 것이 한 달란트 받은 악하고 게으른 종입니다.

제3과 포도나무의 삶

우리는 앞에서 신앙의 가장 핵심적인 요소 두 가지를 살펴보았습니다. 성경 전체를 볼 때, 그 두 가지가 바로 신앙의 본질이요 핵심입니다. 그것을 요약하면 다음과 같습니다.

1. 하나님과의 친밀한 교제
   1) 하나님을 아는 것.
   2) 하나님을 사랑하는 것.
      - 하나님의 얼굴을 구하는 삶.

2. 하나님의 행하심을 보고 온 삶으로 동참하는 것
   1) 전적인 순종.
   2) 온전한 신뢰.
      - PLO의 삶.

우선 신앙은 무엇보다 먼저 하나님과의 친밀한 교제입니다. 하나님과의 친밀한 교제는 하나님을 아는 것 그리고 하나님을 사랑하는 것을 의미합니다. 하나님과의 친밀한 교제를 위해 하나님의 얼굴을 구하는 삶이 필수입니다.

또한 신앙은 하나님의 행하심을 보고 온 삶으로 동참하는 것입니다. 하나님의 행하심을 보고 동참하기 위해서는 전적인 순종과 온전한 신뢰가 필수적인 요소입니다. 그리고 이 삶을 살기 위해 하나님께 기도하며 하나님을 기다리고(Pray), 하나님의 음성을 듣고(Listen), 순종하는(Obey) PLO의 삶이 핵심입니다.

신앙의 본질 두 가지 요소 사이의 관계

사실 신앙의 본질은 하나입니다. 그래서 이 두 가지 요소는 동전의 양면처럼 밀접한 관계를 가지고 있습니다. 하나만 언급해도 다른 하나는 자동적으로 따라옵니다.

1. 첫째 요소가 우선입니다.
2. 둘째 요소는 첫째 요소에 대한 증거입니다.
3. 첫째 요소가 되어야 둘째 요소가 가능합니다.
4. 둘째 요소는 첫째 요소를 증진시켜 줍니다.

1. 첫째 요소가 우선입니다

우리의 신앙에서는 무엇보다 하나님과의 친밀한 교제가 우선입니다. 두 번째 요소는 사역과 관련된 부분입니다. 하나님과의 친밀한 교제는 우리의 사역보다 우선입니다.

2. 둘째 요소는 첫째 요소에 대한 증거입니다

하나님의 행하심을 보고 온 삶으로 동참하는 것은 하나님과의 친밀한 교제에 대한 증거입니다. 우리가 하나님을 알고 사랑하면, 하나님의 행하심을 보고 온 삶으로 동참할 것입니다. 만약 우리가 하나님을 사랑한다고 하면서, 하나님의 행하심을 보고 온 삶으로 동참하지 않는다면, 그 말은 사실이 아닐 것입니다.

3. 첫째 요소가 되어야 둘째 요소가 가능합니다

하나님과의 친밀한 교제가 있어야 하나님의 행하심을 보고 온 삶으로 동참할 수 있습니다. 우선 하나님과의 친밀한 교제가 있어야 하나님의 행하심을 볼 수 있습니다. 뿐만 아니라, 하나님과의 친밀한 교제 가운데 있어야 전적인 순종도, 온전한 신뢰도 가능합니다.

4. 둘째 요소는 첫째 요소를 증진시켜 줍니다

하나님의 행하심을 보고 온 삶으로 동참할 때, 우리는 하나님을 더욱 알게 됩니다.

예수님이 사신 삶

요한복음에 보면 예수님께서 사셨던 삶이 정확하게 신앙의 본질인 것을 알 수 있습니다. 그리고 그것이 예수님께서 우리에게 살라고 명령하신 삶입니다.

| 예수님은 하나님과의 친밀한 교제 가운데 사셨습니다

예수님은 무엇보다 하나님과의 친밀한 교제 가운데 거하셨습니다. 그리고 거기에서 예수님의 모든 말씀과 사역이 나왔습니다.

요한복음 10:37-38, 14:10-12을 읽고 물음에 답하십시오.

당신은 여기에 나오는 '예수님이 아버지 안에, 아버지가 예수님 안에' 라는 표현이 무엇을 의미한다고 생각합니까?

요한복음 10:37-38, 14:11에 의하면 그 관계에서 예수님의 무엇이 나왔습니까?

요한복음 14:10에 의하면 그 관계에서 예수님의 무엇이 나왔습니까?

어떤 사람들은 '예수님이 아버지 안에, 아버지가 예수님 안에' 라는 표현을 예수님이 삼위일체 하나님이심을 말하는 구절이라고 이해합니다. 예수님이 삼위일체 하나님이신 것은 분명하지만, 이 표현은 그것을 의미하는 것이 아닙니다. 만약 그렇다면 우리는 아무도 그 삶을 살 수 없을 텐데, 예수님은 우리들도 그 삶을 살 수 있다고 말씀하고 있기 때문입니다(요 14:12). 이 표현은 예수님이 아버지 하나님과 가지셨던 친밀한 교제를 의미합니다. 그리고 아버지와의 친밀한 교제에서 성령의 역사들을 포함하여 예수님이 감당하신 사역이 나왔습니다. 예수님이 전하신 말씀도 그 친밀한 교제로부터 나왔습니다.

만일 내가 내 아버지의 일을 행하지 아니하거든 나를 믿지 말려니와 내가 행하거든 나를 믿지 아니할지라도 그 일은 믿으라 그러면 너희가 아버지께서 내 안에 계시고 내가 아버지 안에 있음을 깨달아 알리라 하시니
(요 10:37-38)

내가 아버지 안에 거하고 아버지는 내 안에 계신 것을 네가 믿지 아니하느냐 내가 너희에게 이르는 말은 스스로 하는 것이 아니라 아버지께서 내 안에 계셔서 그의 일을 하시는 것이라 내가 아버지 안에 거하고 아버지께서 내 안에 계심을 믿으라 그렇지 못하겠거든 행하는 그 일로 말미암아 나를 믿으라 내가 진실로 진실로 너희에게 이르노니 나를 믿는 자는 내가 하는 일을 그도 할 것이요 또한 그보다 큰 일도 하리니 이는 내가 아버지께로 감이라
(요 14:10-12)

| 예수님은 하나님의 행하심을 보고 온 삶으로 동참하셨습니다

또한 예수님은 하나님의 행하심을 보고 온 삶으로 동참하는 삶을 사셨습니다. 우리는 이 점을 요한복음 전체에서 잘 볼 수 있습니다. 그 중에서도 특히 요한복음 5장을 보면, 아버지의 행하심을 보고 동참하시는 예수님의 태도와 방법이 잘 나타나 있습니다.

아버지의 행하심을 보고 동참하시는 예수님의 태도

예수님은 하나님의 행하심을 보았을 때 어떠한 대가를 지불하고라도 그 일에 동참하셨습니다. 우리는 요한복음 5:17에서 예수님의 결연한 의지를 잘 볼 수 있습니다.

예수님께서 요한복음 5:17에서 하신 말씀을 두 문장으로 써보십시오.

요한복음 4:34에 의하면 예수님은 아버지의 일에 동참하는 것을 자신의 무엇으로 아셨습니까?

예수께서 그들에게 이르시되 내 아버지께서 이제까지 일하시니 나도 일한다 하시매
(요 5:17)

예수께서 이르시되 나의 양식은 나를 보내신 이의 뜻을 행하며 그의 일을 온전히 이루는 이것이니라
(요 4:34)

답 : 아버지께서 오늘까지 일하신다. 나도 일한다. 자신의 양식

먼저 예수님은 사역이 하나님이 행하시는 것이라는 사실을 명백하게 아셨습니다. 성경 전체적으로 보아도 사역은 항상 하나님의 일입니다. 다시 말해서 사역은 우리들이 하나님을 위해서 계획하고 실행하는 일이 아니라, 하나님이 하나님의 목적과 계획을 이루어 가시는 것입니다.

예수님은 아버지께서 행하시는 것을 보았을 때, 어떤 대가를 지불하고라도 그 일에 적극적으로 동참하셨습니다. 이 점은 이 구절의 배경을 이해하면 잘 볼 수 있습니다. 예수님이 안식일에 베데스다 연못가를 지나가시면서, 38년 된 병자에게 "자리를 들고 걸어가라"고 명령하셔서 그를 고치셨습니다. 그러자 유대인들이 예수님이 안식일을 범했다고 예수님을 대적하고 핍박했습니다. 그에 대한 답변으로 하신 말씀이 이 말씀입니다. 그래서 우리는 여기에서 예수님은 사람들의 오해와 대적과 핍박을 뻔히 아시면서도 아버지의 행하심을 보았을 때 적극적으로 동참하셨던 것을 볼 수 있습니다. 예수님은 심지어 아버지의 일에 동참하는 것을 자신의 양식으로 아셨습니다.

아버지의 일에 동참하신 방법

아버지의 행하심을 보고 동참하신 방법은 바로 그 다음 절인 요한복음 5:19-20에 잘 나와 있습니다. 그 구절을 요약하면 다음과 같습니다.

그러므로 예수께서 그들에게 이르시되 내가 진실로 진실로 너희에게 이르노니 아들이 아버지께서 하시는 일을 보지 않고는 아무 것도 스스로 할 수 없나니 아버지께서 행하시는 그것을 아들도 그와 같이 행하느니라 아버지께서 아들을 사랑하사 자기가 행하시는 것을 다 아들에게 보이시고 또 그보다 더 큰 일을 보이사 너희로 놀랍게 여기게 하시리라

(요 5:19-20)

1. 나는 스스로 아무것도 할 수 없다.
2. 나는 아버지의 행하심을 보고 그 일을 행한다.
3. 아버지께서 아들을 사랑하셔서, 아버지의 행하심을 보이신다.

예수님은 먼저 자신 스스로는 아무것도 할 수 없다고 말씀하셨습니다. '아무것도 스스로 하지 않는다' 라는 정도가 아니었습니다. 아무것도 스스로 할 수 없다고 하셨습니다. 하나님의 본체이신 하나님의 아들이 하신 말씀입니다. 요한복음에만 보아도 예수님은 이 말씀을 여러 차례 하셨습니다(5:30, 7:17-18, 28, 8:28, 14:10). 우리의 사역은 우리 임의대로 우리의 자원과 노력과 방법으로 할 수 있는 것이 아닙니다. 우리가 스스로 하는 사역은 하나님과 아무런 상관이 없는 일이 될 수 있습니다. 또한 우리 스스로의 방법과 자원으로 하는 일을 통해 하나님의 진정한 열매와 결실이 맺어질 수 없습니다.

예수님은 아버지의 행하심을 보고 그 일을 했습니다. 이것이 그 날 베데스다 연못가에서 왜 예수님께서 많은 사람 중 한 사람만 고치셨는지 그리고 유대인들의 반발을 뻔히 예상하면서도 38년 된 병자에게 자리를 들고 걸어가라고 말씀하셨는지에 대한 답변입니다.

요한복음 10:37에서 예수님은 자신의 사역을 무엇이라고 부르고 있습니까?

당신은 그 말의 의미를 어떻게 이해합니까?

예수님은 자신의 사역을 "아버지의 일"이라고 부르고 있습니다. 우리는 일반적으로 우리가 하나님을 위해서 하는 일을 "주의 일"이라고 부릅니다. 그러나 예수님의 경우에는 그렇지 않았습니다. 예수님은 아버지께서 행하시는 일을 예수님께 보이신 일을 아버지의 일이라고 불렀습니다. 그 일은 문자 그대로 아버지의 일이었습니다.

우리가 살아야 할 포도나무의 삶

예수님께서 사셨던 본질의 삶이 바로 우리가 살아가야 할 포도나무의 삶입니다.

요한복음 15:1- 5을 읽고 다음의 물음에 답 하십시오.

당신은 이 구절에서 예수님께서 우리에게 살라고 명령하신 포도나무의 삶(열매 맺는 삶)이 예수님께서 사셨던 삶과 어떤 차이가 있다고 생각합니까?

당신은 여기에서 말하는 열매가 무엇이라고 생각합니까?

우리가 앞서 살펴본 예수님의 삶과 우리에게 명령하신 포도나무의 삶을 비교해 보면, 그 둘이 정확하게 같은 삶인 것을 알 수 있습니다. 사실 복음서마다 예수님의 삶과 사역이 이렇다고 강조한 그대로 제자들에게도 살라고 강조하고 있습니다.

어떤 사람들은 여기에서 말하는 열매가 성령의 열매나 전도의 열매를 의미한다고 주장합니다. 당연히 경우에 따라서는 그것들을 포함할 수 있습니다. 그러나 여기에서 말하는 열매는 그 이상을 말합니다. 우리가 예수님의 삶을 보면 이 부분을 쉽게 이해할 수 있습니다. 예수님은 아버지의 행하심을 보고 그 일에 동참하셨습니다. 그리고 예수님께서 그렇게 하셨을 때, 아버지께서 아버지의 능력과 권능으로 예수님을 통해 아버지의 일을 이루셨습니다. 그것이 예수님의 삶을 통해 맺혀진 하나님의 열매였습니다. 베데스다 연못가에서의 38년 된 환자의 치유, 수가 성 우물가에서의 사마리아 여인의 구원과 그로 인한 사마리아 사람들의 구원, 죽은 나사로의 다시 사는 역사와

나는 참포도나무요 내 아버지는 농부라 무릇 내게 붙어 있어 열매를 맺지 아니하는 가지는 아버지께서 그것을 제거해 버리시고 무릇 열매를 맺는 가지는 더 열매를 맺게 하려 하여 그것을 깨끗하게 하시느니라 너희는 내가 일러준 말로 이미 깨끗하여졌으니 내 안에 거하라 나도 너희 안에 거하리라 가지가 포도나무에 붙어 있지 아니하면 스스로 열매를 맺을 수 없음 같이 너희도 내 안에 있지 아니하면 그러하리라 나는 포도나무요 너희는 가지라 그가 내 안에, 내가 그 안에 거하면 사람이 열매를 많이 맺나니 나를 떠나서는 너희가 아무 것도 할 수 없음이라

(요 15:1-5)

이로 인하여 많은 유대인들이 하나님께로 돌아온 일, 그리고 십자가에서의 구원의 역사 등 이 모든 일들이 그렇게 해서 맺혀진 예수님의 삶을 통한 하나님의 열매였습니다. 그리고 정확하게 이러한 성격의 열매가 우리가 포도나무의 삶을 통해서 맺어야 할 열매입니다.

너희가 나를 택한 것이 아니요 내가 너희를 택하여 세웠나니 이는 너희로 가서 열매를 맺게 하고 또 너희 열매가 항상 있게 하여 내 이름으로 아버지께 무엇을 구하든지 다 받게 하려 함이라

(요 15:16)

| 포도나무의 삶은 하나님께서 우리를 택하신 목적입니다

요한복음 15:16에 의하면 하나님께서 우리를 택하신 주된 목적 중 하나가 무엇입니까?

찬송하리로다 하나님 곧 우리 주 예수 그리스도의 아버지께서 그리스도 안에서 하늘에 속한 모든 신령한 복을 우리에게 주시되 곧 창세 전에 그리스도 안에서 우리를 택하사 우리로 사랑 안에서 그 앞에 거룩하고 흠이 없게 하시려고 그 기쁘신 뜻대로 우리를 예정하사 예수 그리스도로 말미암아 자기의 아들들이 되게 하셨으니

(엡 1:3–5)

당신은 하나님의 택하심을 받은 사람입니까?(엡 1:3–5)

당신은 포도나무의 삶을 살 수 있는 사람입니까?

만약 당신이 포도나무의 삶을 살지 않으면 하나님께서 당신을 택하신 목적은 어떻게 될까요?

예수님을 개인의 구세주와 주님으로 영접하고 하나님의 자녀가 된 우리 모두는 이미 창세 전에 만군의 여호와 하나님이 택하셨다는 사실을 압니다(엡 1:3–5). 그런데 성경은 하나님께서 우리를 택하신 목적 중 하나가 바로 우리로 하여금 포도나무의 삶을 살게 하기 위함이라고 말하고 있습니다. 이 말은 소수의 특별한 사람들이 아니라, 남녀노소 할 것 없이 하나님의 자녀이면 누구나 포도나무의 삶을 살 수 있고, 또 살아야 하는 것을 의미합니다. 그리고 이 말은 만약 우리가 포도나무의 삶을 살지 않는다면, 우리를 택하신 하나님의 목적이 소멸되는 것을 의미합니다.

너희가 열매를 많이 맺으면 내 아버지께서 영광을 받으실 것이요 너희는 내 제자가 되리라

(요 15:8)

| 우리가 포도나무의 삶을 살 때, 하나님께서 영광을 받으십니다

예수님은 자신이 사신 포도나무의 삶 혹은 신앙의 본질의 삶을 통해서 하나님께 영광을 돌리셨습니다(요 17:4). 마찬가지로 우리가 포도나무의 삶을 살 때, 하나님께서 영광을 받으십니다(요 15:8).

그러므로 너희는 이렇게 기도하라 하늘에 계신 우리 아버지여 이름이 거룩히 여김을 받으시오며 나라가 임하시오며 뜻이 하늘에서 이루어진 것 같이 땅에서도 이루어지이다

(마 6:9–10)

예수님께서 주기도문에서 우리에게 가장 먼저 구하라고 가르치신 세 가지는 무엇입니까?(마 6:9–10)

이 세 가지의 일들이 당신의 삶을 통해 이루어지기 위해서 당신은 어떻게 해야 한다고 생각합니까?

예수님은 우리에게 무엇보다 하나님의 이름이 영광을 받으시도록, 하나님의 나라가 이 땅에 임하도록, 하나님의 뜻이 이 땅에서 이루어지도록 기도하라고 말씀하셨습니다. 우리에게 이렇게 기도하라고 말씀하신 것은 우리가 이것을 하나님께 구할 뿐 아니라, 우리의 삶에서 그것을 추구하라는 말씀입니다. 그럼 우리가 어떻게 할 때, 이러한 일들이 우리의 삶을 통해서 이루어집니까? 그것은 정확하게 우리가 포도나무의 삶을 살 때 이루어집니다. 예수님께서 포도나무의 삶을 사셨을 때, 예수님을 통해 하나님의 의도와 계획과 목적이 이루어지고, 그것을 통해 하나님의 나라와 통치가 이 땅에 임하고, 그 결과 하나님께서 영광을 받으셨던 것처럼 말입니다.

| 포도나무의 삶은 주님의 제자로서의 삶입니다

제자는 스승의 삶을 따르는 자입니다. 예수님께서 먼저 포도나무의 삶을 사셨습니다. 그리고 제자들인 우리들에게 포도나무의 삶을 살라고 명령하셨습니다. 그러므로 우리가 포도나무의 삶을 살 때, 주님의 제자로서의 삶을 사는 것입니다(요 15:8).

그런데 만약 우리가 신분적으로 예수님의 제자가 된 것에 대해 만족하면서도 제자의 삶을 전혀 살지 않는다면, 그것은 세계적인 피아니스트의 제자가 된 것에 대해 자랑하면서도 "학교 종이 땡땡땡"과 같은 동요도 연주하지 못하는 사람과 같을 것입니다. 당신의 지금 모습은 어떠합니까?

| 우리가 포도나무의 삶을 살 때, 하나님께서 우리의 기도에 응답하십니다

우리가 포도나무의 삶을 살 때, 하나님께서 우리의 기도에 응답하십니다. 우리가 아버지 하나님과의 친밀한 교제 가운데서 아버지의 일을 보고 동참할 때, 그 일이 우리의 일이 아니라 아버지의 일이기 때문에 아버지께서 아버지의 모든 능력으로 그것을 뒷받침하십니다.

다음의 성경구절들을 아래에 써넣으면서, 예수님께서 얼마나 많이 포도나무의 삶을 사는 자들에게 기도 응답을 약속하셨는지 보십시오.

요한복음 14:13-14

너희가 내 이름으로 무엇을 구하든지 내가 행하리니 이는 아버지로 하여금 아들로 말미암아 영광을 받으시게 하려 함이라 내 이름으로 무엇이든지 내게 구하면 내가 행하리라
(요 14:13-14)

너희가 내 안에 거하고 내 말이 너희 안에 거하면 무엇이든지 원하는 대로 구하라 그리하면 이루리라
(요 15:7)

요한복음 15:7

요한복음 15:16

너희가 나를 택한 것이 아니요 내가 너희를 택하여 세웠나니 이는 너희로 가서 열매를 맺게 하고 또 너희 열매가 항상 있게 하여 내 이름으로 아버지께 무엇을 구하든지 다 받게 하려 함이라
(요 15:16)

개인적으로 지금까지 하나님의 행하심을 보고 동참하면서 하나님께서 채우시지 않았던 적이 한 번도 없었습니다. 하나님은 그때그때 신실하게 채우셨습니다.

| 포도나무의 삶을 살 때, 놀라운 기쁨이 있습니다

내가 이것을 너희에게 이름은 내 기쁨이 너희 안에 있어 너희 기쁨을 충만하게 하려 함이라
(요 15:11)

예수님은 우리의 삶 속에 하나님으로 인한 진정한 기쁨이 넘치기를 원하십니다. 그런데 우리가 포도나무의 삶을 살 때 그 기쁨을 경험할 수 있습니다(요 15:11). 하나님과의 친밀한 교제로부터 나오는 평안과 안식과 기쁨보다 더 큰 평안과 안식과 기쁨은 이 세상에 없습니다. 뿐만 아니라, 하나님의 생명이 우리 삶 속에 넘치고, 하나님의 뜻이 우리의 삶 속에 그리고 우리의 삶을 통해 성취되고 이루어지는 것보다 우리에게 더 큰 기쁨은 없습니다. 개인적으로 저와 제 아내는 "목회는 참으로 신나는 것이다"라는 고백을 종종 합니다.

오늘 배운 것을 복습하십시오. 오늘 배운 내용 중에서 하나님께서 당신으로 하여금 이해하고, 배우고, 실천하기 원하는 부분이나 성구를 한두 개 지적해 주시도록 기도하십시오. 그리고 난 후 다음의 질문에 답하십시오.

✣ 오늘 배운 내용 중에서 어떤 부분이나 성구가 가장 뜻있게 와 닿았습니까?

✣ 위의 부분이나 성구를 하나님께 대한 당신의 기도로 바꾸십시오.

✣ 오늘의 학습에 대한 반응으로 하나님은 당신이 무엇을 하기를 원하십니까?

이 과의 요점

- 우리 신앙은 하나님과의 친밀한 교제이며, 하나님의 행하심을 보고 온 삶으로 동참하는 것입니다.
- 예수님께서 정확하게 이 삶을 사셨고, 이 삶이 요한복음 15장이 말하는 포도나무의 삶입니다.
- 포도나무의 삶은 하나님께서 우리를 택하신 목적입니다.
- 우리가 포도나무의 삶을 살 때, 하나님께서 영광을 받으십니다.
- 포도나무의 삶은 주님의 제자로서의 삶입니다.
- 우리가 포도나무의 삶을 살 때, 하나님께서 우리의 기도에 응답하십니다.
- 포도나무의 삶을 살 때, 놀라운 기쁨이 있습니다.

제4과 하나님 중심적인 삶

신앙의 본질은 하나님과의 친밀한 교제이며, 하나님의 행하심을 보고 온 삶으로 동참하는 것입니다. 동시에 우리 신앙은 처음부터 끝까지 하나님 중심적인 삶입니다. 포도나무의 삶 또한 오직 하나님 중심적인 삶에서만 가능합니다.

우리 신앙은 처음부터 끝까지 하나님 중심적인 삶입니다

태초에 하나님이 천지를 창조하시니라
(창 1:1)

창세기 1:1을 써보십시오.

여기서 주어는 무엇입니까?

창세기 1: 1의 주어는 "하나님"입니다. 성경은 창세기 1:1부터 요한계시록 마지막 절까지 하나님에 관한 책입니다. 물론 성경에는 아브라함, 모세, 다윗, 베드로와 바울 등 하나님의 사람들에 대한 이야기가 나옵니다. 그러나 성경은 그들에 관한 책이 아닙니다. 성경은 하나님과 하나님의 목적과 하나님께서 하신 일과 하나님의 길에 대한 책입니다. 다시 말해서 성경이 말하는 신앙은 처음부터 끝까지 하나님 중심적인 삶입니다.

뿐만 아니라, 천지 창조의 기록을 보아도 우리는 어떻게 하나님께서 우리에게 처음부터 하나님 중심적인 삶을 의도하셨는가를 명백하게 볼 수 있습니다. 그 점을 우리는 에덴동산에 선악과를 두신 하나님의 의도에서 볼 수 있습니다. 우리가 앞에서 살펴본 대로 선악과는 인간으로 하여금 인간되게 하는 하나님의 사랑의 표현입니다. 동시에 선악과는 하나님의 주권적인 통치를 상징합니다. 다시 말해서 하나님께서 아담에게 에덴동산의 모든 실과는 자유롭게 따먹되 선악과는 따먹지 말라고 하신 것은 그에게 하나님의 주권적인 통치 아래 살 것을 명령하신 것입니다. 이처럼 하나님은 처음부터 인간에게 하나님 중심적인 삶을 의도하셨습니다.

예수님이 사신 하나님 중심적인 삶

예수님은 우리의 신앙과 사역과 삶을 위한 온전한 모델입니다. 또한 예수님은 우리의 목표이기도 합니다. 하나님께서 우리를 빚으시되, 예수님의 형상을 닮도록 빚으시기 때문입니다. 그런데 예수님은 철저하게 하나님 중심적인 삶을 사셨습니다. 그래서 예수님의 삶을 보면, 어떻게 우리의 신앙이 처음부터 끝까지 하나님 중심적인 삶인가 또 우리가 살아야 할 삶이 하나님 중심적인 삶인가를 선명하게 볼 수 있습니다.

| 하나님 중심적인 삶의 세 가지 특징

하나님 중심적인 삶을 잘 이해하려면, 그 삶의 세 가지 특징을 잘 아는 것이 중요합니다. 그것은 하나님의 자원으로 사는 삶, 하나님의 목적을 위해 사는 삶, 하나님의 방법으로 사는 삶입니다. 그것을 그림으로 표시하면 다음과 같습니다.

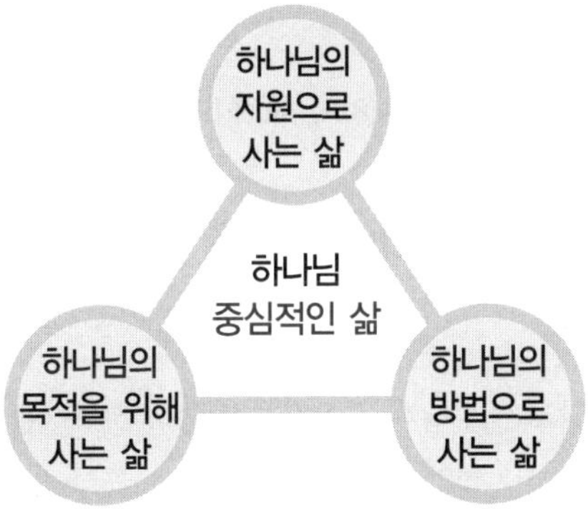

| 예수님은 철저하게 하나님의 자원으로 사셨습니다

예수님은 삶과 사역의 모든 면에서 철저하게 하나님의 자원으로 사셨습니다.

예수님은 하나님의 자원으로 판단하셨습니다

우리는 어떤 사람이나 상황에 대해 판단을 내릴 때, 어떻게 판단을 내립니까? 일반적으로 우리가 보고 듣는 것을 우리의 지식과 경험을 토대로 해서(우리의 지식과 경험이 매우 제한적이고 편협하고 때로는 잘못되어 있음에도 불구하고) 해석함으로 판단합니다. 다시 말해서 우리의 자원으로 판단합니다.

그러나 예수님은 그렇게 판단하지 않으셨습니다. 특히 예수님은 우리처럼 마음의 상처가 있는 분이 아니었기 때문에 사물을 보더라도 누구보다 올바로 볼 수 있는 분이었습니다. 더 나아가 예수님은 하나님께로부터 판단할 수 있는 권한을 부여받은 분이었습니다. 그럼에도 불구하고 철저하게 자기의 자원을 내려놓고 하나님의 자원으로 판단하셨습니다.

내가 아무 것도 스스로 할 수 없노라 듣는 대로 심판하노니 나는 나의 뜻대로 하려 하지 않고 나를 보내신 이의 뜻대로 하려 하므로 내 심판은 의로우니라 (요 5:30)

요한복음 5:30과 이사야 11:3을 읽고 예수님께서는 어떻게 판단하셨는지를 써보십시오.

그가 여호와를 경외함으로 즐거움을 삼을 것이며 그의 눈에 보이는 대로 심판하지 아니하며 그의 귀에 들리는 대로 판단하지 아니하며 (사 11:3)

먼저 예수님은 자신이 스스로 아무것도 할 수 없다고 말씀하셨습니다. 그리고 예수님은 듣는 대로 판단하신다고 말씀하셨습니다. 여기에서 듣는 대로 라는 말은 아버지께로부터 듣는 대로 라는 말입니다.

우리가 하나님의 자원으로 판단하는 것은 매우 중요합니다. 왜냐하면 우리 자원으로는 하나님의 뜻을 발견할 수 없기 때문입니다. 하나님의 뜻과 우리의 뜻은 다르며(사 55:8-9), 인간의 자원으로는 하나님의 뜻을 알 수 없습니다(고전 2:9).

예수님은 말씀을 전하는 데 있어서 철저하게 하나님의 자원으로 하셨습니다

태초에 말씀이 계시니라 이 말씀이 하나님과 함께 계셨으니 이 말씀은 곧 하나님이시니라 (요 1:1)

요한복음 1:1은 예수님을 무엇이라고 부르고 있습니까?

다음의 구절들을 읽고 예수님께서 어떻게 말씀을 전하셨는지 써보십시오.
(요 7:16, 8:28, 14:10, 12:49).

예수께서 대답하여 이르시되 내 교훈은 내 것이 아니요 나를 보내신 이의 것이니라 (요 7:16)

내가 내 자의로 말한 것이 아니요 나를 보내신 아버지께서 내가 말할 것과 이를 것을 친히 명령하여 주셨으니 (요 12:49)

성경은 예수님을 말씀이라고 부르고 있습니다. 예수님은 말씀의 본체 되신 분입니다. 그런데 예수님이 말씀을 전할 때 아무것도 임의로 하지 않으셨습니다. 예수님은 하나님과의 친밀한 교제 가운데서 철저하게 하나님의 인도를 따라 말씀을 전하셨습니다. 그러므로 예수님의 말씀은 곧 하나님의 말씀이었습니다. 심지어 예수님은 무엇을 말할 것뿐 아니라, 그것을 어떻게 전할 것까지 하나님께로부터 인도를 받았다고 말씀하셨습니다. 요한복음 12:49에 나오는 "이를 것"이라는 말이 바로 그런 뜻입니다.

다음의 구절들을 읽고, 예레미야 시대의 (거짓) 선지자들은 어떻게 말씀을 전했는지 써 보십시오(렘 23:16-18, 21-22).

그 당시 (거짓) 선지자들은 전혀 하나님과의 친밀함 가운데 거하지 않았습니다. 여기에서 "여호와의 회의"는 하나님과의 친밀함을 말합니다. 그들은 하나님과의 친밀함 가운데서 하나님의 의중과 의도를 발견하고, 그것을 하나님의 백성들에게 전하여 그들을 사는 길로 인도하는 것이 아니라, 하나님의 백성들이 원하는 "평화"의 메시지를 임의로 전했습니다.

우리가 하나님의 말씀을 전할 때에도 하나님과의 친밀한 관계에서 하나님의 의도와 의중을 깨닫고 그것을 전할수록 하나님께서 그것을 뒷받침하십니다.

예수님은 하나님께서 그분을 세우시도록 철저히 하나님을 의지하셨습니다

우리가 하나님의 자원으로 살아야 할 중요한 분야 중 하나가 하나님께서 우리를 세우시도록 철저히 하나님을 의지하는 것입니다. 킨달(R. T. Kindall) 목사는 요셉의 생애를 토대로 하나님께서 우리를 세워가시는 과정을 설명하면서, 우리를 빚으시는 마지막 단계는 우리가 스스로 세우기를 포기하는 것이라고 말했습니다.

요한복음 7:2-6을 읽고 다음의 물음에 답하십시오.

예수님의 동생들이 예수님에게 어떻게 하라고 권면했습니까?(3절)

그들이 그렇게 하라고 권면한 배후에는 어떤 가치관이 있었습니까?(4절)

이에 대한 예수님의 답변은 무엇이었습니까?(6절)

성경은 동생들의 신앙에 대해서 무엇이라고 말하고 있습니까?(5절)

초막절이 다가왔을 때, 예수님의 동생들은 예수님에게 예루살렘으로 올라가서 자신을 드러내라고 권면했습니다. "공인이 되고자 하는 사람마다 다 자기를 드러내는 것이 아니냐? 많은 사람들이 모이는 이 좋은 기회에 가서 자신을 드러내고 사람들의 관심을 끌어야지 왜 이 시골에 그냥 가만히 있느냐?"는 것이 그들이 그렇게 권면한 가치관의 배후이었습니다. 즉 그들은 예수님에게 스스로 자신을 세우라고 권면했습니다. 이에 대해 예수님은 단호하게 거절하셨습니다. 우리는 예수님의 답변을 이렇게 표현할 수 있을 것입니다. "어차피 너희들은 너희 스스로 행하니까 아무 때나 올라가라. 나는 내가 세워지는 것을 위해 내 스스로의 방법을 의

만군의 여호와께서 이와 같이 말씀하시되 너희에게 예언하는 선지자들의 말을 듣지 말라 그들은 너희에게 헛된 것을 가르치나니 그들이 말한 묵시는 자기 마음으로 말미암은 것이요 여호와의 입에서 나온 것이 아니니라 항상 그들이 나를 멸시하는 자에게 이르기를 너희가 평안하리라 여호와의 말씀이니라 하며 또 자기 마음이 완악한 대로 행하는 모든 사람에게 이르기를 재앙이 너희에게 임하지 아니하리라 하였느니라 누가 여호와의 회의에 참여하여 그 말을 알아들었으며 누가 귀를 기울여 그 말을 들었느냐

(렘 23:16-18)

이 선지자들은 내가 보내지 아니하였어도 달음질하며 내가 그들에게 이르지 아니하였어도 예언하였은즉 그들이 만일 나의 회의에 참여하였더라면 내 백성에게 내 말을 들려서 그들을 악한 길과 악한 행위에서 돌이키게 하였으리라

(렘 23:21-22)

유대인의 명절인 초막절이 가까운지라 그 형제들이 예수께 이르되 당신이 행하는 일을 제자들도 보게 여기를 떠나 유대로 가소서 스스로 나타나기를 구하면서 묻혀서 일하는 사람이 없나니 이 일을 행하려 하거든 자신을 세상에 나타내소서 하니 이는 그 형제들까지도 예수를 믿지 아니함이러라 예수께서 이르시되 내 때는 아직 이르지 아니하였거니와 너희 때는 늘 준비되어 있느니라

(요 7:2-6)

지하지 않는다. 나는 아직 하나님의 인도를 받지 못했으므로 지금 올라가지 않겠다." 성경도 동생들의 신앙이 올바른 상태가 아니었음을 말하고 있습니다.

오늘날 우리 가운데 자기 스스로를 세우려는 노력이 얼마나 가득합니까? 하나님의 때에 하나님께서 우리를 세우시도록 잠잠히 하나님을 기다리고, 하나님께서 맡기신 일을 신실하게 감당하기보다, 우리는 우리 스스로 높아지기 위해 사람들을 설득하려고 노력하고, 여러 가지 선거 운동을 하고, 온갖 광고 기법을 동원합니다. 이 모든 것들이 우리가 하나님을 신뢰하지 않는다는 것을 보여줍니다.

예수님은 자신의 거룩함을 위해 오직 하나님의 거룩함만을 의지하셨습니다

이 부분이 예수님께서 어떻게 하나님의 자원으로 사셨는가를 보여주는 절정인 것 같습니다. 예수님은 죄를 한 번도 짓지 않으신 분입니다(히 4:15). 그런데 그럼에도 불구하고 예수님은 선과 의를 위해 자신의 선과 의를 의지하지 않으셨습니다. 예수님께서 의지하신 선과 의는 오직 하나님의 선과 의뿐이었습니다.

예수께서 길에 나가실새 한 사람이 달려와서 꿇어앉아 묻자오되 선한 선생님이여 내가 무엇을 하여야 영생을 얻으리이까 예수께서 이르시되 네가 어찌하여 나를 선하다 일컫느냐 하나님 한 분 외에는 선한 이가 없느니라
(막 10:17-18)

마가복음 10:17-18을 읽고 다음의 물음에 답하십시오.

부자 청년이 예수님을 무엇이라고 불렀습니까?

이에 대해 예수님은 무엇이라고 답변하셨습니까?

당신은 예수님의 이 답변을 어떻게 이해합니까?

부자 청년은 예수님을 "선한 선생"이라고 불렀습니다. 그랬더니 예수님은 마치 자신의 선함을 부인하는 것과 같은 발언을 하셨습니다. 그러면서 오직 하나님만이 선하시다고 말씀하셨습니다. 만약 예수님께서 자신의 선함을 부인하셨다면 그것은 매우 중대한 의미를 가집니다. 왜냐하면 그것은 자신의 신성을 부인하는 것이기 때문입니다. 그러나 예수님은 다른 여러 곳에서 자신이 하나님과 동등하신 분임을 말씀하셨습니다(마 22:43-45, 요 5:18, 요 10:30,33). 그렇다면 예수님의 이 말씀은 무슨 뜻입니까? 이 말은 예수님은 죄 없으신 하나님의 아들이심에도 불구하고, 선과 의를 위해 자신의 선과 의를 의지하지 않으신 것을 보여줍니다. 다시 말해서 예수님께서 의지하신 선과 의는 오직 하나님의 선과 의뿐이었음을 보여줍니다.

우리의 모든 의를 내려놓고, 하나님의 아들 예수님만이 우리가 의지하는 의와 거룩함과 구원이 되시는 것이 바로 성경이 말하는 복음입니다. 고린도전서 1:30을 아래에 써보십시오.

> 너희는 하나님으로부터 나서 그리스도 예수 안에 있고 예수는 하나님으로부터 나와서 우리에게 지혜와 의로움과 거룩함과 구원함이 되셨으니
> (고전 1:30)

예수님은 철저하게 하나님의 목적을 위해 사셨습니다

예수님은 철저하게 하나님의 자원으로 사셨을 뿐 아니라, 철저하게 하나님의 목적을 위해 사셨습니다. 우리는 요한복음의 여러 곳에서 이 부분을 선명하게 볼 수 있습니다. 그 중 대표적인 구절 중 하나가 요한복음 5:30입니다.

> 내가 아무 것도 스스로 할 수 없노라 듣는 대로 심판하노니 나는 나의 뜻대로 하려 하지 않고 나를 보내신 이의 뜻대로 하려 하므로 내 심판은 의로우니라
> (요 5:30)

예수님은 철저하게 아버지의 목적을 위해 사셨습니다

예수님은 "나는 나를 보내신 이의 원대로 한다"라는 표현으로 자신이 아버지의 목적을 위해 사신다는 것을 분명하게 하셨습니다. 다른 곳에서는 동일한 삶을 "나는 항상 그의 기뻐하시는 일을 행한다" 라고 표현하셨습니다(요 8:29). 우리가 앞에서 살펴본 것처럼 예수님은 아버지의 목적을 발견했을 때, 자신의 모든 것으로 그 일에 동참하는 것을 자신의 양식으로 아셨습니다(요 4:34).

하나님의 목적을 위해 살기 위해서는 자기의 목적을 위해 살지 않아야 합니다

이 구절에서 우리는 하나님의 목적을 위해 사는 것의 의미와 관련하여 중요한 한 가지를 볼 수 있습니다. 그것은 우리가 하나님의 목적을 위해 살려면 자기의 목적을 위해 살지 않아야 한다는 점입니다. 그래서 예수님께서도 "나는 나의 원대로 하려 하지 않고 나의 보내신 이의 원대로 하려 한다"고 말씀하셨습니다.

만약 우리가 하나님의 목적을 위해 산다고 하면서 동시에 우리의 목적을 위해 살면 그것은 하나님의 목적을 위해 사는 것이 아니라, 우리 자신의 목적을 위해 사는 것입니다. 왜냐하면 그 경우 우리는 자신의 목적에 도움이 되는 범위 내에서 하나님의 목적을 위해 살 것이기 때문입니다. 그러므로 우리가 진정으로 하나님의 목적을 위해 살려면, 예수님처럼 자신의 목적을 위해 사는 것이 내려져야 합니다.

다음의 두 구절을 읽고, 유대인들과 예수님의 차이가 무엇이었는지를 써보십시오.

예수님(요 5:41)

> 나는 사람에게서 영광을 취하지 아니하노라
> (요 5:41)

너희가 서로 영광을 취하고 유일하신 하나님께로부터 오는 영광은 구하지 아니하니 어찌 나를 믿을 수 있느냐

(요 5:44)

유대인들(요 5:44)

여기의 유대인들은 그 당시 종교지도자들을 지칭하는 말로서 그 대표적인 인물들이 바리새인들인데 당신은 그들의 생각에 자신들이 하나님의 평가를 소중히 여기지 않았다고 생각하십니까?

예수님은 사람의 칭찬을 구하지 않았습니다. 오직 하나님의 칭찬만을 구했을 따름입니다. 바리새인들도 당연히 자신들이 하나님의 평가를 소중히 여긴다고 생각했을 것입니다. 그러나 그들에게는 하나님의 평가와 아울러 사람의 평가도 중요했습니다. 다시 말해서 그들은 사람들 앞에 잘 받아들여지는 범위 내에서 하나님의 평가를 소중히 여겼습니다. 그래서 하나님의 관점에서 볼 때, 그들은 오직 사람의 평가만을 소중히 여긴자들입니다.

예수님께서 아버지의 목적을 위해 사신 것이 아버지께서 예수님과 함께 하신 이유였습니다

하나님의 자원으로 사는 것과 하나님의 목적을 위해 사는 삶은 항상 같이 갑니다. 예수님의 경우에도 하나님의 목적을 위해 사셨습니다. 그래서 하나님께서 예수님과 함께 하심으로써 예수님께서 하나님의 자원으로 사실 수 있었습니다.

요한복음 8:29를 보면 우리말 성경에는 명확하게 번역되지 않은 "호티"라는 단어가 있습니다. "호티"라는 단어는 "왜냐하면"으로 번역할 수 있는 단어입니다. 이 말은 예수님께서 아버지께로부터 듣는 대로 판단하셨는데, 그것이 가능했던 이유는 예수님이 아버지의 원하는 바를 행하셨기 때문이라는 말입니다. 요한복음 8:29에서도 예수님은 아버지께서 항상 자신과 함께 계신 이유에 대해서 자신이 항상 아버지를 기쁘게 하기를 추구하기 때문이라고 말씀하셨습니다.

만물이 그에게서 창조되되 하늘과 땅에서 보이는 것들과 보이지 않는 것들과 혹은 왕권들이나 주권들이나 통치자들이나 권세들이나 만물이 다 그로 말미암고 그를 위하여 창조되었고

(골 1:16)

오늘날 많은 성도들이 하나님의 자원을 경험하지 못하는 주된 이유는 그들이 하나님의 목적을 위해 살지 않기 때문입니다. 그들은 자신의 목적을 위해 살면서 동시에 하나님의 자원을 경험하기 원합니다. 그러나 그것은 실현 가능한 삶이 아닙니다.
우리 모두는 하나님의 목적을 위해 살아야 합니다. 그것이 하나님께서 우리를 창조하신 목적이요(골 1:16), 그것이 하나님께서 우리를 구원하신 목적입니다(고전 6:20). 그리고 하나님의 목적을 위해 살 때, 하나님의 모든 생명이 넘칩니다.

값으로 산 것이 되었으니 그런즉 너희 몸으로 하나님께 영광을 돌리라

(고전 6:20)

| 예수님은 철저하게 하나님의 방법으로 사셨습니다

하나님 중심적인 삶의 한 특징은 하나님의 방법으로 사는 삶인데, 하나님의 방법으로 사는 삶은 크게 세 가지 부분을 포함합니다.

1. 철저하게 하나님의 다림줄(기준)에 합한 삶.
2. 철저하게 하나님의 관점으로 사는 삶.
3. 철저하게 성령의 인도를 따르는 삶.

예수님은 모든 면에서 철저하게 하나님의 방법으로 혹은 하나님의 길을 따라 사셨습니다. 우리는 이미 앞 과에서 예수님께서 어떻게 철저하게 성령의 인도를 따라 사셨는지를 살펴보았습니다. 다른 부분들은 앞으로 좀더 자세히 살펴보도록 하겠습니다.

하나님 중심적인 삶에만 하나님의 생명이 넘칩니다

하나님 중심적인 삶을 말할 때, 일부 성도들은 부담스러워합니다. 오늘날 많은 성도들의 삶에서 하나님은 그들 삶의 목표와 목적을 위한 수단으로 전락해 버린 상황이기 때문입니다. 그러나 우리가 기억해야 할 것은 우리 신앙은 처음부터 끝까지 하나님 중심적인 삶이며, 오직 하나님 중심적인 삶에서만 하나님의 생명이 넘친다는 사실입니다.

하나님의 생명 중 하나는 하나님과의 친밀한 교제입니다. 그래서 하나님과의 친밀한 교제도 오직 하나님 중심적인 삶에서만 가능합니다. 요한복음은 예수님께서 하나님과의 친밀한 교제 가운데 거하셨다는 것을 어느 성경보다 강조하고 있습니다. 동시에 요한복음은 예수님께서 하나님 중심적인 삶을 사셨다는 것을 어느 성경보다 분명하게 보여줍니다. 이 둘은 깊은 관계가 있기 때문입니다.

타락하기 전의 아담과 하와의 모습을 보아도 이 점을 잘 알 수 있습니다. 그들이 선악과를 따먹기 전에, 즉 그들이 하나님의 주권적인 통치 아래서 하나님 중심적인 삶을 살 때, 그들에게는 하나님의 생명이 넘쳤습니다. 하나님과의 친밀한 교제가 거기 있었습니다. 하나님의 온전한 보호가 거기 있었습니다. 부부 사이의 온전한 화합이 거기 있었습니다. 그들은 영적으로, 육적으로, 정서적으로 건강했습니다. 자연계도 그들에게 협조적이었습니다. 하나님의 모든 풍요가 그들에게 넘쳤습니다.

오늘 배운 것을 복습하십시오. 오늘 배운 내용 중에서 하나님께서 당신으로 하여금 이해하고, 배우고, 실천하기 원하는 부분이나 성구를 한두 개 지적해 주시도록 기도하십시오. 그리고 난 후 다음의 질문에 답하십시오.

✣ 오늘 배운 내용 중에서 어떤 부분이나 성구가 가장 뜻있게 와 닿았습니까?

✣ 위의 부분이나 성구를 하나님께 대한 당신의 기도로 바꾸십시오.

✣ 오늘의 학습에 대한 반응으로 하나님은 당신이 무엇을 하기를 원하십니까?

이 과의 요점

- 우리 신앙은 처음부터 끝까지 하나님 중심적인 삶입니다.
- 하나님 중심적인 삶은 하나님의 자원으로 사는 삶, 하나님의 목적으로 사는 삶, 하나님의 방법대로 사는 삶입니다.
- 예수님은 철저하게 하나님 중심적인 삶을 살았습니다.
- 하나님 중심적인 삶에만 하나님의 생명이 넘칩니다.

제5과 자기 중심적인 삶

우리 신앙은 처음부터 끝까지 하나님 중심적인 삶인 반면, 타락의 본질은 자기 중심적인 삶입니다.

자기 중심적인 삶이 타락의 본질입니다

우리가 사탄의 타락과 인류의 타락에 관한 성경구절을 보면 어떻게 자기 중심적인 삶이 타락의 본질인가를 잘 이해할 수 있습니다.

많은 학자들이 천사장 루시퍼가 타락하여 사탄이 되는 과정에 관한 구절이라고 이해하는 이사야 14:12-15을 읽고 다음의 물음에 답하십시오.

루시퍼는 누구와 동등하게 되기를 추구했습니까?

당신은 하나님과 동등하게 된다는 말이 무슨 뜻이라고 생각합니까?

그 결과는 무엇이었습니까?

루시퍼는 하나님의 가장 훌륭한 피조물 중 하나였습니다. 그러나 그는 하나님의 주권적인 통치 아래 거하는 삶으로 만족하지 못했습니다. 그는 다른 모든 피조물보다 위에 올라 하나님처럼 되기를 원했습니다. 그가 하나님처럼 되기를 원했다는 말은 그가 더 이상 하나님의 주권적인 통치 아래 있지 않고, 자신의 하나님이 되기를 선택했다는 말입니다. 다시 말해서 하나님 중심적인 삶에서 자기 중심적인 삶으로의 전환을 말합니다. 이처럼 자기 중심적인 삶이 타락의 본질입니다. 그리고 그 결과 루시퍼는 음부의 맨 밑바닥으로 추락하게 되었습니다.

너 아침의 아들 계명성이여 어찌 그리 하늘에서 떨어졌으며 너 열국을 엎은 자여 어찌 그리 땅에 찍혔는고 네가 네 마음에 이르기를 내가 하늘에 올라 하나님의 뭇 별 위에 내 자리를 높이리라 내가 북극 집회의 산 위에 앉으리라 가장 높은 구름에 올라가 지극히 높은 이와 같아지리라 하는도다 그러나 이제 네가 스올 곧 구덩이 맨 밑에 떨어짐을 당하리로다

(사 14:12-15)

인간의 타락에 관한 기록을 보아도 우리는 이 점을 선명하게 볼 수 있습니다. 창세기 3:1-6을 읽고 다음의 물음에 답하십시오.

사탄(뱀)이 누구를 시험했습니까?

사탄이 하와에게 어떻게 하라고 시험했습니까?

사탄은 하와에게 선악과를 먹으면 어떻게 되리라고 유혹했습니까?

당신은 선악과를 따먹는다는 말이 무엇을 의미한다고 생각합니까?

피조물인 사탄이 창조주인 하나님을 감히 대적할 수 없습니다. 그래서 사탄은 하나님께서 가족으로 창조하신 인간을 유혹합니다. 인간을 향한 사탄의 유혹은 선악과를 따먹으라는 것이었습니다. 특히 사탄은 그들이 선악과를 먹으면 하나님처럼 될 것이라고 유혹했습니다. 이 말을 들은 하와가 선악과를 보니 “먹음직도 하고 보암직도 하고 (하나님처럼) 지혜롭게 할 만큼 탐스럽기도” 하게 보여 그 선악과를 따먹을 뿐 아니라, 아담에게 주어 먹게 했습니다. 여기에서 선악과를 따먹었다는 말은 하나님의 주권적인 통치 즉 하나님 중심적인 삶을 버렸다는 것을 의미합니다. 선악과는 앞에서 살펴본 것처럼 하나님의 주권적인 통치를 의미하기 때문입니다. 그리고 인간이 하나님처럼 되기 원했다는 말은 자신이 하나님 되기를 선택한 것, 즉 자기 중심적인 삶을 선택했다는 것을 의미합니다. 이처럼 인간 타락의 기록을 보아도 자기 중심적인 삶이 타락의 본질입니다.

> 그런데 뱀은 여호와 하나님이 지으신 들짐승 중에 가장 간교하니라 뱀이 여자에게 물어 이르되 하나님이 참으로 너희에게 동산 모든 나무의 열매를 먹지 말라 하시더냐 여자가 뱀에게 말하되 동산 나무의 열매를 우리가 먹을 수 있으나 동산 중앙에 있는 나무의 열매는 하나님의 말씀에 너희는 먹지도 말고 만지지도 말라 너희가 죽을까 하노라 하셨느니라 뱀이 여자에게 이르되 너희가 결코 죽지 아니하리라 너희가 그것을 먹는 날에는 너희 눈이 밝아져 하나님과 같이 되어 선악을 알 줄 하나님이 아심이니라 여자가 그 나무를 본즉 먹음직도 하고 보암직도 하고 지혜롭게 할 만큼 탐스럽기도 한 나무인지라 여자가 그 열매를 따먹고 자기와 함께 있는 남편에게도 주매 그도 먹은지라
>
> (창 3:1-6)

이사야 53:6은 인간의 타락을 무엇이라고 한 마디로 요약하고 있습니까?

이사야 53장은 인류를 구속하시기 위해 고난의 종으로 오실 예수님의 십자가와 부활에 대해서 예언하고 있습니다. 여기에서 6절은 인류의 타락을 한 마디로 “그릇 행하여 각기 제 길로 갔다” 라고 요약하고 있습니다. 자기 길을 따르는 것, 그것이 자기 중심적인 삶입니다.

> 우리는 다 양 같아서 그릇 행하여 각기 제 길로 갔거늘 여호와께서는 우리 모두의 죄악을 그에게 담당시키셨도다
>
> (사 53:6)

| 아무리 종교적인 의식과 헌신과 희생이 가득해도 자기 중심적인 삶을 살면, 그것은 하나님 앞에서 철저하게 타락한 삶입니다

자기 중심적인 삶이 타락의 본질이기 때문에, 하나님의 백성들의 삶 속에 많은 종교적인 의식과 헌신과 희생이 있다 할지라도 그들이 자기 중심적인 삶을 살면 그것은 하나님 앞에서 철저하게 타락한 삶입니다.

예레미야 시대에는 심지어 어떻게 번제를 드렸습니까?(렘 6:20)

그러나 그들의 삶은 어떠했습니까?(렘 7:24)

그 결과 하나님은 그들에게 무엇이라고 말씀하셨습니까?(렘 2:13)

예레미야 시대 유다 백성들은 다른 많은 희생들에 추가로 심지어 시바와 원방에서 특별한 향품을 사다가 하나님께 번제로 드렸습니다. 시바는 오늘날의 남예멘 혹은 에티오피아이고 원방은 인도입니다. 그러나 그들의 삶은 철저하게 자기 중심적인 삶이었습니다. 그래서 하나님은 그들이 하나님을 버렸고 멸시했다고 말씀하셨습니다.

자기 중심적인 삶과 세상과 사탄은 밀접한 관계를 가지고 있습니다

자기 중심적인 삶, 세상 그리고 사탄은 삼위일체처럼 서로 깊은 관련이 있습니다.

에베소서 2:1-3을 읽고 다음의 물음에 답하십시오.

2절의 "그 때"는 어느 때를 말합니까?

이 구절이 말하는, 불신자들의 삶의 특징 세 가지는 무엇입니까?

여기서 말하는 "그 때"는 예수를 믿기 전을 말합니다. 이 구절이 말하는 불신자들의 삶의 세 가지 특징은 이 세상 풍속을 좇는 삶, 공중의 권세 잡은 자(사탄)를 따르는 삶, 육체와 마음이 원하는 대로 사는 삶입니다. 여기에서 말하는 육체는 타락한 본성을 말하는 것으로써 자기 중심성의 성경적인 용어입니다. 이와 같이 세상, 사탄 그리고

시바에서 유향과 먼 곳에서 향품을 내게로 가져옴은 어찌함이냐 나는 그들의 번제를 받지 아니하며 그들의 희생제물을 달게 여기지 않노라
(렘 6:20)

그들이 순종하지 아니하며 귀를 기울이지도 아니하고 자신들의 악한 마음의 꾀와 완악한 대로 행하여 그 등을 내게로 돌리고 그 얼굴을 향하지 아니하였으며
(렘 7:24)

내 백성이 두 가지 악을 행하였나니 곧 그들이 생수의 근원되는 나를 버린 것과 스스로 웅덩이를 판 것인데 그것은 그 물을 가두지 못할 터진 웅덩이들이니라
(렘 2:13)

그는 허물과 죄로 죽었던 너희를 살리셨도다 그 때에 너희는 그 가운데서 행하여 이 세상 풍조를 따르고 공중의 권세 잡은 자를 따랐으니 곧 지금 불순종의 아들들 가운데서 역사하는 영이라 전에는 우리도 다 그 가운데서 우리 육체의 욕심을 따라 지내며 육체와 마음의 원하는 것을 하여 다른 이들과 같이 본질상 진노의 자녀이었더니
(엡 2:1-3)

자기 중심적인 삶은 서로 밀접한 관계를 가지고 있습니다. 오늘날 문제는 이것이 불신자들의 삶의 특징인데, 많은 이들이 예수 믿은 후에도 여전히 이러한 삶을 살고 있다는 것입니다.

| 자기 중심적인 삶의 배후에는 사탄이 있습니다

자기 중심적인 삶, 세상 그리고 사탄은 밀접한 관계를 가지고 있기 때문에 자기 중심적인 삶의 배후에는 항상 사탄이 있습니다. 사실 자기 중심적인 삶의 원조가 사탄입니다.

다윗과 베드로의 예를 보면 이 점을 뚜렷하게 볼 수 있습니다.

사탄이 일어나 이스라엘을 대적하고 다윗을 충동하여 이스라엘을 계수하게 하니라

(대상 21:1)

역대상 21장에 보면 다윗이 인구 조사하는 죄를 범하므로 하나님께서 심판을 내린 내용이 기록되어 있습니다.

당신은 인구 조사가 왜 죄였다고 생각하십니까?

인구 조사 하도록 누가 부추겼습니까?(1절)

다윗은 그 동안 하나님을 자신의 피난처요 산성으로 삼는 삶을 살았습니다(시 18:2). 그런데 이제 나라가 부강해지면서 그가 자기의 군대와 병력을 의지하게 되었습니다. 그것이 인구 조사로 나타났습니다. 여기서 말하는 인구 조사는 하나님의 자원으로 사는 삶에서 자기 자원으로 사는 삶으로 전락한 것을 의미합니다. 그래서 그것이 엄청난 죄였습니다. 그런데 그 배후에는 바로 사탄이 있었습니다.

이 때로부터 예수 그리스도께서 자기가 예루살렘에 올라가 장로들과 대제사장들과 서기관들에게 많은 고난을 받고 죽임을 당하고 제삼일에 살아나야 할 것을 제자들에게 비로소 나타내시니 베드로가 예수를 붙들고 항변하여 이르되 주여 그리 마옵소서 이 일이 결코 주께 미치지 아니하리이다 예수께서 돌이키시며 베드로에게 이르시되 사탄아 내 뒤로 물러 가라 너는 나를 넘어지게 하는 자로다 네가 하나님의 일을 생각하지 아니하고 도리어 사람의 일을 생각하는도다 하시고

(마 16:21-23)

마태복음 16:21-23을 읽고 다음의 물음에 답하십시오.

예수님께서 제자들에게 예수님의 무엇에 대해서 말씀하셨습니까?

이에 대해 베드로는 예수님께 어떻게 했습니까?

3. 당신은 베드로가 왜 이렇게 행동했다고 생각합니까?
- □ 예수님께서 살아계셔서 왕이 되어야 자기도 출세할 수 있으니까.
- □ 베드로가 예수님을 사랑했기 때문에.
- □ 기타 (　　　　　　　　　　　　　　　　　　　　　　)

이러한 베드로의 행동에 대해 예수님은 무엇이라고 하셨습니까?

당신은 이러한 예수님의 행동을 이해할 수 있습니까?

이 사건은 예수님께서 십자가에 돌아가시기 얼마 전 제자들을 집중적으로 훈련시키는 과정에서 있었던 사건입니다. 예수님께서 이제 곧 다가올 죽음과 그 이후에 있을 부활에 대해서 제자들을 가르치시기 시작하셨습니다. 그러자 베드로가 예수님을 한쪽으로 불러 강력하게 항의하면서 절대로 그러한 일이 일어나지 않을 것이라고 말했습니다. 베드로가 그렇게 행동한 것은 그가 예수님을 아끼고 사랑했기 때문일 것입니다. 성경에 나오는 베드로의 모습을 보면, 그는 예수님을 위해서 기꺼이 목숨이라도 내어놓을 수 있는 사람이었습니다. 그런데 예수님은 그러한 베드로를 똑바로 쳐다보시면서, "사탄아 내 뒤로 물러가라"고 소리치셨습니다. 베드로의 그러한 행동은 나름대로 좋은 의도였다고 할지라도 자기 중심적으로 행동했기 때문에 그 배후에 하나님의 계획을 대적하려는 사탄의 영향력이 있었습니다.

우리가 주님을 따라가는 데 있어 좋은 동기는 매우 중요한 요소입니다. 그러나 좋은 동기만 가지고는 부족합니다. 베드로는 나름대로 좋은 동기를 가지고 있었지만 자기 중심적으로 행동했기 때문에 자기도 모르는 사이에 사탄에게 이용당했던 것입니다. 이처럼 자기 중심적인 행동의 배후에는 사탄이 있습니다.

자기 중심적인 삶에는 어떠한 하나님의 생명도 없습니다

자기 중심적인 삶은 타락한 삶이기 때문에 거기에는 어떠한 하나님의 생명도 없습니다.

창세기 3:7-19을 읽고, 아담과 하와가 선악과를 따먹은 후, 즉 하나님 중심적인 삶에서 자기 중심적인 삶으로 타락한 후, 그들에게 나타난 결과를 아래에 적어보십시오.

루시퍼가 자기 중심적으로 타락했을 때 그 결과는 무엇이었습니까?(사 14:15).

그러나 이제 네가 스올 곧 구덩이 맨 밑에 떨어짐을 당하리로다

(사 14:15)

발바닥에서 머리까지 성한 곳이 없이 상한 것과 터진 것과 새로 맞은 흔적뿐이거늘 그것을 짜며 싸매며 기름으로 부드럽게 함을 받지 못하였도다
(사 1:6)

자기 중심적인 삶으로 타락한 이사야 시대에 대해 하나님은 그 당시에 생명이 철저히 고갈된 상태를 어떻게 표현하고 있습니까?(사 1:6)

예레미야 2:13은 하나님을 무엇으로 표현하고 있습니까?

내 백성이 두 가지 악을 행하였나니 곧 그들이 생수의 근원되는 나를 버린 것과 스스로 웅덩이를 판 것인데 그것은 그 물을 가두지 못할 터진 웅덩이들이니라
(렘 2:13)

또한 자기 중심적인 신앙을 무엇으로 표현하고 있습니까?

자기 중심적인 신앙의 특징이 무엇입니까?

그들은 하나님과의 관계가 끊어지게 되었습니다. 하나님께서 정녕 죽으리라고 말씀하신대로 그들의 영은 생명의 근원이신 하나님에게서 끊어져 곧 바로 죽게 되었습니다. 아담과 하와 사이에 서로 부끄러워 자신을 숨길 만큼 부부 사이에도 간격이 있게 되었습니다. 그들은 서로에게 책임을 전가할 정도로 정서적으로도 병들게 되었습니다. 그들의 육신도 결국 죽게 되었습니다. 자연계도 그들에게 비협조적이 되었습니다. 즉 그들은 영적으로, 정서적으로, 육적으로, 사회적으로, 심리적으로 모두 병들게 되었습니다. 하나님은 그들을 위해 예비하신 하나님의 모든 생명을 그들에게서 거두어 가신 것입니다.

루시퍼는 하나님처럼 되고자 했지만, 자기 중심적인 삶으로 타락했을 때 그 결과는 지옥 맨 밑바닥이었습니다. 하나님의 생명이 고갈된 하나님의 백성의 상태를 성경은 "상처"라는 말을 사용해서 자주 표현합니다. 그런데 이사야 시대는 머리끝부터 발끝까지 터진 상처뿐이었습니다. 영적으로 그 당시 이스라엘은 온 몸에 문둥병이 퍼져 썩어가고 있는 상황과 같았습니다. 예레미야 2:13에서 하나님은 자신을 "생수의 근원"으로 자기 중심적인 신앙은 "터진 웅덩이"로 표현하고 있습니다. 그런데 터진 웅덩이의 특징은 물을 저축하지 못한다는 것입니다. 다시 말해서 거기에는 어떠한 하나님의 생명도 없다는 것입니다.

| 세상에서 잘 되는 것이 반드시 하나님의 생명은 아닙니다

여호와여 내가 주와 변론할 때에는 주께서 의로우시니이다 그러나 내가 주께 질문하옵나니 악한 자의 길이 형통하며 반역한 자가 다 평안함은 무슨 까닭이니이까 주께서 그들을 심으시므로 그들이 뿌리가 박히고 장성하여 열매를 맺었거늘 그들의 입은 주께 가까우나 그들의 마음은 머니이다
(렘 12:1-2)

예레미야 12:1-2에서 "악한 자"와 "패역한 자"는 누구를 가리킵니까?

그들이 외부적으로 어떠했기에 예레미야가 시험에 들었습니까?

요한계시록 2장과 3장에 나오는 일곱 교회 중 라오디게아 교회는 예수님의 칭찬을 한 마디도 받지 못하고 오직 책망만 받은 교회였습니다. 그런데 그 교회의 외적 상태가 어떠했습니까?(계 3:17).

> 네가 말하기를 나는 부자라 부요하여 부족한 것이 없다 하나 네 곤고한 것과 가련한 것과 가난한 것과 눈 먼 것과 벌거벗은 것을 알지 못하는도다
> (계 3:17)

예레미야 12:1에 나오는 "악한 자"와 "패역한 자"는 2절을 보아도 확실하게 알 수 있듯이 그 당시 유다 백성들과 예루살렘 거민들이었습니다. 하나님의 관점에서 그들은 하나님을 떠났기에 하나님의 심판이 코앞에까지 다가와 있는 상황이었습니다. 그런데 그들은 세상적으로 형통했고, 풍족하고 안락한 삶을 살았습니다. 예수님께로부터 칭찬 한 마디 받지 못한 라오디게아 교회도 세상적으로 매우 부요했습니다. 그 지역에 산업이 발달했기 때문에 그들은 개인적으로 교회적으로 매우 부요했습니다. 자신들이 "나는 부자라 부요하여 부족한 것이 없다"고 자부할 정도였습니다. 세상에서 잘되는 것이 반드시 하나님의 생명은 아닙니다. 그렇다면 엄청나게 성장하는 많은 이단 교회들 그리고 엄청나게 부요한 많은 이방신을 섬기는 사람들 속에도 하나님의 생명이 넘치고 있다고 말해야 할 것입니다.

오늘날 일부 성도들은 하나님 중심적인 삶을 부담스러워합니다. 그리고 자기 중심적인 삶에 익숙합니다. 그러나 우리는 자기 중심적인 삶에는 어떠한 하나님의 생명도 없음을 반드시 기억해야 합니다.

자기 중심적인 삶의 특징

자기 중심적인 삶은 하나님의 중심적인 삶과 정반대의 세 가지 특징을 가지고 있습니다. 그것은 자기 자원으로 사는 삶, 자기 목적을 위해 사는 삶, 그리고 자기 방법으로 사는 삶입니다. 자기 중심적 삶과 세상은 밀접한 관계를 가지고 있기 때문에 이것은 곧 세상의 자원으로 사는 삶, 세상의 목적을 위해 사는 삶, 그리고 세상의 방법대로 사는 삶입니다. 그것을 그림으로 표시하면 아래와 같습니다.

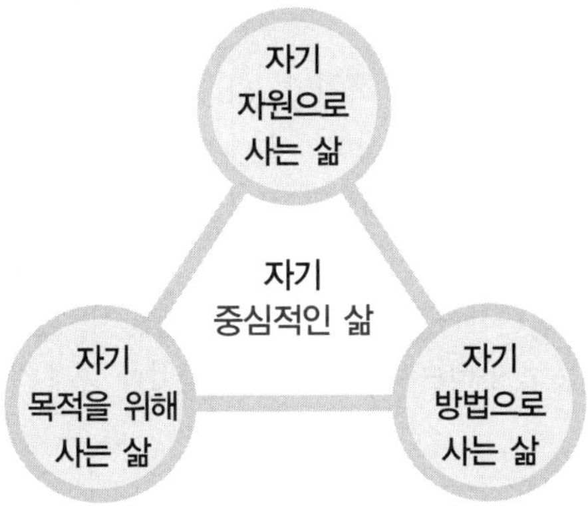

여호와께서 이르시되 패역한 자식들은 화 있을진저 그들이 계교를 베푸나 나로 말미암지 아니하며 맹약을 맺으나 나의 영으로 말미암지 아니하고 죄에 죄를 더하도다 그들이 바로의 세력 안에서 스스로 강하려 하며 애굽의 그늘에 피하려 하여 애굽으로 내려갔으되 나의 입에 묻지 아니하였도다 그러므로 바로의 세력이 너희의 수치가 되며 애굽의 그늘에 피함이 너희의 수욕이 될 것이라

(사 30:1-3)

| 이사야 시대의 예

이사야 30:1-3을 읽고 다음의 물음에 답하십시오. 그 당시 앗수르가 유다를 위협하고 있는 위급한 상황이었습니다. 북방 이스라엘이 바로 그 앗수르에 의해 멸망당했습니다.

그러한 상황에서 유다는 어떠한 행동을 했습니까?

만약 당신이 그 당시 유대 왕이었다면, 당신은 어떻게 했겠습니까?

이에 대한 하나님의 반응은 어떠했습니까?

당신은 이 행동의 문제가 무엇이었다고 생각합니까?

그 당시 유다는 잔인한 강대국 앗수르 앞에서 속수무책이었습니다. 그래서 그 당시 아람과 가나안 지역의 작은 나라들이 그랬던 것처럼 또 다른 강대국인 애굽과 조약을 맺었습니다. 애굽의 힘을 빌려 앗수르를 견제하려고 했던 것입니다. 이러한 행동에 대해 하나님은 이사야를 통해 강력하게 책망하셨습니다. 하나님께서 사용하신 용어가 얼마나 강한지 보십시오. 그렇다면 그렇게 절박한 상황에서 취한 유다의 행동이 하나님 앞에서 왜 그렇게 큰 죄였습니까? 그 이유는 유다의 그러한 행동이 하나님의 자원을 의지한 것이 아니라 세상의 자원을 의지한 행동(사 31:1)이었고, 하나님의 방법을 따른 것이 아니라 세상의 방법을 따른 행동이었기 때문입니다. 다시 말해서, 불신에서 나온 철저하게 타락한 자기 중심적인 행동이었기 때문입니다. 이처럼 자기 중심적인 삶은 하나님 앞에서 타락한 죄 된 삶입니다.

| 우리는 자기 중심적인 삶에 익숙합니다

자기 중심적인 삶의 성경적인 용어는 육신입니다. 즉 자기 중심적인 삶은 타락한 본성입니다. 그래서 우리 인간은 자기 중심적인 삶에 매우 익숙합니다. 타락한 세상이 다 그렇게 삽니다. 따라서 우리는 자동적으로 하나님 중심적으로 생각하거나 행동하지 않게 되어 있습니다. 우리가 십자가 위에서 우리의 옛사람, 즉 자기 중심적 사람이 죽었다는 사실을 인식하고, 순간순간 자기 중심적 자세를 내려놓고, 우리 삶을 성령께 드려 순종할 때에야 비로소 우리는 하나님 중심적인 삶을 살게 될 것입니다.

오늘 배운 것을 복습하십시오. 오늘 배운 내용 중에서 하나님께서 당신으로 하여금 이해하고, 배우고, 실천하기 원하는 부분이나 성구를 한두 개 지적해 주시도록 기도하십시오. 그리고 난 후 다음의 질문에 답하십시오.

❖ 오늘 배운 내용 중에서 어떤 부분이나 성구가 가장 뜻있게 와 닿았습니까?

❖ 위의 부분이나 성구를 하나님께 대한 당신의 기도로 바꾸십시오.

❖ 오늘의 학습에 대한 반응으로 하나님은 당신이 무엇을 하기를 원하십니까?

이 과의 요점

- 타락의 본질은 자기 중심적인 삶입니다.
- 아무리 종교적인 의식과 헌신이 가득해도 자기 중심적인 삶을 살면, 그것은 전적으로 타락한 삶입니다.
- 자기 중심적인 삶과 세상과 사탄은 밀접한 관계를 가지고 있습니다.
- 자기 중심적인 삶에는 어떠한 하나님의 생명도 없습니다.

제 2단원

거짓 신앙체계 I

Power of the Cross

제1과 거짓 신앙체계의 실체

너희 소돔의 관원들아 여호와의 말씀을 들을지어다 너희 고모라의 백성아 우리 하나님의 법에 귀를 기울일지어다 여호와께서 말씀하시되 너희의 무수한 제물이 내게 무엇이 유익하뇨 나는 숫양의 번제와 살진 짐승의 기름에 배불렀고 나는 수송아지나 어린 양이나 숫염소의 피를 기뻐하지 아니하노라 너희가 내 앞에 보이러 오니 이것을 누가 너희에게 요구하였느냐 내 마당만 밟을 뿐이니라 헛된 제물을 다시 가져오지 말라 분향은 내가 가증히 여기는 바요 월삭과 안식일과 대회로 모이는 것도 그러하니 성회와 아울러 악을 행하는 것을 내가 견디지 못하겠노라 내 마음이 너희의 월삭과 정한 절기를 싫어하나니 그것이 내게 무거운 짐이라 내가 지기에 곤비하였느니라 너희가 손을 펼 때에 내가 내 눈을 너희에게서 가리고 너희가 많이 기도할지라도 내가 듣지 아니하리니 이는 너희의 손에 피가 가득함이라

(사 1:10-15)

우리가 하나님께서 의도하신 하나님과의 친밀한 교제 가운데 거하고, 하나님의 행하심을 보고 동참함으로 삶 속에서 살아계신 하나님을 경험하기 위해서는 거짓 신앙체계가 우리 각 개인과 교회의 삶 속에서 철저히 버려져야 합니다.

성경에 거짓 신앙체계라는 용어는 나오지 않습니다. 그러나 우리는 성경 전체에서 거짓 신앙체계가 있다는 사실을 볼 수 있습니다.

이사야 1:10-15을 읽고, 다음의 물음에 답하십시오.

그 당시 이스라엘 백성들이 지킨 절기들을 나열해 보십시오(13-14절).

그들이 드린 희생들을 나열해 보십시오(11절).

그들의 기도생활은 어떠했습니까?(15절)

그들은 자신들의 신앙생활에 대해 어떻게 생각했을까요?

□ 신앙생활을 잘하고 있다.　　□ 신앙생활을 잘못하고 있다.

오늘날 하나님의 백성들이 이들처럼 신앙생활 한다면, 그것은 신앙생활 잘하는 것입니까 못하는 것입니까?

그런데 하나님은 그들에 대해서 무엇이라고 말씀하셨습니까?(사 1:4)

당신은 여기에서 무엇이 문제라고 생각합니까?

그 당시 이스라엘 백성들은 안식일은 기본이고 월삭(매월 첫 날)과 모든 대회와 절기를 지켰습니다. 오늘날로 말하면 맥추감사절, 대강절, 사순절, 오순절 등과 같은 별로 알려지지 않은 절기까지 빼놓지 않고 철저히 지켰음을 의미합니다. 그리고 그들은 그 절기마다 수많은 제사들을 하나님께 드렸습니다. 수양, 수송아지, 어린 양, 수염소 등 그들이 하나님께 드린 제물들은 셀 수 없을 정도였습니다. 그들은 가장 살진 좋은 것들을 하나님께 드렸습니다. 그들은 또한 많은 기도를 하나님께 드렸습니다. 이사야 58장에 의하면, 정기적으로 온 백성이 금식하며 기도했습니다.

이렇게 많은 예배와 희생과 기도를 드린 그들은 당연히 자신들이 신앙생활을 잘하고 있다고 생각했을 것입니다. 어쩌면 자신들이 신앙생활을 가장 잘하고 있다고 자부했을지도 모릅니다. 사실 오늘날도 이렇게 신앙생활 하면 신앙생활을 매우 잘한다고 생각할 것입니다. 그러나 그들에 대한 하나님의 평가는 정반대였습니다. 하나님은 그들을 소돔의 백성이요 고모라의 백성이라고 부르셨습니다. 하나님은 그들이 하나님을 버렸다고 말씀하셨습니다.

무엇이 문제였습니까? 신앙에 대해 그들이 가지고 있던 이해와 하나님이 가지고 계셨던 이해가 달랐던 것입니다. 즉 그들은 신앙에 대한 잘못된 이해를 가지고 있었습니다. 그래서 그들은 누구보다 신앙생활 잘 한다고 생각했는데, 하나님의 관점에서 그들은 하나님과 전혀 상관없는 삶을 살고 있었던 것입니다. 신앙에 대한 잘못된 이해, 그것이 바로 거짓 신앙체계입니다.

슬프다 범죄한 나라요 허물 진 백성이요 행악의 종자요 행위가 부패한 자식이로다 그들이 여호와를 버리며 이스라엘의 거룩하신 이를 만홀히 여겨 멀리하고 물러갔도다
(사 1:4)

거짓 신앙체계의 실체를 볼 수 있는 또 하나의 좋은 예는 예수님 시대의 바리새인들입니다. 그들은 누구보다 철저히 안식일을 지키고, 십일조를 드리고, 성경을 연구하고, 금식하고, 기도하고, 전통적으로 내려오는 율법을 지켰습니다. 그래서 그들은 당연히 누구보다 하나님을 더 잘 알고, 하나님을 더 사랑하고, 하나님의 말씀을 더 잘 믿는다고 자부했을 것입니다.

다음의 구절들을 읽고, 그들에 대한 예수님(하나님)의 평가 중 옳은 것에 ∨표시하십시오.

요한복음 5:37-38

□ 그들이 하나님을 잘 안다.

□ 그들이 하나님을 전혀 모른다.

또한 나를 보내신 아버지께서 친히 나를 위하여 증언하셨느니라 너희는 아무 때에도 그 음성을 듣지 못하였고 그 형상을 보지 못하였으며 그 말씀이 너희 속에 거하지 아니하니 이는 그가 보내신 이를 믿지 아니함이라
(요 5:37-38)

다만 하나님을 사랑하는 것이 너희 속에 없음을 알았노라

(요 5:42)

요한복음 5:42

□ 그들이 하나님을 사랑한다.

□ 그들이 하나님을 전혀 사랑하지 않는다.

모세를 믿었더라면 또 나를 믿었으리니 이는 그가 내게 대하여 기록하였음이라 그러나 그의 글도 믿지 아니하거든 어찌 내 말을 믿겠느냐 하시니라

(요 6:46-47)

요한복음 5:46-47

□ 그들이 하나님의 말씀을 잘 믿는다.

□ 그들이 하나님의 말씀을 전혀 안 믿는다.

그들은 하나님을 아는 것, 하나님을 사랑하는 것, 하나님의 말씀을 믿는 것 등 신앙의 가장 기본적인 것에서부터 그릇된 이해를 가지고 있었습니다. 그래서 그들은 자신들이 가장 하나님을 잘 알고, 하나님을 사랑하고, 하나님의 말씀을 잘 믿는다고 자부했는데, 하나님은 정반대로 말씀하셨습니다.

거짓 신앙체계의 정의

거짓 신앙체계는 신앙에 대한 왜곡된 이해입니다. 거짓 신앙체계는 우리의 신앙을 잘못 이해하는 것으로써 신앙의 모조품입니다.

| 거짓 신앙체계는 교리가 잘못된 것을 말하는 것이 아닙니다

거짓 신앙체계가 신앙에 대한 왜곡된 이해라고 말하니까 교리적으로 잘못된 것을 말하는 것이라고 이해할 수 있는데, 전혀 그렇지 않습니다. 교리적으로는 전적으로 옳으면서도, 철저하게 거짓 신앙체계에 빠져 하나님과 상관없는 삶을 살 수 있습니다.

이에 예수께서 무리와 제자들에게 말씀하여 이르시되 서기관들과 바리새인들이 모세의 자리에 앉았으니 그러므로 무엇이든지 그들이 말하는 바는 행하고 지키되 그들이 하는 행위는 본받지 말라 그들은 말만 하고 행하지 아니하며

(마 23:1-3)

마태복음 23:1-3에 의하면 바리새인들이 가르치는 내용이 교리적으로 옳은 것이었습니까? 아니면 틀린 것이었습니까?

예수님께서 자기 제자들에게 바리새인들이 가르치는 것을 다 반드시 지켜 행하라고 말씀하신 것을 보면 우리는 바리새인들이 교리적으로 옳았던 것을 알 수 있습니다.

바리새인들은 교리적으로는 정통이었을지 모르지만, 하나님을 아는 것, 하나님을 사랑하는 것, 하나님을 믿는 것 등 가장 기본적인 것에서부터 신앙에 대한 왜곡된 이해를 가지고 있었습니다. 다시 말해서, 그들은 교리적으로는 옳으면서도 철저하게 거짓 신앙체계에 빠져있었습니다.

마틴 로이드 존스 목사는 그의 책『부흥』에서 이 거짓 신앙체계를 죽은 정통주의라 부릅니다. 그가 말한 죽은 정통주의는 교리는 정통인데, 그 속에 생명이 전혀 없는 신앙에 대한 그릇된 이해를 말합니다. 그러면서 그는 기독교 역사에서 이단 못지 않게 가장 위험한 것이 죽은 정통주의라고 말합니다. "사실상 죽은 정통은 이단만큼 나쁩니다. 왜냐하면 그러한 죽은 정통은 아무런 소용이 없기 때문입니다."(『부흥』, 81쪽)

| 거짓 신앙체계는 신앙이 미성숙한 어린 상태를 말하는 것이 아닙니다

신앙에 대한 왜곡된 이해라고 해서 신앙이 미성숙한 상태를 말하는 것이 아닙니다. 이사야 시대의 이스라엘 백성들이나 바리새인들은 소위 신앙이 어린 자들이 아니었습니다. 바리새인들은 자신들을 빛이요 스승이라고 자부한 자들이었습니다. 그러나 그들은 신앙에 대한 그릇된 이해를 가지고 있었습니다.

오늘날도 이 거짓 신앙체계는 소위 신앙이 어리다고 하는 성도들만이 빠지는 함정이 아닙니다. 오히려 거짓 신앙체계에 가장 잘 빠지는 사람들은 목회자, 신학생, 장로, 안수 집사 등 소위 신앙생활 잘 한다는 사람들입니다. 그래서 예수님께서도 자신의 제자들에게 "바리새인의 누룩을 조심하라"는 말로 그 위험성을 수없이 경고하셨습니다(마 16:6, 11, 막 8:15, 눅 12:1).

| 거짓 신앙체계는 성경적인 지식이나 지능의 문제가 아닙니다

거짓 신앙체계는 성경적인 지식이나 지능의 문제가 아닙니다. 앞으로 살펴보겠지만, 어느 시대보다 더 거짓 신앙체계가 팽배했던 시대가 예레미야 시대였습니다. 그런데 그 당시 거짓 신앙체계에 빠졌던 사람들은 단순히 못 배운 평민들만이 아니었습니다. 지혜롭고 많이 배운 귀인들도 마찬가지였습니다.

예레미야 5:4-5을 읽고, 다음의 물음에 답하십시오.

그 당시 가난하고 못 배운 평민들의 영적 상태는 어떠했습니까?

많이 배운 귀족들은 자신들을 어떻게 생각했습니까?

그러나 실제로는 귀족들도 영적으로 어떤 상태에 있었습니까?

> 내가 말하기를 이 무리는 비천하고 어리석은 것뿐이라 여호와의 길, 자기 하나님의 법을 알지 못하니 내가 지도자들에게 가서 그들에게 말하리라 그들은 여호와의 길, 자기 하나님의 법을 안다 하였더니 그들도 일제히 멍에를 꺾고 결박을 끊은지라 (렘 5:4-5)

가난하고 무식한 평민들은 하나님의 길, 하나님의 법도를 알지 못했습니다. 반면에 많이 배우고, 부유한 귀인들은 그들이 하나님의 길, 하나님의 법도를 안다고 자부했습니다. 그러나 그들도 실제로 평민들과 똑같이 하나님의 주권에서 벗어나 있었으며, 똑같이 영적으로 눈먼 가운데 있었습니다.

예수님 시대 종교지도자들은 예수님이 죄인들과 함께 지낸다며 비방했습니다. 그들은 율법을 배우지 않아서 모르고, 그 율법을 지키지 않는 평민들을 죄인 취급했습니다. 그러나 성경에 의하면 종교지도자들이 평민들 못지않게 영적으로 눈먼 소경들이었습니다.

거짓 신앙체계에는 하나님의 생명이 없습니다

거짓 신앙체계의 가장 무서운 점은 그 속에 하나님의 생명이 없다는 것입니다. 거짓 신앙체계는 신앙의 모조품으로서 플라스틱으로 만든 사과나무와 같습니다. 요즘은 기술이 발달해서 진짜 보다 더 진짜같이 보이는 모조품을 만들 수 있습니다. 그러나 가짜 사과나무는 생명이 없기 때문에 아무리 좋은 거름을 주고, 아무리 잘 관리해도 열매를 맺지 못합니다. 거짓 신앙체계가 그렇습니다. 바리새인들의 경우를 보아도 알 수 있듯이 거짓 신앙체계는 참으로 좋은 신앙의 모습을 가질 수 있습니다. 그러나 거짓 신앙체계에 빠져 있으면 아무리 많이 기도하고 아무리 많이 헌신해도 거기에 하나님의 생명이 함께 하지 않습니다. 그것은 신앙의 모조품이기 때문입니다.

오늘날 개인과 교회의 삶에서 하나님의 생명이 회복되려면 더 많은 기도와 봉사와 금식 이전에 먼저 철저하게 거짓 신앙체계를 버리고 올바른 신앙으로 전환하는 것이 필수입니다. 올바른 신앙으로의 전환이 선행되어야 기도도 헌신도 봉사도 성경공부도 의미가 있을 것이기 때문입니다.

반면에 오늘날 우리가 하나님과 올바른 관계 가운데 있으면서 하나님의 생명이 개인과 교회의 삶 속에 넘치지 않는 것이 기적입니다. 그것은 마치 충주에 좋은 사과나무를 심어 잘 가꾸었는데 열매가 맺지 않는 것과 같은 기적일 것입니다.

그러므로 우리가 지금 올바른 신앙 가운데 있는지 아니면 거짓 신앙체계 가운데 있는지를 잴 수 있는 바로미터는 우리 가운데 하나님의 생명이 함께 하고 있는지 아닌지를 보면 알 수 있습니다.

예수님은 우리의 무엇을 보고 우리를 알 수 있다고 하셨습니까?(마 7:16-18)

그들의 열매로 그들을 알지니 가시나무에서 포도를, 또는 엉겅퀴에서 무화과를 따겠느냐 이와 같이 좋은 나무마다 아름다운 열매를 맺고 못된 나무가 나쁜 열매를 맺나니 좋은 나무가 나쁜 열매를 맺을 수 없고 못된 나무가 아름다운 열매를 맺을 수 없느니라

(마 7:16-18)

당신 개인과 교회의 삶 속에 다음과 같은 하나님의 생명이 넘칩니까?

- □ 하나님과의 친밀한 교제
- □ 하나님의 거룩함
- □ 하나님의 임재와 통치
- □ 하나님의 실제적인 인도와 보호
- □ 변화된 삶
- □ 기도 응답
- □ 우리 필요를 아시고 하나님의 방법으로 채우심

열매를 볼 때, 당신과 당신의 교회는 지금 하나님과의 올바른 관계 가운데 있습니까?

거짓 신앙체계의 특징

거짓 신앙체계는 시대를 초월해서 똑같은 성격을 가지고 있습니다. 예를 들어, 이사야 시대에는 아직 바리새인들이 존재하지 않았습니다. 그리고 오늘날 우리나라에는 바리새인들이 없습니다. 그러나 신약시대건 구약시대건 지역과 시대를 초월해서 거짓 신앙체계는 똑같은 성격을 가지고 있습니다.

거짓 신앙체계는 자기 중심적인 삶에 그 기초를 두고 있습니다. 그래서 거짓 신앙체계는 율법주의, 기복신앙, 인본주의라는 세 가지 축을 가지고 있는데, 그것들은 각기 자기 중심적인 삶의 세 가지 특징과 밀접한 관계를 가지고 있습니다. 그리고 자기 중심적인 삶의 세 가지 특징이 삼위일체처럼 서로 밀접하게 연관되어 있듯이, 거짓 신앙체계의 세 축 또한 서로 밀접하게 연관되어 있습니다.

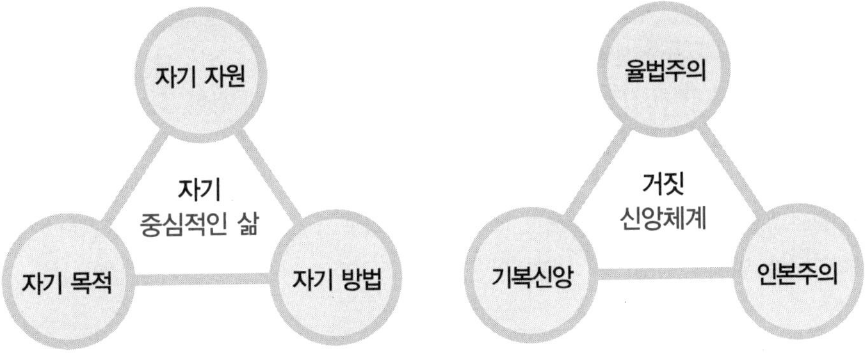

자기 자원으로 사는 삶 = 율법주의
자기 목적을 위해 사는 삶 = 기복신앙
자기 방법으로 사는 삶 = 인본주의

교회를 향한 사탄의 가장 큰 공격은 거짓 신앙체계를 통해서입니다

자기 중심적인 삶의 배후에 사탄이 있듯이, 자기 중심적인 삶에 기초를 둔 거짓 신앙체계 배후에는 항상 사탄이 있습니다.

너희는 너희 아비 마귀에게서 났으니 너희 아비의 욕심대로 너희도 행하고자 하느니라 그는 처음부터 살인한 자요 진리가 그 속에 없으므로 진리에 서지 못하고 거짓을 말할 때마다 제 것으로 말하나니 이는 그가 거짓말쟁이요 거짓의 아비가 되었음이라

(요 8:44)

그런 사람들은 거짓 사도요 속이는 일꾼이니 자기를 그리스도의 사도로 가장하는 자들이니라

(고후 11:13)

어리석도다 갈라디아 사람들아 예수 그리스도께서 십자가에 못 박히신 것이 너희 눈 앞에 밝히 보이거늘 누가 너희를 꾀더냐

(갈 3:1)

요한복음 8:44에서 예수님은 바리새인들의 아버지가 누구라고 하셨습니까?

사도 바울은 율법주의적인 이해를 가지고 있던 거짓 사도나 선지자들 뒤에 누가 있다고 했습니까?(고후 11:13, 갈 3:1)

답은 둘 다 사탄입니다. 물론 이 말은 그 당시 바리새인들이나 거짓 선지자들이 내놓고 사탄을 섬겼다는 말이 아닙니다. 이 말은 그들이 가지고 있던 신앙관의 배후에 사탄이 있다는 것을 뜻합니다.

거짓 신앙체계는 신구약 성경시대 뿐 아니라, 기독교 역사 등 모든 시대에 걸쳐 하나님의 백성들의 신앙이 타락할 때마다 나타납니다. 그리고 그 때마다 그것은 성도들을 미혹하고, 하나님의 역사를 대적하며, 참다운 신앙을 왜곡시키는 일을 합니다.

사탄은 각 개개인의 성도와 교회를 대적하기 위해 수많은 방법들을 사용합니다. 그러나 나는 교회와 개개인의 성도를 향한 사탄의 가장 큰 공격은 거짓 신앙체계를 통한 공격이라고 믿습니다. 우리는 사도 바울이 세운 교회마다 곧 바로 이어서 거짓 사도들과 선지자들이 들어가 거짓 신앙체계를 가지고 교회를 오염시킨 것을 보면 이 부분을 잘 알 수 있습니다. 거짓 신앙체계를 통한 사탄의 공격은 매우 효과적이기도 합니다. 왜냐하면 교회가 거짓 신앙체계에 빠지면 외부적으로는 매우 그럴듯한 종교적인 모양을 가지고 있을 수 있지만 실제로는 하나님의 생명이 철저히 걷힌, 하나님의 능력이 쏟아져 버린 껍데기뿐인 교회로 전락해 버릴 것이기 때문입니다. 그리고 하나님의 모든 유업은 교회로부터 걷힐 것이기 때문입니다. 또한 어떤 하나님의 생명도 없는 신앙의 모조품으로 전락해 버렸음에도 불구하고, 하나님의 백성들은 그 사실을 전혀 모를 뿐 아니라, 반대로 자신들이 신앙생활을 잘 하고 있다고 자부할 것이기 때문입니다.

오늘 배운 것을 복습하십시오. 오늘 배운 내용 중에서 하나님께서 당신으로 하여금 이해하고, 배우고, 실천하기 원하는 부분이나 성구를 한두 개 지적해 주시도록 기도하십시오. 그리고 난 후 다음의 질문에 답하십시오.

✣ 오늘 배운 내용 중에서 어떤 부분이나 성구가 가장 뜻있게 와 닿았습니까?

✣ 위의 부분이나 성구를 하나님께 대한 당신의 기도로 바꾸십시오.

✣ 오늘의 학습에 대한 반응으로 하나님은 당신이 무엇을 하기를 원하십니까?

이 과의 요점

- 거짓 신앙체계에서는 거짓이 가득합니다.
- 성경이 말하는 잘못된 교리를 말하는 것이 아닙니다.
- 거짓은 사람들의 영적 상태나 하나님의 인도와 상관없이 그들이 듣기 좋아하는 좋은 약속들을 임의로 취하여 전하는 것을 말합니다.
- 거짓은 능력이 없습니다.
- 거짓 신앙체계에 빠지면 사람들은 거짓을 좋아합니다.
- 기복신앙은 하나님이 우리의 수단된 삶입니다.
- 기복적인 희생과 헌신은 하나님을 사랑하는 것이 아닙니다.

제2과 본질과 의식

우리의 신앙과 복음을 올바로 이해하기 위해서 그리고 거짓 신앙체계에 빠지지 않기 위해서 우리가 가장 먼저 해야 할 것 중 하나는 신앙의 본질과 의식과의 관계를 바로 이해하는 것입니다.

우리는 앞에서 우리 신앙의 본질을 다음과 같이 요약하였습니다.

1. 하나님과의 친밀한 교제
   1) 하나님을 아는 것.
   2) 하나님을 사랑하는 것.
      ■ 하나님의 얼굴을 구하는 삶.

2. 하나님의 행하심을 보고 온 삶으로 동참하는 것.
   1) 전적인 순종.
   2) 온전한 신뢰.
      ■ PLO의 삶.

영생은 곧 유일하신 참 하나님과 그가 보내신 자 예수 그리스도를 아는 것이니이다 (요 17:3)

우리 신앙의 본질은 하나님을 알고 사랑하는 하나님과의 친밀한 교제와 하나님의 행하심을 보고 온 삶으로 동참하는 것입니다

요한복음 17:3은 영생을 무엇이라고 표현하고 있습니까?

예수께서 이르시되 네 마음을 다하고 목숨을 다하고 뜻을 다하여 주 너의 하나님을 사랑하라 하셨으니 이것이 크고 첫째 되는 계명이요
(마 22:37-38)

성경에 나오는 가장 큰 계명은 무엇입니까?(마 22:37-38)

나는 인애를 원하고 제사를 원하지 아니하며 번제보다 하나님을 아는 것을 원하노라
(호 6:6)

호세아 6:6을 읽고 하나님이 원하시는 두 가지와 하나님이 원치 않으시는 두 가지는 무엇인지 써보십시오.

원하시는 두 가지

원치 않으시는 두 가지

당신은 하나님이 이 두 가지를 원치 않으신다는 말이 무슨 뜻이라고 생각합니까?

예레미야 7:22-23에 의하면, 하나님은 이스라엘 백성들을 애굽에서 인도하실 때 무엇에 대해 명령하지 않으셨습니까?

하나님은 실제로 그것들에 대해서 명하지 않으셨습니까?

그렇다면 이 말은 무슨 뜻입니까?

성경은 영생이 하나님과 예수님을 아는 것이라고 표현합니다. 그리고 성경에서 가장 큰 계명은 우리의 전존재로 하나님을 사랑하는 것입니다.

하나님께서 원하시는 두 가지는 하나님을 아는 것과 하나님을 사랑하는 것입니다. 여기서 말하는 인애는 하나님을 사랑하는 것입니다. 그래서 공동 새번역 성경은 이 구절을 "하나님을 사랑하는 것"이라고 번역하고 있습니다. 반면에 하나님께서 원치 않으시는 두 가지는 번제와 제사입니다. 하나님께서 번제와 제사를 원치 않으신다는 말은 실제로 그것들을 원치 않으신다는 말이 아닙니다. 원래 하나님께서 번제와 제사를 드리라고 명령하셨습니다. 그리고 하나님은 그것들을 기뻐하신다고 말씀하셨습니다. 이 말은 하나님께서 원하시는 가장 핵심적인 것 혹은 본질적인 것은 번제와 제사가 아니라, 하나님을 알고 사랑하는 하나님과의 친밀한 교제라는 말입니다. 우리는 여기에서 본질과 의식과의 관계를 볼 수 있습니다. 특히 호세아서 6장은 그 당시 거짓 신앙체계인 율법주의적인 신앙이 가득한 상황에서 그것에 대한 해답으로 주어졌습니다. 그리고 예수님은 율법주의적인 신앙관을 가지고 예수님을 대적하던 종교 지도자들에게 바로 이 구절을 자주 인용하셔서 답변하셨습니다(마 9:13, 12:7).

하나님은 예레미야를 통해 애굽에서 그들의 조상을 건져낼 때부터 번제나 희생에 대해서 명하지 않았다고 말씀하셨습니다. 그러나 우리가 민수기나 레위기를 보면

사실은 내가 너희 조상들을 애굽 땅에서 인도하여 낸 날에 번제나 희생에 대하여 말하지 아니하며 명령하지 아니하고 오직 내가 이것을 그들에게 명령하여 이르기를 너희는 내 목소리를 들으라 그리하면 나는 너희 하나님이 되겠고 너희는 내 백성이 되리라 너희는 내가 명령한 모든 길로 걸어가라 그리하면 복을 받으리라 하였으나
(렘 7:22-23)

알 수 있듯이, 하나님은 그것들에 대해서 매우 많이 말씀하셨습니다. 이 말은 하나님께서 이스라엘 백성들을 애굽에서 건져낼 때부터 그들에게 명하신 가장 핵심적이고 본질적인 것이 번제나 희생이 아니었다는 말입니다. 그들에게 명하신 본질적인 것은 그들이 하나님의 목소리를 청종하고 하나님의 길로 행하는 것이었다는 말입니다(신 30:16 참조).

의식들은 하나님께서 명하신 중요한 것들입니다

하나님께서 호세아 6장이나 예레미야 7장에서 의식들을 원치 않으신다고 말씀하셨다고 해서 의식들이 중요하지 않다는 것이 아닙니다. 이 구절들이 말하는 바는 그것들이 하나님께서 원하시는 본질이 아니라는 뜻이지, 결코 의식들이 중요하지 않다는 말은 아닙니다. 의식들은 하나님께서 명하신 중요한 것들입니다. 의식들이 중요한 이유 중 하나는 그것들이 본질을 담는 그릇이기 때문입니다.

내 이름을 멸시하는 제사장들아 나 만군의 여호와가 너희에게 이르기를 아들은 그 아버지를, 종은 그 주인을 공경하나니 내가 아버지일진대 나를 공경함이 어디 있느냐 내가 주인일진대 나를 두려워함이 어디 있느냐 하나 너희는 이르기를 우리가 어떻게 주의 이름을 멸시하였나이까 하는도다 만군의 여호와가 이르노라 너희가 눈 먼 희생제물을 바치는 것이 어찌 악하지 아니하며 저는 것, 병든 것을 드리는 것이 어찌 악하지 아니하냐 이제 그것을 너희 총독에게 드려 보라 그가 너를 기뻐하겠으며 너를 받아 주겠느냐
(말 1:6,8)

말라기 1:6, 8을 읽고 다음의 물음에 답하십시오.

그 당시 제사장들은 하나님을 무엇이라고 불렀습니까? .

그런데 그들 속에는 무엇이 없었습니까? .

그 결과 그들은 하나님의 이름을 어떻게 했습니까?

그들은 어떤 종류의 제물을 하나님께 드렸습니까?

말라기 시대의 제사장들은 하나님을 "주님" 또는 "아버지"라 불렀습니다. 그러나 그들에게는 하나님을 경외함이 없었습니다. 그 결과 그들은 하나님의 이름을 멸시했습니다. 그들은 그러한 사실도 알지 못했습니다. 그들은 눈먼 제물, 병든 제물, 저는 제물을 하나님께 드렸습니다. 원래 성경에는 그러한 제물들을 드리지 못하게 되어 있습니다(레 22:21-22). 아마 그들은 "어차피 피를 드릴 것이 아니냐. 어차피 태워서 드릴 것이 아니냐. 그렇다면 병든 것이면 어떻고 눈 먼 것이면 어떻겠느냐" 라고 주장했던 것 같습니다. 문제는 그들 속에 하나님을 경외함이 없었다는 것입니다. 그래서 그들은 가장 좋고 살진 것들은 자기들을 위해서 쓰고 값어치 없는 쓸모없는 것들을 하나님께 드렸습니다. 그러한 그들의 행위는 하나님을 멸

시하는 행위였습니다.

다음의 내용을 읽고 해당하는 것이 있으면 표시해 보십시오.

- ㅁ 나는 하나님을 사랑한다. 그러나 나는 십일조를 드리지 않는다.
- ㅁ 나는 하나님을 사랑한다. 그러나 나는 예배드리는 데는 관심이 없다.
- ㅁ 하나님은 나의 주님이요 나의 아버지시다. 그러나 나는 나를 위해 수천만원을 쓰는 것은 전혀 아깝지 않지만, 하나님께 드리는 적은 헌금도 매우 아깝게 느껴진다.

이 말들은 모두 성립되지 않는 말들입니다.

| 결혼반지의 예

어떤 부자 신랑이 있습니다. 그 신랑은 자기의 결혼 패물을 위해 수천 만원을 썼습니다. 그런데 신부에게는 14K 금반지 하나를 해주었습니다. 그러면서도 계속 신부를 사랑한다고 고백합니다. 이것이 바로 말라기 시대의 제사장들의 모습이었습니다.

의식은 본질을 위한 수단입니다. 그러므로 아무리 의식이 많아도 본질이 없으면, 그 많은 의식들이 하나님 앞에서 아무런 의미가 없습니다

의식은 본질을 위한 수단입니다. 예를 들어, 우리가 하나님과의 친밀한 교제를 갖기 원한다면, 정기적인 성경공부와 묵상, 기도와 금식 등이 우리에게 반드시 있어야 합니다. 그러한 것들이 없이 우리는 하나님을 깊이 알 수 없을 것입니다.

우리 신앙에서 모든 종교적인 행위와 의식은 본질인 하나님을 아는 것과 하나님을 사랑하는 것을 표현하는 수단이기 때문에 그 속에 본질이 담겨 있을 때에만 의미가 있습니다. 만약 그 속에 본질이 담겨져 있지 않다면, 아무리 화려한 의식이나 많은 희생도 하나님 앞에서는 아무런 의미가 없습니다.

우리는 앞 장에서 이사야 시대의 이스라엘 백성들이 얼마나 철저하게 모든 예배와 절기를 철저히 지켰는지, 얼마나 많은 희생을 그것도 가장 살진 값진 것들을 하나님께 드렸는지, 그리고 얼마나 많이 기도하고 금식했는지를 살펴보았습니다. 그런데 그들의 예배와 희생과 기도에 대한 하나님의 반응은 어떠했습니까? (사 1:10-15)

너희 소돔의 관원들아 여호와의 말씀을 들을지어다 너희 고모라의 백성아 우리 하나님의 법에 귀를 기울일지어다 여호와께서 말씀하시되 너희의 무수한 제물이 내게 무엇이 유익하뇨 나는 숫양의 번제와 살진 짐승의 기름에 배불렀고 나는 수송아지나 어린 양이나 숫염소의 피를 기뻐하지 아니하노라 너희가 내 앞에 보이러 오니 이것을 누가 너희에게 요구하였느냐 내 마당만 밟을 뿐이니라 헛된 제물을 다시 가져오지 말라 분향은 내가 가증히 여기는 바요 월삭과 안식일과 대회로 모이는 것도 그러하니 성회와 아울러 악을 행하는 것을 내가 견디지 못하겠노라 내 마음이 너희의 월삭과 정한 절기를 싫어하나니 그것이 내게 무거운 짐이라 내가 지기에 곤비하였느니라 너희가 손을 펼 때에 내가 내 눈을 너희에게서 가리고 너희가 많이 기도할지라도 내가 듣지 아니하리니 이는 너희의 손에 피가 가득함이라
(사 1:10-15)

당신은 무엇이 문제였다고 생각합니까?

그런데 그들의 예배(절기)와 헌금(희생)과 기도에 대한 하나님의 반응은 매우 부정적이었습니다. 하나님은 그들의 그 모든 예배와 헌금에 신물이 났다고 말씀하셨으며, 심지어 그것들을 증오하신다고까지 말씀하셨습니다. 또한 그 모든 모임들과 예배들은 하나님의 마당만 밟고 돌아가는 것과 같은 헛된 예배에 불과하다고 말씀하셨습니다.

그 이유는 그들이 많은 의식과 희생을 하나님께 드렸을지 모르지만, 그들의 삶은 하나님을 알고 전존재로 사랑하는 신앙의 본질에서 떠나 있었기 때문입니다. 그래서 그 많은 의식들이 하나님 앞에서 아무런 의미가 없었습니다.

| 또 다른 결혼반지의 예

여기 또 다른 부자 신랑이 있습니다. 그 신랑은 신부를 사랑한다면서 신부의 결혼 패물을 위해 1억 원이 넘는 돈을 썼습니다. 신부는 그것을 늘 자랑스러워했습니다. 그러나 그 신랑은 그 전부터 다른 여자를 사랑하고 있었습니다. 그리고 결혼한 지 얼마 되지 않아서 그 여자와 바람을 피우기 시작했습니다. 만약 그렇다면 그 신부에게 모든 결혼 패물이 무슨 의미가 있겠습니까? 이것이 이사야 시대의 문제였습니다.

결혼반지를 포함한 패물은 결혼에서 중요한 부분을 차지할 수 있습니다. 그럼에도 불구하고 결혼반지가 결혼의 본질은 아닙니다. 결혼의 본질은 아내에 대한 남편의 혹은 남편에 대한 아내의 사랑, 헌신, 정절 그리고 사귐과 나눔 등입니다. 결혼반지는 바로 그러한 본질을 상징하고 표현하는 것입니다. 그러므로 아무리 좋은 반지를 주었어도 사랑하지 않으면 그 반지는 의미가 없습니다. 하나님과의 관계에서도 정확하게 똑같습니다. 아무리 많은 의식을 하나님께 드려도 그 삶이 본질에서 떠나 있으면, 하나님 앞에서 그 많은 의식은 아무런 의미가 없습니다. 하나님은 우리의 돈이나 희생이 필요한 분이 아닙니다.

본질에서 떠난 것이 하나님을 떠난 것입니다

슬프다 범죄한 나라요 허물 진 백성이요 행악의 종자요 행위가 부패한 자식이로다 그들이 여호와를 버리며 이스라엘의 거룩하신 이를 만홀히 여겨 멀리하고 물러갔도다
(사 1:4)

이사야 1:4에서 하나님은 그 당시 이스라엘 백성들이 어떻게 했다고 말씀하십니까?

그렇게 많은 예배와 희생과 기도를 드렸던 그 당시 이스라엘 백성들이 하나님을

버렸다는 사실을 꿈에라도 생각했을까요?

호세아 4:1, 6에 의하면 그 당시 이스라엘 백성들에게 무엇이 없었습니까?

호세아 6:1, 3에 의하면 하나님께로 돌아가는 것은 무엇을 의미합니까?

하나님은 이사야 시대 이스라엘 백성들이 하나님을 버렸고, 멸시하여 물러갔다고 말씀하셨습니다. 그렇게 많은 의식을 하나님께 드렸던 그 당시 이스라엘 백성들은 자신들이 하나님을 버렸다는 사실을 꿈에서조차 상상할 수 없었을 것입니다. 그래서 그들은 이사야를 받아들이지 않았습니다. 이사야와 호세아는 같은 시대의 선지자들인데, 호세아에 의하면 그 시대의 이스라엘 백성들의 삶 속에 신앙의 본질인 하나님을 알고 사랑하는 것이 없었습니다. 하나님의 관점에서는 그들이 하나님을 버렸고, 하나님을 멸시하여 물러갔던 것입니다.

우리는 일반적으로 하나님을 떠나는 것을 의식에서 떠나는 것으로 이해합니다. 그래서 더 이상 교회에 출석하지도 않고, 하나님께 기도도 하지 않고, 헌금도 드리지 않는 사람을 하나님을 떠난 사람이라고 생각합니다. 그러나 하나님의 관점에서 하나님을 떠나는 것은 훨씬 그 이전에 시작됩니다. 하나님의 관점에서는 아무리 의식이 가득하다 할지라도 하나님의 백성들이 신앙의 본질에서 떠나면 그것이 하나님을 떠난 것입니다.

하나님을 떠난 것이 신앙의 본질에서 떠난 것이기 때문에 하나님께 돌아가는 것도 신앙의 본질로 돌아가는 것입니다. 호세아 6장은 하나님께로 돌아가자고 말하면서, 같은 의미로 하나님을 힘써 알자고 말합니다. 만약 하나님께로 돌아가는 것이 의식으로 돌아가는 것이었으면 그 당시 이스라엘 백성들은 하나님께로 돌아갈 필요가 없었을 것입니다. 이미 수많은 의식들이 그들 가운데 있었기 때문입니다.

본질이 없으면 하나님의 심판이 있습니다

다시 한 번 호세아 4:1, 6을 읽고, 다음 물음에 답하십시오.

그 당시 이스라엘 백성들에게 무엇이 없었습니까?

이스라엘 자손들아 여호와의 말씀을 들으라 여호와께서 이 땅 주민과 논쟁하시나니 이 땅에는 진실도 없고 인애도 없고 하나님을 아는 지식도 없고
(호 4:1)

내 백성이 지식이 없으므로 망하는도다 네가 지식을 버렸으니 나도 너를 버려 내 제사장이 되지 못하게 할 것이요 네가 네 하나님의 율법을 잊었으니 나도 네 자녀들을 잊어버리리라
(호 4:6)

오라 우리가 여호와께로 돌아가자 여호와께서 우리를 찢으셨으나 도로 낫게 하실 것이요 우리를 치셨으나 싸매어 주실 것임이라
(호 6:1)

그러므로 우리가 여호와를 알자 힘써 여호와를 알자 그의 나타나심은 새벽 빛 같이 어김없나니 비와 같이, 땅을 적시는 늦은 비와 같이 우리에게 임하시리라 하니라
(호 6:3)

그 결과 하나님은 그들을 어떻게 하시겠다고 말씀하십니까?

그 당시 이스라엘 백성들에게는 신앙의 본질이 없었습니다. 그리고 그 결과 하나님은 그들을 심판하시겠다고 말씀하셨습니다.

하나님의 백성이 신앙의 본질에서 떠나면, 하나님은 그들을 심판하십니다. 의식이 아무리 많아도 상관이 없습니다. 그 모든 의식들은 아무런 의미가 없기 때문입니다. 신앙의 본질에서 떠나면, 그것은 하나님을 떠난 것입니다.

의식이 본질을 대체해 버린 것이 율법주의입니다

하나님의 관점에서 의식은 중요함에도 불구하고 그 자체가 신앙의 본질이 아니며, 본질을 위한 수단입니다. 따라서 아무리 의식이 가득하다 할지라도 그 삶이 본질에서 떠나 있으면 그 모든 의식들은 하나님 앞에서 아무런 의미가 없습니다. 그런데 신앙이 타락하면 이러한 하나님의 관점이 가려져서 신앙에 대한 이해가 왜곡되고 변질됩니다. 그 결과, 의식을 잘 하는 그 자체가 신앙생활을 잘 하는 것이 되어 버립니다. 즉 의식이 본질을 대체해 버립니다. 의식이 본질을 대체해 버린 것, 그것이 바로 거짓 신앙체계의 한 축인 율법주의입니다.

이사야 시대의 이스라엘 백성들이나 예수님 시대의 종교지도자들은 바로 그러한 왜곡된 이해를 가지고 있었기 때문에 자신들이 누구보다 신앙생활 잘 한다고 생각했던 것입니다. 그리고 하나님께서 하나님의 사람들을 통해 그들에게 돌아오라고 아무리 강하게 말씀하셔도, 그들은 그 말을 전혀 이해하지 못했던 것입니다.

심각하게도 오늘날 교회 안에서도 신앙에 대한 잘못된 이해가 팽배합니다. 다음의 질문에 답하십시오.

오늘날의 교회는 어떤 사람을 신앙이 좋은 사람이라고 평가합니까?

교회에서 일꾼을 세울 때, 어떤 사람을 뽑습니까?

오늘날의 교회는 성수주일, 십일조, 기도, 봉사 등 의식을 잘하는 사람들을 신앙이 좋은 사람으로 평가합니다. 그리고 그들을 일꾼으로 세웁니다. 그 이유는 오늘날의 교회가 호세아 시대의 이스라엘 백성들이나 예수님 시대의 유대인들과 똑같은 신앙에 대한 이해를 가지고 있기 때문입니다. 그리고 그 결과 오늘날 우리의 신앙은 호세아 시대의 이스라엘 백성들처럼 심각한 위기 가운데 놓여 졌습니다.

오늘 배운 것을 복습하십시오. 오늘 배운 내용 중에서 하나님께서 당신으로 하여금 이해하고, 배우고, 실천하기 원하는 부분이나 성구를 한두 개 지적해 주시도록 기도하십시오. 그리고 난 후 다음의 질문에 답하십시오.

✣ 오늘 배운 내용 중에서 어떤 부분이나 성구가 가장 뜻있게 와 닿았습니까?

✣ 위의 부분이나 성구를 하나님께 대한 당신의 기도로 바꾸십시오.

✣ 오늘의 학습에 대한 반응으로 하나님은 당신이 무엇을 하기를 원하십니까?

이 과의 요점

- 올바른 신앙생활을 위해 본질과 의식과의 관계를 바로 이해하는 것이 필수입니다.
- 우리 신앙의 본질은 하나님을 알고 사랑하는 하나님과의 친밀한 교제와 하나님의 행하심을 보고 우리의 온 삶으로 동참하는 것입니다.
- 의식도 하나님께서 명하신 중요한 것들입니다.
- 의식은 본질을 위한 수단으로써, 아무리 의식이 많아도 본질이 없으면 하나님 앞에서는 아무런 의미가 없습니다.
- 본질에서 떠난 것이 하나님을 떠난 것입니다.
- 본질이 없으면 하나님의 심판이 임합니다. 의식이 본질을 대체해 버린 것이 율법주의입니다.

제3과 율법과 율법주의

거짓 신앙체계를 상세하게 살펴보기에 앞서 율법과 율법주의의 관계에 대해서 살펴봅니다. 율법주의 신앙에 대하여 살펴봄에 있어서, 먼저 율법과 율법주의의 차이를 아는 것이 중요하기 때문입니다. 이 둘은 근본적으로 다른 것이기 때문입니다. 한 마디로 말해서, 하나는 하나님께로부터 나온 선한 것이고, 다른 하나는 사탄으로부터 나온 악한 것입니다.

율법과 율법주의

로마서 7:12을 읽고, 아래의 빈칸을 채우십시오.

이로 보건대 율법은 거룩하고 계명도 거룩하고 의로우며 선하도다
(롬 7:12)

율법	**율법주의**
본질 (　　　　　　)	거짓 신앙체계
근원 (　　　　　　)	사탄
성격 (　　　　　　)	악한 것

일반적으로 율법은 적게는 십계명에서 모세 오경 그리고 크게는 구약 성경 전체를 가리킵니다. 그러나 여기서 제가 말하는 율법은 단순히 구약에 나오는 율법만을 말하는 것이 아니고, 전반적으로 하나님의 법도, 하나님의 계명을 말합니다. 즉, 하나님의 말씀 전체를 가리킵니다. 율법은 하나님께로부터 나온 것으로서 선한 것입니다. 그것은 또한 거룩한 것이고 의로운 것입니다.

율법은 하나님의 은혜를 얻기 위한 수단으로 주어진 것이 아닙니다

| 율법을 이해함에 있어서 가장 중요한 한 가지는 율법의 목적을 이해하는것입니다

율법이 우리에게 주어진 목적은 우리들이 그것을 잘 지킴으로써 하나님의 의에 이르게 하기 위함이 아니었습니다. 심지어 구약에서도 하나님은 이스라엘 백성들에게 율법

을 먼저 주시고, 그들이 그 율법을 잘 지켰을 때 그 대가로 그들을 구원하신 것이 아니었습니다. 하나님은 하나님의 은혜로 그들을 먼저 구원하셨습니다. 그들을 하나님의 백성 삼으시고 그들과 언약을 맺으셨습니다. 그리고 하나님은 그들에게 언약 백성의 규범으로서 율법을 주셨습니다. 즉, 구원과 은혜가 먼저이고 율법이 나중이었습니다. 율법은 어느 때에도 하나님의 은혜나 의를 얻기 위한 수단으로 주어지지 않았습니다.

| 율법을 하나님의 은혜를 얻기 위한 수단으로 여길 때, 그것이 율법주의입니다

사람들이 율법을 하나님의 은혜와 의를 얻기 위한 수단으로 여길 때, 그것이 곧 율법주의이며, 그것은 심각한 결과를 초래합니다. 율법주의는 우리를 하나님의 은혜에서 끊어지게 만듭니다. 그것은 우리를 율법의 저주 아래 놓이게 합니다.

무릇 율법 행위에 속한 자들은 저주 아래에 있나니 기록된 바 누구든지 율법책에 기록된 대로 모든 일을 항상 행하지 아니하는 자는 저주 아래에 있는 자라 하였음이라

(갈 3:10)

갈라디아서 3:10을 읽으십시오.

여기에서 "율법 행위에 속한 자들"이란 어떠한 자들을 가리킨다고 생각합니까?

그들은 무엇 아래 놓이게 된다고 성경은 말하고 있습니까?

이러한 자들에게 적용되는 조건을 제시하는 두 가지 중요한 단어는 무엇입니까?

여기에서 "율법 행위에 속한 자들"이란 하나님의 은혜를 얻기 위한 조건으로 자기의 행실로 하나님의 율법 혹은 하나님의 말씀을 지키는 것에 의지하는 자들을 말합니다. 이들은 하나님의 저주 아래 놓이게 됩니다. 왜냐하면 이들에게 적용되는 조건 중 중요한 두 단어는 "모든"과 "항상"이라는 단어로서, 하나님의 그 많은 계명 중 단 한 가지를, 일생에 단 한 번만 어겨도 그들은 죄인이요, 그 결과 영원한 멸망에 빠질 수밖에 없기 때문입니다. 이처럼 우리들이 하나님의 법도, 하나님의 말씀을 잘 지킴으로써 그 공로로 하나님 앞에서 의롭다함을 얻고 또한 하나님의 은혜를 얻고자 할 때 우리는 저주를 받습니다. 우리는 버림을 받습니다.

율법을 지키는 것을 의지하는 자들은 모든 하나님의 말씀을 항상 지켜야만 합니다. 하나의 계명을 한 번만 어겨도 그는 죄인이요, 영원한 멸망에 빠질 수밖에 없습니다. 이것은 일반적인 사회에서도 마찬가지입니다. 평생 동안 다른 사람에게 욕 한마디 해 본 적 없는 어떤 사람이 단 한 번 다른 사람의 물건을 훔쳤더라도, 그는 절도죄를 범한 것이요, 그에 대한 처벌을 받습니다. 그러므로 하나님의 법도를 지키는 것으로 하나님 앞에 나아갈 수 있는 사람은 이 세상에 단 한 사람도 없

습니다. 그러한 노력은 저주에 이르는 길입니다.

율법이 주어진 네 가지 목적

그러면 하나님은 무엇 때문에 율법을 주셨을까요? 신약 성경은 율법이 주어진 네 가지 목적을 우리에게 잘 보여주고 있습니다.

다음의 구절들을 읽고 율법이 주어진 목적들이 무엇인지 적으십시오.

로마서 7:7

로마서 7:8

갈라디아서 3:24

그런즉 우리가 무슨 말을 하리요 율법이 죄냐 그럴 수 없느니라 율법으로 말미암지 않고는 내가 죄를 알지 못하였으니 곧 율법이 탐내지 말라 하지 아니하였더라면 내가 탐심을 알지 못하였으리라
(롬 7:7)

그러나 죄가 기회를 타서 계명으로 말미암아 내 속에서 온갖 탐심을 이루었나니 이는 율법이 없으면 죄가 죽은 것임이라
(롬 7:8)

이같이 율법이 우리를 그리스도께로 인도하는 초등교사가 되어 우리로 하여금 믿음으로 말미암아 의롭다 함을 얻게 하려 함이라
(갈 3:24)

| 첫째, 율법은 우리의 죄를 드러내기 위한 것입니다

율법은 마치 우리 영혼의 거울과 같습니다. 우리는 얼굴에 아무리 더러운 오물이 묻어 있어도 거울을 보기 전에는 모릅니다. 마찬가지로 우리는 율법을 통해서 우리의 죄를 발견합니다. 예를 들면, 율법을 통해서 우상숭배가 무엇이며, 그것이 하나님 앞에서 얼마나 큰 죄인가를 발견하게 됩니다. 예수님을 알지 못하는 사람들 중에는 자기는 아무런 죄도 짓지 않았다고 주장하는 사람들이 있습니다. 자기는 살인도, 도적질도, 간음도 한 적이 없는, 법 없이도 살 수 있는 사람이라고 말합니다. 그러나 만약 그들이 하나님의 율법 앞에 자신을 비추어 본다면, 그들은 자기가 하나님 앞에서 얼마나 큰 죄인인가와 자기 삶의 모든 부분이 얼마나 죄로 가득 차 있는가를 발견하게 될 것입니다. 그것은 마치 여름날의 방 안과 같이 햇빛이 들어오기 전까지는 모든 것이 깨끗한 것처럼 보일 것입니다. 그러나 햇빛이 방 안에 비치면 셀 수 없는 먼지들이 방 안에 가득한 것을 발견하게 됩니다. 이처럼 하나님의 말씀의 빛이 사람들 속에 비치면, 그들은 말로 형언할 수 없는 수많은 죄들이 그 속에 가득한 것을 발견하게 됩니다.

| 둘째, 율법은 죄를 심화시키기 위한 것입니다

누군가 우리에게 무엇을 하지 말라고 하면 그것을 더욱 하고 싶은 욕망이 우리에게 생깁니다. 그래서 멀쩡한 유리에다가 '유리를 깨뜨리지 마시오' 라고 써 붙여 놓으면 그

것을 깨뜨리고 싶은 욕망이 생깁니다. 이것은 우리 속에 있는 죄가 율법을 통해서 욕망을 부채질하기 때문입니다. 이와 같이 율법은 우리 속에서 죄를 심화시킵니다. 그래서 율법은 우리가 율법을 통해서는 구원을 얻을 수 없다는 사실을 적나라하게 보여 줍니다. 우리 속에 어떤 선한 것도 없음을 그대로 드러냅니다.

| 셋째, 율법은 우리를 그리스도께로 인도하는 가정교사입니다

초대 교회 당시에는 노예 중에서 똑똑한 자를 택하여 자녀들을 가르치고 인도하는 가정 교사로 삼았는데, 몽학 선생이란 그러한 사람을 말합니다. 율법은 우리에게 인간의 철저한 타락을 보여 줍니다. 그리고 우리 속에서 죄를 더욱 심화시킵니다. 인간적인 노력으로는 하나님께서 요구하시는 어떠한 의에도 이를 수 없다는 것을 우리에게 철저하게 깨닫게 해 줍니다. 그리고 이제 우리의 손을 붙잡고, 오직 믿음으로만 의롭게 되도록 우리를 그리스도께로 인도해 갑니다. 이것이 바로 율법의 목적입니다.

| 넷째, 율법은 하나님의 백성들에게 삶의 규범을 제시하기 위함입니다

하나님은 전적인 하나님의 은혜로 이스라엘 백성들을 먼저 구원하셨습니다. 먼저 그들을 자기 백성으로 삼으셨습니다. 그리고 나서 그들에게 율법을 주셨습니다. 그들이 하나님 백성으로서 살아갈 수 있도록 그들에게 삶의 규범을 제시하신 것이었습니다.

그러므로 하나님의 백성들이 하나님의 율법, 즉 하나님의 말씀을 따라 살아가는 것은 매우 중요합니다. 어떤 사람들은 율법 자체를 소홀히 하는 사람들이 있습니다. 마치 율법에 얽매이지 않는 것이 진정한 자유인 것처럼 생각합니다. 그것은 또 다른 극단이요, 잘못된 것입니다.

하나님의 율법 혹은 말씀은 하나님의 백성들인 우리들의 유익을 위해 주어진 것입니다. 우리들은 하나님의 법도를 따라 살아갈 때, 가장 안전합니다. 세상은 지뢰로 가득한 지뢰밭과 같습니다. 하나님의 법도를 따라 사는 것은 그 모든 지뢰들이 묻혀 있는 장소를 표시해 놓은 지도를 따라 걷는 것처럼 가장 안전합니다. 또한 하나님의 법도는 하나님께서 예비해 놓으신 모든 생명과 복을 누리도록 우리를 인도합니다.

| 순서의 중요성

율법이 주어진 네 가지 목적의 순서를 올바로 이해하는 것이 매우 중요합니다. 그래야 율법이 우리에게 주어진 목적대로 우리가 승리하는 삶을 살 수 있습니다.

네 번째가 가장 위로 가면 반드시 실패합니다. 만약 어떤 사람이 먼저 율법을 잘 지킴으로써 하나님의 백성으로서의 모범된 삶을 살려고 노력하면 그 사람은 반드시 실패합니다. 그 사람은 둘 중 하나가 될 것입니다. 하나는 바리새인처럼 될 것입니다. 그는 다른 사람들보다 더 초인적으로 노력하여 많은 규정들을 지킬 수 있을지 모릅니다. 그래서 그 마음 속 깊은 곳에 대단한 자부심이 있을 것입니다. 그러나 그는 바리새인들처럼 그 중심은 전혀 변화되지 않을 것입니다. 그는 율법주의에 빠진 것입니다.

또 다른 하나는 상습적인 죄책감 가운데 시달릴 것입니다. 그 사람 역시 율법주의에 빠진 것입니다. 그 사람은 상습적인 죄책감에 시달리다가 나중에는 지쳐서 적당히 타협해 버릴 것입니다. 혹은 "누가 그렇게 사는 사람이 있나" 라는 식으로 하나님의 말씀대로 살지 못하는 자신의 모습을 정당화시켜 버릴 것입니다. 둘 다 철저하게 실패한 것입니다.

위에 기술된 순서대로 서는 것이 핵심입니다. 율법은 먼저 우리의 죄를 드러냅니다. 우리에게 하나님의 기준이 비춰질 때 우리는 그 앞에 드러난 우리의 모습을 보게 될 것입니다. 그럼 우리는 중심에서부터 회개하면서 돌이키게 될 것입니다.

그 후 우리는 이제 하나님께서 기뻐하시는 대로 살아보려고 노력을 할 것입니다. 어떤 분의 말대로 "율법에 도전할" 것입니다. 그러나 그 노력은 실패로 돌아갈 것입니다. 왜냐하면 우리들 속에 우리의 자원으로 하나님의 말씀을 지킬 수 있는 능력이 없기 때문입니다. 만약 우리 스스로의 노력으로 하나님의 모든 법도를 지킬 수 있었다면 예수님이 이 세상에 오실 필요가 없었을 것입니다. 실패하고 난 후, 우리는 죄책감 가운데 시달리다가 다시 힘을 얻어 노력할 것입니다. 그러나 다시 실패할 것입니다. 이러한 노력과 실패가 반복된 후 어떤 사람들은 노력하는 것을 포기해 버립니다. 어떤 사람들은 적당히 타협해 버립니다. 그래서 자기가 원하는 것만 선별적으로 취합니다. 또 어떤 사람들은 실패를 정당화시켜 버립니다.

이렇게 여러 차례 실패하고 난 후 사람들은 자기 속에는 자기 스스로의 힘으로 하나님 앞에 나아갈 수 있는 어떤 선한 것도 없음을 발견하게 될 것입니다. 다시 말해서, 그 사람은 자기 자신의 철저한 무능함을 발견하게 될 것입니다. 사실 우리로 하여금 그 자리에 이르게 하기 위하여 율법이 우리 속에서 죄를 심화시키는 역할을 하는 것입니다.

이렇게 철저한 자신의 무능함을 발견한 사람은 그 때에야 비로소 왜 예수님이 유일한 길인가를 깨닫게 될 것입니다. 왜 예수님께서 "내가 곧 길이다" 라고 말씀하셨는지를 깨닫게 될 것입니다. 그리고 그는 자기의 모든 의를 내려놓고 오직 십자가의 공로만을 의지하여 하나님 앞에 설 것입니다. 사도 바울이 로마서 7장에서 "내 속 곧 내 육신에 선한 것이 거하지 아니하는 줄을 아노니 원함은 내게 있으나 선을 행하는 것은 없노라…오호라 나는 곤고한 사람이로다 이 사망의 몸에서 누가 나를 건져내랴"(롬 7:18, 24) 라고 탄식하고 난 후, 8장에서 "그러므로 이제 그리스도 예수 안에 있는 자에게는 결코 정죄함이 없나니 이는 그리스도 예수 안에 있는 생명의 성령의 법이 죄와 사망의 법에서 너를 해방하였음이라"(롬 8:1-2) 고 고백한 것과 같은 것입니다.

자신의 철저한 무능함을 발견하고, 오직 십자가의 공로만을 의지하여 하나님 앞에 선 사람은 이제 자신의 자원과 노력이 아닌 하나님의 은혜로 하나님의 말씀을 따라 살아갑니다. 그 사람에게는 그렇게 사는 것이 기쁨이며 열망이 됩니다. 그는 그렇게 살기 위해 지속적으로 하나님의 은혜와 하나님의 도움을 의지합니다. 이것이 성경이 말하는 승리의 삶입니다. 그리고 그렇게 살아갈 때, 우리는 하나님의 놀라운 승리와 생명을 경험하게 될 것입니다.

당신은 지금 하나님께서 의도하신 승리의 삶을 살아가고 있습니까?

□ 예 □ 아니요

아니라면, 당신의 문제는 무엇이라고 생각합니까?

율법이 주어진 목적 네 가지 중 당신은 지금 어디에 머물러 있다고 생각합니까?

오늘 배운 것을 복습하십시오. 오늘 배운 내용 중에서 하나님께서 당신으로 하여금 이해하고, 배우고, 실천하기 원하는 부분이나 성구를 한두 개 지적해 주시도록 기도하십시오. 그리고 난 후 다음의 질문에 답하십시오.

✣ 오늘 배운 내용 중에서 어떤 부분이나 성구가 가장 뜻있게 와 닿았습니까?

✣ 위의 부분이나 성구를 하나님께 대한 당신의 기도로 바꾸십시오.

✣ 오늘의 학습에 대한 반응으로 하나님은 당신이 무엇을 하기를 원하십니까?

이 과의 요점

- 율법은 하나님께로부터 나온 것으로써 선하고 거룩한 것입니다.
- 율법주의는 사탄에게서 나온 악하고 나쁜 것입니다.
- 율법은 우리 죄를 드러내기 위한 것입니다.
- 율법은 우리 죄를 심화시킵니다.
- 율법은 우리를 그리스도께로 인도하는 가정교사입니다.
- 율법은 하나님의 백성들에게 삶의 규범을 제시하기 위한 것입니다.
- 율법을 하나님의 은혜를 얻기 위한 수단으로 여길 때, 율법주의에 빠집니다.

제4과 율법주의의 본질

우리는 십자가에 못 박힌 그리스도를 전하니 유대인에게는 거리끼는 것이요 이방인에게는 미련한 것이로되 오직 부르심을 받은 자들에게는 유대인이나 헬라인이나 그리스도는 하나님의 능력이요 하나님의 지혜니라
(고전 1:23-24)

그리스도의 교회는 그리스도의 복음 위에 세워져야 합니다. 그럴 때, 그곳에 하나님의 놀라운 은혜와 하나님의 능력이 함께 하십니다. 왜냐하면 십자가의 복음에는 하나님의 놀라운 능력이 들어 있기 때문입니다(고전 1:23-24). 반면에 우리의 신앙이 그리스도의 십자가 복음 위에 세워지지 않으면, 우리는 어떠한 하나님의 참다운 은혜도 기대할 수 없습니다. 매우 그럴 듯한 신앙의 모양을 갖출 수 있을지 모르지만, 그 곳에는 진정한 성령님의 임재와 통치가 함께 하실 수 없습니다. 따라서 당연히 신앙의 열매가 있을 수 없습니다.

그런데 십자가의 복음 위에 개인과 교회가 세워지기 위해서 우리들이 가장 먼저 해야 할 일은 율법주의를 분별하여, 그것을 우리의 삶에서 철저하게 버리는 것입니다. 왜냐하면, 율법주의 신앙은 복음의 모조품으로서 복음의 가장 큰 대적이기 때문입니다. 율법주의는 사실 십자가의 복음에서 우리를 떨어뜨리기 위한 사탄의 계략입니다. 그리고 율법주의 신앙에 빠지게 되면 우리는 하나님의 은혜에서 떨어지게 되고, 그리스도의 십자가는 우리와 상관이 없게 됩니다. 율법주의 신앙은 그만큼 무섭습니다.

율법주의는 거짓 신앙체계의 핵심 축입니다. 그것은 마치 정교하게 제작된 위조지폐처럼, 참다운 복음과 매우 유사합니다. 그러므로 우리는 그것을 주의 깊게 살펴보아야 합니다. 오늘날 우리나라의 상황에서는 더욱 그렇습니다. 왜냐하면, 우리 주위에는 신앙에 대한 율법주의적 이해가 널리 퍼져 있기 때문입니다.

율법주의는 "육신"을 의지하는 것입니다

율법주의는 한 마디로 말해서 "육신"을 의지하는 것입니다. 율법주의는 성경적인 용어로 말하면 "행함으로 말미암는 의"를 의지하는 것입니다. 그래서 율법주의는 잭 디어 박사의 말대로 예수님 자신보다 예수님에 대한 자신의 헌신을 신뢰하고, 마음의 상태보다 외부적인 복종을 강조하고, 인격체이신 성령님보다 규례와 규칙을 신뢰합니다.

예배, 십일조, 성찬식, 침례(세례), 성경이나 성경공부, 기도 등 우리 신앙의 모든 면이

율법주의의 도구가 될 수 있습니다. 이러한 것들은 의식(rituals)으로서 수단 혹은 상징(symbols)이지 결코 실재(reality) 혹은 본질이 아닙니다. 이 모든 것들의 실재는 오직 예수 그리스도 혹은 예수님과의 친밀한 교제입니다.

골로새서 2:16-17을 읽으십시오.

17절의 "이것들"은 무엇을 말합니까?

"이것들"을 성경은 무엇에 비유하고 있습니까?

본체는 무엇입니까?

종교적인 의식이나 행사, 그리고 신앙적인 이유로 고기를 먹지 않는 것도 다 그림자라고 성경은 말합니다. 그리고 본체는 예수 그리스도입니다.

쉽게 말해서, 예수님은 알맹이요, 이러한 의식들은 알맹이인 예수님을 싸는 포장지에 불과합니다. 그런데 율법주의는 알맹이인 예수님을 알고 사랑하는 것, 즉 예수님과의 교제보다 이러한 의식들을 적절한 방법으로 지키고 행하는 것에 중점을 둡니다. 율법주의는 또한 그렇게 함으로써 하나님 앞에 더 가까이 가고, 하나님의 신임을 얻을 수 있다고 생각합니다.

| 예레미야 시대 이스라엘 백성들의 예

예레미야 7:12-15을 읽고 다음의 물음에 답하십시오.

하나님은 그 당시 이스라엘 백성들이 무엇을 믿는다고 말씀하십니까?(14절)

그 결과, 하나님께서 어떻게 하시겠다고 말씀하십니까?

그들은 자신들이 하나님을 믿는 것이 아니라, 성전을 믿는다고 생각했을까요?

그러므로 먹고 마시는 것과 절기나 초하루나 안식일을 이유로 누구든지 너희를 비판하지 못하게 하라 이것들은 장래 일의 그림자이나 몸은 그리스도의 것이니라

(골 2:16-17)

너희는 내가 처음으로 내 이름을 둔 처소 실로에 가서 내 백성 이스라엘의 악에 대하여 내가 어떻게 행하였는지를 보라 여호와의 말씀이니라 이제 너희가 그 모든 일을 행하였으며 내가 너희에게 말하되 새벽부터 부지런히 말하여도 듣지 아니하였고 너희를 불러도 대답하지 아니하였느니라 그러므로 내가 실로에 행함 같이 너희가 신뢰하는 바 내 이름으로 일컬음을 받는 이 집 곧 너희와 너희 조상들에게 준 이 곳에 행하겠고 내가 너희 모든 형제 곧 에브라임 온 자손을 쫓아낸 것 같이 내 앞에서 너희를 쫓아내리라 하셨다 할지니라

(렘 7:12-15)

당신은 교회를 믿습니까 아니면 하나님을 믿습니까?

하나님은 그들이 하나님을 믿는 것이 아니라, 성전을 믿는다고 말씀하십니다. 그 결과, 하나님은, 엘리 제사장 때 실로에 있던 성막이 무너지고 언약궤를 빼앗기고 이스라엘 백성들이 크게 살육을 당한 것과 같이, 예루살렘 성전과 이스라엘에 그러한 일이 일어나게 하실 것이라고 말씀하십니다. 이것이 전형적인 율법주의의 모습입니다. 그런데 문제는 오늘날 자신이 하나님을 믿는 것이 아니라, 교회를 믿는다고 혹은 예배를 믿는다고 생각하는 사람이 아무도 없듯이, 당연히 그들도 자신이 성전이 아니라, 하나님을 믿는다고 생각했을 것이라는 점입니다.

우리가 이 점을 이해하려면 엘리 제사장 시대로 거슬러 올라가야 합니다. 그 시대는 엘리 제사장부터 하나님을 떠나 있었습니다(삼상 2:30). 엘리의 아들인 제사장들도 하나님을 알지 못했습니다(삼상 2:12). 물론 많은 제사들이 하나님께 드려졌습니다(삼상 2:13-14). 이러한 상황에서 그들은 블레셋과의 전쟁에서 크게 패했습니다(삼상 4:2). "넛시" 되신 하나님께서 그들과 함께 하지 않으셨기 때문에 그들이 패한 것은 당연한 결과였습니다. 그러자 그들은 언약궤를 전쟁터로 가지고 나갔습니다(삼상 4:3). 언약궤가 전쟁터에 도착했을 때 이스라엘 백성들은 이제는 이겼다고 생각해서 큰 함성을 질렀습니다. 얼마나 큰 함성을 질렀던지 땅이 울릴 정도였습니다(삼상 4:5). 그들은 언약궤 앞에서 요단 강물이 서고, 여리고 성이 무너진 것과 같은 성경의 역사를 알았던 것 같습니다(수 3:15-16, 6:6). 그러나 여호수아 시대에는 그들이 단순히 언약궤를 앞세우고 나갔기 때문에 그러한 일들이 일어난 것이 아니었습니다. 여호수아가 하나님과의 친밀한 교제 가운데 거하면서 하나님의 명령을 따라 순종했기 때문에 하나님께서 역사하셔서 그러한 일들이 일어났던 것입니다. 그런데 엘리 시대에는 제사장들부터 이스라엘 백성들이 (하나님의 관점에서) 하나님을 떠나 있으면서, 하나님께로 돌아올 생각은 하지 않고, 단순히 언약궤를 가지고 나가면 전쟁에서 승리할 줄 알았습니다. 결국 그들은 자신들이 하나님을 믿는다고 생각했을지 모르지만, 실제로는 언약궤를 믿었습니다. 당연히 그들은 대패하여 엘리의 두 아들을 포함하여 삼 만 명이 죽고, 언약궤를 빼앗겼습니다(삼상 4:10-11). 그 소식을 들은 엘리도 뒤로 넘어져 목이 부러져 죽었습니다(삼상 4:18). 그들은 "육신"을 의지하는 율법주의 신앙을 가지고 있었기 때문에, 그것이 하나님 앞에서 아무런 의미가 없었습니다.

오늘날 하나님의 백성들은 자신들이 당연히 하나님을 믿는다고 생각합니다. 그러나 만약 그들이 하나님과의 친밀한 교제 가운데 거하며 하나님의 명령을 따라 순종하는 삶은 살지 않으면서, 주일에 예배를 드렸기 때문에 하나님께서 복주시고 도와주실 것이라고 생각한다면, 그것은 실제로는 하나님을 믿는 것이 아니라, 예배를 믿는 것입니다.

| 의식을 남용하는 목회자들

율법주의에서는 엘리 시대에 그랬던 것처럼 의식을 남용합니다. 오늘날 어떤 사람들은 매월 첫째 날에 목사님을 모셔다가 예배를 드립니다. 한 달을 시작하는 첫 날 목사님이 축복기도를 해주면 모든 것이 잘 될 것이라고 생각하기 때문입니다. 물론 그 자체가 잘못된 것은 아닙니다. 그 하나하나가 귀할 수 있습니다. 그러나 우리에게 중요한 것은 신앙의 본질입니다. 우리가 진실로 주님을 알고, 우리의 모든 것으로 주님을 사랑할 때, 그리고 우리가 하나님의 인도하심에 믿음으로 순종할 때, 매월 첫 날 목사님을 초청하여 예배를 드리건 안 드리건 상관없이, 하나님의 놀라운 인도와 임재가 함께 하실 것입니다. 그리고 목회자가 소원하는 축복도 하나님의 인도에 따라 할 때에야 비로소 의미가 있습니다. 어차피 복을 주시는 분은 하나님이기 때문입니다. 그런데 대부분의 사람들은 신앙의 본질 가운데 행하지 않으면서, 그들의 사업과 삶에서는 세상 사람과 똑같이 하면서, 그저 목회자를 초청하여 축복기도 받으면 일이 잘 되리라고 생각합니다. 이것은 철저하게 타락한 율법주의입니다. 의식을 남용하는 것입니다.

심지어 목회자들 가운데는 이것을 이용하는 사람들이 있습니다. 목회자가 성도들의 종교심을 적당히 이용하면 사람들을 얼마든지 조종할 수 있다는 사실을 기억하십시오. 그러나 그것은 자신뿐 아니라 모두가 죽는 행위이며, 하나님께 버림 받는 행위입니다. 그것은 엘리 제사장이 한 것보다 더 악한 행위입니다.

"육신"이 될 수 있는 것들

율법주의는 "육신"을 의시하는 것인데, 그 "육신"이 될 수 있는 것들은 수없이 많습니다. 다음은 성경에 나오는 대표적인 몇 가지 것들입니다.

| 의식들

우리는 앞에서 의식이 본질을 대체해 버린 것이 율법주의라고 살펴보았습니다. 그래서 율법주의에서 "육신"이 될 수 있는 가장 보편적인 것이 의식입니다. 위에 나오는 예레미야 시대에도 마찬가지였습니다.

| 자신의 종교적인 배경이나 신앙적인 열심

율법주의는 결국 자기의 종교적인 헌신이나 희생을 의지하여 하나님 앞에 서는 것입니다. 그러므로 "육신"이 될 수 있는 대표적인 것 중 하나가 자신의 종교적인 배경이나 신앙적인 열심입니다.

개들을 삼가고 행악하는 자들을 삼가고 몸을 상해하는 일을 삼가라 하나님의 성령으로 봉사하며 그리스도 예수로 자랑하고 육체를 신뢰하지 아니하는 우리가 곧 할례파라 그러나 나도 육체를 신뢰할 만하며 만일 누구든지 다른 이가 육체를 신뢰할 것이 있는 줄로 생각하면 나는 더욱 그러하리니 나는 팔일 만에 할례를 받고 이스라엘 족속이요 베냐민 지파요 히브리인 중의 히브리인이요 율법으로는 바리새인이요 열심으로는 교회를 박해하고 율법의 의로는 흠이 없는 자라 그러나 무엇이든지 내게 유익하던 것을 내가 그리스도를 위하여 다 해로 여길뿐더러 또한 모든 것을 해로 여김은 내 주 그리스도 예수를 아는 지식이 가장 고상하기 때문이라 내가 그를 위하여 모든 것을 잃어버리고 배설물로 여김은 그리스도를 얻고 그 안에서 발견되려 함이니 내가 가진 의는 율법에서 난 것이 아니요 오직 그리스도를 믿음으로 말미암은 것이니 곧 믿음으로 하나님께로부터 난 의라

(빌 3:2-9)

빌립보서 3:2-9을 읽고 다음의 질문에 답하십시오.

사도 바울은 그 당시 하나님의 은혜를 받기 위한 조건으로 할례를 주장하던 사람들을 무엇이라고 부르고 있습니까?

바울이 제시한 진정한 성도의 특징 세 가지는 무엇입니까?

사도 바울은 자신의 화려한 종교적인 배경과 과거의 신앙적인 열심을 나열하면서 그것을 무엇이라고 부릅니까?

바울은 하나님의 은혜를 받기 위한 조건으로 할례를 주장하던 자들을 개들, 행악자들, 손할례당이라고 부릅니다. 그들은 할례와 같은 종교적인 의식을 의지하는 하나님 앞에 서는 자들이기 때문입니다. 그러면서 진정한 성도의 특징으로 바울은 성령으로 봉사하는 것 혹은 성령으로 예배하는 것, 그리스도를 자랑하는 것, 그리고 육체를 신뢰하지 않는 것을 들고 있습니다. 바울은 더 나아가 그 화려한 자신의 종교적인 배경과 열심을 육체라고 부릅니다.

우리는 여기서 매우 중요한 한 가지 사실을 볼 수 있습니다. 그것은 그리스도를 신뢰하려면 육체를 신뢰하지 않아야 한다는 것입니다. 만약 어떤 사람이 그리스도도 믿고 동시에 육체도 믿으면, 그것은 실제로는 그리스도를 믿는 것이 아니라 육체를 믿는 것입니다. 우리는 여기 나오는 할례당도 다 예수를 믿는 자들이었음을 기억해야 합니다. 그래서 사도 바울은 자신의 모든 종교적인 배경과 열심을 육체라고 부르면서, 그리스도를 아는 것이 가장 고귀하기 때문에 그 주님을 얻기 위하여 그가 자랑할 수 있는 모든 육체를 신뢰하는 것을 배설물처럼 여겼다고 말합니다(빌 3:8). 우리도 사도 바울처럼 육체를 신뢰하는 것이 배설물처럼 여겨질 때에야 비로소 주님을 신뢰하게 됩니다.

여기서 볼 수 있는 또 한 가지 중요한 사실은 믿는 것과 자랑하는 것이 깊이 연결되어 있다는 것입니다. 사도 바울은 여기에서 "신뢰하다"라는 말과 "자랑하다"라는 말을 상호 교환적으로 사용하고 있습니다. 그래서 만약 우리가 그리스도를 신뢰한다고 말하면서도 그리스도 외에 다른 것으로 인해 자부심을 갖고 있으면, 우리는 실제로는 그리스도를 의지하는 것이 아니라 우리가 자부심을 갖는 그것을 의지하고 있는 것입니다. 그리고 그것이 바로 우리가 섬기는 우상입니다.

당신과 당신의 교회가 자부심을 가지고 있는 것이 무엇인지 써보십시오. 그리고 그렇게 볼 때, 당신과 당신의 교회의 신앙 상태가 어떠한지 써보십시오.

| 성경적인 지식

"육신"이 될 수 있는 또 하나 대표적인 것은 성경적인 지식입니다. 내가 말하는 율법주의를 로이드 존스 목사는 죽은 정통주의라고 불렀습니다. 그가 기독교 역사상 이단만큼 나쁜 것이라고 말한 죽은 정통주의를 그는 "교리, 참된 교리, 인격에 관한 참된 교리를 인격이 서야 할 자리에 세우는 무서운 위험"이라고 표현했습니다.[1]

1.「부흥」, 80쪽

우리 신앙생활에 있어서 성경적인 올바른 지식은 가장 중요한 요소 중 하나입니다. 성경은 일점일획도 틀림이 없는 하나님의 말씀으로서 우리의 모든 신앙과 삶과 사역을 위한 기준을 담고 있기 때문입니다. 그래서 우리는 성경을 잘 배우고 연구하고 묵상해야 합니다.

그럼에도 불구하고, 성경이 하나님은 아닙니다. 하나님은 살아계신 인격체입니다. 성경은 그 하나님을 우리에게 소개하고 있는 책입니다. 성경은 광고지와 같습니다. 여기에 피자를 광고하는 광고지 한 장이 있습니다. 거기에 피자 그림이 매우 먹음직스럽게 그려져 있고, 피자에 대한 자세한 설명이 있습니다. 그러나 그것은 피자가 아닙니다. 어떤 사람이 그 광고지를 아무리 많이 보고, 읽고, 그 내용을 외웠다고 해서, 그것이 피자를 아는 것이 아닙니다. 피자를 먹은 것이 아닙니다. 마찬가지로 성경은 살아계신 하나님을 소개하는 책입니다. 우리를 살아계신 하나님께로 인도하기 위한 길잡이입니다. 그런데 우리들이 아무리 성경을 많이 읽고 많이 외웠다 할지라도, 그것을 통해서 살아계신 하나님을 만나지 못하면, 우리는 피자 광고지를 달달 외우고도, 피자를 전혀 먹어보지 못한 사람과 같습니다. 그래서 어떤 사람이 성경공부를 통해서 성경의 본체이신 우리 주 예수 그리스도를 더욱 알고, 그 분을 더욱 사랑하기를 힘쓰기보다, 성경을 공부하는 자체를 중요시 한다거나 또는 자신이 성경을 다른 사람보다 더 많이 읽었기 때문에 하나님을 더 잘 알고 있고 또한 하나님의 더 큰 은혜를 받을 만한 자격이 있다고 생각한다면, 그것은 철저하게 타락한 율법주의 신앙입니다. 바리새인들이 이에 대한 가장 좋은 예입니다.

| 성령의 은사, 사회적인 영향력, 세상적인 축복 등 하나님께서 은혜로 주신 것들

심지어 하나님께서 은혜로 우리에게 주신 소중한 것들도 우리가 의지하는 "육신"이 될 수 있습니다. 그만큼 율법주의는 교묘한 것입니다.

이에 대한 대표적인 예가 고린도 교회입니다. 고린도 교회는 모든 성령의 은사가 부족함이 없이 나타나고 있는 교회였습니다(고전 1:7). 그 교회는 작지 않은 교회로써 사회적인 영향력이 점점 확대되고 있었습니다(고전 4:8). 그리고 바울, 베드로, 아볼로 등과 같은 하나님의 귀한 사도들이 그 교회를 섬겼습니다(고전 1:12). 그 하나하나가 하나님께서 그들에게 은혜로 주신 소중한 것들이었습니다. 그런데 문제는 하나님께서 은혜로 주신 것들로 인하여 그들의 마음이 높아져서 자부심을 갖게 되고, 그들이 그것들을 자랑하게 되었다는 것입니다(고전 4:6-7). 다시 말해서, 그들은 그리스도를 의지하는 것이 아니라, 하나님께서 은혜로 주신 것들을 의지하는 율법주의 신앙에 빠지게 되었던 것입니다. 그 결과, 그들은 복음의 길에서 떠나 있었습니다. 십자가의 복음은 십자가에 못 박힌 예수 그리스도이고(고전 1:23), 그 그리스도가 우리들이 의지하는 유일한 의와 거룩함과 지혜와 능력이 되시는 삶이 복음의 삶인데(고전 1:30-31), 그들은 그 복음의 삶에서 떠나 있었습니다(고전 1:24-29, 4:7). 그리고 그들의 삶 가운데 육체의 열매가 가득했습니다(고전 3:1-3). 그래서 사도 바울은 고린도전서 1장-4장 그리고 고린도후서 1장-4장에서 십자가의 복음을 집중적으로 다루었던 것입니다.

우리의 신앙이 이렇게 율법주의로 변질될 때, 우리는 하나님과의 올바른 관계보다 옳은 교리를 더 중요시하게 됩니다. 또한 우리의 신앙은 '일정한 규칙들을 잘 지키는 것(conformity to rules)'으로 전락해 버리며, 이것은 필연적으로 우리를 자기 의(self-righteousness)에 빠지게 만듭니다. 그리고 그 결과 우리는 하나님의 은혜로부터 분리되고, 하나님의 임재하심은 우리에게서 걷히며, 우리는 영적인 실재(reality)에 눈이 멀게 됩니다.

안타까운 사실은 오늘날 대부분의 성도들이 신앙생활을 이렇게 생각하지 않나 하는 것입니다. 많은 사람들이 우리들의 신앙생활을 소위 성수주일하고, 십일조하고, 성경보고, 기도하는 것과 같은 몇 가지 규칙을 잘 지키는 것으로 전락시켜 버렸습니다. 그리고 그러한 것들을 잘 지키는 것을 신앙의 주요 목적으로 삼음으로써, 근본적인 복음의 길에서 벗어나 율법주의 신앙에 빠지고 말았습니다. 그리고 그 결과로 우리 주위에는 신앙의 모양은 많으나 하나님의 실제와 생명은 없고, 하나님의 임재는 걷히고, 하나님의 영광은 우리에게서 떠나 있으며, 우리 안에 세상의 온갖 죄악이 가득해졌습니다.

오늘 배운 것을 복습하십시오. 오늘 배운 내용 중에서 하나님께서 당신으로 하여금 이해하고, 배우고, 실천하기 원하는 부분이나 성구를 한두 개 지적해 주시도록 기도하십시오. 그리고 난 후 다음의 질문에 답하십시오.

✣ 오늘 배운 내용 중에서 어떤 부분이나 성구가 가장 뜻있게 와 닿았습니까?

✣ 위의 부분이나 성구를 하나님께 대한 당신의 기도로 바꾸십시오.

✣ 오늘의 학습에 대한 반응으로 하나님은 당신이 무엇을 하기를 원하십니까?

이 과의 요점

- 율법주의의 본질은 한 마디로 말해서 "육신"을 의지하는 것입니다.
- 의식, 성경적인 지식, 종교적인 배경이나 신앙적인 열심, 성령의 은사 등 우리 신앙의 모든 중요한 부분들이 다 "육신"이 될 수 있습니다.
- 율법주의에 빠지면 사람들은 의식을 남용하게 됩니다.
- "육신"을 의지하는 것 혹은 자랑하는 것이 배설물처럼 여겨질 때에 비로소 주님만이 우리의 자랑과 의지가 됩니다.

제5과 자기 의(Self-Righteousness)

율법주의는 결국 자기 자원을 의지하여 하나님 앞에 서고자 하는 신앙관이기 때문에, 그것의 가장 중심적인 특징은 자기 의(Self-Righteousness)입니다. 자기 의는 자기의 종교적인 행실을 의지하여 하나님 앞에 서고자 하는 자세를 말합니다. 즉, 성경적인 용어로 "율법의 행위로 말미암는 의"를 말합니다. 그래서 율법주의 신앙에서는 정해진 규정들과 규칙들을 잘 지키는 자기의 헌신과 노력이 강조됩니다.

자기 의를 의지하는 율법주의 신앙의 가장 무서운 점은 그러한 신앙의 이해를 가진 사람들이 자기 의를 의지하기 때문에 믿음으로 얻어지는 하나님의 진정한 의나 하나님의 진정한 은혜를 전혀 경험할 수 없다는 것입니다. 우리는 하나님의 은혜가 없이는 한 순간도 설 수 없습니다. 그런데 율법주의 신앙은 우리를 이러한 하나님의 은혜로부터 끊어지게 만듭니다.

자기 의를 가지고 하나님 앞에 설 수 있는 사람은 한 사람도 없습니다

자기 의를 의지하는 신앙의 가장 무서운 점은 자기 의를 의지하여 하나님 앞에 설 수 있는 사람은 이 세상에 단 한 사람도 없다는 것입니다.

다음에 나오는 갈라디아서 2:16을 완성하십시오.

> "사람이 의롭게 되는 것은 율법의 행위로 말미암음이 아니요 오직 예수 그리스도를 믿음으로 말미암는 줄 알므로 우리도 그리스도 예수를 믿나니 이는 우리가 율법의 행위로써가 아니고 그리스도를 믿음으로써 의롭다 함을 얻으려 함이라 ( )".

사람이 의롭게 되는 것은 율법의 행위로 말미암음이 아니요 오직 예수 그리스도를 믿음으로 말미암는 줄 알므로 우리도 그리스도 예수를 믿나니 이는 우리가 율법의 행위로써가 아니고 그리스도를 믿음으로써 의롭다 함을 얻으려 함이라 율법의 행위로써는 의롭다 함을 얻을 육체가 없느니라
(갈 2:16)

| 기도하러 올라간 바리새인의 예

누가복음 18:9-14을 주의 깊게 읽고 다음의 물음에 답하십시오.

예수님의 비유에 의하면, 누구와 누가 기도하러 성전에 올라갔습니까?

그 날 누가 하나님의 의롭다하심을 받았습니까?

그 날 누가 하나님으로부터 버림을 받았습니까?

당신은 왜 그 사람이 버림을 받았다고 생각합니까?

바리새인과 세리가 기도하러 성전에 올라갔습니다. 그 날 세리는 하나님의 의롭다하심을 받은 반면, 바리새인은 버림을 받았습니다. 바리새인이 버림을 받았다는 말이 구체적으로 기록되어 있지는 않지만, 내용을 자세히 살펴보면 그것을 분명히 알 수 있습니다.

우리가 여기에서 기억해야 할 것은 예수님이 의도적으로 바리새인과 세리를 비교하셨다는 사실입니다. 여기의 바리새인은 오늘날로 치면 예수 믿은 다음 날부터 새벽기도를 한 번도 안 빠지고, 심지어 받은 선물의 값까지 계산해서 십일조를 드리고, 극장에는 한 번도 가본 적이 없고, 1년에 성경을 1독하고, 1주일에 정기적으로 이틀을 금식하는 목사님과 같다고 할 수 있습니다. 그리고 세리는 오늘날의 창녀와 같습니다. 그런데 그러한 목사님은 왜 버림을 받고, 반면에 죄만 먹고 살던 창녀는 하나님의 은혜를 받고 하나님 앞에서 의롭다 하심을 받았습니까? 이 점을 잘 이해하면, 율법주의와 십자가의 복음을 올바로 이해할 수 있습니다. 그래서 이 비유는 매우 중요한 비유입니다.

그 이유는 그들의 기도 내용을 보면 쉽게 알 수 있습니다. 오늘날 창녀와도 같은 세리는 하나님 앞에 의지하고 나아갈 것이 아무것도 없었습니다. 그가 하나님 앞에서 행한 것은 오직 죄뿐이었습니다. 그래서 그는 오직 하나님의 은혜와 긍휼만을 의지하여 하나님께 나아갔습니다. 세리는 멀리 서서 감히 눈을 들어 하늘을 우러러 보지도 못하고 다만 가슴을 치며 “하나님이여 불쌍히 여기소서. 나는 죄인이로소이다” 라고 기도했습니다(눅 18:13). 반면에 바리새인은 세리에 비하면 비교 자체가 무색할 만큼 소위 경건한 삶을 살았습니다. 그런데 바리새인은 자기의 행위, 즉 자기 의를 의지하여 하나님께 나아갔습니다. 그의 기도를 보십시오. “바리새인은 서서 따로 기도하여 이르되 하나님이여 나는 다른 사람들 곧 토색, 불의, 간음을 하는 자들과 같지 아니하고 이 세리와도 같지 아니함을 감사하나이다 나는 이레에 두 번씩 금식하고 또 소득의 십일조를 드리나이다”(눅 18:11-12).

또 자기를 의롭다고 믿고 다른 사람을 멸시하는 자들에게 이 비유로 말씀하시되 두 사람이 기도하러 성전에 올라가니 하나는 바리새인이요 하나는 세리라 바리새인은 서서 따로 기도하여 이르되 하나님이여 나는 다른 사람들 곧 토색, 불의, 간음을 하는 자들과 같지 아니하고 이 세리와도 같지 아니함을 감사하나이다 나는 이레에 두 번씩 금식하고 또 소득의 십일조를 드리나이다 하고 세리는 멀리 서서 감히 눈을 들어 하늘을 쳐다보지도 못하고 다만 가슴을 치며 이르되 하나님이여 불쌍히 여기소서 나는 죄인이로소이다 하였느니라 내가 너희에게 이르노니 이에 저 바리새인이 아니고 이 사람이 의롭다 하심을 받고 그의 집으로 내려갔느니라 무릇 자기를 높이는 자는 낮아지고 자기를 낮추는 자는 높아지리라 하시니라

(눅 18:9-14)

우리가 세상적으로 혹은 신앙적으로 아무리 훌륭한 삶을 산다 할지라도 자기의 행실 혹은 자기 의를 의지해서는 절대로 하나님 앞에 설 수 없습니다. 우리가 하나님 앞에 나아갈 수 있는 근거는 오직 하나님의 은혜와 십자가의 공로뿐입니다. 그런데 율법주의 신앙은 자기 의를 의지하여 하나님 앞에 나아가려고 합니다. 이것은 하나님으로부터 버림받는 결과를 낳습니다. 우리는 앞 3과에서 자기 의를 의지하여 하나님 앞에 나아가고자 하는 사람들에게 적용되는 하나님의 기준을 보았습니다.

부분적으로만 자기 의를 의지해도 그것은 전체적으로 자기 의를 의지하는 것과 같습니다

사실, 자기 의를 가지고 하나님 앞에 설 수 없다는 사실은 일반적으로 잘 알려진 사실입니다. 그러나 여기에서 중요한 사실은 부분적으로라도 자기 의를 의지하면, 그것은 전적으로 자기 의를 의지하는 것과 같다는 사실입니다. 그래서 앞 과에서 살펴본 것처럼 예수님의 의를 의지하려면, 오직 예수님의 의만을 의지해야 하는 것입니다.

> 보라 나 바울은 너희에게 말하노니 너희가 만일 할례를 받으면 그리스도께서 너희에게 아무 유익이 없으리라 내가 할례를 받는 각 사람에게 다시 증언하노니 그는 율법 전체를 행할 의무를 가진 자라 율법 안에서 의롭다 함을 얻으려 하는 너희는 그리스도에게서 끊어지고 은혜에서 떨어진 자로다
> (갈 5:2-4)

갈라디아서 5:2-4을 읽고, 다음의 물음에 답하십시오.

바울은 할례 받은 사람에게 어떠한 결과가 초래된다고 말하고 있습니까?(네 가지)

바울이 여기에서 말한 할례는 그 행위 자체를 말합니까? 아니면 할례를 받은 의미를 말합니까? 맞는 답에 ○표 하십시오. 갈라디아서 5:6과 바울이 디모데에게 할례 준 사건(행 16:3)을 참조하십시오.

(　　) 할례의 행위 자체를 말한다.　　　(　　) 할례를 받은 의미를 말한다.

> 그리스도 예수 안에서는 할례나 무할례나 효력이 없으되 사랑으로써 역사하는 믿음뿐이니라
> (갈 5:6)

바울이 할례 받는 자에게 초래된다고 말한 결과들은 생각하기조차 싫을 만큼 끔찍한 것들입니다. 그것들은 그리스도의 십자가가 그러한 자에게 아무 유익이 없게 되는 것, 그가 그리스도에게서 끊어지는 것, 그가 하나님의 은혜에서 떨어지게 되는 것, 그는 다시 모든 율법을 행할 의무를 갖게 되는 것입니다.

> 바울이 그를 데리고 떠나고자 할새 그 지역에 있는 유대인으로 말미암아 그를 데려다가 할례를 행하니 이는 그 사람들이 그의 아버지는 헬라인인 줄 다 앎이러라
> (행 16:3)

그런데 문제는 바울이 여기서 말하고 있는 할례는 할례를 받는 행위 자체를 말하고 있는 것이 아니라는 사실입니다. 만약 그렇다면 이 구절은 오늘날 우리에게는 아무런 의미도 없을 것입니다. 오늘날 우리 중에 할례를 받은 사람이 없기 때문입니다. 여기에서 할례는 할례를 받는 의미에 대해서 말하고 있는 것입니다. 그것은 바로 다음 구절인 갈라디아서 5:6을 보아도 명백히 알 수 있습니다. 율법주의의 도구가 될 수 있는 모든 것들이 그렇듯이, 할례의 경우에도 할례 그 자체가 문제

가 아니라, 무슨 의미로 할례를 받았느냐에 따라 율법주의가 될 수 있습니다. 그러므로 이 구절은 오늘날 우리에게도 매우 중요한 의미를 가집니다.

그러면 여기에서 문제가 되는 할례의 의미는 무엇입니까? 그 당시 갈라디아 교회에는 거짓 선지자들에 의해 "다른 복음" 즉 거짓 복음이 전파되고 있었습니다. 오늘날로 보면 그것은 정확하게 율법주의 신앙이었습니다. 거짓 선지자들도 예수 그리스도의 십자가를 전했습니다. 만약 그들이 그리스도의 십자가를 전하지 않고, 구약의 율법을 지킴으로써 구원을 받을 수 있다고 가르쳤다면, 그 당시 갈라디아 교회는 그들을 즉시 배척했을 것입니다. 그러나 그들은 그리스도의 십자가에 덧붙여서 할례를 가르쳤습니다. 즉, 그들은 "그리스도의 십자가를 통해서 우리가 구원을 얻는다. 맞다. 그러나 우리들이 아브라함의 자손으로서 아브라함에게 주신 언약의 축복을 받기 위해서는 하나님께서 아브라함에게 명령하신 언약의 징표인 할례를 받아야 한다" 라는 식으로 가르쳤습니다. 바울은 바로 이 점을 지적하고 있습니다. 그리고 이 의미는 오늘날 우리에게도 매우 중요합니다.

바울의 주장은 이렇습니다. "만약 성도들이 그러한 의미로 할례를 받는다면 그것은 그들이 하나님 앞에 나아가는 근거나 하나님의 은혜를 받는 근거로서 오직 예수님의 십자가의 공로만을 의지하는 것이 아니다. 그것은 예수님의 십자가의 공로에 덧붙여서 그들이 한 행위 즉 자기 의를 의지하고 있는 것이다. 성도들이 부분적으로라도 자기 의를 의지하여 하나님 앞에 나아가면, 그것은 전적으로 자기 의를 통해서 하나님 앞에 서려는 것과 똑같다. 그러므로 그런 자에게는 그리스도의 십자가가 아무 유익이 없으며, 그들은 그리스도에게서 끊어지고, 하나님의 은혜에서 떨어지게 된다. 그리고 그들은 율법 전체를 행할 의무를 갖게 된다. 다시 말해서, 그런 자들은 전적으로 율법을 행함으로 의롭게 되고자 하는 자들이 감수하는 똑같은 결과들을 감수해야 할 것이다." 그래서 여기에서 말하는 할례는 바로 자기 의(Self-Righteousness)를 나타내는 것입니다.

우리는 여기에서 매우 중요한 공식을 하나 발견할 수 있습니다.

그리스도의 십자가 + ? = 율법주의 혹은 거짓 복음.

하나님의 은혜를 얻는 수단으로서 무엇이든지 그리스도의 십자가에 추가되면, 그것은 자기 의요, 그러한 가치관은 율법주의 신앙입니다.

율법주의는 가치관입니다

할례의 경우에서도 볼 수 있듯이, 율법주의는 우리가 하는 어떤 행위 자체와 관련이 있는 것이 아닙니다. 그것은 그 행위의 배후에 놓여있는 가치관과 관련이 있습니다.

게바가 안디옥에 이르렀을 때에 책망 받을 일이 있기로 내가 그를 대면하여 책망하였노라 야고보에게서 온 어떤 이들이 이르기 전에 게바가 이방인과 함께 먹다가 그들이 오매 그가 할례자들을 두려워하여 떠나 물러가매 남은 유대인들도 그와 같이 외식하므로 바나바도 그들의 외식에 유혹되었느니라 그러므로 나는 그들이 복음의 진리를 따라 바르게 행하지 아니함을 보고 모든 자 앞에서 게바에게 이르되 네가 유대인으로서 이방인을 따르고 유대인답게 살지 아니하면서 어찌하여 억지로 이방인을 유대인답게 살게 하려느냐 하였노라 우리는 본래 유대인이요 이방 죄인이 아니로되 사람이 의롭게 되는 것은 율법의 행위로 말미암음이 아니요 오직 예수 그리스도를 믿음으로 말미암는 줄 알므로 우리도 그리스도 예수를 믿나니 이는 우리가 율법의 행위로써가 아니고 그리스도를 믿음으로써 의롭다 함을 얻으려 함이라 율법의 행위로써는 의롭다 함을 얻을 육체가 없느니라

(갈 2:11-16)

갈라디아서 2:11-16을 읽고 다음의 질문에 답하십시오.

16절은 복음에 대한 이해와 관련하여 매우 중요한 구절입니다. 그 구절을 한 번 크게 읽어 보십시오.

바울은 이 말을 베드로에게 했습니다. 그렇다면 바울은 이방인을 위한 사도로서 유대인을 위한 사도인 베드로에게 복음에 대한 동일한 이해를 갖고자 하는 의미에서 이 말을 했습니까?

그렇다면 이 말은 베드로는 행함으로 의롭다함을 얻는다고 가르쳤다는 말입니까?

바울은 베드로의 어떤 행동을 두고 그를 그렇게 강력하게 사람들 앞에서 꾸짖었습니까?

베드로의 그 행동이 왜 문제였습니까?

복음에 대한 이해와 관련해서 매우 중요한 구절인 갈라디아서 2:16은 사도 바울이 사도 베드로에게 한 말입니다. 특히 베드로가 복음의 진리를 따라 행치 않는다면서 많은 사람들 앞에서 그를 꾸짖으면서 한 말입니다. 사실 오직 믿음으로 의롭게 된다는 것을 가장 먼저 가르친 사람이 베드로였습니다. 하나님께서 그를 이방인인 고넬료의 집에 보내셨을 때 그는 할례와 같은 유대인의 전통이 아닌 오직 예수님을 전했습니다. 그러자 성령께서 믿음으로 반응한 모든 사람들에게 임하셨습니다(행 10장). 또한 예루살렘에서 할례와 유대인의 전통을 이방인의 성도들에게 지키게 해야 하는가의 문제를 놓고 격론이 벌어졌을 때, 가장 먼저 "오직 믿음"을 주장했던 사람이 바로 사도 베드로였습니다(행 15:7-11).

그럼 여기에서 무엇이 문제였습니까? 안디옥에서 베드로가 이방인 기독교인들과 함께 식사를 하고 있을 때 예루살렘 교회에서 사람들이 왔습니다. 그 당시 예루살렘 교회는 주로 유대 기독교인들로서 이루어져 있었으며, 아직까지 유대인의 전통을 지키고 있었던 것 같습니다. 그 전통 중 하나로써, 유대 기독교인들은 이방인들과 같이 식사하는 것이 자신을 부정하게 만든다고 믿었기 때문에 이방인들과 식사를 하지 않았습니다. 이러한 상황에서 베드로는 예루살렘에서 온 성도들을 보자 그들이 두려워서 이방인 기독교인들과 같이 식사하다가 슬그머니 자리에서 일어나서 따로 앉았습니다. 그러자 처음부터 그곳에 베드로와 함께 있던, 바나바

를 포함한 유대 기독교인들도 똑같이 행동했습니다. 이것을 보고 바울은 많은 사람들 앞에서 베드로가 행함으로 의롭게 되는 것처럼 행동했다고 강력하게 책망했던 것입니다. 왜냐하면, 베드로는 항상 이방인과 같이 식사해야 한다거나 따로 식사하면 안 된다는 것이 전혀 아니지만, 방금 취한 베드로의 행동의 배후에는 어떤 종류의 사람들과 같이 식사하거나 혹은 식사하지 않는 것이 사람을 부정하게 만들기도 하고 정결하게 만들기도 한다는 가치관이 담겨져 있었기 때문입니다. 그리고 그 가치관은 정확하게 행함으로 의롭게 된다는 가치관이었기 때문입니다. 즉, 복음의 진리를 거스리는 가치관이었기 때문입니다(14절).

오늘날 우리나라에 오직 믿음으로 의롭게 된다는 진리를 믿지 않는 목회자나 성도는 거의 없을 것입니다. 그러나 많은 목회자나 성도들이 행하는 행동의 배후에 놓인 그 가치관을 보면 실제로는 행함으로 의롭게 되는 것을 믿는 율법주의적인 사고가 가득한 것을 볼 수 있습니다.

다음의 문장을 읽고 율법주의적인 가치관에 "율"이라는 말을 써 넣으십시오.

신부님에게 가서 고해성사를 했더니, 죄 용서를 선포해 주시면서 주기도문을 50번 외우라고 하셨다. (   )

이 집사님 부부는 극심한 어려움에 처한 자신들을 도와달라고 하나님께 200일 작정기도를 드렸다. 그리고 나서 그들은 자신들이 너무 피곤한 나머지 작정기도를 한 번 빠졌다고 해서 하나님께서 응답해 주시지 않았다며, 하나님은 너무한 분이라고 말했다. (   )

김 장로님은 우리의 모든 예배, 특히 주일 대예배 시간에는 반드시 신앙고백의 순서가 들어가야 한다고 믿는다. (   )

김 집사님은 자신의 죄를 회개했는데도, 하나님의 용서를 받아들이지 못하고 있다. (   )

새벽기도를 빠지지 않고 참석하는 것. (   )

시간을 정해놓고 성경을 읽는 것. (   )

열심히 교회에서 봉사하는 것. (   )

처음 네 가지는 모두 율법주의적인 가치관을 담고 있습니다. 하나님께서 우리의 죄를 용서하시는 것은 전적으로 그리스도의 십자가의 공로로 인한 것입니다. 만일 우리들이 그리스도의 십자가를 의지하는 것에 덧붙여서 주기도문을 외운다든가, 선한 일을 한다든가, 감사헌금을 드린다든가 하면, 우리 죄의 대가로 무엇인가를 한 것처럼 느껴져서 마음이 후련할런지 모릅니다. 그러나 그것은 정확하게 할례와 같아서 자기 의를 의지하는 것이기 때문에 하나님에게서 끊어지는 행위입니다.

우리의 기도에 응답하시는 하나님의 은혜도 마찬가지입니다. 기도 응답은 전적으로 하나님의 은혜와 사랑의 선물입니다. 며칠 동안의 헌신을 드렸기 때문에, 그 대가로 하나님이 응답하시는 것이 아닙니다. 기도는 하나님의 뜻을 찾고, 하나님께 더욱 가까이 가기 위한 중요한 수단입니다. 기도는 절대로 하나님의 은혜를 받기 위한 공이 아닙니다. 기도가 그렇게 변질될 때, 그것이 바로 하나님과 원수 되는 율법주의입니다. 그리고 그러한 신앙생활은 하나님의 사랑이나 은혜를 전혀 알지 못하는 종의 삶입니다.

우리의 예배가 참된 예배가 될 수 있는 것도 오직 예수님의 십자가 공로뿐입니다. 우리는 그분의 공로로만 하나님 앞에 나아갈 수 있습니다. 그리고 신앙고백에 나오는 내용들을 부인하면, 그 사람의 신앙에 문제가 있습니다. 그러나 예배시간에 신앙고백이 들어가야만 예배가 참다운 예배가 된다고 생각하는 것은 예배가 참되기 위한 조건으로 생각하는 것이기 때문에, 그것은 율법주의 신앙입니다. 그렇다고 신앙고백 시간을 갖는 것이 무조건 율법주의라는 말은 아닙니다. 우리들이 우리의 신앙을 진정한 마음으로 고백하는 것은 좋은 일입니다. 그런가하면 우리는 당연히 그 신앙을 가지고 있으면서도, 그 순서를 예배시간에 가지지 않을 수도 있습니다. 그것도 좋은 일입니다. 문제는 그 순서를 가져야만 예배가 올바른 예배가 된다고 하는 사고입니다.

우리의 죄를 용서받을 수 있는 유일한 근거도 오직 십자가의 공로에 기초한 하나님의 은혜뿐입니다. 그런데 회개했음에도 불구하고 하나님의 용서를 받아들이지 못하는 것은 그 깊은 배후에 자기의 의로움으로 하나님 앞에 서고자 하는 자기 의가 있기 때문입니다. 사탄은 참으로 자기 의를 가지고 성도들을 넘어뜨리려고 노력합니다. 영적인 우월감을 가지고 넘어뜨리지 못하면, 죄책감을 가지고 넘어뜨립니다. 이 두 가지는 정반대이지만, 똑같이 자기 의에 기초하고 있으며, 사탄이 가장 즐겨 사용하는 무기입니다.

반면에 그 다음 세 가지는 모두 율법주의적인 사고가 아닙니다. 어떤 사람들은 모든 것을 열심히 그리고 규칙적으로 잘하면 그것이 곧 율법주의라고 생각하는데 그것은 매우 잘못된 생각입니다. 만약 그렇다면 바른 신앙은 아무런 열정도 없는 미지근하고 무책임한 것이라는 말입니까? 율법주의의 가장 중요한 기초는 소위 공로 사상입니다. 즉, 자기 행위의 공로를 의지하여 하나님의 은혜를 받고, 하나님 앞에 나아가고자 하는 것입니다.

오늘 배운 것을 복습하십시오. 오늘 배운 내용 중에서 하나님께서 당신으로 하여금 이해하고, 배우고, 실천하기 원하는 부분이나 성구를 한두 개 지적해 주시도록 기도하십시오. 그리고 난 후 다음의 질문에 답하십시오.

✣ 오늘 배운 내용 중에서 어떤 부분이나 성구가 가장 뜻있게 와 닿았습니까?

✣ 위의 부분이나 성구를 하나님께 대한 당신의 기도로 바꾸십시오.

✣ 오늘의 학습에 대한 반응으로 하나님은 당신이 무엇을 하기를 원하십니까?

이 과의 요점

- 율법주의의 가장 중심적인 특징은 자기 의입니다.
- 자기 의를 가지고 하나님 앞에 설 수 있는 사람은 아무도 없습니다.
- 부분적으로만 자기 의를 의지해도 전적으로 자기 의를 의지하는 것과 같습니다.
- 자기 의를 의지하면 십자가의 능력은 소멸되고, 모든 하나님의 은혜는 걷힙니다.
- 율법주의는 가치관입니다.

제 3단원

거짓 신앙체계 Ⅱ

제1과

율법주의 열매들 1

잠을 자고 있는 사람은 자신이 자고 있다는 사실을 모릅니다. 깨어난 후에야 비로소 자신이 자고 있었다는 사실을 압니다. 이와 마찬가지로, 율법주의 신앙에 빠져 있는 사람은 자신이 율법주의 신앙에 빠져 있다는 사실을 모릅니다. 예수님 시대의 바리새인들을 한 번 생각해 보십시오. 그들은 자신들이 그릇된 신앙체계에 빠져 있다는 것을 알았다고 생각하십니까? 그들은 자신들이 하나님을 가장 잘 섬기고 있다고 확신했을 것입니다. 이 점이 바로 율법주의 신앙의 무서운 점입니다.

또한 우리 중 어느 누구도 율법주의 신앙으로부터 면역되어 있지 않습니다. 예수님께서 자신을 따르는 열 두 제자들에게까지 이 율법주의 신앙에 대해 반복해서 경고하신 것과(마 16:5-12, 눅 12:1) 사도 바울이 편지하고 있는 초대교회의 대부분이 이 율법주의 신앙으로 인하여 홍역을 치른 것을 보면, 율법주의 신앙의 영향력이 얼마나 큰 것인가를 짐작할 수 있습니다.

이러한 상황에서 우리에게 한 가지 도움을 줄 수 있는 것이 율법주의 신앙의 열매들입니다. 율법주의 신앙은 그 열매들을 가지고 있습니다. 그래서 그 열매들이 우리의 삶 속에 나타나고 있는 것을 보면, 우리가 율법주의에 빠져 있다는 사실을 인식할 수 있습니다.

영적 우월감과 상습적인 죄책감

율법주의의 가장 전형적인 열매는 영적 우월감입니다. 율법주의는 자기 의에 기초한 신앙입니다. 그래서 율법주의에서는 정해진 규정들과 규칙들을 잘 지키는 자기의 헌신과 노력이 강조됩니다. 그 결과, 그것들을 다른 사람들보다 더 잘 지킨 사람들은 영적 우월감을 가지며, 그렇지 못한 사람들을 무시합니다. 반면에 그것들을 잘 지키지 못하는 사람들은 상습적인 죄책감을 가집니다. 둘 다 율법주의의 열매입니다. 결국 둘 다 자기의 행위를 의지하여 하나님 앞에 서고자 하기 때문입니다.

김 집사는 사업을 하시는 분인데도 새벽기도를 한 번도 빠지지 않습니다. 주일예배는 어떤 일이 있어도 본 교회에 와서 드립니다. 주일이면 하루 종일 교회에서 봉사합니다. 십일조를 교회에서 가장 많이 드립니다. 일주일에 하루는 꼭 금식합니다. 그래서 일 년에 40일 이상을 금식합니다. 성경을 일 년에 최소한 일독합니다. 그는 최소한 겉으로 보기에는 사람들 앞에서 참 겸손하게 행동합니다. 그런데 김 집사가 속으로 자기가 영적으로 최고라는 영적 우월감을 가지고 있으면, 율법주의에 빠져 있는 것입니다. 이것이 바로 예수님께서 말씀하신, 기도하러 올라 간 바리새인의 모습이었습니다(눅 18:9).

당신은 왜 김 집사가 율법주의에 빠져 있다고 생각합니까?

만약 김 집사가 우리의 신앙을 하나님을 알고 사랑하는 관점에서 올바로 이해했더라면, 그리고 모든 의식들은 하나님을 더욱 알고 사랑하기 위한 수단이라는 사실을 알았더라면, 하나님을 더욱 알기 위해 오히려 애통하는 자리에 있었을 것입니다. 그의 모든 헌신과 행동이 하나님의 은혜로 가능했음을 인식하고 하나님의 은혜를 더욱 구하는 자리에 있었을 것입니다. 그런데 그는 의식이 본질을 대체해 버린 율법주의에 빠져 있기 때문에, 그 의식들을 남보다 더 잘 한다고 해서 우월감을 가지고 있는 것입니다.

상습적인 죄책감과 영적 우월감은 정반대이지만, 상습적인 죄책감을 가진 사람도 결국 자기의 노력으로 정해진 규례와 규칙을 잘 지킴으로써 하나님 앞에 서고자 하는 사람입니다. 즉, 자기의 행위를 의지하여 하나님 앞에 나아가는 사람입니다. 이러한 사람들은 하나님 앞에서 자기의 죄를 회개하고 돌이켜서도 하나님의 용서를 좀처럼 받아들이려고 하지 않습니다. 자신은 하나님의 용서를 받아들일만한 합당한 행위를 하지 못했다고 생각합니다. 얼마나 큰 교만입니까? 자기 의를 가지고 하나님 앞에 설 수 있는 사람은 단 한 사람도 없습니다.

당신은 이 점에 있어서 율법주의를 이길 수 있는 방법이 무엇이라고 생각합니까?

먼저, 영적인 우월감을 가진 사람이건 상습적인 죄책감을 가진 사람이건 둘 다 자기 속에 하나님 앞에 내세울 만한 어떠한 선한 것도 없음을 인식해야 합니다. 그것이 타락한 인간의 원래의 모습입니다. 그 다음, 하나님께서 예수님의 십자가를 통해 우리를 하나님 앞으로 인도하신 것을 인식해야 합니다. 예수님의 십자가야말로 인간의 문제에 대한 하나님의 처방입니다. 그래서 예수님의 십자가 공로만을 믿음으로 의지하여 한편으로는 겸손하게 또 다른 한편으로는 담대하게 하나님 앞에 서야 합니다. 끝으로, 주님을 더욱 알기를 구하여 주님을 추구해야 합니다. 결국 세상과 죄와 육신을 이기는 것은 하나님의 생명입니다. 즉, 하나님께서 우리 가운데 오셔서 임재하시고 통치하실 때, 하나님의 능력과 은혜로 우리가 세상과 죄와 육신을 이길 수 있습니다. 그리고 하나님은 우리가 그분 자신을 추구할 때 우리에게 오십니다.

안일함

진정한 안정감과 안식은 오직 하나님 안에만 있습니다. 그런데 하나님 외에 다른 것에서 안정감을 갖는다면, 그것이 곧 타락한 거짓 신앙체계인 율법주의입니다. 왜냐하면 그것은 결국 '육신'을 의지하고 서는 것이기 때문입니다. 그리고 그 결과로 나타나는 것이 안일함입니다.

이에 대한 대표적인 예가 요한계시록에 나오는 라오디게아 교회였습니다. 요한계시록 3:14-21을 읽고 다음의 물음에 답하십시오.

라오디게아 교회에 나타났던 전형적인 특징이 무엇이었습니까?(17절)

그들은 왜 그렇게 생각했습니까?

예수님께서 그 교회의 어디에 계셨습니까?(20절)

그 교회를 향한 예수님의 칭찬은 무엇이었습니까?(17절)

그들의 전형적인 특징은 안일함이었습니다. 그들이 안일했던 이유는 세상적인 부 때문이었습니다. 그들은 당연히 하나님을 믿는 백성이었습니다. 그리고 그들은 그들의 부가 하나님이 주신 복이라고 생각했을 것입니다. 그러나 그들이 안일함을 가지고 있었다는 것은 그들이 결국 '육신'(이 경우, 세상의 부)을 의지하여 섰다는 것을 의미합니다. 다시 말해서, 그들은 철저하게 율법주의에 빠져 있었습니다. 그 결과, 그들에게는 하나님의 임재가 걷혀 있었습니다. 예수님께서 그 교회의 문 밖에 계셨습니다. 그들에게는 하나님 앞에서 소중한 것이 단 하나도 없었습니다. 요한계시록 2장과 3장에 나오는 일곱 교회 중 예수님의 단 한 마디 칭찬이 없었던 유일한 교회가 라오디게아 교회였습니다.

안일함이 우리에게 있다는 것은 우리가 율법주의에 빠져 있다는 것을 보여주기 때문

라오디게아 교회의 사자에게 편지하라 아멘이시요 충성되고 참된 증인이시요 하나님의 창조의 근본이신 이가 이르시되 내가 네 행위를 아노니 네가 차지도 아니하고 뜨겁지도 아니하도다 네가 차든지 뜨겁든지 하기를 원하노라 네가 이같이 미지근하여 뜨겁지도 아니하고 차지도 아니하니 내 입에서 너를 토하여 버리리라 네가 말하기를 나는 부자라 부요하여 부족한 것이 없다 하나 네 곤고한 것과 가련한 것과 가난한 것과 눈 먼 것과 벌거벗은 것을 알지 못하는도다 내가 너를 권하노니 내게서 불로 연단한 금을 사서 부요하게 하고 흰 옷을 사서 입어 벌거벗은 수치를 보이지 않게 하고 안약을 사서 눈에 발라 보게 하라 무릇 내가 사랑하는 자를 책망하여 징계하노니 그러므로 네가 열심을 내라 회개하라 볼지어다 내가 문 밖에 서서 두드리노니 누구든지 내 음성을 듣고 문을 열면 내가 그에게로 들어가 그와 더불어 먹고 그는 나와 더불어 먹으리라 이기는 그에게는 내가 내 보좌에 함께 앉게 하여 주기를 내가 이기고 아버지 보좌에 함께 앉은 것과 같이 하리라

(계 3:14-21)

에, 성경은 안일한 자들에 대해서 심판을 말하고 있습니다(암 6:1, 습 1:15).

반면에 우리가 올바른 신앙 가운데 있으면, 거기에 애통함과 갈급함이 있게 되어 있습니다. 그래서 하나님은 애통하는 자와 함께 하십니다(사 66:2). 그리고 하나님 나라 백성의 가장 기본적인 자세 중 하나가 애통함입니다(마 5:3-4). 마음이 가난하다는 말은 자기 속에는 하나님 앞에 내놓을 만한 어떤 선한 것도 없음을 인식하는 자세입니다. 그것이 진정한 겸손입니다. 애통하는 마음은 그래서 자기에게는 하나님의 은혜가 절실하게 필요하기 때문에 하나님의 은혜를 간절히 구하는 자세입니다. 우리가 신앙의 본질인 하나님을 알고 사랑하기를 추구하는 가운데 있으면, 바로 그 가난한 마음과 애통한 마음이 있게 되어 있습니다. 안일한 마음은 자취를 감추게 되어 있습니다.

하나님의 부흥을 예비한 자들은 항상 하나님을 아는 관점에서 그리고 하나님의 영광을 보는 관점에서 자신들이 얼마나 가난하고 눈멀고 벌거벗었는가를 인식했습니다. 그리고 그들은 모든 것을 걸고 주님을 추구하여, 주님의 영광을 보기 위해 주님을 향해서 달려 나갔습니다. 시편 기자처럼 그들은 진실로 큰 목마름을 가지고 주님을 찾았습니다(시 42:1-3 참조).

만약 우리가 신앙의 본질과 십자가의 복음과 거짓 신앙체계를 아무리 많이 배웠다 할지라도, 우리에게 영적 우월감이나 안일함이 있다면, 그것은 우리가 율법주의에 빠져 있다는 증거입니다. 왜냐하면, 우리가 신앙의 본질인 하나님을 알기를 실제로 간절히 추구하기보다 신앙의 본질이나 십자가의 복음에 관해서 아는 것으로 만족해 버렸기에 그러한 열매가 나타나기 때문입니다. 그것이 바로 성경적인 지식이 인격체를 대체해 버린 죽은 정통주의, 즉 율법주의입니다.

전통에 대한 집착

율법주의는 인격체이신 하나님을 신뢰하는 것보다 하나님에 대한 자신의 종교적인 행위를 신뢰합니다. 마음의 상태보다 외부적인 복종을 강조하며, 인격체이신 성령님보다 규례와 규칙을 신뢰합니다. 그래서 율법주의는 우리의 신앙을 '일정한 규칙을 지키는 것(conformity to rules)'으로 전락시켜 버립니다. 그런데 그 규칙들이 전통적으로 내려오는 규칙들입니다. 그 결과, 율법주의는 전통을 지나치게 의존하게 되어 있습니다.

물론 모든 전통이 다 나쁜 것은 아닙니다. 성경에 기초한 전통은 좋은 전통입니다. 그리고 좋은 전통을 지키는 것은 좋은 일입니다. 그러나 율법주의의 문제는 전통에 집착한 나머지 하나님의 말씀을 범하는데 있습니다(마 15:3-6 참조).

더 나아가 율법주의는 전통에 집착한 나머지 성령의 역사를 가로막습니다. 이 점이 율법주의의 가장 무서운 점 중 하나입니다.

요한복음 5:1-9 그리고 16-20을 읽고 다음의 물음에 답하십시오.

예수님께서 안식일에 베데스다 연못가에서 38년 된 병자를 어떻게 고치셨습니까?(8-9절)

이것을 알게 된 유대인들이 왜 예수님을 핍박했습니까?(16절)

예수님은 누구의 인도를 따라 그 환자를 그렇게 고치셨습니까?(19-20절)

유대인들의 문제가 무엇이었으며, 그 결과가 무엇이었습니까?

예수님께서 38년 된 병자에게 자리를 들고 걸어가라고 명령하심으로써 그를 고치셨습니다. 이 얼마나 놀랍고 감사할 일입니까! 특히 예수님은 철저하게 성령의 인도를 따라 그렇게 하셨습니다.

그런데 그 사실을 알게 된 유대인들은 그 일로 인하여 예수님을 더욱 핍박했습니다. 그들은 예수님께서 안식일을 범했다고 하면서, 그것을 보면 예수님은 하나님께로부터 온 분도 아니고, 그 능력 또한 하나님의 능력이 아니라고 주장했습니다. 그래서 그들은 예수님이 사탄에 들려서 그러한 일을 행한다고 결론을 내렸습니다.

그렇다면, 예수님께서 진실로 안식일을 범했습니까? 아닙니다. 예수님은 그 당시 유대인들의 안식일관을 범했을 따름입니다. 그 당시 유대인들은 전통적으로 안식일을 거룩하게 지키기 위해 안식일에 해서는 안 될 일들을 세분화하였는데, 그 중에는 물건을 한 장소에서 다른 장소로 옮기는 것이 포함되어 있었습니다. 안식일을 범한 것과 그들의 안식일관을 범한 것은 근본적으로 다릅니다. 성경에서 안식일에 일하지 말라고 하신 것은 전혀 그러한 뜻이 아니었습니다.

유대인들은 율법주의적인 가치관으로 인하여 그들의 전통과 성경을 구분할 줄 몰랐습니다. 그들은 그들의 전통이 당연히 성경적이라고 간주했습니다. 그 결과, 그들은 본인들이 그 사실을 알건 모르건 상관없이 하나님의 성령을 거역하고 대적했습니다. 이처럼 율법주의는 전통에 집착한 나머지 항상 성령을 대적합니다(행 7:51).

그 후에 유대인의 명절이 되어 예수께서 예루살렘에 올라가시니라 예루살렘에 있는 양문 곁에 히브리 말로 베데스다라 하는 못이 있는데 거기 행각 다섯이 있고 그 안에 많은 병자, 맹인, 다리 저는 사람, 혈기 마른 사람들이 누워 [물의 움직임을 기다리니 이는 천사가 가끔 못에 내려와 물을 움직이게 하는데 움직인 후에 먼저 들어가는 자는 어떤 병에 걸렸든지 낫게 됨이러라] 거기 서른여덟 해 된 병자가 있더라 예수께서 그 누운 것을 보시고 병이 벌써 오래된 줄 아시고 이르시되 네가 낫고자 하느냐 병자가 대답하되 주여 물이 움직일 때에 나를 못에 넣어 주는 사람이 없어 내가 가는 동안에 다른 사람이 먼저 내려가나이다 예수께서 이르시되 일어나 네 자리를 들고 걸어가라 하시니 그 사람이 곧 나아서 자리를 들고 걸어가니라 이 날은 안식일이니
(요 5:1-9)

그러므로 안식일에 이러한 일을 행하신다 하여 유대인들이 예수를 박해하게 된지라 예수께서 그들에게 이르시되 내 아버지께서 이제까지 일하시니 나도 일한다 하시매 유대인들이 이로 말미암아 더욱 예수를 죽이고자 하니 이는 안식일을 범할 뿐만 아니라 하나님을 자기의 친 아버지라 하여 자기를 하나님과 동등으로 삼으심이러라 그러므로 예수께서 그들에게 이르시되 내가 진실로 진실로 너희에게 이르노니 아들이 아

오늘날 한국교회의 실정에서 이에 해당하는 부분이 있다고 생각하면 한 가지만 구체적으로 적어 보십시오.

10년 남짓 전 포도나무 교회를 처음 개척할 당시, 주일 낮 예배 시간에 찬송가를 부르지 않고 찬양과 경배를 부른다고 해서 많은 사람들이 우리를 이상하게 생각했습니다. 우리는 찬양과 경배 시간에 그 가사 하나하나에 우리의 마음을 실어 하나님께서 행하신 놀라운 일들을 인하여 하나님께 찬사를 드리고, 하나님 그분 자신을 인하여 기뻐하며, 하나님께 우리의 중심으로부터 사랑을 고백했습니다. 그분을 더욱 알기를 갈망하며, 하나님의 뜻이 이 땅에 이루어지도록 곡조 있는 기도를 드렸습니다. 찬송가나 경배와 찬양이나 중요한 것은 그 가사의 내용이 성경적인가 하는 것이고, 찬양을 드리는 성도들의 마음의 자세와 태도가 올바른가 하는 것입니다. 그런데 어떤 성도들은 이러한 우리의 성경적인 태도나 자세와는 상관없이, 주일 낮 예배 시간에 찬송가를 드리지 않고 경배와 찬양을 드린다는 한 가지 이유만으로 우리들을 배척했습니다. 그런데 그것은 전적으로 타락한 율법주의입니다. 그들의 그러한 자세는 성경과는 전혀 상관없는, 전통에 대한 집착에서 나온 것이었습니다.

그런데 그러한 자세의 심각성은 그들이 찬양과 경배를 통한 하나님과의 깊은 만남을 놓치고, 예배 가운데 함께 하시는 하나님의 놀라운 임재를 놓쳤다는 데에 있습니다. 찬양과 경배를 통한 하나님과의 그 놀라운 친밀함을 경험할 수 있는 기회를 놓쳤다는 데에 있습니다. 즉, 그들은 전통에 집착한 나머지 성령을 거역하고 소멸했던 것입니다.

버지께서 하시는 일을 보지 않고는 아무 것도 스스로 할 수 없나니 아버지께서 행하시는 그것을 아들도 그와 같이 행하느니라 아버지께서 아들을 사랑하사 자기가 행하시는 것을 다 아들에게 보이시고 또 그보다 더 큰 일을 보이사 너희로 놀랍게 여기게 하시리라

(요 5:16-20)

배우고자 하는 자세가 없음

율법주의에 빠지면, '육신'을 의지하고 서기 때문에 거기에 안일함이 있습니다. 성경적인 지식이 인격체와의 관계를 대체해 버렸기 때문에, 다시 말해서 이론이 실제를 대체해 버렸기 때문에, 다 안다고 생각합니다. 또한 전통에 집착하기 때문에, 전통적으로 내려오는 규례와 규칙을 잘 지키는 사람들은 자신들이 신앙생활을 잘 하고 있다고 생각합니다. 그 결과, 그들에게는 배우고자 하는 자세가 없습니다. 성경은 이러한 자세를 할례 받지 못한 마음이라고 부르기도 합니다(행 7:51-52).

하나님의 진리를 자기들에게 적용하지 않는 것, 그것이 율법주의의 전형적인 열매 중 하나입니다.

예수님께서 말씀하신 바리새인들의 주요 특징이 무엇이었습니까?(마 23:3-4).

그러므로 무엇이든지 그들이 말하는 바는 행하고 지키되 그들이 하는 행위는 본받지 말라 그들은 말만 하고 행하지 아니하며 또 무거운 짐을 묶어 사람의 어깨에 지우되 자기는 이것을 한 손가락으로도 움직이려 하지 아니하며

(마 23:3-4)

그러면 다른 사람을 가르치는 네가 네 자신은 가르치지 아니하느냐 도둑질하지 말라 선포하는 네가 도둑질하느냐
(롬 2:21)

바울이 말한 유대인들의 주요 특징이 무엇이었습니까?(롬 2:21)

율법주의에 깊이 빠져 있던 바리새인들과 유대인들이 가지고 있던 주된 특징은 그들이 다른 사람들을 가르쳤으나 그 말씀을 자신들에게는 적용하지 않았다는 것입니다.

오늘날도 교회에서 가장 어려운 부류의 사람들이 바로 이러한 사람들입니다. 그들은 이론적으로 하나님에 관해서 잘 압니다. 그러나 그들은 하나님과의 친밀한 교제는 전혀 가지고 있지 못합니다. 그러면서도 그들은 율법주의적인 가치관을 가지고 있기 때문에 자신들이 누구보다 하나님을 가장 잘 안다고 생각합니다. 그들은 항상 다른 사람들을 가르치려고 합니다. 성경공부 때에도 그들은 항상 정답을 말합니다. 그들은 하나님의 진리를 다른 사람들에게 적용하여 문제점을 발견합니다. 그러나 그들은 절대로 그 동일한 진리를 자기들에게 적용하지 않습니다. 이런 사람들은 영적으로 '괴물' 입니다. 그들의 삶은 절대로 변하지 않습니다. 그리고 그들은 다른 사람을 단 한 사람도 하나님 앞에서 세우지 못합니다.

반면에 하나님께서 기뻐하시고, 하나님께서 거처 삼고 거하시기 원하시는 사람은 배우고자 하는 자세(a teachable spirit)를 가진 사람입니다(사 66:1-2 참조). 그리고 배우고자 하는 자세를 가지고 있는 사람들은 하나님의 진리를 항상 자신에게 먼저 적용합니다. 그리고 하나님의 기준에 못 미치는 자신의 모습을 깨닫고 늘 애통해합니다. 절박한 심정으로 하나님의 은혜를 구하여 하나님 앞에 섭니다. 하나님은 그러한 자들에게 하나님 자신을 계시하십니다.

오늘 배운 것을 복습하십시오. 오늘 배운 내용 중에서 하나님께서 당신으로 하여금 이해하고, 배우고, 실천하기 원하는 부분이나 성구를 한두 개 지적해 주시도록 기도하십시오. 그리고 난 후 다음의 질문에 답하십시오.

✣ 오늘 배운 내용 중에서 어떤 부분이나 성구가 가장 뜻있게 와 닿았습니까?

✣ 위의 부분이나 성구를 하나님께 대한 당신의 기도로 바꾸십시오.

✣ 오늘의 학습에 대한 반응으로 하나님은 당신이 무엇을 하기를 원하십니까?

이 과의 요점

- 율법주의에 빠지면, 다음의 열매들이 삶 속에 나타나게 되어 있습니다.
  - 영적 우월감과 상습적인 죄책감.
  - 안일함.
  - 전통에 대한 집착.
  - 배우고자 하는 자세가 없음.

제2과 율법주의 열매들 2

우리는 앞 과에서부터 율법주의의 열매들에 대해서 살펴보고 있습니다. 이 열매들은 우리들이 율법주의에 빠지면 나타나는 열매들입니다. 율법주의에 빠지면 영적 분별력이 어두워지기 때문에, 자신이 율법주의에 빠진 것을 알지 못합니다. 그래서 이러한 열매들을 살펴봄으로써 자신을 점검해 볼 수 있습니다.

형식적인 예배

우리의 신앙이 율법주의로 타락하면 예배가 항상 형식적이 됩니다.

다음의 구절들을 읽고 그 시대에 예배가 어떻게 타락했는가를 써보십시오.

이사야 29:13

예레미야 12:2

마태복음 15:7-9

하나님은 어느 시대건 율법주의적인 예배를 입술로만 드리는 타락한 예배라고 말씀하십니다.

당신은 여기서 말하는 입술로만 드리는 형식적인 예배가 어떠한 예배라고 생각합니까?(제2단원 제1과 참조)

주께서 이르시되 이 백성이 입으로는 나를 가까이 하며 입술로는 나를 공경하나 그들의 마음은 내게서 멀리 떠났나니 그들이 나를 경외함은 사람의 계명으로 가르침을 받았을 뿐이라

(사 29:13)

주께서 그들을 심으시므로 그들이 뿌리가 박히고 장성하여 열매를 맺었거늘 그들의 입술은 주께 가까우나 그들의 마음은 머나이다

(렘 12:2)

외식하는 자들아 이사야가 너희에 관하여 잘 예언하였도다 일렀으되 이 백성이 입술로는 나를 공경하되 마음은 내게서 멀도다 사람의 계명으로 교훈을 삼아 가르치니 나를 헛되이 경배하는도다 하였느니라 하시고

(마 15:7-9)

당신은 예배의 본질이 무엇이라고 생각합니까?

당신은 율법주의 신앙에서는 왜 예배가 타락할 수 밖에 없다고 생각합니까?

입술로만 드리는 형식적인 예배는, 우리가 앞에서 살펴본 것처럼 반드시 정성이 부족한 예배를 말하는 것은 아닙니다. 위에 나오는 이사야, 예레미야, 예수님 시대 모든 이스라엘 백성들의 예배 가운데 참으로 많은 희생과 정성이 있었습니다.

형식적인 예배는 본질이 없는 예배를 말합니다. 예배는 의식의 하나로서 신앙의 본질인 하나님을 알고 사랑하는 것을 담는 그릇입니다. 또한 그 본질을 추구하는 수단입니다. 그런데 율법주의의 예배는 본질이 전혀 없이 외부적인 모양만 가득합니다.

우리는 예배로 나올 때 하나님을 추구하여 나와야 합니다. 하나님을 알기를 더욱 목말라하고, 하나님을 더욱 사랑하기를 추구하며, 하나님의 의중과 의도를 깨달아 그곳에 같이 있기 원하는 열망으로 나와야 합니다. 하나님께서 행하신 그 아름다운 일들을 인하여 하나님께 진심으로 찬사를 드리고, 하나님 자신을 기뻐하기 위해 나와야 합니다(시 24:6).

율법주의 신앙에서는 예배에서 순서와 절차를 잘 마치는 데 초점을 둡니다. 예배를 통해서 마음을 다해서 하나님을 구하는 것에는 관심이 없습니다. 다시 말해서 본질을 추구하는 데는 관심이 없습니다. 그저 순서와 절차를 잘 마치면 예배를 잘 드렸다고 생각합니다. 때로는 그 순서와 절차를 진행하는 데 있어 큰 정성을 강조할 수도 있습니다. 그러나 그것은 마당만 밟고 돌아가는 예배요, 입술로만 드리는 예배에 불과합니다. 왜냐하면, 그것은 알맹이가 전혀 없는 껍데기뿐이기 때문입니다. 거기에는 외부적인 정성이 가득할지 모르지만, 그들의 마음이나 삶은 하나님께 드려지지 않습니다. 그들은 마음에서부터 하나님을 구하지 않습니다. 심지어 그들은 그렇게 예배를 드렸으니, 자기들의 종교적인 의무를 다했다고 생각합니다. 그리고 그 결과로 하나님께서 그들에게 복을 주실 것이라고 생각합니다. 얼마나 타락한 율법주의적인 가치관입니까!

마틴 로이드 존스 목사도 죽은 정통주의(율법주의)의 한 특징으로서 형식적인 예배를 들면서 이렇게 말합니다. *"그런 사람들의 종교나 예배는 생명력 있는 것이 전혀 없습니다. 그들은 아무것도 기대하지 않습니다. 아무것도 얻지 못하고 아무 일도 일어나지 않습니다. 하나님의 집에 가지만 하나님을 만날 생각도 하지 않습니다. 하나님을 기다린다는 마음도 없습니다. 예배 시간에 어떠한 일이 일어날 수도 있다는 생각조차 하지*

도 않습니다. 아니 우리는 주일 아침마다 언제나 그러한 일을 하고 있습니다. 그것이 관례가 되어 있습니다. 그것이 습관입니다. 그저 그렇게 하는 일이 옳은 일인 것처럼 생각합니다. 하나님께서 갑자기 자기 백성들에게 찾아오셔서 그들에게 임하시고, 하나님의 성전에서 사람들 존재 전체가 사로잡힘을 당하고, 하나님께서 가까이 계시다는 것을 의식하고, 하나님의 능력을 느낄 수 있는 것, 그러한 일들이 일어날 수 있다는 것을 전혀 생각지도 않습니다. 모든 것이 그저 형식적이고 그저 모든 것이 잘되어 간다는 식으로 자만에 빠진 모습입니다…교회가 부흥을 맞지 않을 때에 성가대를 강조하게 되고, 성가대를 강조하는 것뿐만 아니라, 돈을 주어 성가대를 사오기도 합니다. 또 성가대에 있는 독창자들을 돈 주고 사오기도 합니다. 그리고 회중들은 가만히 앉아서 듣기만 합니다. 성가대가 그들을 위해서 노래를 부릅니다. 이것은 성령을 소멸하는 것입니다…더 나아가서 오늘날 여러분은 교회 생활에 있어서 매우 두려운 성향을 띠는 것이 프로그램이라는 것을 주목하셨습니까? 모든 것이 다 짜여져 있습니다. 어느 한 지점을 향하여 모든 일들이 행해져야 한다는 것을 저도 압니다. 그러나 분명히 우리는 성령을 소멸하는 위험에 처해 있습니다. 모든 항목이 미리 정해져 있고 시간이 주어져 있습니다. 어느 시점에 시작하여 어느 시점에 마쳐야 하는 것이 다 되어 있습니다. 목회를 하는 제 친구 가운데 어떤 이들은 나에게 이렇게 말합니다. 주일마다 다른 교회에 가서 순회 설교를 하면 할수록 이러한 일을 더 많이 발견하다는 것입니다. 복음적인 교회에서마저 강사로 오는 목사에게 순서가 적힌 종이를 준다는 것을 저는 반복적으로 듣습니다. 그리고 그 문자 그대로 그 앞에다 그 순서지를 놓고 그대로 행할 것을 종용합니다. 11시에 시작합니다–성경을 봉독하고 또 거기 순서지에 적힌 모든 것을 진행하여 12시가 됩니다–그런 다음에 축도가 이어집니다. 제가 볼 때 이것은 매우 심각합니다…우리가 프로그램에 너무 매여 있어서 성령께서 역사하실 틈이 없지 않습니까? 어째서 이렇게 형식적이 되었습니까?"(『부흥』97, 103쪽).

외식

| 율법주의는 능력이 없는 종교입니다

율법주의의 전형적인 특징은 그것이 능력이 없는 종교라는 것입니다. 경건의 모양은 있으나 경건의 능력은 거기에 없습니다. 그야말로 하나님의 임재하심이 없이 그저 형식과 절차로 가득 찬 종교입니다.

거룩함이나 경건은 하나님의 생명입니다. 경건의 능력은 전통적으로 내려오는 종교적인 의식들을 잘 행한다고 해서 주어지지 않습니다. 심지어 하나님의 계명을 잘 지킨다고 주어지는 것도 아닙니다. 거룩함이나 경건한 삶은 오직 예수님께서 우리의 삶 속에 거하시며 다스리실 때에만 가능합니다. 그것들은 모두 하나님의 생명이기 때문입니다. 그러므로 주님과의 교제는 소홀히 하고 규례와 규칙에 대한 외부적인 복종만을 강조하는 율법주의 신앙에서는 절대로 경건의 능력이 있을 수 없습니다.

성경은 말세가 가까울수록 어떠한 신앙의 형태가 팽배하리라고 경고하고 있습니까?(딤후 3:1-5)

하나님은 우리에게 그러한 신앙관으로부터 어떻게 하라고 강하게 명령하고 계십니까?

그런데 하나님께서 경고하신 삶과 오늘날 우리들의 삶을 비교하면 어떻습니까?

성경은 말세지말에는 경건의 모양은 있으나 그 능력은 없는 율법주의 신앙이 가득할 것이라고 예언하고 있습니다. 그리고 그러한 신앙관으로부터의 철저한 단절을 명령하고 있습니다. 그런데 참으로 두려운 사실은 여기에 나와 있는 특징들 중 오늘날 하나님의 백성들인 우리들에게서 나타나지 않는 것이 하나도 없을 만큼 오늘날 우리의 상태가 여기에서 경고하고 있는 상태와 너무나 비슷합니다.

너는 이것을 알라 말세에 고통하는 때가 이르러 사람들이 자기를 사랑하며 돈을 사랑하며 자랑하며 교만하며 비방하며 부모를 거역하며 감사하지 아니하며 거룩하지 아니하며 무정하며 원통함을 풀지 아니하며 모함하며 절제하지 못하며 사나우며 선한 것을 좋아하지 아니하며 배신하며 조급하며 자만하며 쾌락을 사랑하기를 하나님 사랑하는 것보다 더하며 경건의 모양은 있으나 경건의 능력은 부인하니 이같은 자들에게서 네가 돌아서라
(딤후 3:1-5)

| 그 결과로 나타나는 것이 외식입니다

율법주의 신앙은 모양과 절차를 중요시하기 때문에 매우 경건하고 거룩한 모양을 갖춥니다. 반면에 죄를 이기는 능력은 없습니다. 죄는 속으로 숨습니다. 결과적으로 나타나는 현상이 외식입니다. 그래서 율법주의 신앙에서는 항상 외식(위선)이 가득합니다.

외식은 율법주의의 열매이기 때문에 매우 악한 것입니다. 그래서 성경은 그것을 매우 강력하게 꾸짖고 있습니다(마 23:25-28).

당신의 모습은 어떻습니까?

오늘날 어떤 사람들은 탈을 몇 개씩 가지고 있습니다. 교회에 갈 때 쓰는 탈, 직장에서 쓰는 탈, 사람들 앞에서 쓰는 탈 등등. 그래서 교회에 갈 때에는 좋은 옷을 입고, 좋은 종교적인 언어를 사용하고, 사람들 보기에 그럴듯한 종교적인 모양을 갖춥니다. 그러나 그들 속에는 온갖 세상의 욕심과 정욕과 시기와 질투와 간음과 싸움과 교만과 명예욕과 미움이 가득합니다. 오늘날 하나님의 백성들과 교회 안에 세상에 있는 죄가 다 있습니다. 너무나 가슴 아픈 일입니다. 이것은 오늘날 많은 성도들이 가지고 있는 율법주의 신앙의 결과요 그 열매입니다. 율법주의에서는

화 있을진저 외식하는 서기관들과 바리새인들이여 잔과 대접의 겉은 깨끗이 하되 그 안에는 탐욕과 방탕으로 가득하게 하는도다 눈 먼 바리새인이여 너는 먼저 안을 깨끗이 하라 그리하면 겉도 깨끗하리라 화 있을진저 외식하는 서기관들과 바리새인들이여 회칠한 무덤 같으니 겉으로는 아름답게 보이나 그 안에는 죽은 사람의 뼈와 모든 더러운 것이 가득하도다 이와 같이 너희도 겉으로는 사람에게 옳게 보이되 안으로는 외식과 불법이 가득하도다
(마 23:25-28)

절대로 죄가 다루어지지 않습니다.

| 하나님 앞에서 중요한 자세는 정직함입니다

이스라엘 자손들아 여호와의 말씀을 들으라 여호와께서 이 땅 주민과 논쟁하시나니 이 땅에는 진실도 없고 인애도 없고 하나님을 아는 지식도 없고
(호 4:1)

반면에 하나님과 동행하는 삶을 위해 우리가 가져야 할 중요한 자세는 정직함입니다. 성경에 보면, 신앙의 본질과 진실은 항상 같이 갑니다(호 4:1). 또한 우리를 인도하시는 성령님은 진리의 영이십니다(요 16:13).

그러나 진리의 성령이 오시면 그가 너희를 모든 진리 가운데로 인도하시리니 그가 스스로 말하지 않고 오직 들은 것을 말하며 장래 일을 너희에게 알리시리라
(요 16:13)

하나님과 동행하는 삶을 위해 필수적인 정직함을 우리는 크게 두 가지로 나눌 수 있습니다. 첫째는 하나님의 진리에 정직하게 동의하는 것입니다. 우리가 하나님을 알려면, 하나님의 진리에 정직하게 동의하고 서야 합니다. 그것이 누구를 통해서 주어졌건 혹은 아무리 강하고 중한 말씀이건 상관없이, 그것이 하나님의 말씀이고 진리이면 그 앞에 정직하게 동의하고 엎드리는 자세가 필수적입니다. 이러한 정직함이 없는 성도들은 "목사가 강단에서 성도들을 친다" 라고 말하며, 그들이 듣기 좋아하는 메시지만을 듣기 원합니다. 또 어떤 성도들은 "그렇게 사는 사람들이 어디 있나?" 라면서 적당히 넘어갑니다. 또 다른 성도들은 "그렇게 하면 어떻게 교회가 운영되겠나?" 라고 말하면서 타협하여 버립니다. 이러한 자세로는 절대로 하나님을 알 수 없습니다. 하나님과 동행하는 삶을 살 수 없습니다.

너희는 너희 아비 마귀에게서 났으니 너희 아비의 욕심대로 너희도 행하고자 하느니라 그는 처음부터 살인한 자요 진리가 그 속에 없으므로 진리에 서지 못하고 거짓을 말할 때마다 제 것으로 말하나니 이는 그가 거짓말쟁이요 거짓의 아비가 되었음이라
(요 8:44)

둘째는 말과 행동에서의 진실함입니다. 하나님의 성령은 진리의 영이십니다(요 16:13). 반면에 사탄은 거짓의 아비입니다(요 8:44). 그러므로 우리가 하나님을 간절히 구할 때, 하나님은 우리에게 진실한 삶을 집중적으로 훈련시키십니다.

진실한 자세를 가지고 있는 사람은 자기의 잘못과 죄를 하나님 앞에서 그리고 사람 앞에서 정직하게 인정합니다. 그리고 하나님의 은혜와 긍휼을 구합니다. 죄는 숨길수록 커집니다. 반면에 드러내어 고백하고 하나님의 은혜를 구할수록 죄의 능력은 소멸됩니다.

실제가 없음

| 율법주의는 영적으로 눈 먼 종교입니다

율법주의의 또 하나의 특징은 영적으로 눈 먼 것입니다. 그래서 예수님께서 율법주의적인 신앙을 가진 사람들의 대표 격인 바리새인들을 지칭하실 때 가장 흔히 사용하셨던 용어 중 하나가 소경이라는 것이었습니다(마 23:16-17, 19, 24, 26, 15:14 참조).

물론 본인들은 자신들에게 대해서 그렇게 생각하지 않습니다. 오히려 그 반대로 생각

합니다. 예수님 시대의 바리새인들만 하더라고 그랬습니다. 그들은 자신들이야말로 어두움 가운데 있는 자들 위한 빛이요, 눈 먼 자들의 인도자라고 생각했습니다(롬 2:19-20 참조).

예수님의 관점과 바리새인들의 관점이 하늘과 땅의 차이만큼 다른 것은 이론과 실제의 차이 때문입니다. 즉 예수님은 실제에 대해서 말씀하고 계신 반면, 그들은 이론에 대해서 말하고 있습니다. 바리새인들은 그림자 혹은 피자 광고지에 대해서는 전문가들이었지만, 하나님의 실제에 대해서는 전혀 알지 못하는 소경이었습니다. 예수님은 바로 이 점을 말씀하셨습니다. 우리의 신앙은 실제이기 때문입니다.

하나님의 실제는 성령님의 조명으로만 우리에게 알려집니다. 그리고 하나님은 겸손한 자에게 하나님의 은혜를 부으십니다. 그런데 율법주의 신앙을 가진 자들은 자기의 종교적인 행위에 의존하기 때문에 교만합니다. 배우고자 하는 마음도 없으며, 하나님을 알기를 구하지도 않습니다. 그러므로 그들은 하나님을 모릅니다. 그리고 영적인 장님은 당연한 결과입니다.

| 율법주의에서는 실제가 없습니다

이론이 실제를 대체해 버린 것이 율법주의입니다. 그래서 율법주의에서는 실제가 없습니다. 말과 이론은 무화과나무의 잎사귀처럼 무성할 수 있습니다. 그러나 그 삶 속에 하나님의 실제가 전혀 없습니다. 하나님 앞에서 이론은 중요함에도 불구하고 실제를 위한 수단에 불과합니다. 그리고 아무리 이론이 많아도 실제가 없으면 그 모든 이론은 아무런 의미가 없습니다. 우리의 삶 속에 실제가 있는가를 살펴보면, 우리가 율법주의에 빠져있는지 혹은 올바른 신앙 가운데 있는지를 알 수 있습니다.

당신은 하나님께서 살아계심을 믿습니까?

□ 예　　　　□ 아니요

당신은 하나님께서 우리의 기도에 응답하시는 분임을 믿습니까?

□ 예　　　　□ 아니요

당신은 하나님께서 우리의 길을 인도하심을 믿습니까?

□ 예　　　　□ 아니요

당신은 이러한 것들을 이론적으로만 믿습니까 아니면 그 실제를 경험하고 있습니까?

그렇다면 지금 당신의 신앙 상태는 어떻습니까?

우리는 반드시 실제를 가지고 우리 자신을 살펴보아야 합니다. 만약 바리새인들이 실제를 가지고 자신들의 삶을 살펴보았더라면, 그들은 자신들의 신앙에 근본적으로 문제가 있다는 사실을 알았을 것입니다. 그러나 그들은 그렇게 하지 않았습니다. 오늘날 대부분의 우리들도 바리새인들처럼 실제를 가지고 우리의 삶을 살펴보지 않습니다.

믿음이 없는 것

내가 너희를 아버지께 고발할까 생각하지 말라 너희를 고발하는 이가 있으니 곧 너희가 바라는 자 모세니라 모세를 믿었더라면 또 나를 믿었으리니 이는 그가 내게 대하여 기록하였음이라 그러나 그의 글도 믿지 아니하거든 어찌 내 말을 믿겠느냐 하시니라

(요 5:45-47)

요한복음 5:45-47을 읽고, 다음의 물음에 답하십시오.

예수님은 종교지도자들에게 그들의 어떤 점을 지적하고 계십니까?

이 말씀을 들은 당시 종교지도자들은 어떻게 생각했을까요?

예수님께서는 종교지도자들에게 그들이 모세의 글도 믿지 않는다고 말씀하셨는데, 여기서 모세의 글은 무엇을 가리킵니까?

예수님은 그 당시 종교지도자들의 믿음 없음을 책망하고 계십니다. 예수님은 그들에게 모세의 글도 믿지 않는다고 말씀하셨습니다. 이 말은 그들이 성경을 믿지 않았다는 말입니다. 그런데 그 당시 종교지도자들은 성경의 일점일획까지 모두 다 철저하게 믿었습니다.

여기서도 믿음의 성격에 대한 서로 다른 이해를 보여줍니다. 그 당시 종교지도자들은 성경을 이론적으로 믿으면, 그것이 곧 믿음이라고 생각했습니다. 그러나 그것은 참다운 믿음이 아닙니다. 그리고 그러한 믿음은 삶 가운데 어떠한 변화도 가져다주지 않습니다.

성경이 말하는 참다운 믿음은 인격체이신 하나님, 그분을 신뢰하는 것입니다. 그리고 이것을 위해서는 성령의 조명을 통해서 하나님을 아는 것이 필요합니다. 우리는 하나

님을 아는 만큼 하나님을 믿을 수 있습니다. 그런데 그 당시 종교지도자들은 하나님의 말씀을 이론적으로는 글자 하나하나까지 그대로 믿었을지 모르지만, 말씀의 본체이신 하나님을 전혀 몰랐기 때문에 하나님께 대한 진정한 믿음도 그리고 참다운 순종도 없었던 것입니다. 이처럼 율법주의 신앙은 믿음에 있어서도 다른 이해를 가지고 있습니다. 매우 유사하지만, 그것은 전혀 잘못된 것입니다.

이에 대한 한 가지 예를 들어 보겠습니다. 예수님께서 태어나셨을 때 그의 별을 보고 동방에서부터 박사들이 찾아왔습니다. 그들은 예루살렘에 도착해서 유대인의 왕이 어디에 태어나셨느냐고 물었습니다. 그러자 큰 소동이 일어났습니다. 당황한 헤롯왕은 서기관들을 불러 왕으로 오실 메시야가 어디서 태어나겠느냐고 물었습니다. 서기관들은 이에 대해 베들레헴이라고 대답하면서, 미가서에 나오는 이에 대한 예언을 단숨에 외웠습니다(마 2:5-6). 그 정도는 기초였습니다. 그들은 성경을 찾아볼 필요도 없었습니다. 그런데 동방박사들이 이 말을 듣고 베들레헴을 향하여 떠나갈 때, 그 성경말씀을 줄줄줄 외워대던 서기관들 중 단 한 사람도, 예루살렘에서 그토록 소란을 떨던 단 한 사람도 그들과 같이 떠나지 않았습니다. 이것은 무엇을 의미합니까? 이것은 그들이 그들의 소망은 율법이요, 모세요, 하나님의 약속이라고 말했을지 모르지만, 그리고 이 약속들을 목숨을 걸고 믿는다고 말했을지 모르지만, 실제로 그들은 그 말씀을 믿지 않았다는 것을 의미합니다. 왜냐하면 그들이 진실로 하나님의 약속을 믿었더라면, 그들은 아마 동방박사들을 앞질러서 베들레헴으로 달려갔을 것이기 때문입니다.

오늘날 우리는 어떻습니까? 여러분은 하나님이 계신 것을 믿습니까? 이 세상은 유한하며, 우리들이 이 세상을 떠나면 하나님 앞에 설 것을 믿습니까? 그리고 그곳에서 우리의 모든 삶에 대해서 계산 받는다는 것을 믿습니까? 만약 우리들이 이 사실들을 진실로 믿는다면, 다시 말해서 그러한 하나님의 진리의 실체 혹은 실제를 깨닫고, 그것을 진정으로 믿는다면, 우리들 중 많은 사람들은 절대로 지금처럼 살지 않을 것입니다. 이처럼, 율법주의 신앙은 믿음을 이론적인 사실을 믿는 것으로 전락시켜 버리기 때문에 거기에는 참다운 믿음이 없습니다. 따라서 참다운 순종도 삶의 변화도 없습니다.

오늘 배운 것을 복습하십시오. 오늘 배운 내용 중에서 하나님께서 당신으로 하여금 이해하고, 배우고, 실천하기 원하는 부분이나 성구를 한두 개 지적해 주시도록 기도하십시오. 그리고 난 후 다음의 질문에 답하십시오.

✣ 오늘 배운 내용 중에서 어떤 부분이나 성구가 가장 뜻있게 와 닿았습니까?

✣ 위의 부분이나 성구를 하나님께 대한 당신의 기도로 바꾸십시오.

✣ 오늘의 학습에 대한 반응으로 하나님은 당신이 무엇을 하기를 원하십니까?

이 과의 요점

- 율법주의의 추가적인 열매들은 다음과 같습니다.
  - 형식적인 예배.
  - 외식(율법주의는 능력이 없는 종교입니다).
  - 신앙의 실제가 없습니다(율법주의는 영적으로 눈 먼 종교입니다).
  - 믿음이 없는 것.

제3과 성경이 말하는 복

거짓 신앙체계의 또 다른 한 축은 기복신앙입니다.

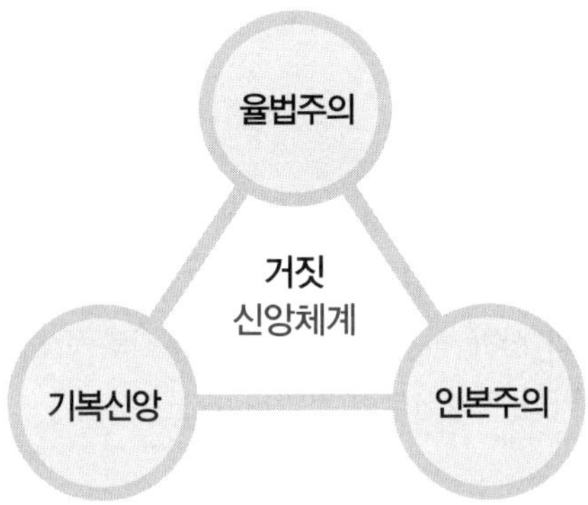

기복신앙이 거짓 신앙체계라고 말하면, 어떤 사람들은 이렇게 반문합니다. “성경은 여러 곳에서 복에 대해서 말하고 있는데, 왜 기복신앙을 거짓 신앙체계라고 하느냐?” 그래서 이 장에서는 성경에서 말하는 복에 대해서 살펴보고자 합니다. 우리가 이 부분을 살펴보고 나면, 기복신앙이 왜 거짓 신앙체계인가를 쉽게 이해할 수 있기 때문입니다.

성경이 말하는 복을 이해하는 데 있어 매우 중요한 구절이 있습니다. 그것은 신명기 30:15-20입니다.

하나님이 복이십니다

성경에서 말하는 복을 이해하는 데 있어서 아주 중요한 한 가지는 복은 하나님이 주시는 어떤 것이 아니라, 하나님 그분이라는 사실입니다.

신명기 30:15-20에 의하면 하나님께서 이스라엘 백성들 앞에 무엇과 무엇을 두셨다고 말씀하십니까?

보라 내가 오늘 생명과 복과 사망과 화를 네 앞에 두었나니 곧 내가 오늘 네게 명령하여 네 하나님 여호와를 사랑하고 그 모든 길로 행하며 그의 명령과 규례와 법도를 지키라 하는 것이라 그리하면 네가 생존하며 번성할 것이요 또 네 하나님 여호와께서 네가 가서 차지할 땅에서 네게 복을 주실 것임이니라 그러나 네가 만일 마음을 돌이켜 듣지 아니하고 유혹을 받아 다른 신들에게 절하고 그를 섬기면 내가 오늘 너희에게 선언하노니 너희가 반드시 망할 것이라 너희가 요단을 건너가서 차지할 땅에서 너희의 날이 길지 못할 것이니라 내가 오늘 하늘과 땅을 불러 너희에게 증거를 삼노라 내가 생명과 사망과 복과 저주를 네 앞에 두었은즉 너와 네 자손이 살기 위하여 생명을 택하고 네 하나님 여호와를 사랑하고 그의 말씀을 청종하며 또 그를 의지하라 그는 네 생명이시요 네 장수이시니 여호와께서 네 조상 아브라함과 이삭과 야곱에게 주리라고 맹세하신 땅에 네가 거주하리라
(신 30:15-20)

하나님은 그들이 무엇을 택하기를 원하십니까?

무엇이 혹은 누가 이스라엘의 복이라고 말씀하십니까?

하나님은 그들 앞에 한 쪽에는 생명과 복을 그리고 다른 한 쪽에는 사망과 저주를 두셨다고 말씀하시면서, 그들이 생명을 택하기를 원하십니다. 여기서 생명과 복은 같은 것입니다. 그러면서 하나님은 하나님 자신이 그들의 복이라고 말씀하십니다.

황금률

이 부분을 이해함에 있어서, 그리고 전반적으로 하나님과 관계에 있어서 매우 중요한 하나의 황금률이 있습니다. 이 황금률은 신구약 전체에 걸쳐 나옵니다. 그것은 다름이 아니라, 우리가 하나님과 함께 하면, 하나님께서 우리와 함께 하시고, 우리가 하나님을 버리면 하나님도 우리를 버리신다는 것입니다.

다음의 구절들을 읽고, 괄호를 채워 넣으십시오.

역대하 15:2
그가 나가서 아사를 맞아 이르되 아사와 및 유다와 베냐민의 무리들아 내 말을 들으라 너희가 여호와와 ( ) 여호와께서 너희와 ( ) 하실지라 너희가 만일 그를 찾으면 그가 너희와 만나게 되시려니와 너희가 만일 그를 ( ) 그도 너희를 ( ).

말라기 3:7
만군의 여호와가 이르노라 너희 조상들의 날로부터 너희가 나의 규례를 떠나 지키지 아니하였도다 그런즉 내게로 ( ) 그리하면 나도 너희에게 ( ) 하였더니 너희가 이르기를 우리가 어떻게 하여야 돌아가리이까 하는도다.

사무엘상 2:30
그러므로 이스라엘의 하나님 나 여호와가 말하노라 내가 전에 네 집과 네 조상의 집이 내 앞에 영원히 행하리라 하였으나 이제 나 여호와가 말하노니 결단코 그렇게 하지 아니하리라 나를 ( ) 여기는 자를 내가 ( ) 여기고 나를 ( )하는 자를 내가 ( ) 하리라.

야고보서 4:8
하나님을 (   ) 하라 그리하면 너희를 (   ) 하시리라 죄인들아 손을 깨끗이 하라 두 마음을 품은 자들아 마음을 성결하게 하라.

예레미야 29:13
너희가 온 마음으로 나를 (   ) 나를 찾을 것이요 나를 만나리라.

스가랴 1:3
그러므로 너는 그들에게 말하기를 만군의 여호와께서 이처럼 이르시되 너희는 내게로 (   ) 만군의 여호와의 말이니라 그리하면 내가 너희에게로 (   ) 만군의 여호와의 말이니라.

위의 구절들을 정리하면, 이렇게 표현할 수 있습니다.

한편으로,
우리가 하나님과 함께 하면, 하나님도 우리와 함께 하신다.
우리가 하나님을 찾으면, 하나님이 우리를 만나주신다.
우리가 하나님께 가까이 하면, 하나님도 우리에게 가까이 하신다.
우리가 하나님께 돌아가면, 하나님께서도 우리에게 돌아오신다.
우리가 하나님을 존중하면, 하나님도 우리를 존중하신다.
이 모든 표현들은 다양하지만, 모두 같은 것을 의미합니다.

다른 한편으로,
우리가 하나님을 버리면, 하나님도 우리를 버리신다.
우리가 하나님을 멸시하면, 하나님도 우리를 멸시하신다.

이 표현들 또한 같은 것을 의미합니다.

황금률의 의미

우리가 하나님과 함께 하면 하나님도 우리와 함께 하시고, 우리가 하나님을 버리면 하나님도 우리를 버리십니다. 그런데 여기서도 중요한 것은 하나님과 함께 한다는 말이 무슨 뜻이며, 하나님을 버린다는 말이 무슨 뜻이냐 하는 것입니다. 만약 우리가 하나님의 관점을 이해하지 못하면, 우리는 실제로는 하나님을 멸시하고 떠나 있는 상황에서도 하나님과 함께 하고 있다고 생각할 수 있습니다.

여기서 제2단원 제2과를 간단히 복습하십시오.

내가 그 땅 주민에게 내 손을 펼 것인즉 그들의 집과 밭과 아내가 타인의 소유로 이전되리라 여호와의 말씀이니라 이는 그들이 가장 작은 자로부터 큰 자까지 다 탐욕을 부리며 선지자로부터 제사장까지 다 거짓을 행함이라 그들이 내 백성의 상처를 가볍게 여기면서 말하기를 평강하다 평강하다 하나 평강이 없도다 그들이 가증한 일을 행할 때에 부끄러워하였느냐 아니라 조금도 부끄러워 하지 않을 뿐 아니라 얼굴도 붉어지지 않았느니라 그러므로 그들이 엎드러지는 자와 함께 엎드러질 것이라 내가 그들을 벌하리니 그 때에 그들이 거꾸러지리라 여호와의 말씀이니라 여호와께서 이와 같이 말씀하시되 너희는 길에 서서 보며 옛적 길 곧 선한 길이 어디인지 알아보고 그리로 가라 너희 심령이 평강을 얻으리라 하나 그들의 대답이 우리는 그리로 가지 않겠노라 하였으며 내가 또 너희 위에 파수꾼을 세웠으니 나팔 소리를 들으라 하나 그들의 대답이 우리는 듣지 않겠노라 하였도다 그러므로 너희 나라들아 들으라 무리들아 그들이 당할 일을 알라 땅이여 들으라 내가 이 백성에게 재앙을 내리리니 이것이 그들의 생각의 결과라 그들이 내 말을 듣지 아니하며 내 율법을 거절하였음이니라 시바에서 유향과 먼 곳에서 향품을 내게로 가져옴은 어찌함이냐 나는 그들의 번제를 받지 아니하며 그들의 희생제물을 달게 여기지 않노라 (렘 6:12-20)

우리는 예레미야 2장에서 다음과 같은 공식을 발견할 수 있습니다.

신앙의 본질
= 하나님 중심적인 삶
= 하나님의 주권적인 통치 아래 사는 삶
= 하나님을 경외함

우리가 하나님을 알고 전존재로 사랑하는 하나님과의 친밀한 교제 가운데 있으면 우리는 하나님 중심적인 삶을 살고 있을 것입니다. 바꿔 말해서, 만약 우리가 하나님과의 친밀한 교제 가운데 거하고 있다고 말할지 몰라도 자기 중심적인 삶을 살고 있다면, 그 말은 전혀 사실이 아닐 것입니다. 우리가 하나님을 알고 사랑하면 하나님의 온전한 주권적인 통치 가운데 거할 것입니다. 그리고 우리 속에 하나님을 경외함이 있을 것입니다.

성경에서 말하는 하나님과 함께 하는 삶은 바로 위에 나오는 삶을 사는 것입니다. 즉, 하나님을 알고 전존재로 사랑하는 삶, 하나님 중심적인 삶, 하나님의 주권적인 통치 가운데 온전히 거하는 삶을 사는 것을 성경은 하나님과 함께 하는 것이라고 말합니다.

반면에 위의 삶에서 떠나면, 거기에 아무리 많은 하나님께 대한 헌신과 희생이 있다 할지라도, 성경은 그것을 하나님을 떠난 삶이며, 하나님을 멸시하는 삶이라고 말합니다. 그래서 이사야 시대에 많은 의식과 희생들이 있었지만, 성경은 그들이 하나님을 버렸고, 하나님을 멸시하고 떠나갔다고 말씀하셨습니다.

| 예레미야 시대의 예

이러한 예는 성경 전체에서 찾아볼 수 있습니다. 그 대표적인 한 예가 예레미야 시대입니다. 예레미야 6장은 남방 유다의 말기적인 상황에 대해서 상세하게 보여주고 있습니다.

예레미야 6:12-20을 읽고 다음의 물음에 답하십시오.

그들은 심지어 하나님께 어떠한 제사를 드렸습니까?

그들은 자신들이 하나님을 존중한다고 생각했을까요? 아니면 하나님을 멸시한다고 생각했을까요?

그들의 삶은 어떠했습니까?(16-17절)

그들을 향한 하나님의 평가는 어떠했습니까?(렘 2:13, 6:19)

> 내 백성이 두 가지 악을 행하였나니 곧 그들이 생수의 근원되는 나를 버린 것과 스스로 웅덩이를 판 것인데 그것은 그 물을 가두지 못할 터진 웅덩이들이니라
> (렘 2:13)

하나님은 그들에게 다가오는 하나님의 무엇에 대해서 반복적으로 강하게 말씀하고 계십니까?(15, 18-19절)

그들의 삶에는 무엇이 가득했습니까?(14절)

예레미야 시대에는 많은 의식들이 있었습니다. 그들은 안식일이면 하나님께서 친히 자기 이름을 두시겠다고 하신 예루살렘 성전에서 성대한 예배를 드렸습니다(렘 7:2). 그들은 많은 희생들을 드렸습니다(렘 7:21). 특히 그들은 심지어 오늘날의 에디오피아나 남예멘에 해당하는 시바와, 인도에 해당하는 원방에서 좋은 향료들을 가져다가 하나님께 제사로 드렸습니다. 한 번 생각해 보십시오. 비행기도 기차도 없는 시대에 그 먼 곳에서 생산하는 특별한 향품을 사다가 하나님께 번제로 드렸으니 자신들이 얼마나 하나님을 사랑한다고 생각했겠습니까?

그러한 그들에게 하나님을 존중하는지 아니면 하나님을 멸시하는지 물었더라면 그들은 당연히 하나님을 존중한다고 대답했을 것입니다. 그러므로 그들에게 역대하 15:2과 같은 말씀을 인용하면서 "하나님은 하나님과 함께 하는 자와 함께 하시고, 하나님을 멸시하는 자를 멸시하신다" 라고 외쳐보아야 아무런 효과가 없었을 것입니다. 당연히 그들은 자신들이 하나님과 함께 하고 있다고 생각했을 것이기 때문입니다. 오히려 그들은 그 말을 "할렐루야, 아멘"으로 받아들였을 것입니다.

하나님께 대한 많은 의식들과 희생들이 그들에게 있었지만, 그들의 삶은 철저하게 신앙의 본질에서 떠나 있었습니다. 그들의 삶은 철저하게 자기 중심적인 삶이었습니다. 그러므로 하나님은 그들이 하나님을 버렸다고 여러 차례 명백하게 말씀하셨습니다. 하나님을 떠난 결과 그들의 삶 속에는 상처 혹은 영적인 억압이 가득했고, 하나님의 심판이 코앞에까지 다가와 있었습니다.

복과 신앙의 본질

우리가 신앙의 본질인 하나님을 알고 전존재로 사랑하는 삶을 살 때, 다시 말해서 하

나님과 함께 할 때, 하나님께서 우리와 함께 하십니다. 그리고 하나님이 우리와 함께 하시면, 그분이 복이요 생명이기 때문에, 그분 안에 있는 모든 생명이 우리에게 넘칩니다.

당신은 여기서 말하는 하나님의 생명이 무엇을 가리킨다고 생각합니까?

저는 여기서 말하는 생명은 하나님의 실재를 의미한다고 믿습니다. 예를 들어, 아브라함은 막연하게 하나님이 존재한다는 것을 믿고, 그저 열심히 정해진 규례와 규칙들을 잘 지키고 하나님께 많은 희생을 드리면 하나님께서 자기가 원하는 복을 주실 것이라고 생각하는 신앙생활을 하지 않았습니다. 그는 살아계신 인격체이신 하나님과의 실제적인 교제 가운데 살았습니다. 하나님께서 실제적으로 그의 길을 인도하셨습니다. 실제적으로 그를 보호하셨습니다. 실제적으로 그에게 하나님의 뜻을 알리셨습니다. 실제적으로 그의 기도를 들으셨습니다. 실제적으로 그를 위해 싸우셨습니다. 실제적으로 그의 필요를 채우셨습니다. 실제적으로 그를 통해 하나님의 뜻을 성취하셨습니다. 이 하나하나 실제적인 하나님의 역사들이 바로 하나님의 생명입니다.

그래서 우리가 하나님과 함께 할 때, 하나님의 도우심, 하나님의 인도, 기도 응답, 하나님과의 친밀함, 세상과 죄를 이기는 능력 등등 모든 하나님의 생명이 우리 삶 속에 넘칩니다. 그것이 바로 성경이 말하는 복입니다.

반면에 우리가 하나님을 버리면, 다시 말해서 신앙의 본질에서 떠나면, 하나님도 우리를 버리십니다. 그러면 하나님 그분이 생명이시기 때문에, 우리의 삶 속에서 하나님의 실제인 하나님의 모든 생명이 걷힙니다.

하나님의 생명이 걷히면, 우리가 성경에 나오는 모든 하나님의 역사들에 관한 기록들을 다 믿고, 또 하나님은 오늘날도 그런 일을 행하시는 분임을 믿는다고 말할지 몰라도, 그 실제적인 역사들은 우리 삶 속에서 전혀 경험하지 못하게 됩니다.

당신은 하나님께서 하나님의 사람들의 기도를 놀랍게 응답하신 모든 성경적인 내용들을 다 믿습니까?

□ 예 □ 아니요

당신은 하나님은 오늘날도 하나님의 백성들의 기도를 응답하시는 분임을 믿습니까?

□ 예 □ 아니요

당신은 당신의 삶 속에서 당신의 기도에 응답하시는 하나님의 실제를 경험하고 있습니까?

□ 예　　　　　　□ 아니요

당신의 삶 속에 함께 하시는 하나님의 모든 생명의 차원에서 볼 때, 당신은 하나님과 함께 하고 있습니까? 아니면 하나님을 떠났습니까?

| 하나님의 약속이 우리에게 성취되는 것도 하나님의 생명입니다

하나님의 약속이 우리 가운데 이루어지는 것도 하나님의 생명입니다. 우리에게 향하신 하나님의 약속은 보증이 아닙니다. 그것은 하나님의 초청입니다. 그리고 모든 하나님의 약속은 우리가 하나님을 알고 전존재로 사랑하는 신앙의 본질 가운데 거할 때, 다시 말해서 하나님과 함께 할 때, 우리에게 성취됩니다. 반면에 하나님께서 우리에게 어떠한 약속을 주셨을지라도 우리가 신앙의 본질에서 떠나면, 그 약속은 우리에게서 거두어집니다. 하나님의 약속 또한 하나님의 생명이기 때문입니다.

출애굽기 19:4-6을 읽고, 질문에 답하십시오.

하나님께서 이스라엘 백성들을 애굽에서 건져내어 어디로 인도하셨습니까?

하나님께서 그들에게 명하신 것이 무엇입니까?

그들이 하나님께 대하여 어떤 나라가 되리라고 약속하셨습니까?

호세아 4:6을 아래에 써보십시오.

하나님은 그 많은 능력과 기사들을 통해서 이스라엘 백성들을 애굽에서 건져내셔서 자신에게로 인도하셨습니다. 그리고 그들이 하나님과의 친밀한 교제 가운데서

내가 애굽 사람에게 어떻게 행하였음과 내가 어떻게 독수리 날개로 너희를 업어 내게로 인도하였음을 너희가 보았느니라 세계가 다 내게 속하였나니 너희가 내 말을 잘 듣고 내 언약을 지키면 너희는 모든 민족 중에서 내 소유가 되겠고 너희가 내게 대하여 제사장 나라가 되며 거룩한 백성이 되리라 너는 이 말을 이스라엘 자손에게 전할지니라

(출 19:4-6)

내 백성이 지식이 없으므로 망하는도다 네가 지식을 버렸으니 나도 너를 버려 내 제사장이 되지 못하게 할 것이요 네가 네 하나님의 율법을 잊었으니 나도 네 자녀들을 잊어버리리라

(호 4:6)

하나님의 명령에 순종하며 하나님의 언약을 지키기를 원하셨습니다. 그러면 그들이 하나님께 대하여 제사장 나라가 되리라고 약속하셨습니다. 그런데 호세아 시대에 하나님의 백성들이 신앙의 본질에서 떠나자, 다시 말해서 하나님을 버리자, 하나님도 그들을 버려 그들이 더 이상 제사장 나라가 되지 못할 것이라고 말씀하십니다.

그러므로 이스라엘의 하나님 나 여호와가 말하노라 내가 전에 네 집과 네 조상의 집이 내 앞에 영원히 행하리라 하였으나 이제 나 여호와가 말하노니 결단코 그렇게 하지 아니하리라 나를 존중히 여기는 자를 내가 존중히 여기고 나를 멸시하는 자를 내가 경멸하리라
(삼상 2:30)

엘리 제사장의 경우도 마찬가지였습니다. 사무엘상 2:30을 읽고 다음의 물음에 답하십시오.

하나님께서 엘리 가문에 약속하신 것이 무엇입니까?

그러나 이제 어떻게 될 것이라고 하십니까?

그 이유가 무엇입니까?

하나님은 과거에 엘리 제사장 가문이 하나님 앞에서 영원히 섬기게 될 것이라고 약속하셨습니다. 그런데 하나님은 이제 그 약속을 거두십니다. 하나님은 오히려 그 가문을 심판하실 것을 말씀하십니다. 그 이유는 그가 하나님을 멸시하였기 때문입니다. 다시 말하면, 신앙의 본질에서 떠났기 때문입니다.

우리를 향한 하나님의 의도는 생명(복)입니다

"여호와의 말씀이니라 너희를 향한 나의 생각을 내가 아나니 평안이요 재앙이 아니니라 너희 장래에게 미래와 희망을 주려는 것이니라"(렘 29:11).

우리를 향하신 하나님의 의도는 생명입니다. 재앙과 저주는 우리를 향하신 하나님의 의도가 아닙니다. 그래서 하나님은 신명기 30장에서도 이스라엘 백성들에게 그들과 그들의 자손들을 위해 생명을 택하라고 하셨습니다. 에덴동산을 보아도 우리는 우리를 향하신 하나님의 의도가 얼마나 하나님의 생명이 넘치는 삶인가를 알 수 있습니다.

그런데 하나님의 백성이 하나님을 떠나면 그 결과는 사망입니다. 아무리 하나님께서 우리에게 생명을 원하셔도 우리에게 나타나는 결과는 사망이요 저주입니다. 하나님 그분이 생명이시기 때문입니다.

그래서 하나님은 그 때마다 하나님의 백성들에게 하나님께로 돌아오라고 촉구하십니다. 다시 말해서 신앙의 본질로 돌아오라고 촉구하십니다. 그들이 살기 위해서입니다.

다음의 구절들을 읽으면서, 이 시대를 향한 하나님의 외침을 생각해 보십시오.

호세아 6:1-3
오라 우리가 여호와께로 돌아가자 여호와께서 우리를 찢으셨으나 도로 낫게 하실 것이요 우리를 치셨으나 싸매어 주실 것임이라 여호와께서 이틀 후에 우리를 살리시며 셋째 날에 우리를 일으키시리니 우리가 그의 앞에서 살리라 그러므로 우리가 여호와를 알자 힘써 여호와를 알자 그의 나타나심은 새벽 빛 같이 어김없나니 비와 같이, 땅을 적시는 늦은 비와 같이 우리에게 임하시리라 하니라

예레미야 29:12-14
너희가 내게 부르짖으며 내게 와서 기도하면 내가 너희들의 기도를 들을 것이요 너희가 온 마음으로 나를 구하면 나를 찾을 것이요 나를 만나리라 이것은 여호와의 말씀이니라 나는 너희들을 만날 것이며 너희를 포로된 중에서 다시 돌아오게 하되 내가 쫓아 보내었던 나라들과 모든 곳에서 모아 사로잡혀 떠났던 그 곳으로 돌아오게 하리라 이것은 여호와의 말씀이니라

오늘 배운 것을 복습하십시오. 오늘 배운 내용 중에서 하나님께서 당신으로 하여금 이해하고, 배우고, 실천하기 원하는 부분이나 성구를 한두 개 지적해 주시도록 기도하십시오. 그리고 난 후 다음의 질문에 답하십시오.

✣ 오늘 배운 내용 중에서 어떤 부분이나 성구가 가장 뜻있게 와 닿았습니까?

✣ 위의 부분이나 성구를 하나님께 대한 당신의 기도로 바꾸십시오.

✣ 오늘의 학습에 대한 반응으로 하나님은 당신이 무엇을 하기를 원하십니까?

이 과의 요점

- 하나님이 복(생명)이십니다.
- 우리가 하나님과 함께하면 하나님도 우리와 함께하시고, 우리가 하나님을 버리면 하나님도 우리를 버리십니다.
- 하나님을 알고 사랑하는 삶이 하나님과 함께 하는 삶입니다.
- 우리가 하나님과 함께 할 때, 하나님의 복(생명)이 우리에게 넘칩니다.
- 하나님의 약속이 성취되는 것도 하나님의 생명입니다.
- 우리를 향한 하나님의 의도는 복(생명)입니다.

제4과 기복신앙과 거짓

하나님의 백성이 거짓 신앙체계에 빠지면 항상 거짓이 팽배합니다. 그리고 성경이 말하는 거짓은 기복신앙과 밀접한 관계를 가지고 있습니다. 가장 거짓이 만연했던 시대는 시대말적인 상황인 예레미야 시대였습니다. 그래서 예레미야 시대를 본보기로 해서 이 부분을 살펴보고자 합니다.

거짓 신앙체계에서는 거짓이 가득합니다

예레미야 시대는 신앙이 지극히 타락한 시대로서, 거짓이 매우 팽배했습니다. 우리는 예레미야서에 나오는 몇 구절만 보아도 이 사실을 선명히 볼 수 있습니다. 다음의 괄호에 옳은 말을 써넣으십시오.

"(　　　　)들은 (　　　　)을 예언하며 제사장들은 자기 권력으로 다스리며 내 (　　　　)은 그것을 좋게 여기니 마지막에는 너희가 어찌하려느냐"(렘 5:31).

"이는 그들이 가장 작은 자로부터 큰 자까지 다 탐욕을 부리며 (　　　　)로부터 (　　　　)까지 다 (　　　　)을 행함이라"(렘 6:13).

"이 (　　　　　　)이 항상 나를 떠나 물러감은 어찌함이냐 그들이 (　　　　)을 (　　　　)하고 돌아오기를 거절하도다"(렘 8:5).

"너희가 어찌 우리는 지혜가 있고 우리에게는 여호와의 율법이 있다 말하겠느냐 참으로 (　　　　)의 (　　　　)의 붓이 (　　　　)되게 하였나니"(렘 8:8).

답 : 선지자, 거짓, 백성, 선지자, 제사장, 거짓, 예루살렘 백성, 거짓, 고집, 서기관, 거짓, 거짓

여기서 거짓은 무엇보다 전파된 하나님의 말씀에서의 거짓입니다. 어느 시대건 하나님의 백성들의 신앙이 타락하면, 전파되는 하나님의 말씀에서 진리가 사라지고, 거짓

이 가득하게 됩니다. 그리고 하나님의 백성들의 삶에서의 거짓이 그 뒤를 따라옵니다.

거짓의 의미

1. 하나님께서 말씀하신 거짓은 반드시 교리가 잘못된 것을 말하는 것이 아닙니다

전파되는 하나님의 말씀에서의 거짓을 이해함에 있어 중요한 부분은 그것이 반드시 교리적으로 잘못된 것을 말하는 것이 아니라는 점입니다. 만약 그것이 교리적으로 잘못된 것을 의미한다면, 오히려 분별하기 쉬울 것입니다. 그러나 교리적으로는 전적으로 옳으면서도, 하나님께서 말씀하신 거짓이 될 수 있습니다.

이는 그들이 가장 작은 자로부터 큰 자까지 다 탐욕을 부리며 선지자로부터 제사장까지 다 거짓을 행함이라 그들이 내 백성의 상처를 가볍게 여기면서 말하기를 평강하다 평강하다 하나 평강이 없도다 (렘 6:13-14)

예레미야 6:13-14에 의하면, 하나님은 무엇을 두고 선지자들과 제사장들이 거짓을 행했다고 말씀하셨습니까?

당신은 그 당시 종교지도자들이 성경적인 근거를 가지고 평강을 외쳤다고 생각합니까?(왕상 2:33, 삼하 7:12-17, 대상 22:9-10, 신 12:5-7, 왕상 9:3 참조)

하나님은 그 당시 선지자들과 제사장들이 평강이 없이 온갖 상처 가운데 있는 하나님의 백성들에게 평강을 외쳤다고 해서, 그들이 거짓을 행했다고 말씀하셨습니다. 여기서 말하는 평강은 단순한 마음의 평안을 말하는 것이 아니라, 하나님의 주권적인 통치가 함께 하심으로 인하여 삶의 전 영역에서 하나님의 생명이 넘치는 것을 말합니다. 우리가 앞 장에서 살펴본 생명, 복, 그리고 평강은 모두 같은 것을 의미합니다.

여기서 매우 심각한 사실은 그 당시 선지자들과 제사장들이 나름대로 성경적인 근거를 가지고 평강을 외쳤다는 것입니다. 우선 하나님은 다윗의 왕위와 자손과 가문에게 영원한 평강을 약속하셨고, 또 그것들을 영원히 굳게 세우시겠다고 약속하셨습니다. 그 당시 그 왕위는 다윗의 왕위로서 다윗의 자손이 그 위에서 다스리고 있었고, 그 나라는 다윗의 자손과 가문에 속해 있었습니다. 그리고 하나님은 예루살렘 성전에 하나님의 이름을 영원히 두시고, 하나님의 눈과 마음이 거기에 항상 머물 것이라고 약속하셨습니다. 그런데 그 당시 예루살렘 성전이 그곳에 우뚝 솟아 있었으며, 그들은 그곳에서 매일 성대한 제사를 드리고 있었습니다. 그래서 그 당시 종교지도자들은 성경에 나오는 하나님의 약속에 기초하여 평강을 외쳤고, 백성들은 그들의 말을 믿고 받아드렸습니다.

그렇기 때문에 그들은 이스라엘의 일부 백성들이 이미 바벨론으로 포로로 잡혀간 상황에서도, 즉 하나님께서 예레미야를 통해 말씀하신 심판이 이미 부분적으로 성취되고 있는 상황에서도, 그 사실을 전혀 깨닫지 못할 뿐 아니라, 오히려 포로로 잡혀간 그들이 곧 돌아올 것이라고 외쳤습니다.

2. 영적 분별력이 없으면, 거짓이 될 수 있습니다

만약 당신이 그 당시에 살았더라면, 당신은 나름대로 분명한 성경적인 근거를 가지고 평강을 외치는 대부분의 종교지도자들의 말과 그 모든 것이 거짓이라는 예레미야의 말 중 누구의 말을 믿겠습니까?

당신은 나름대로 성경에 기초하여 전한 그들의 말이 왜 거짓이었다고 생각합니까?

예레미야 23:16-18, 21-22을 읽고, 그들의 근본적인 문제가 무엇이었는가를 써 보십시오.

하나님께서 말씀하신 거짓과 관련해서 매우 중요한 한 부분은 영적 분별력입니다. 우리가 하나님의 관점을 가지고 있지 않으면, 우리들이 전하는 하나님의 말씀이 거짓이 될 수 있습니다.

왜 그 당시 선지자들과 제사장들의 메시지가 거짓이었나를 이해하기 위해, 하나님의 관점과 당시 이스라엘 백성들의 관점의 차이를 살펴볼 필요가 있습니다. 먼저 그 당시 이스라엘 백성들의 관점입니다. 성경에서 하나님은 다윗의 자손에게 영원한 평강을 약속하셨습니다. 그리고 하나님은 약속하신 모든 것들을 지키시는 신실하신 하나님이십니다. 그러므로 약속들에 근거하여 선지자들과 제사장들은 평강을 외쳤습니다. 그리고 이스라엘 백성들은 그 메시지들을 당연히 성경적인 것으로 받아들였습니다. 그러한 이해를 가지고 있었기 때문에, 그들은 하나님께서 예레미야를 통해서 그토록 강력하게 경고하신 하나님의 심판이 이미 부분적으로 이루어지고 있는 상황에서도, 그것을 전혀 깨닫지 못했습니다. 하나님께서 말씀하시는 바를 전혀 듣지 못했습니다. 이처럼 관점이 무서운 것입니다. 즉, 영적 분별력이 중요한 것입니다.

반면에 우리가 하나님의 관점을 이해하면, 그 당시 선지자들과 제사장들의 메시지가 왜 거짓이었나를 쉽게 이해할 수 있습니다. 먼저 하나님께서 다윗과 다윗의 자손에게 영원한 평강과 영원한 나라를 약속하신 것은 사실입니다. 그러나 그것은 다윗을 통해서 메시야를 주시겠다는 약속입니다. 그리고 그 메시야의 나라가 영원하리라는 약속

만군의 여호와께서 이와 같이 말씀하시되 너희에게 예언하는 선지자들의 말을 듣지 말라 그들은 너희에게 헛된 것을 가르치나니 그들이 말한 묵시는 자기 마음으로 말미암은 것이요 여호와의 입에서 나온 것이 아니니라 항상 그들이 나를 멸시하는 자에게 이르기를 너희가 평안하리라 여호와의 말씀이니라 하며 또 자기 마음이 완악한 대로 행하는 모든 사람에게 이르기를 재앙이 너희에게 임하지 아니하리라 하였느니라 누가 여호와의 회의에 참여하여 그 말을 알아들었으며 누가 귀를 기울여 그 말을 들었느냐
(렘 23:16-18)

이 선지자들은 내가 보내지 아니하였어도 달음질하며 내가 그들에게 이르지 아니하였어도 예언하였은즉 그들이 만일 나의 회의에 참여하였더라면 내 백성에게 내 말을 들려서 그들을 악한 길과 악한 행위에서 돌이키게 하였으리라
(렘 23:21-22)

입니다. 물론 그 약속은 그 당시 실제적인 다윗의 자손들을 향한 약속도 됩니다. 그러나 그 경우에도 하나님의 모든 약속은 하나님의 백성이 하나님과 함께 할 때에만 이루어집니다. 우리가 앞에서 살펴본 것처럼, 하나님의 약속은 보증이 아니라 초청이기 때문입니다. 그리고 하나님의 약속이 이루어지는 것 또한 하나님의 생명이기 때문입니다.

예루살렘 성전의 경우도 마찬가지였습니다. 하나님께서 그곳에 하나님의 이름을 두시겠다고 처음부터 약속하셨습니다(신 12:5-7 참조). 그러나 하나님은 그 이전에 신앙의 본질에 대해서 말씀하셨습니다(신 10-11장). 그리고 그 본질의 토대 위에서 12장 이후에 의식에 대해서 말씀하셨습니다. 또한 하나님은 하나님의 이름을 두시겠다고 하신 하나님의 성전이라도 하나님의 백성들이 신앙의 본질에서 떠나면, 그 성전을 파괴하실 것이라고 경고하셨습니다(왕상 9:1-7).

그 당시 이스라엘 백성들은 하나님의 관점에서 보면, 철저하게 하나님을 떠나있었습니다. 철저하게 신앙의 본질에서 떠나있었습니다. 그 결과, 그들에게는 어떠한 하나님의 생명도 함께하지 않았습니다. 즉, 어떠한 하나님의 평강도 없었습니다. 오히려 온갖 상처만 가득할 뿐이었습니다. 하나님의 심판은 코앞에까지 다가와 있었습니다. 왜냐하면, 하나님은 우리가 하나님과 함께할 때 우리와 함께하시고, 우리가 하나님을 버리면 우리를 버리시기 때문입니다. 그리고 하나님 그분이 생명이시기 때문입니다.

그 당시 종교지도자들의 가장 근본적인 문제는 하나님의 백성들의 영적 상태를 무시한 채, 하나님의 말씀을 자기 임의대로, 부분적으로 취했다는 데 있습니다. 그들은 하나님의 백성들이 처해 있는 영적인 상태를 철저하게 무시했습니다. 그리고 하나님의 말씀 중 자기들이 원하는 부분만 임의대로, 선별적으로 취했습니다. 그 결과, 그들의 메시지는 그것들이 나름대로 성경에 나와 있는 약속에 기초한 것이었을지 몰라도, 그 시대의 이스라엘 백성들에게 주시는 하나님의 말씀이 전혀 아니었습니다. 그것은 하나님의 의도와는 정반대의 것들인 거짓이었습니다. 그래서 하나님은 그들을 보내지도 않았는데, 그들이 가서 하나님께서 말씀하시지도 않은 거짓을 예언했다고 여러 차례 말씀하셨습니다(렘 14:14-15도 참조).

이 얼마나 두려운 일입니까! 이처럼 영적 분별력이 없으면, 우리들이 전하는 하나님의 말씀이 거짓이 될 수 있습니다.

당신은 이러한 관점에서 오늘날 우리의 현실이 어떻다고 생각합니까?

거짓은 능력이 없습니다

예레미야 7:1-8을 읽고 다음의 물음에 답하십시오.

하나님은 무엇을 두고 거짓이라고 하십니까?(4절)

거짓말의 특징이 무엇입니까?(8절)

하나님은 예레미야를 예루살렘 성전으로 보내어 안식일에 예배하러 오는 자들에게 "너희는 이것이 여호와의 성전이라 하는 거짓말을 믿지 말라"고 외치라고 하셨습니다. 예루살렘 성전이 하나님의 전이라는 사실은 성경에도 수없이 나와 있을 뿐 아니라, 전통적으로도 수백 년 동안 그렇게 믿어왔던 의심할 나위 없이 확실한 사실이었습니다. 그런데 그 예루살렘 성전이 하나님의 전이라는 말이 거짓이라는 것입니다. 만약 여러분들이 그 시대에 살았더라면, 여러분들은 소위 평화의 선지자들과 예레미야의 말 중 누구의 말을 믿었겠습니까? 그래서 그 당시 이스라엘 백성들은 예레미야의 말을 믿지 않았습니다.

그럼 왜 예루살렘 성전이 여호와의 전이라는 말이 거짓이었습니까? 예루살렘 성전은 그곳에 하나님의 영광의 임재가 머물러 계신 동안에만 하나님의 전으로서의 의미가 있었습니다. 만약 하나님의 영광의 임재가 그곳을 떠나신다면, 그곳은 더 이상 하나님의 전이 아니었습니다. 그저 하나의 건물일 뿐이었습니다. 그런데 하나님의 영광의 임재는 하나님의 백성들이 신앙의 본질 가운데서 하나님과 동행하는 삶을 살 때에만, 그곳에 머물러 계셨습니다. 그 당시 이스라엘 백성들은 철저하게 하나님을 떠나 있었습니다. 그 결과 우리가 에스겔서에서도 볼 수 있듯이, 하나님의 영광의 임재가 이미 그들에게서 걷혀 있었습니다(겔 10-11장). 다시 말해서, 예루살렘 성전은 하나님의 전으로서의 기능을 이미 상실했던 것입니다.

그 당시 선지자들과 제사장들은 그러한 하나님의 관점을 전혀 몰랐습니다. 그들은 하나님께서 거하고 계시는 성전에서 그 많은 제사를 드리니까 하나님께서 그 나라를 지켜주실 것이고, 하나님의 백성들에게 복을 주실 것이라고 외쳐댔습니다. 그리고 이스라엘 백성들은 그들의 말대로 믿었습니다. 그것을 두고 하나님은 그들이 거짓을 신뢰한다고 말씀하시고, 또 그들이 하나님이 아니라 성전을 신뢰한다고 말씀하셨습니다. 정확하게 맞는 말씀입니다.

하나님께서 말씀하시는 이 거짓의 심각성은 그것이 전혀 능력이 없다는 것입니다. 그

여호와께로부터 예레미야에게 말씀이 임하니라 이르시되 너는 여호와의 집 문에 서서 이 말을 선포하여 이르기를 여호와께 예배하러 이 문으로 들어가는 유다 사람들아 여호와의 말씀을 들으라 만군의 여호와 이스라엘의 하나님께서 이와 같이 말씀하시되 너희 길과 행위를 바르게 하라 그리하면 내가 너희로 이 곳에 살게 하리라 너희는 이것이 여호와의 성전이라, 여호와의 성전이라, 여호와의 성전이라 하는 거짓말을 믿지 말라 너희가 만일 길과 행위를 참으로 바르게 하여 이웃들 사이에 정의를 행하며 이방인과 고아와 과부를 압제하지 아니하며 무죄한 자의 피를 이 곳에서 흘리지 아니하며 다른 신들 뒤를 따라 화를 자초하지 아니하면 내가 너희를 이 곳에 살게 하리니 곧 너희 조상에게 영원무궁토록 준 땅에니라 보라 너희가 무익한 거짓말을 의존하는도다

(렘 7:1-8)

너희 소돔의 관원들아 여호와의 말씀을 들을지어다 너희 고모라의 백성아 우리 하나님의 법에 귀를 기울일지어다 여호와께서 말씀하시되 너희의 무수한 제물이 내게 무엇이 유익하뇨 나는 숫양의 번제와 살진 짐승의 기름에 배불렀고 나는 수송아지나 어린 양이나 숫염소의 피를 기뻐하지 아니하노라 너희가 내 앞에 보이러 오니 이것을 누가 너희에게 요구하였느냐 내 마당만 밟을 뿐이니라 헛된 제물을 다시 가져오지 말라 분향은 내가 가증히 여기는 바요 월삭과 안식일과 대회로 모이는 것도 그러하니 성회와 아울러 악을 행하는 것을 내가 견디지 못하겠노라 내 마음이 너희의 월삭과 정한 절기를 싫어하나니 그것이 내게 무거운 짐이라 내가 지기에 곤비하였느니라 너희가 손을 펼 때에 내가 내 눈을 너희에게서 가리고 너희가 많이 기도할지라도 내가 듣지 아니하리니 이는 너희의 손에 피가 가득함이라

(사 1:10-15)

대저 이는 패역한 백성이요 거짓말 하는 자식들이요 여호와의 법을 듣기 싫어하는 자식들이라 그들이 선견자들에게 이르기를 선견하지 말라 선지자들에게 이르기를 우리에게 바른 것을 보이지 말라 우리에게 부드러운 말을 하라 거짓된 것을 보이라 너희는 바른 길을 버리며 첩경에서 돌이키라 이스라엘의 거룩하신 이를 우리 앞에서 떠나시게 하라 하는도다

(사 30:9-11)

당시 선지자들과 제사장들이 전한 거짓이 아무런 능력도 없었던 것은 "이것이 여호와의 성전이라"는 말을 세 번씩이나 반복한 것을 보아도 알 수 있습니다. 어떤 주석은 이것을 "vain repetitious babbling(헛된 반복적인 중언부언)"이라고 설명하고 있습니다. 그 당시 선지자들과 제사장들이 그만큼 반복적으로 강조하여 외쳐댔지만 아무런 효과가 없었던 것입니다.

원래 하나님의 말씀은 대단한 능력을 가지고 있습니다(히 4:12). 심지어 하나님은 말씀으로 천지를 창조하셨습니다. 그런데 이 능력은 우리가 하나님과 동행하는 삶을 살 때, 그리고 하나님의 말씀이 하나님의 인도를 따라 우리에게 주어질 때 나타납니다. 반면에 하나님의 백성들이 하나님을 떠나 있으면서, 자기 임의대로 하나님의 약속을 선별적으로 취해서 아무리 그것을 주장하고, 전하고, 또 믿는다 할지라도, 거기에는 어떠한 능력도 나타나지 않습니다. 그것은 거짓이며, 거짓에는 어떠한 능력도 없기 때문입니다.

오늘날 우리는 "…해 주실 것을 믿습니다"라는 표현을 많이 사용하면서 성경에 나오는 약속들을 붙잡고, 전합니다. 그런데 그러한 말들이 공허한 메아리에 불과할 때가 많습니다. 그 약속들이 전혀 실제로 이루어지지 않고, 그것들이 하나님의 백성들의 삶에서 어떠한 실제적인 능력을 가지고 역사하지 않을 때가 많습니다. 그 이유는 오늘날 많은 하나님의 백성들이 하나님을 떠난 결과, 하나님의 생명이 그들에게서 걷혀 있기 때문입니다. 그래서 우리의 기도와 설교와 고백이 그저 성경적인 교리에 대한 동의, 어떠한 능력도 없는 반복적인 중언부언에 불과할 때가 너무 많습니다.

거짓 신앙체계에 빠지면, 사람들이 거짓을 좋아합니다

하나님의 백성들이 거짓 신앙체계에 빠지면, 일반적으로 쉽게 이해되지 않는 일이 일어납니다. 그것은 그들이 거짓을 좋아한다는 것입니다(렘 5:31, 사 30:9-11).

이사야 1:10-15, 30:9-11을 읽으십시오. 당신은 그렇게 많은 의식과 희생과 기도를 드린 이사야 시대 이스라엘 백성들이 하나님께 정말로 그렇게 말했다고 생각합니까?

예레미야 6:20, 18:11-12을 읽으십시오. 당신은 그렇게 많은 희생을 드리고 그렇게 많이 사모한 예레미야 시대의 이스라엘 백성들이 하나님께 정말로 그렇게 말했다고 생각합니까? 그럼 하나님은 그들이 하지도 않은 말을 했다고 하시는 분입니까?

이에 대한 해답은 우리의 관점과 하나님의 관점이 다른 데에 있습니다. 우리는 우리가 입으로 말하는 것을 말한 것이라고 생각합니다. 그러나 하나님은 우리가 행동으로 한 말을 우리가 말한 것이라고 생각하십니다. 우리의 행동이 우리가 하나님에 대해서 실제적으로 어떻게 믿는가를 드러내기 때문입니다. 그래서 이사야 시대나 예레미야 시대의 이스라엘 백성들은 자기들이 실제로 그렇게 말하지 않았기 때문에, 이사야나 예레미야의 말이 틀렸다고 생각했을 것입니다. 그러나 하나님은 그들이 실제로 그렇게 행동했기 때문에 그들이 그렇게 말했다고 말씀하셨습니다.

이처럼 하나님의 백성들이 신앙의 본질에서 떠나면, 거짓을 좋아하게 되어 있습니다. 자기들의 욕구를 충족시켜 줄 메시지를 좋아하게 되어 있었습니다. 이것을 성경은 부드러운 메시지라고 부릅니다. 그리고 그것이 바로 거짓입니다.

기복신앙의 정의

기복신앙은 한 마디로 말해서 하나님이 우리 삶의 목적을 위한 수단이 되는 삶입니다. 우리가 제1단원에서 살펴본 것처럼 우리 신앙은 처음부터 끝까지 하나님 중심적인 삶입니다. 그리고 하나님 중심적인 삶의 한 가지 특징은 하나님의 목적을 위해 사는 것입니다. 반면에 타락의 본질은 자기 중심적인 삶이고, 자기 중심적인 삶의 한 가지 특징은 자기 목적을 위해 사는 것입니다. 그런데 신앙이 타락하면, 하나님의 백성들이 하나님을 믿으면서도 자기 목적을 위해 삽니다. 그리고 하나님은 하나님의 백성들의 삶에서 그들의 목적을 위한 수단으로 전락해 버립니다. 하나님이 하나님의 백성들의 목적을 위한 수단으로 전락한 삶, 그것이 바로 기복신앙입니다.

예레미야 6:13-14을 다시 한 번 읽고 다음의 물음에 답하십시오.

모든 종교지도자들과 이스라엘 백성들의 중심에 무엇이 있었습니까?

선지자들과 제사장들의 메시지는 한 마디로 무엇이었습니까?

당신은 그들이 왜 그렇게 외쳤다고 생각합니까?

예레미야 시대의 이스라엘 백성들은 종교지도자들과 일반 백성들 할 것 없이 큰 자부터 작은 자까지 모두 그 중심에 탐심이 자리 잡고 있었습니다. 그리고 종교지도자들의 메시지는 일관되게 평강의 메시지, 다시 말해서 축복의 메시지였습니

시바에서 유향과 먼 곳에서 향품을 내게로 가져옴은 어찌함이냐 나는 그들의 번제를 받지 아니하며 그들의 희생제물을 달게 여기지 않노라
(렘 6:20)

그러므로 이제 너는 유다 사람들과 예루살렘 주민들에게 말하여 이르기를 여호와의 말씀에 보라 내가 너희에게 재앙을 내리며 계책을 세워 너희를 치려 하노니 너희는 각기 악한 길에서 돌이키며 너희의 길과 행위를 아름답게 하라 하셨다 하라 그러나 그들이 말하기를 이는 헛되니 우리는 우리의 계획대로 행하며 우리는 각기 악한 마음이 완악한 대로 행하리라 하느니라
(렘 18:11-12)

이는 그들이 가장 작은 자로부터 큰 자까지 다 탐욕을 부리며 선지자로부터 제사장까지 다 거짓을 행함이라 그들이 내 백성의 상처를 가볍게 여기면서 말하기를 평강하다 평강하다 하나 평강이 없도다
(렘 6:13-14)

다. 왜 그들은 줄기차게 평강을 외쳐댔습니까? 가장 주된 이유는 그래야 사람들이 그들에게로 몰려들었기 때문입니다. 당시 이스라엘 백성들의 영적인 상태는 마치 말기 암 환자와 같았습니다. 심각한 죄의 억압이 그들 가운데 있었습니다. 하나님의 백성들이 신앙의 본질에서 떠나면, 거기에는 반드시 영적인 억압이 있게 되어 있습니다. 그런데 종교지도자들은 마치 암 세포가 온 몸에 퍼져 있는 말기 환자에게 소독약이나 발라주고 반창고나 붙여주는 것처럼 그 상처들을 대수롭지 않게 여겼습니다. 그러면서 줄기차게 평강과 축복을 외쳐댔습니다.

그럼 왜 이스라엘 백성들은 평강의 메시지 듣는 것을 기뻐했습니까? 그것 또한 그들 속에 가득한 탐심 때문이었습니다. 그들에게 있어서 하나님은 결국 세상에서의 목적을 위한 수단에 불과했습니다. 그들은 세상에서 잘 되기 위해 하나님을 믿었습니다. 그리고 그것을 위해 많은 제사를 드렸고, 모든 집회에 열심히 참여했으며, 또 많은 기도를 드렸습니다. 이것이 바로 그들이 신앙의 본질이 없음에도 불구하고 그 많은 희생과 제사를 드렸던 이유입니다. 그리고 그들은 자기들의 그러한 탐심을 신앙적으로 뒷받침해줄 메시지를 원했습니다.

| 기복신앙에서는 아무리 많은 희생과 헌신이 드려져도 그것은 하나님을 사랑하는 것이 아닙니다

여기 대재벌의 외아들이 있다고 가정해 보십시오. 한 여자가 그 남자를 졸졸 따라 다닙니다. 그 남자에 대해 상세하게 뒷조사를 해서, 그 남자가 좋아하는 모든 것을 그 남자에게 해줍니다. 심지어 자기의 집을 팔아서까지 그렇게 해줍니다. 그런데 그 여자가 그렇게 하는 이유는 그 남자와 결혼하기 위해서입니다. 그리고 그 남자와 결혼하면 얻어질 부와 명성을 원하기 때문입니다. 만약 그렇다면 그 여자는 그 남자를 사랑하는 것입니까?

하나님이 우리 삶의 목적을 위한 수단으로 전락한 기복신앙에서는 아무리 많은 희생과 헌신이 드려진다 할지라고 그것은 하나님을 사랑하는 것이 아닙니다. 그것은 하나님을 이용하는 것입니다. 그래서 하나님께서는 이사야 시대와 예레미야 시대의 그 많은 희생들과 헌신들을 받지 않으셨습니다. 성경에 의하면 탐심은 우상숭배요, 세상 사랑은 영적 간음입니다(골 3:5, 약 4:4).

| 오늘날 우리의 영적 상태

너무나 심각하게도 오늘날 우리의 영적 상태는 예레미야 시대와 비슷합니다. 하나님의 백성들이 신앙의 본질에서 떠나 있기 때문에 그들 가운데 온갖 억압이 가득합니다. 심지어 목회자들과 교회의 중직들의 가정이 파괴되고 있습니다. 일반 성도들의 가정은 더 말할 것도 없습니다. 교회와 성도들의 삶 속에 심각한 죄들이 있습니다.

그런데 오늘날 많은 목회자들은 성도들의 삶과 교회 안에 있는 그 엄청난 영적인 억압과 죄악들을 무시합니다. 그리고 축복만을 외쳐댑니다. 그렇게 하는 가장 주된 이유는 교회가 성장하기 위해서입니다. 즉, 탐심이 그 중심에 자리 잡고 있기 때문입니다.

일반 성도들 또한 그들의 삶을 하나님의 말씀 앞에 정직하게 직면하기를 싫어합니다. 그들의 죄가 다루어지는 것을 싫어합니다. 그들의 삶을 조정하여 하나님이 그들의 모든 것이 되게 하라는 메시지를 싫어합니다. 그들은 세상에서의 자기 목적을 뒷받침해 줄 기복적인 메시지를 원합니다. 그들은 반드시 "복, 복"이 아니라도, 자기 자아의 실현을 위해 도움이 되는 메시지를 원합니다. 역시 그 중심에 탐심이 가득하기 때문입니다.

오늘 배운 것을 복습하십시오. 오늘 배운 내용 중에서 하나님께서 당신으로 하여금 이해하고, 배우고, 실천하기 원하는 부분이나 성구를 한두 개 지적해 주시도록 기도하십시오. 그리고 난 후 다음의 질문에 답하십시오.

❖ 오늘 배운 내용 중에서 어떤 부분이나 성구가 가장 뜻있게 와 닿았습니까?

❖ 위의 부분이나 성구를 하나님께 대한 당신의 기도로 바꾸십시오.

❖ 오늘의 학습에 대한 반응으로 하나님은 당신이 무엇을 하기를 원하십니까?

이 과의 요점

- 거짓 신앙체계에서는 거짓이 가득합니다.
- 성경이 말하는 잘못된 교리를 말하는 것이 아닙니다.
- 거짓은 사람들의 영적 상태나 하나님의 인도와 상관없이 그들이 듣기 좋아하는 약속들을 임의로 취하여 전하는 것을 말합니다.
- 거짓은 능력이 없습니다.
- 거짓 신앙체계에 빠지면 사람들은 거짓을 좋아합니다.
- 기복신앙은 하나님이 우리의 수단된 삶입니다.
- 기복적인 희생과 헌신은 하나님을 사랑하는 것이 아닙니다.

제5과 인본주의

거짓 신앙체계의 마지막 한 축은 인본주의입니다. 율법주의가 거짓 신앙체계의 이론을 제공하는 것이라면, 기복신앙은 거짓 신앙체계를 가지고 있는 사람의 중심에 있는 탐심을 대변하는 것이고, 인본주의는 그러한 사람이 사는 방식을 말합니다.

우리 신앙은 처음부터 끝까지 하나님의 길로 행하는 것입니다

우리 신앙은 처음부터 끝까지 하나님의 길로 행하는 것입니다. 하나님의 길로 행할 때 우리는 하나님과 동행하는 삶을 살 수 있고, 우리 삶 속에 하나님의 생명이 넘칩니다. 반면에 우리 가운데 아무리 많은 의식과 희생이 있다 할지라도, 우리가 자기 길 곧 세상의 길로 행하면 그것은 전적으로 타락한 삶입니다. 자기 중심적인 삶이 타락의 본질이기 때문입니다. 그리고 거기에는 어떠한 하나님의 생명도 없습니다.

신명기 30:15, 16, 19절을 읽고 다음의 물음에 답하십시오.

하나님은 우리 앞에 무엇을 두셨습니까?

하나님은 우리가 무엇을 택하기 원하십니까?

우리가 생명을 택하기 위해 해야 할 세 가지는 무엇입니까?

하나님은 우리 앞에 생명과 사망을 두었습니다. 하나님은 우리가 생명을 택하기를 원하십니다. 우리가 생명을 택하기 위해서는 하나님을 사랑하고 하나님의 길로 행하며 하나님의 명령과 규례를 지켜야 합니다.

예레미야 7:23에 의하면, 하나님께서 이스라엘 백성들을 애굽에서 건져내실 때부

보라 내가 오늘 생명과 복과 사망과 화를 네 앞에 두었나니 곧 내가 오늘 네게 명령하여 네 하나님 여호와를 사랑하고 그 모든 길로 행하며 그의 명령과 규례와 법도를 지키라 하는 것이라 그리하면 네가 생존하며 번성할 것이요 또 네 하나님 여호와께서 네가 가서 차지할 땅에서 네게 복을 주실 것임이니라 내가 오늘 하늘과 땅을 불러 너희에게 증거를 삼노라 내가 생명과 사망과 복과 저주를 네 앞에 두었은즉 너와 네 자손이 살기 위하여 생명을 택하고
(신 30:15,16,19)

오직 내가 이것을 그들에게 명령하여 이르기를 너희는 내 목소리를 들으라 그리하면 나는 너희 하나님이 되겠고 너희는 내 백성이 되리라 너희는 내가 명령한 모든 길로 걸어가라 그리하면 복을 받으리라 하였으나

(렘 7:23)

너희는 여호와를 만날 만한 때에 찾으라 가까이 계실 때에 그를 부르라 악인은 그의 길을, 불의한 자는 그의 생각을 버리고 여호와께로 돌아오라 그리하면 그가 긍휼히 여기시리라 우리 하나님께로 돌아오라 그가 너그럽게 용서하시리라 이는 내 생각이 너희의 생각과 다르며 내 길은 너희의 길과 다름이니라 여호와의 말씀이니라 이는 하늘이 땅보다 높음 같이 내 길은 너희의 길보다 높으며 내 생각은 너희의 생각보다 높음이니라

(사 55:6~9)

오직 내가 이것을 그들에게 명령하여 이르기를 너희는 내 목소리를 들으라 그리하면 나는 너희 하나님이 되겠고 너희는 내 백성이 되리라 너희는 내가 명령한 모든 길로 걸어가라 그리하면 복을 받으리라 하였으나 그들이 순종하지 아니하며 귀를 기울이지도 아니하고 자신들의 악한 마음의 꾀와 완악한 대로 행하여 그 등을 내게로 돌리고 그 얼굴을 향하지 아니하였으며

(렘 7:23-24)

터 하나님의 백성들에게 명하신 가장 주된 명령 중 하나는 무엇이었습니까?

하나님은 처음부터 하나님의 백성들에게 하나님의 길로 행하라고 명령하셨습니다.

하나님을 사랑하는 것과 하나님의 길로 행하는 것은 밀접한 관계를 가지고 있습니다(신 30:15-16). 하나님을 경외하는 것과 하나님의 길로 행하는 것도 밀접한 관계를 가지고 있습니다(신 8:6, 시 128:1). 하나님을 알려면 하나님의 길로 행해야 합니다(출 33:13). 하나님을 기쁘게 하기 위해서도 하나님의 길로 행해야 합니다(출 33:13). 이스라엘 백성들은 하나님의 길을 알지 못했기 때문에 40년 동안 하나님을 분노케 했습니다(히 3:10). 하나님의 길로 행할 때에 하나님의 약속이 우리의 삶 속에서 이루어집니다(신 28:9). 하나님의 길로 행하는 자에게 하나님께서 복을 주십니다(신 30:16).

하나님의 길로 행하는 것이 우리에게 최선입니다. 하나님의 길은 의롭습니다(시 145:17). 하나님의 길은 옳습니다(신 32:4). 하나님의 길은 거룩합니다(시 77:13). 하나님의 길은 사랑스럽고 신실합니다(시 25:8-10). 하나님의 길은 영원합니다(합 3:6). 반면에 인간이 타락하면 하나님의 길에 대해서 부담스러워 합니다. 하나님의 길에 대해서 반박합니다(겔 18:25, 29, 33:20).

하나님의 백성이 타락하면 하나님의 길을 떠나 자기의 길로 행합니다

이사야 55:6-9을 읽고, 다음의 물음에 답하십시오.

하나님의 길과 인간의 길은 어떻게 다릅니까?

여기서 말하는 악한 자와 불의한 자는 어떤 사람을 가리킵니까?

하나님께 가까이 나아가려면 반드시 어떻게 해야 합니까?

예레미야 시대의 이스라엘 백성들의 삶은 어떠했습니까?(렘 7:23-24)

하나님의 길과 인간의 길은 다릅니다. 성경은 하늘이 땅에서 높은 것처럼 다르다고 말합니다. 한편으로 우리는 하나님의 길과 생각이 하늘이 땅에서 높은 것처럼

최선인 것을 볼 수 있습니다. 여기서 말하는 악한 자와 불의한 자는 자기 생각과 자기 길을 따라 행하는 자를 말합니다. 문맥을 볼 때, 이 부분을 분명하게 알 수 있습니다. 하나님께 나아가려면 반드시 자기 길과 자기 생각을 버리고 나아가야 합니다. 다시 말해서, 인본주의를 버리고 나아가야 합니다. 그래야 하나님을 만날 수 있습니다. 예레미야 시대의 이스라엘 백성들은 자기의 강퍅한 마음대로 행했습니다. 다시 말해서, 그들은 철저하게 자기 길을 따라 행했습니다. 예레미야 6장과 7장만 보아도, 그들의 삶 속에는 율법주의, 기복신앙, 그리고 인본주의가 가득한 것을 알 수 있습니다.

우리의 행동은 우리가 머리로 아는 성경적인 지식에서 나오지 않습니다. 바리새인들의 삶을 보아도 우리는 이 사실을 잘 알 수 있습니다. 우리의 행동은 우리가 가지고 있는 길에서 나옵니다. 우리의 행동과 길은 항상 같이 갑니다(욥 34:21, 호 4:9).

그렇기 때문에 자기 길을 따르는 인본주의에는 항상 하나님의 심판이 있습니다.

에스겔 18:30에 의하면, 하나님은 우리의 무엇을 따라 심판하십니까?

주 여호와의 말씀이니라 이스라엘 족속아 내가 너희 각 사람이 행한 대로 심판할지라 너희는 돌이켜 회개하고 모든 죄에서 떠날지어다 그리한즉 그것이 너희에게 죄악의 걸림돌이 되지 아니하리라
(겔 18:30)

말라기 시대 제사장들이 하나님의 길을 떠나자 그들에게 임한 하나님의 심판은 무엇이었습니까?(말 2:9)

하나님은 각 사람의 길을 따라 심판하십니다. 여기의 "각 사람의 행한 대로 심판할지라" 라는 구절을 NIV 영어성경은 "I will judge you, each one according to his ways(내가 너희 각자를 그의 길을 따라 심판하리라)" 라고 번역하고 있습니다. 말라기 시대의 제사장들은 재판을 하면서 사람들의 세상적인 지위와 영향력 그리고 자기들과의 관계에 따라서 법 적용을 달리 하였던 것 같습니다. 그러한 그들의 행동은 외부적으로 어떤 율법을 어긴 것도 아니었습니다. 그러나 그들의 자세는 하나님의 길에서 벗어난, 철저하게 타락한 것이었습니다. 그러자 하나님은 그들을 심판하셔서 그들로 하여금 모든 백성들 앞에서 멸시와 천대를 당하게 하셨습니다.

너희가 내 길을 지키지 아니하고 율법을 행할 때에 사람에게 치우치게 하였으므로 나도 너희로 하여금 모든 백성 앞에서 멸시와 천대를 당하게 하였느니라 하시니라
(말 2:9)

오늘날 하나님의 길을 따르는 것보다 자기의 길, 세상의 길을 따르는 것이 더 쉽고 더 유익한 것처럼 느껴질 수 있습니다. 하갈을 아브라함에게 들여보내 아들을 낳은 것이 아들을 얻는 더 쉬운 방법처럼 느껴진 것처럼 말입니다. 그러나 자기 길을 따르는 데에는 아브라함이 나중에 하갈과 이스마엘을 통해서 큰 고통을 당했던 것처럼 반드시 하나님의 심판이 있습니다.

하나님의 백성들이 하나님의 길을 버리고 세상의 길, 자기의 길을 따를 때 받는 심판 중 하나는 세상에서 조롱과 멸시를 당하는 것입니다. 예수님은 하나님의 백성을 소금에 비유하셨습니다. 그러면서 소금이 맛을 잃으면 밖에 버려져서 사람들의 발에 밟힐 뿐이라고 하셨습니다(마 5:13). 초대교회 당시에는 소금에 불순물이 섞여있어서 종종 썩었답니다. 그런데 소금이 썩으면 아무데도 쓸데가 없었습니다. 심지어 거름으로도 쓰지 못했습니다. 그래서 밖에 내다버렸고, 사람들은 그것을 밟고 지나다녔습니다. 하나님의 백성들이 하나님 중심적인 삶을 살 때, 하나님께서 그들과 함께 하시고, 그들을 뒷받침하십니다. 그 결과, 그들은 세상에서 존귀와 칭찬을 받습니다. 그러나 하나님의 백성들이 타락하여 자기 길을 따라 살 때, 하나님께서 그들과 함께 하시지 않습니다. 그러면 그들에게 하나님의 생명이나 권세나 은혜가 함께 하지 않습니다. 그 결과, 그들은 세상에서 조롱과 멸시를 당하게 됩니다.

당신은 오늘날 우리나라에서 하나님의 백성들과 교회들이 안 믿는 사람들로부터 어떤 취급을 받는다고 생각합니까? 그리고 그 이유는 무엇이라고 생각합니까?

그러므로 성경은 자신이 행하고 있는 길에 유의하라고 명령합니다.

그러므로 이제 만군의 여호와가 이같이 말하노니 너희는 너희의 행위를 살필지니라 너희가 많이 뿌릴지라도 수확이 적으며 먹을지라도 배부르지 못하며 마실지라도 흡족하지 못하며 입어도 따뜻하지 못하며 일꾼이 삯을 받아도 그것을 구멍 뚫어진 전대에 넣음이 되느니라 만군의 여호와가 말하노니 너희는 자기의 행위를 살필지니라 너희는 산에 올라가서 나무를 가져다가 성전을 건축하라 그리하면 내가 그것으로 말미암아 기뻐하고 또 영광을 얻으리라 여호와가 말하였느니라

(학 1:5-8)

학개서 1:5-8을 읽고, 다음의 물음에 답하십시오.

하나님은 그들에게 무엇을 살펴보라고 말씀하십니까?

하나님은 그들의 그릇된 길로 인하여 어떤 일이 일어나고 있다고 말씀하십니까?

하나님께서 여기서 말씀하시는 것은 그들의 어떠한 자세에 대한 것입니까?

하나님은 반복해서 그들에게 그들의 소위를 살펴보라고 말씀하십니다. 다시 말해서 그들이 행하고 있는 길을 살펴보라고 말씀하십니다. 하나님은 여기서 그들의 표면적으로 드러난 죄에 대해서 언급하고 있지 않습니다. 하나님은 바벨론의 포로 생활로부터 돌아온 이스라엘 백성들이 자기의 일에는 바쁘면서 공사가 중단된 채 오랜 기간 동안 방치되어 있던 성전 건축에 대해 별 관심이 없는 마음의 자세와 태도, 즉 그들의 길에 대해서 말씀하고 있습니다. 하나님은 그들의 그러한 그릇된 길로 인하여 그 동안 그들의 산업에 하나님의 은혜가 함께 하지 않았다고 말씀하십니다.

인본주의는 절대로 하나님의 유업을 받을 수 없습니다

인본주의는 거짓 신앙체계의 특징으로서, 절대로 하나님의 유업을 받을 수 없습니다.

갈라디아서 4:21-31을 읽고, 다음의 물음에 답하십시오.

여기서 이삭은 무엇을 상징합니까?

여기서 이스마엘은 무엇을 상징합니까?

바울은 이사야 54:1을 인용하면서, 그 유업이 누구에게 주어질 것이라고 말합니까?

성경은 이스마엘을 어떻게 하라고 명령합니까?

여기에서 이삭은 십자가의 복음을 상징합니다. 이스마엘은 거짓 신앙체계를 상징합니다. 이스마엘은 우선 율법주의를 상징합니다. 갈라디아서 전체를 보면 이 부분을 분명히 볼 수 있습니다. 뿐만 아니라, 이스마엘은 인본주의를 상징하기도 합니다. 성경은 이스마엘을 육체를 따라 난 자라고 표현하고 있습니다(29절). 이 말은 이스마엘은 육체적인 관계를 통해서 낳고, 이삭은 성령으로 잉태되었다는 말이 아닙니다. 둘 다 육체적인 관계를 통해서 태어났습니다. 이 말은 이삭은 하나님께서 하나님의 때에 성령으로 역사하사 태어나게 하셨지만, 이스마엘은 인간적인 수단과 방법을 통해서 태어났다는 말입니다.

바울은 이사야 하반부에 나오는 회복과 부흥의 유업에 관한 구절 중 하나인 이사야 54:1을 인용하면서 그것이 이삭에게 주어지고, 이스마엘에게는 주어지지 않을 것이라고 말합니다. 그리고 이스마엘을 교회에서 철저하게 내어 쫓으라고 명령합니다.

하갈의 경우에서 볼 수 있는 것처럼 인본주의가 잠시 득세할 수 있습니다. 이스마엘이 인본주의의 결과로 태어났음에도 불구하고, 그가 태어난 후 하갈과 이스마엘은 15년 동안 득세했습니다.

내게 말하라 율법 아래에 있고자 하는 자들아 율법을 듣지 못하였느냐 기록된 바 아브라함에게 두 아들이 있으니 하나는 여종에게서, 하나는 자유 있는 여자에게서 났다 하였으며 여종에게서는 육체를 따라 났고 자유 있는 여자에게서는 약속으로 말미암았느니라 이것은 비유니 이 여자들은 두 언약이라 하나는 시내 산으로부터 종을 낳은 자니 곧 하갈이라 이 하갈은 아라비아에 있는 시내 산으로서 지금 있는 예루살렘과 같은 곳이니 그가 그 자녀들과 더불어 종 노릇 하고 오직 위에 있는 예루살렘은 자유자니 곧 우리 어머니라 기록된 바 잉태하지 못한 자여 즐거워하라 산고를 모르는 자여 소리 질러 외치라 이는 홀로 사는 자의 자녀가 남편 있는 자의 자녀보다 많음이라 하였으니 형제들아 너희는 이삭과 같이 약속의 자녀라 그러나 그 때에 육체를 따라 난 자가 성령을 따라 난 자를 박해한 것 같이 이제도 그러하도다 그러나 성경이 무엇을 말하느냐 여종과 그 아들을 내쫓으라 여종의 아들이 자유 있는 여자의 아들과 더불어 유업을 얻지 못하리라 하였느니라 그런즉 형제들아 우리는 여종의 자녀가 아니요 자유 있는 여자의 자녀니라

(갈 4:21-31)

잉태하지 못하며 출산하지 못한 너는 노래할지어다 산고를 겪지 못한 너는 외쳐 노래할지어다 이는 홀로 된 여인의 자식이 남편 있는 자의 자식보다 많음이라 여호와께서 말씀하셨느니라

(사 54:1)

오늘날 심지어 많은 목회자들까지도 하나님께서 능력으로 임하셔서 하나님의 일을 이루시도록 하나님을 구하고 기다리기보다, 그리고 그것을 위해 철저하게 하나님의 길에 서기를 추구하기보다, 인간적인 수단과 방법을 통해 자신들이 세워놓은 소정의 목표를 이루려고 합니다. 그 이유는 아브라함이 하갈을 통해 이스마엘을 얻은 것처럼 그들이 인간적인 열매라도 얻기 원하기 때문입니다. 그리고 그 결과, 이스마엘을 낳은 목회자들은, 다시 말해서 사역을 확장시키고 소정의 목표를 이룬 목회자들은 득세합니다. 성공한 목회자로 인정을 받고, 교회성장 세미나에 단골 강사로 활약합니다.

그러나 인본주의에 회복과 부흥과 같은 하나님의 유업이 주어진 적은 2천년 기독교 역사에서 한 번도 없었습니다. 하나님의 부흥과 유업은 반드시 이삭에게 주어졌습니다. 그리고 하나님께서 이삭에게 임하실 때, 이스마엘의 득세는 반드시 무너져 내릴 것입니다. 이사야 54장도 하나님께서 남편 되실 것이기 때문에(하나님께서 임하실 것이기 때문에), 잉태치 못한 자(이삭)가 남편 있는 자(이스마엘)보다 더 많은 자식이 있게 될 것이며, 이스마엘이 아니라, 이삭의 자식들이 열방을 얻게 될 것이라고 말하고 있습니다.

인본주의의 다양한 형태

인본주의는 참으로 다양한 형태를 띨 수 있습니다. 헨리 블랙가비 목사는 그의 책 『하나님과의 신선한 만남』에서 그 몇 가지 예를 다음과 같이 말하고 있습니다.

- 하나님은 "믿음으로 살라"고 하시는데, 우리는 눈에 보이는 것을 의지하고 산다.
- 하나님은 자기를 부인하라고 하시는데, 우리는 자기와 자기의 입지를 먼저 챙긴다.
- 하나님은 자기를 낮추라고 하시는데, 우리는 스스로를 높인다.
- 하나님은 자기 목숨을 잃으라고(하나님 나라를 위해 우리가 가진 것을 나누어 주라) 하시는데, 우리는 우리의 목숨을 구원코자(우리가 가진 것을 움켜쥐려고) 애쓴다.
- 하나님은 주님께서 일꾼을 보내주시도록 기도하라고 하셨는데, 우리는 사람들의 마음을 교묘히 조종하여 봉사하게 만든다.

어떤 때는 목회자들이 교회의 필요를 위해 하나님을 의지하고 하나님의 지시를 따르기보다 성도들로 하여금 헌금하도록 여러 성경구절들과 강사들을 통해 그들을 회유할 수 있습니다. 또 어떤 때는 성도들이 하나님 앞에서 고민하며 하나님의 길로 조정하도록 그들을 위해 기도하며 기다리기보다, 그들이 교회를 떠나지 않도록 하기 위해 그들에게 개인적으로 잘 해줄 수 있습니다. 이것은 그들이 주님 안에서 자라는 길을 막아버리는 것입니다. 이런 것들을 포함해서 오늘날 우리 가운데 팽배한 인본주의적인 방법은 셀 수 없을 정도로 많습니다.

당신의 삶과 당신 교회의 삶 속에 어떠한 인본주의적인 방법들이 있는지 깨닫게 해달라고 하나님께 기도하십시오. 그리고 그것들을 나열해 보십시오.

그것들을 어떻게 내어 쫓을 것을 것인지 하나님의 인도를 구하고, 하나님께서 말씀하신 바를 써보십시오.

회개는 자기의 길에서 돌이키는 것을 포함합니다

회개는 우리가 지은 죄에 대해서 후회하고 잘못을 뉘우치는 것으로는 부족합니다. 진정한 회개는 자기의 길에서 돌이키는 것을 포함합니다. 자기 길에서 돌이키지 않았으면, 아직 진정한 회개가 일어나지 않은 것입니다.

역대하 7:14을 읽고, 하나님께서 우리에게 회복되기 위해서 우리가 해야 할 회개의 네 가지 요소를 적어보십시오.

내 이름으로 일컫는 내 백성이 그들의 악한 길에서 떠나 스스로 낮추고 기도하여 내 얼굴을 찾으면 내가 하늘에서 듣고 그들의 죄를 사하고 그들의 땅을 고칠지라

(대하 7:14)

이 구절은 하나님께서 하나님의 백성들이 하나님을 떠난 고로 하나님의 심판과 징계가 임했을 때를 염두에 두고 하신 말씀입니다(13절 참조). 하나님은 하나님이 그들에게 회복되기 위해서 그들이 네 가지를 해야 할 것이라고 말씀하십니다. 하나님께서 하늘에서 듣고, 그 죄를 사하고, 그 땅을 고치시겠다는 말씀은 그들을 회복시키시겠다는 말입니다. 다시 말해서, 하나님께서 그들에게 회복되시겠다는 말씀입니다. 하나님께서 "너희가 온 마음으로 나를 구하면 나를 찾을 것이요 나를 만나리라"(렘 29:13)고 말씀하셨는데, 이 세 가지는 하나님께서 하나님의 백성들에게 만나지면 일어날 일들을 말합니다.

하나님이 하나님의 백성들에게 회복되시기 위해 하나님의 백성들은 스스로 겸비하고, 기도하고, 하나님의 얼굴을 구하고, 그 악한 길에서 돌이켜야 합니다. 이처럼 진정한 회개는 악한 길, 자기 길과 세상의 길에서 돌이키는 것을 포함합니다.

어떤 남편이 아내 몰래 다른 여자와 바람을 피운다고 가정해 보십시다. 그러다가 하루는 아내와 그 일로 인하여 말다툼이 벌어져서 홧김에 아내를 때렸습니다. 그 남편은 다음 날 아내 앞에서 무릎을 꿇고, 아내에게 화를 내고 아내를 때린 것에 대해 용서를 구했습니다. 그렇게 했다고 해서, 그 남편이 회개한 것입니까? 아닙

니다. 그 불륜의 관계를 청산하고 아내에게 돌아오지 않는 한 그 남편은 진정한 회개를 한 것이 아닙니다. 하나님과의 관계에서도 마찬가지입니다. 자기 길로 행하는 것이 타락의 본질입니다. 그러므로 계속해서 자기 길과 방법을 따라 살아가면서, 하나님 앞에서 잘못한 한두 가지의 죄에 대해서 후회하고 잘못을 뉘우쳤다고 해서 그것이 진정으로 회개한 것은 아닙니다. 진정한 회개가 이루어지려면, 자기 길로 행하는 것으로부터 돌이켜야 합니다. 그래서 성경은 하나님께 돌아오려면 반드시 자기 길을 버리고 돌아오라고 거듭거듭 촉구하고 있습니다(사 55:6-7, 슥 1:4, 겔 33:11).

인본주의 가운데 있으면, 아직 신앙의 본질 위에 서지 못한 것입니다

어떤 성도들은 율법주의와 기복 신앙의 병폐를 심각하게 인식합니다. 그리고 거기에서 돌이키려고 노력합니다. 목회자들 중에는 그것들의 문제점을 심각하게 인식하고, 교회에서 집중적으로 그 병폐들에 대해서 설교하기도 합니다. 그러나 개인의 삶이나 교회의 삶에서는 기존에 사용하던 인본적인 방법들을 그대로 사용합니다. 이 경우, 그 사람은 자기 자신은 아무리 율법주의나 기복 신앙을 버렸다고 생각할지 몰라도 여전히 거짓 신앙체계에 빠져 있는 것입니다. 신앙의 본질인 하나님만이 목적된 삶 가운데 아직 전혀 서지 않은 것입니다. 율법주의, 기복 신앙, 인본주의는 거짓 신앙체계의 다른 특징들로써 떼려야 뗄 수 없도록 서로 깊이 연결되어 있습니다.

하나님과의 친밀한 교제, 하나님을 알고 사랑하는 삶 가운데 서려면, 반드시 믿음에 의한 삶을 살아야 합니다. 인간적인 수단이나 방법을 의지하는 것이 아니라, 오직 하나님을 믿음으로 의지하는 삶을 살아야 합니다. 믿음에 의한 삶을 사는 것이 신앙의 본질인 하나님과의 친밀한 교제 가운데 서 있는지 아닌지에 대한 리트머스 시험지입니다.

오늘 배운 것을 복습하십시오. 오늘 배운 내용 중에서 하나님께서 당신으로 하여금 이해하고, 배우고, 실천하기 원하는 부분이나 성구를 한두 개 지적해 주시도록 기도하십시오. 그리고 난 후 다음의 질문에 답하십시오.

✣ 오늘 배운 내용 중에서 어떤 부분이나 성구가 가장 뜻있게 와 닿았습니까?

✣ 위의 부분이나 성구를 하나님께 대한 당신의 기도로 바꾸십시오.

✣ 오늘의 학습에 대한 반응으로 하나님은 당신이 무엇을 하기를 원하십니까?

이 과의 요점

- 우리 신앙은 처음부터 끝까지 하나님의 길로 행하는 것입니다.
- 백성이 타락하면 하나님의 길을 떠나 자기 길로 행합니다.
- 인본주의는 절대로 하나님의 유업을 받을 수 없습니다.
- 인본주의의 형태는 참으로 다양합니다.
- 회개는 인본주의에서 돌이키는 것을 포함합니다.

제 4단원

영적 분별력

Power of the Cross

제1과 하나님의 다림줄

우리의 신앙생활에서 가장 중요한 부분 중 하나는 영적 분별력입니다. 우리가 영적 분별력을 상실하면, 하나님과 동행하는 삶이 불가능하기 때문입니다. 우리가 영적 분별력을 상실하면, 우리는 하나님의 길을 전혀 알 수 없습니다. 그러면 우리는 신앙생활 잘 한다고 생각할지 모르지만, 실제로는 거짓 신앙체계에 빠져 하나님과 상관없는 삶을 살게 됩니다. 그러면서 그러한 사실도 알지 못합니다. 그리고 실제로는 하나님을 떠나 있기 때문에 하나님의 심판이 그곳에 임하지만, 우리는 그러한 사실도 전혀 깨닫지 못합니다. 우리는 이러한 사실을 이사야 시대의 이스라엘 백성들의 삶에서, 예레미야 시대의 이스라엘 백성들의 삶에서, 그리고 예수님 시대의 종교 지도자들의 삶에서 볼 수 있습니다. 신앙의 올바른 이해에 대해 살펴보기에 앞서, 영적인 분별력에 대해 살펴보는 이유도 여기에 있습니다.

하나님의 의도: 하나님의 다림줄에 맞추어 똑바로 세워진 교회

영적 분별력의 중요성은 하나님의 백성을 향한 하나님의 의도에도 잘 나타나 있습니다. 하나님은 하나님의 백성들이 하나님의 다림줄에 맞추어 똑바로 세워지기를 원하십니다.

또 내게 보이신 것이 이러하니라 다림줄을 가지고 쌓은 담 곁에 주께서 손에 다림줄을 잡고 서셨더니 여호와께서 내게 이르시되 아모스야 네가 무엇을 보느냐 내가 대답하되 다림줄이니이다 주께서 이르시되 내가 다림줄을 내 백성 이스라엘 가운데 두고 다시는 용서하지 아니하리

(암 7:7–8)

아모스 7:7–8을 읽고, 다음의 물음에 답하십시오.

아모스에게 나타나신 하나님의 모습은 어떤 모습이었습니까?

여기에 나오는 다림줄에 맞추어 똑바로 세워진 담은 무엇을 가리킵니까?

하나님은 왜 이스라엘을 심판하려고 하시며, 또 무엇을 가지고 심판하려고 하십니까?

하나님은 아모스에게 다림줄을 손에 들고 계신 모습으로 나타나셨습니다. 다림줄은 정확한 수직을 알기 위해 사용하는 뾰족한 추가 달린 줄을 말합니다. 다림줄은 건축에서 필수적인 도구입니다. 여기의 다림줄에 맞추어 똑바로 세워진 담은 하나님의 백성인 이스라엘을 가리킵니다. 하나님은 하나님의 백성이 그 담처럼 하나님의 다림줄에 맞추어 똑바로 세워지기를 원하셨습니다. 그러나 그들이 그렇게 되지 않자 이제 그들을 심판하시려고 하십니다. 그리고 심판하실 때에도 하나님은 그들의 생각이나 사람들의 의견이나 세상의 평가가 아니라, 하나님의 다림줄을 가지고 그들을 심판하십니다.

우리는 여기서 하나님의 백성을 향한 하나님의 의도를 볼 수 있습니다. 하나님은 하나님의 백성들이 하나님의 다림줄에 맞추어 똑바로 세워지기를 원하십니다. 이스라엘은 하나님을 위한 한 백성입니다. 그리고 이스라엘 백성들이 실패했을 때, 하나님께서 세운 한 새 백성이 교회입니다. 그러므로 이것은 교회를 향한 하나님의 의도이기도 합니다.

하나님의 교회와 하나님의 백성이 하나님의 의도대로 하나님의 다림줄에 맞추어 세워질 때, 든든히 세워집니다. 다림줄에 맞추어 세워진 벽처럼 말입니다. 반면에 하나님의 다림줄에 맞추어 세워지지 않을 때, 그것은 쉽게 무너질 수 있습니다.

교회가 하나님의 다림줄에 맞추어 세워질 때, 교회 안에 하나님의 은혜가 자유롭게 흐르고, 하나님의 성령께서 마음껏 역사하실 것입니다. 하나님의 모든 생명이 넘칠 것입니다. 하나님의 임재가 넘칠 것입니다. 무엇보다 하나님의 영광이 그곳에 임할 것입니다. 특히 성경은 말세지말에 있을 교회 회복과 그 놀라운 성령의 역사에 대해서 말하고 있습니다. 그런데 그 모든 것의 비결은 바로 교회가 하나님의 다림줄에 맞추어 세워지는 것입니다.

반면에 하나님의 교회가 하나님의 다림줄에 맞추어 세워지지 않으면, 어떠한 교회의 회복도 없을 것입니다. 어떠한 신앙의 회복도 없을 것입니다. 어떠한 예배의 회복도 없을 것입니다. 어떠한 사역의 회복도 없을 것입니다.

당신과 당신의 교회는 철저하게 하나님의 다림줄에 맞추어 세워지기를 추구해 왔습니까?

□ 예 □ 아니요

하나님의 다림줄에 맞추어 똑바로 세워지는 것이 당신과 당신 교회의 주된 관심사와 우선 순위였습니까? 아니면 실리를 앞세워, 현실을 앞세워, 실적을 앞세워, 성장을 앞세워 그것을 무시해 왔습니까?

□ 주된 관심사였다 □ 무시해 왔다

하나님의 다림줄과 영적 분별력의 정의

하나님의 다림줄은 성경에 나와 있는 하나님의 기준을 말합니다. 성경에는 우리의 신학과 삶과 사역을 위한 하나님의 기준이 들어 있습니다. 성경 66권을 우리말로 정경이라고 하는데, 그것을 영어로는 Canon이라고 합니다. 그런데 그 말은 "자"라는 뜻입니다. 성경이 우리의 신앙과 삶과 사역을 재는 "자"이기에 성경을 그렇게 부르는 것입니다.

영적 분별력은 하나님의 기준인 다림줄을 볼 수 있는, 성령이 주시는 영적인 능력을 말합니다. 하나님의 다림줄은 이미 성경에 기록되어 있습니다. 그러나 그것을 볼 수 있기 위해서는 성령의 비추심을 통한 영적 분별력이 필요합니다. 하나님의 다림줄을 볼 수 있기 위해, 성경을 잘 아는 것은 매우 중요합니다. 그러나 성경을 잘 아는 것만으로는 충분하지 않습니다. 신학적인 지식이나 성경적인 지식이 아무리 많다 할지라도, 그 자체가 영적 분별력을 갖게 하지 않습니다. 바리새인들의 경우를 보아도 알 수 있듯이, 수많은 성경적인 지식과 신학적인 지식을 가지고도 영적으로 철저하게 장님일 수 있습니다.

하나님의 다림줄과 영적 분별력은 서로 다른 것이지만, 서로 밀접하게 연관되어 있기 때문에, 상호 교환적으로 사용할 수 있습니다.

하나님 앞에서는 하나님의 다림줄만 통합니다

하나님은 주권자이십니다. 그렇기 때문에 하나님 앞에서는 하나님의 다림줄, 즉 하나님의 기준만 통합니다. 하나님 앞에서는 인간의 기준이나 생각이나 조건이나 의견이 아무런 의미가 없습니다.

아래의 예를 읽고, 질문에 답하십시오.

여기, 구원 얻기를 참으로 간절히 소원하는 한 사람이 있습니다. 그 사람은 구원을 얻기 위해 밤마다 교회에 나와서 철야를 합니다. 밤새도록 자기의 죄를 회개하면서 자기를 구원해 달라고 하나님께 부르짖습니다. 금식하면서 기도합니다. 심지어 그는 자기의 전 재산을 다 팔아 하나님께 헌금을 드리면서 기도합니다.

당신은 그 사람이 구원을 받을 수 있다고 생각합니까? 구원을 받을 수 없다고 생각합니까? 왜 그렇게 생각합니까?

□ 구원을 받을 수 있다. □ 구원을 받을 수 없다.

이유:

그 사람의 갈급함과 사모함과 헌신과 희생은 타의 추종을 불허할 만큼 참으로 큽니다. 그러나 그는 구원을 받을 수 없습니다. 그 이유는 그것이 하나님의 다림줄에 합하지 않기 때문입니다. 우리가 하나님 앞에서 구원받는 길은 오직 예수 그리스도를 믿는 것 뿐입니다. 다른 길은 없습니다. 이처럼 하나님 앞에서는 하나님의 다림줄만 통합니다. 그리고 이것은 우리 신앙의 모든 면에서 마찬가지입니다.

하나님의 다림줄에 합하지 않으면, 하나님 앞에서는 아무런 소용이 없습니다

하나님은 주권자로서 하나님 앞에서는 하나님의 다림줄만 통하기 때문에, 그것이 하나님의 다림줄에 합하지 않으면, 그 모든 종교적인 활동과 아무리 큰 희생과 헌신도 하나님 앞에서는 아무런 의미가 없습니다. 오히려 거기에는 하나님의 심판만 있을 따름입니다. 하나님의 교회가 실제로는 하나님을 떠나 있는 상태에 있기 때문입니다.

요한계시록 3:1-3을 읽고, 다음의 물음에 답하십시오.

사데 교회는 그 당시 사람들에게서 어떠한 교회로 알려져 있었습니까?

당신은 그 말이 무슨 뜻이라고 생각합니까?

예수님은 그 교회를 어떠한 교회라고 말씀하셨습니까?

예수님은 왜 그렇게 말씀하셨습니까?

사데 교회는 "살았다" 하는 이름을 가진 교회였습니다. "살았다" 하는 이름을 가졌다는 말은 "살았다" 하는 명성을 가졌다는 말입니다. 그래서 NIV 영어성경은 그렇게 번역하고 있습니다. 그들만 자기들이 살아있는 교회라고 생각했을 뿐 아니라, 주위에 있는 많은 지역의 교회들이 그 교회를 살아있는 교회라고 칭찬했습니다. 이 말은 그 교회가 매우 활동적이었으며, 그 교회의 사역이 매우 활발했던 것을 의미합니다. 그러나 예수님은 그 교회를 죽은 교회라고 부르셨습니다. 왜냐하면, 그들의 행위가 하나님의 말씀에 합하지 않았기 때문입니다. 다시 말해서, 하

사데 교회의 사자에게 편지하라 하나님의 일곱 영과 일곱 별을 가지신 이가 이르시되 내가 네 행위를 아노니 네가 살았다 하는 이름은 가졌으나 죽은 자로다 너는 일깨어 그 남은 바 죽게 된 것을 굳건하게 하라 내 하나님 앞에 네 행위의 온전한 것을 찾지 못하였노니 그러므로 네가 어떻게 받았으며 어떻게 들었는지 생각하고 지켜 회개하라 만일 일깨지 아니하면 내가 도둑 같이 이르리니 어느 때에 네게 이를는지 네가 알지 못하리라

(계 3:1-3)

나님의 다림줄에 합하지 않았기 때문입니다. 이처럼 하나님의 다림줄에 합하지 않은 어떠한 행위나 헌신도 하나님 앞에서는 아무런 의미가 없습니다. 이것은 우리 신앙의 모든 면에서 그렇습니다. 하나님을 아는 것이건, 하나님을 사랑하는 것이건, 기도 응답을 받는 것이건, 우리의 예배건, 그것이 무엇이든지 하나님의 다림줄에 맞추어 행해야만 하나님 앞에서 의미와 효력이 있습니다. 만약 그렇지 않으면, 그것이 우리 편에서는 아무리 큰 희생과 헌신이 요구됐다 할지라도, 하나님 앞에서는 아무런 의미나 쓸모가 없습니다.

하나님의 다림줄이 가리어질 수 있습니다

하나님의 다림줄은 우리 신앙의 모든 면에서 필수입니다. 그런데 하나님의 다림줄과 관련하여 심각한 사실은 그것이 하나님의 백성들에게서 가리어질 수 있다는 것입니다. 그리고 다림줄이 가리어지면, 하나님의 백성들은 절대로 올바른 신앙생활을 할 수 없습니다. 그들의 모든 신앙생활은 헛되게 됩니다. 그들은 하나님을 떠날 수밖에 없습니다. 그리고 그 결과 그들에게 하나님의 징계와 심판이 닥칩니다. 그런데 그들은 그것을 전혀 깨닫지 못합니다. 하나님의 징계와 심판이 왜 임하는지도 모릅니다.

하나님의 다림줄은 성경에 기록되어 있는 하나님의 기준인데, 하나님의 다림줄이 가리어진다는 말은 무슨 뜻입니까? 그것은 영적인 분별력이 주어지지 않아서, 성경에 나와 있는 하나님의 다림줄을 볼 수 없게 된다는 말입니다.

나는 자비를 원하고 제사를 원하지 아니하노라 하신 뜻을 너희가 알았더라면 무죄한 자를 정죄하지 아니하였으리라
(마 12:7)

| 바리새인들의 예

마태복음 12:7을 읽고, 다음의 물음에 답하십시오. 이 말씀은 예수님께서 바리새인들에게 하신 말씀입니다(마 12:2). 예수님은 여기에서 호세아 6:6을 인용하고 계십니다.

바리새인들이 보고 예수께 말하되 보시오 당신의 제자들이 안식일에 하지 못할 일을 하나이다
(마 12:2)

예수님은 바리새인들이 무엇을 몰랐다고 말씀하시는 것입니까?

- □ 바리새인들은 이 구절이 성경에 나오는지를 몰랐다.
- □ 바리새인들은 이 구절의 내용을 몰랐다.
- □ 바리새인들은 이 구절이 뜻하는 진정한 의미를 몰랐다.

나는 인애를 원하고 제사를 원하지 아니하며 번제보다 하나님을 아는 것을 원하노라
(호 6:6)

바리새인들은 오늘날로 말하면 신학 박사들이었습니다. 그들은 성경을 누구보다 잘 알았습니다. 그들은 호세아 6:6을 당연히 잘 알고 있었을 것입니다. 그리고 저능아가 아닌 이상 그 구절을 읽는 사람이면 누구나 하나님은 제사보다 하나님을 알고 사랑하는 것을 원하신다는 것을 이해할 수 있습니다. 예수님의 말씀은 그들이 하나님을 사랑한다는 말이 무슨 뜻인지를 몰랐다는 말입니다.

성경에서 가장 큰 계명은 무엇입니까?(막 12:28-30 참조).

당신은 그 당시 바리새인들이 가장 큰 계명이 무엇인지 알았다고 생각합니까?

바리새인들은 자신들이 하나님을 사랑한다고 생각했을까요?

하나님의 관점에서 볼 때, 바리새인들은 하나님을 사랑했습니까?(요 5:42 참조)

당신은 무엇이 문제였다고 생각하십니까?

당신은 하나님을 사랑하십니까?

당신은 하나님을 사랑한다는 말이 무엇을 의미한다고 생각합니까?

성경에서 가장 큰 명령은 마음과 뜻과 성품을 다하여 하나님을 사랑하는 것입니다. 당연히 바리새인들은 그것을 잘 알고 있었습니다. 신명기 6:4-5에 나오는, 쉐마라고 부르는 이 명령을 바리새인들은 문자 그대로 지키려고 노력했습니다. 그래서 그들은 자녀들에게 가장 먼저 그 구절을 가르쳤고, 그 구절을 손목에 매고 다녔으며, 문설주와 바깥문에 기록하였습니다. 사실, 그들이 안식일에는 마태복음 12장에서 예수님의 제자들이 한 행동과 같은 행동을 하지 않았던 이유도 하나님을 그렇게 사랑하기 위함이었습니다.

바리새인들은 하나님을 사랑하는 것이 가장 큰 계명이라는 사실을 잘 알고, 나름대로 그 계명을 지키려고 철저하게 노력하였음에도 불구하고, 정작 그들은 하나님을 사랑한다는 것이 무슨 의미인지 조차 알지 못했습니다. 그리고 하나님을 사랑하는 것에 대한 하나님의 다림줄이 가리어지니까, 그들은 하나님을 사랑하는 삶을 살 수 없었습니다. 올바른 기준이 가리어지니까, 어떻게 하는 것이 올바른 것인지를 알 길이 없었기 때문입니다. 그 결과, 본인들은 누구보다 하나님을 사랑한다고 자부하고 있었는데, 정작 하나님은 그들이 하나님을 전혀 사랑하지 않는다고 말씀하셨습니다.

서기관 중 한 사람이 그들이 변론하는 것을 듣고 예수께서 잘 대답하신 줄을 알고 나아와 묻되 모든 계명 중에 첫째가 무엇이니이까 예수께서 대답하시되 첫째는 이것이니 이스라엘아 들으라 주 곧 우리 하나님은 유일한 주시라 네 마음을 다하고 목숨을 다하고 뜻을 다하고 힘을 다하여 주 너의 하나님을 사랑하라 하신 것이요
(막 12:28-30)

다만 하나님을 사랑하는 것이 너희 속에 없음을 알았노라
(요 5:42)

저는 오늘날 우리의 영적 상태가 예수님 시대의 종교 지도자들과 매우 비슷하다고 생각합니다. 오늘날 교회 가운데 하나님의 다림줄이 심각하게 가리어져 있습니다. 오늘날 대부분의 성도들은 예수님 시대의 바리새인들과 똑같이 우리 신앙의 가장 기초인 하나님을 사랑하는 것, 하나님을 아는 것, 하나님을 믿는 것이 무엇을 의미하는지 모르고 있습니다.

> 슬프다 범죄한 나라요 허물 진 백성이요 행악의 종자요 행위가 부패한 자식이로다 그들이 여호와를 버리며 이스라엘의 거룩하신 이를 만홀히 여겨 멀리하고 물러갔도다
> (사 1:4)

다림줄이 가리어지면, 성경을 읽어도 하나님의 올바른 음성을 듣지 못합니다

하나님의 다림줄이 가리어지면 성경을 읽어도 하나님의 말씀하신 바를 전혀 들을 수 없습니다. 설령 성경을 백 번 통독하고, 신약성경 전체를 외운다 할지라도, 성경을 통해서 목이 터지라 외치시는 하나님의 음성을 전혀 듣지 못합니다.

> 너희 소돔의 관원들아 여호와의 말씀을 들을지어다 너희 고모라의 백성아 우리 하나님의 법에 귀를 기울일지어다 여호와께서 말씀하시되 너희의 무수한 제물이 내게 무엇이 유익하뇨 나는 숫양의 번제와 살진 짐승의 기름에 배불렀고 나는 수송아지나 어린 양이나 숫염소의 피를 기뻐하지 아니하노라 너희가 내 앞에 보이러 오니 이것을 누가 너희에게 요구하였느냐 내 마당만 밟을 뿐이니라 헛된 제물을 다시 가져오지 말라 분향은 내가 가증히 여기는 바요 월삭과 안식일과 대회로 모이는 것도 그러하니 성회와 아울러 악을 행하는 것을 내가 견디지 못하겠노라 내 마음이 너희의 월삭과 정한 절기를 싫어하나니 그것이 내게 무거운 짐이라 내가 지기에 곤비하였느니라 너희가 손을 펼 때에 내가 내 눈을 너희에게서 가리고 너희가 많이 기도할지라도 내가 듣지 아니하리니 이는 너희의 손에 피가 가득함이라
> (사 1:10-15)

모든 성경은 하나님의 관점에서 쓰여졌습니다. 다시 말해서, 성경은 하나님께서 그 시대를 어떻게 보셨는가를 기록하고 있습니다. 그래서 우리들이 성경에서 하나님께서 말씀하고 계신 바를 이해하려면 반드시 하나님의 관점으로, 다시 말해서 하나님의 다림줄을 따라 성경을 볼 수 있어야 합니다. 만약 그렇지 못하고 우리의 관점으로 성경을 보면, 다시 말해서 하나님의 다림줄이 가리어지면, 우리는 성경을 통해서 하나님의 어떠한 의도도 이해하지 못합니다.

하나님께서 이사야 시대의 이스라엘 백성들에 대해서 말씀하신 이사야 1:4, 10-15을 읽으십시오.

바리새인들은 이 구절을 잘 알았을 것입니다. 그들은 이 구절을 읽으면서 자기 조상들의 영적인 상태가 어떠했다고 생각했을까요?

바리새인들은 자기들의 영적 상태가 이사야 시대의 이스라엘 백성들의 영적 상태와 같다고 생각했을까요?

예수님은 바리새인들의 영적 상태에 대해 거듭해서 무엇이라고 말씀하셨습니까?(마 13:14, 15:7).

바리새인들은 이사야서를 읽으면서 자기 조상들이 영적으로 매우 심각하게 하나

님을 떠나 있었고, 그 결과 하나님의 심판이 그들에게 닥친 것은 당연한 것이었다고 생각했을 것입니다. 왜냐하면 성경이 그렇게 말하고 있고, 그들은 성경을 하나님의 말씀으로 믿었기 때문입니다. 그러면서 그들은 자기 조상들과는 근본적으로 다르다고 생각했을 것입니다. 그러나 하나님의 관점에서 볼 때, 그들은 정확하게 이사야 시대의 그들 조상과 똑같은 영적인 상태에 있었습니다. 예수님께서 여러 차례에 걸쳐 "이사야가 너희에 대하여 잘 예언하였도다" 라는 식으로 말씀하신 것은 바로 그것을 의미합니다.

이사야의 예언이 그들에게 이루어졌으니 일렀으되 너희가 듣기는 들어도 깨닫지 못할 것이요 보기는 보아도 알지 못하리라
(마 13:14)

외식하는 자들아 이사야가 너희에 관하여 잘 예언하였도다 일렀으되
(마 15:7)

만약 바리새인들이 하나님께서 이사야 1장에서 그 당시 이스라엘 백성들에게 하신 말씀의 진정한 의미를 깨닫고, 그것을 자신들의 삶에 비추어 보았더라면, 자기들의 모습이 정확하게 자기 조상들의 모습인 것을 깨달았을 것입니다. 구체적으로 말해서, 만약 바리새인들은 하나님께서 이사야 시대의 이스라엘 백성들이 하나님을 버리고 멸시하고 멀리 떠나갔다고 말씀하셨을 때, 하나님께서 의미하시는 바가 무엇인지를 알았더라면, 그것이 자신들의 모습인 것을 알았을 것입니다. 그리고 그들은 애통함으로 회개하고 하나님께로 돌이킬 수 있었을 것입니다. 그러나 그들은 영적 분별력이 가리어져서 하나님께서 말씀하신 진정한 의미를 깨닫지 못했습니다. 그 결과, 그들은 그 구절을 수백 번 읽고, 그 구절을 가지고 수백 번 설교하면서도, 그 구절을 통해 그토록 부르짖으시는, 바로 그들을 향한 하나님의 음성을 전혀 듣지 못했습니다. 이 얼마나 두려운 일입니까!

영적으로 보지 못하는 것이 하나님 앞에서 정당화되지 못합니다

영적 분별력이 가리어지면, 이사야 시대의 이스라엘 백성들이나 예수님 시대의 바리새인들처럼, 하나님을 천리만리 떠나 있으면서도 그 사실을 전혀 모릅니다. 오히려 그 반대로 생각합니다. 하나님의 심판이 코앞에까지 닥쳐 있는 상황에서도 자신들이 신앙생활을 가장 잘한다고 생각합니다. 그런데 심각한 문제는 자신이 몰랐다고 해서 그것이 하나님 앞에서 정당화 되지 않는다는 것입니다. 영적 분별력이 가리어지는 것은 결국 자기 자신의 책임이기 때문입니다.

하나님의 다림줄이 가리어진 것, 이것이 오늘날의 교회가 처한 가장 심각한 문제 중 하나입니다. 우리는 하나님의 다림줄이 우리 가운데 회복되기를 위해 간절히 사모하고 기도해야 합니다. 하나님의 다림줄이 우리 가운데 회복되지 않으면, 우리에게는 어떠한 소망도 없습니다.

오늘 배운 것을 복습하십시오. 오늘 배운 내용 중에서 하나님께서 당신으로 하여금 이해하고, 배우고, 실천하기 원하는 부분이나 성구를 한두 개 지적해 주시도록 기도하십시오. 그리고 난 후 다음의 질문에 답하십시오.

✣ 오늘 배운 내용 중에서 어떤 부분이나 성구가 가장 뜻있게 와 닿았습니까?

✣ 위의 부분이나 성구를 하나님께 대한 당신의 기도로 바꾸십시오.

✣ 오늘의 학습에 대한 반응으로 하나님은 당신이 무엇을 하기를 원하십니까?

이 과의 요점

- 하나님의 의도는 하나님의 교회가 하나님의 다림줄에 맞추어 똑바로 세워지는 것입니다.
- 하나님의 다림줄은 성경에 나오는 하나님의 기준입니다.
- 하나님 앞에서는 하나님의 다림줄만 통합니다.
- 하나님의 다림줄에 합하지 않으면 많은 희생도 아무런 의미가 없습니다.
- 하나님의 다림줄이 가리어질 수 있습니다.
- 하나님의 다림줄이 가리어진다는 말은 하나님의 다림줄을 볼 수 있는 영적 분별력이 가리어진다는 말입니다.
- 하나님의 다림줄이 가리어지면 우리의 모든 신앙은 헛됩니다.
- 하나님의 다림줄이 가리어지면 하나님의 심판이 있습니다.
- 하나님의 다림줄의 회복이 없이, 어떠한 신앙의 회복이나 예배나 교회의 회복이 있을 수 없습니다.

제2과 부흥과 영적 분별력

우리는 오늘날 하나님의 부흥이 절실하게 필요한 시대에 살고 있습니다. 또한 많은 성도들이 하나님의 부흥을 위해 간절히 기도하고 있습니다. 그런데 영적 분별력은 하나님의 부흥을 위해서도 필수적인 요소입니다. 하나님의 부흥 전체가 영적 분별력에 달려 있다고 해도 과언이 아닐 정도입니다.

하나님의 다림줄과 하나님 나라의 열매

하나님의 다림줄을 보는 것은 하나님 나라의 열매를 맺는 데 있어서도 필수입니다. 여기에서 하나님 나라의 열매를 맺는다는 말은 하나님의 행하심을 보고, 자신의 모든 것으로 그 일에 동참함으로, 하나님의 놀라운 일에 쓰임 받는 삶을 말합니다.

이것을 가장 잘 보여주는 성경 구절은 마태복음 13장에 나오는 씨 뿌리는 비유입니다. 씨 뿌리는 비유는 단순히 하나님의 말씀이 우리 삶 속에서 이루어지기 위한 마음의 자세를 말하고 있는 것이 아닙니다. 그 이상을 말하고 있습니다. 지금 예수님께서 오셔서 하나님 나라를 세우고 계시며, 하나님 나라의 메시지를 통해 사람들을 하나님 나라로 초청하고 계십니다(막 1:14-15). 그리고 놀라운 표적들과 기사들을 통해 바로 그 하나님의 나라가 임하고 있다는 것을 보여주고 계십니다. 그러므로 씨 뿌리는 비유는 하나님 나라의 비유로서, 하나님께서 예수님을 통해 행하시고 계시는 그 놀라운 일에 동참하여 열매 맺고, 하나님께 쓰임 받는 것에 대해서 말하고 있는 비유입니다.

마태복음 13:18-23은 예수님께서 바로 그 위에서 말씀하신 씨 뿌리는 비유를 직접 해석해 주신 구절입니다. 그 구절을 읽고, 다음 물음에 답하십시오.

씨앗은 무엇을 의미합니까?(19절)

네 종류의 밭은 무엇을 의미합니까?

그런즉 씨 뿌리는 비유를 들으라 아무나 천국 말씀을 듣고 깨닫지 못할 때는 악한 자가 와서 그 마음에 뿌려진 것을 빼앗나니 이는 곧 길 가에 뿌려진 자요 돌밭에 뿌려졌다는 것은 말씀을 듣고 즉시 기쁨으로 받되 그 속에 뿌리가 없어 잠시 견디다가 말씀으로 말미암아 환난이나 박해가 일어날 때에는 곧 넘어지는 자요 가시떨기에 뿌려졌다는 것은 말씀을 들으나 세상의 염려와 재물의 유혹에 말씀이 막혀 결실하지 못하는 자요 좋은 땅에 뿌려졌다는 것은 말씀을 듣고 깨닫는 자니 결실하여 어떤 것은 백 배, 어떤 것은 육십 배, 어떤 것은 삼십 배가 되느니라 하시더라

(마 13:18-23)

길가에 뿌려진 것은 말씀을 받는 사람이 어떤 것을 말합니까?(18절)

어떤 사람이 가시밭과 돌밭에 해당하는 사람일까요?

많은 열매를 맺은 좋은 밭은 어떤 사람을 말합니까?(23절)

여기에서 씨앗은 하나님 나라의 말씀을 말합니다. 단순히 하나의 성경 구절을 말하는 것이 아니라, 하나님 나라의 초청을 말합니다. 다시 말해서, 하나님께서 예수님을 통해 행하고 계신 놀라운 일로의 초청을 말합니다.

네 종류의 밭은 그 말씀을 들은, 다시 말해서 그 초청을 받은 네 종류의 마음의 자세를 가리킵니다. 즉, 예수님이 전파하신 말씀을 듣고, 예수님이 행하시는 일들을 본 네 종류의 사람들을 가리킵니다.

길가에 뿌려진 것은 하나님 나라의 말씀을 듣고도 깨닫지 못한 자이고, 좋은 밭은 말씀을 듣고 깨닫는 자입니다. 결국 열매를 맺는 데 가장 필수적인 요소는 깨닫는 것, 즉 "보는 것"임을 알 수 있습니다. 예수님이 씨 뿌리는 비유와 그 비유의 해석 사이에서 영적 분별력에 대해서 말씀하신 것을 보아도 이 점을 확실히 알 수 있습니다. 참고로 여기에서 열매 맺는다는 것은 하나님 나라의 일에 동참하여 주님께 놀랍게 쓰임 받는 것을 말합니다.

길가는 배우고자 하는 마음의 자세가 없는 강팍한 마음을 대변합니다. 예수님 당시의 종교 지도자들이 거기에 속합니다. 예수님이 하나님 나라의 복음을 전하고, 또 그 놀라운 표적들과 기사들을 통해서 하나님 나라를 나타내 보이셨음에도 불구하고, 그들은 그것들을 전혀 받아들이지 않았습니다. 그들에게 배우고자 하는 자세가 전혀 없었기 때문입니다. 그들은 오히려 자기들이 가지고 있던 작은 지식과 편견을 가지고, 예수님의 일을 판단하고, 비판하고, 대적했습니다. 성경이 그들을 하나님의 말씀을 듣고도 깨닫지 못한 자들이라고 말하는 것처럼, 그들에게는 어떠한 영적 분별력도 주어지지 않았습니다. 그래서 예수님은 여러 곳에서 그들을 "소경된 인도자"라고 부르셨습니다.

예수님께서 말씀하신 돌밭과 가시밭에 해당하는 사람들은 예수님 시대로 치면 예수님을 참으로 열심히 따랐던 사람들입니다. 그들은 전국에서 예수님의 말씀을 듣기 위해 몰려온 사람들입니다. 때로는 며칠씩 먹는 것도 잊고 주님을 따랐던 자들입니다. 뿐만 아니라, 이들은 예수님을 통해서 나타난 그 놀라운 하나님의 역사들을 직접 경험한 사람들입니다. 그들이 경험한 하나님의 역사는 인류 역사상 유례를 찾아볼 수 없을 만큼 놀라운 것들이었습니다.

그들은 공통적으로 하나님의 말씀을 받을 때, 기쁨으로 받았습니다. 예수님을 통한 하나님의 말씀에 그들은 감격한 자들입니다. 그들은 예수님의 말씀은 다른 서기관들의 가르침과는 달리 권세가 있는 것을 안 자들이었습니다(막 1:22 참조).

문제는 공통적으로 그들이 주님을 따르기 위해 대가가 요구될 때, 예수님을 따르기를 포기한 자들이라는 것입니다. 그래서 말씀으로 인하여 어려움이 닥칠 때, 하나님의 말씀을 버린 자들이 돌밭에 해당하는 자들이요, 예수님께 달려와서 영생을 얻는 방법을 물었던 부자 청년처럼, 결국 재물과 세상에 대한 집착이 내려지지 않아 하나님 나라를 모든 것으로 사지 못한 자들이 가시밭에 해당하는 자들입니다.

그들은 공통적으로 보는 자 같으나 실제로는 보지 못한 자들입니다. 길가의 경우, 그들이 하나님의 말씀을 들으나 깨닫지 못한 자라고 구체적으로 나와 있습니다. 그러나 돌밭이나 가시밭의 경우는 그런 말이 없습니다. 그럼에도 불구하고 그들은 실제로 깨닫지 못한 자들입니다. 왜냐하면 만약 그들이 깨닫는 자들이었다면, 열매 맺는 좋은 밭이었을 것이기 때문입니다. 그렇다면 왜 그들에게는 깨닫지 못했다는 말이 없을까요? 나는 그들이 자신들은 본다고 생각하나 실제로는 보지 못하는 자들이었다고 생각합니다.

좋은 밭은 예수님의 제자들과 같은 자들입니다. 예수님께서 "너희 눈은 봄으로 복이 있다"고 말씀하신 것처럼, 그들은 예수님 안에서 영생의 말씀(요 6:68), 그리스도 살아 계신 하나님의 아들(마 16:16)을 보았습니다. 그러므로 그들은 모든 것을 버려두고 예수님을 따를 수 있었습니다(마 4:20, 22, 막 10:28). 다시 말해서 그들은 예수님 안에서 가장 값진 보화를 보고, 자기들의 모든 것으로 예수님을 산 자들이었습니다(마 13:44-46). 사실, 예수님의 제자들은 그렇게 가난한 자들이 아니었습니다. 그 당시 배를 가지고 있고, 여러 명의 노예들을 가지고 있는 집이면 절대로 가난하지 않았습니다. 그러나 그들은 예수님 안에서 값진 보화를 "보았기에" 그들의 모든 것으로 주님을 살 수 있었던 것입니다.

저는 집회를 인도하면서 신앙의 본질이나 십자가의 복음에 대해서 설교할 때, 많은 목회자들과 성도들이 큰 은혜를 받는 것을 봅니다. 그들은 참으로 기뻐합니다. 때로는 눈물을 흘리기도 합니다. 동시에 나는 그들 중 많은 사람들이 돌아가서 머지않아 예전의 형식적인 신앙생활로 돌아가는 것을 봅니다. 그 이유는 그들이 신앙의 바른 길을 따라 살려면 거기에는 삶의 조정이 필요하고, 대가가 요구되기 때문입니다. 결국 그들은 그 말씀을 버리고 율법주의-기복신앙-인본주의 신앙으로 돌아갑니다. 그들은 "보지 못한 자들"입니다.

반면에 어떤 사람들은 하나님의 은혜를 받고 하나님의 다림줄을 봅니다. 신앙의 본질과 참다운 신앙이 무엇인가를 선명하게 봅니다. 그들은 삶을 기꺼이 조정합니다. 어떠한 대가라도 기쁨으로 치릅니다. 하나님의 기준을 보았기 때문에 그들은 타협하지도 포기하지도 않습니다. 저는 그러한 사람들에게 놀라운 하나님 나라의 열매들이 맺히는 것을 목격합니다. 목회자가 그렇게 할 때, 그 교회 가운데 하나님 나라의 열매들이 놀랍게 나타나기 시작하는 것을 봅니다.

씨 뿌리는 비유와 하나님의 부흥

씨 뿌리는 비유는 하나님의 부흥과도 밀접한 관계를 가지고 있습니다. 먼저, 하나님께서 새로운 역사를 일으키실 때마다 항상 이 네 종류의 사람이 있습니다. 항상 길가가 있고, 항상 가시밭과 돌밭이 있고, 항상 좋은 밭이 있습니다.

당신을 생각해볼때 지금 어느 종류의 밭인것 같습니까?

또한 하나님의 부흥이 임하려면, 좋은 밭의 사람들이 준비되어야 합니다. 나는 그들을 침노하는 무리라고 부릅니다. 침노하는 무리들 위에 놀라운 성령의 역사가 부어질 때, 그것이 곧 부흥이기 때문입니다. 많은 사람들이 오순절을 하나님의 부흥의 원조라고 말합니다. 그런데 우리는 오순절이 있기 전에 좋은 밭으로 이루어진 120명이 준비되었다는 사실을 기억해야 합니다. 오순절에 그 놀라운 성령이 부어졌다 할지라면, 만약 120명이 준비되지 않았더라면, 초대교회 때에 하나님의 부흥은 없었을 것입니다.

오늘날도 하나님의 교회가 하나님의 부흥을 예비하려면, 그리고 하나님의 회복의 역사를 담으려면, 교회의 중심 구성원들이 좋은 밭으로 이루어져야 합니다. 길가, 가시밭, 돌밭으로 교회의 중심 구성원들이 이루어지면 그 교회는 하나님의 부흥을 예비할 수 없을 뿐 아니라, 하나님의 회복의 역사를 담을 수 없을 것입니다.

지금 당신 교회의 중심 일꾼들은 어떤 종류의 밭으로 이루어져 있습니까?

□ 길가 □ 가시밭 □ 돌밭 □ 좋은 밭

보는 것과 부흥

좋은 밭의 사람들을 통해 하나님의 부흥이 준비되는 과정을 살펴보면 다음과 같습니다.

| 하나님의 부흥은 다림줄이 재발견 되는 것에서 시작됩니다

하나님의 부흥은 항상 준비 단계가 있습니다. 그리고 그 준비 단계에서 믿음으로 의롭게 되는 것 같은 신앙의 가장 기본적인 진리들이 재발견 됩니다. 그 진리들이 재발견된다는 말은 그것들의 진정한 의미들이 가리어졌다가 다시 발견된다는 것을 뜻합니다. 다시 말하면, 가리어졌던 하나님의 다림줄이 재발견 되는 것을 말합니다. 로이드 존스 목사는 그의 책 『부흥』에서 이점을 잘 말해주고 있습니다. *"…예외 없이 이러한 중추적인 교리들을 발견한 것이 궁극적으로 부흥을 가져오게 되었다는 점입니다. 언제나 부흥 이전의 예비적인 조짐이 있기 마련입니다…그 준비 단계는 어김없이 이 장엄하고 영광스럽고 중추적인 진리들을 재발견하는 일이었습니다. 예를 들어서 종교개혁의 역사를 생각해 봅시다. 프로테스탄트 부흥이 임한 것은 마르틴 루터가 믿음으로 말미암아서만 의롭다 함을 받는다는 장엄한 진리를 문득 깨달은 그 후의 일이었습니다…"*(『부흥』 51쪽, 생명의 말씀사 역간) 그는 이어서 요한 웨슬리 시대, 18세기의 웨일즈 부흥, 그리고 19세기의 북아일랜드 부흥 등 다른 부흥의 때에도 정확하게 동일한 일이 일어났음을 보여주고 있습니다.

이것은 당연한 일입니다. 하나님의 부흥은 영적으로 극심하게 타락한 이후에 옵니다. 그런데 교회가 타락했다는 말은 다림줄이 가리어졌다는 말입니다. 반면에 타락한 교회가 회복된다는 말은 하나님의 다림줄이 회복된다는 것을 의미합니다. 하나님의 다림줄이 회복되어야 그리로 교회가 돌아올 수 있고, 교회가 하나님의 기준으로 돌아와야 하나님의 회복의 역사 혹은 부흥이 일어날 수 있기 때문입니다.

| 보는 것이 시작입니다

좋은 밭은 하나님의 행하심을 본 자들입니다. 그리고 그 일에 자신의 전존재로 동참한 자들입니다. 다시 말해서, 그들은 침노하는 무리로서 철저하게 십자가의 복음과 신앙의 본질 위에 선 자들입니다. 그리고 침노하는 무리가 세워지지 않으면, 부흥에 대한 어떠한 소망도 없습니다. 그렇기 때문에 부흥은 보는 것에서부터 시작됩니다. 특히 십자가의 복음과 신앙의 본질의 관점, 즉 하나님의 관점에서 현실을 보는 것으로부터 시작됩니다.

로이드 존스 목사는 그의 책에서 부흥이 오는 단계에 대해서 말하면서 "인식"이 가장 첫 번째 단계라고 말하는데, 바로 이점을 말하는 것입니다. *"이러한 일은 언제나 부흥에 있어서 첫 번째 단계입니다…자기의 처지를 인식하는 것입니다…이것을 떠나서는 어떠한 부흥의 소망도 없습니다. 그것은 상황에 대한 각성입니다. 상황의 심각성을 인식하는 것입니다. 하나님께서 말씀하신 것을 적용하여 자기들의 처지가 어떠한 것을 압니다. 하나님께서 우리 중에서 떠나가시고 또 떠나가셨다는 것을 압니다…저는 여러분에게 어떤 부흥에 대한 역사든지, 교회사에 일어난 어떤 위대한 영적 운동에 대하여 기록한 것이든지 다 읽어보라고 촉구하는 바입니다. 그러나 한 번의 예외도 없이 언제나 그러한 일이 일어날 것임을 즉시 발견할 것입니다…우리는 어떤 것이 잘못되어 있는가를 인식하지 못하는 것 같습니다…교회의 상태를 시험하는 시금석은 교회를 신약이 말하는 교회상에 비추어 보는 것입니다. 아니면 개혁이나 부흥이 일어났던 위대한 시기나, 하나님의 임재와 영광이 위대한 영적 표징으로 나타났고 하나님의 임재가 교회 가운데 있었던 시기에, 교회가 어떠한 모습을 취했던가를 살펴보면서 거기에 현재 교회 상태를 비추어 시험해 보는 길입니다…영성과 하나님을 아는 지식의 차원에서 교회를 평가할 때 어떠한 모습으로 보입니까? 하나님에 관한 지식이 아니라 하나님을 아는 지식, 하나님에 대한 직접적인 체험, 하나님의 임재…차원에서 교회를 가늠해 보아야 합니다."*(같은 책, 202-203쪽)

여기서 보는 것은 표면적인 사실들을 단순히 보는 것을 말하는 것이 아닙니다. 하나님의 기준을 선명히 보고, 그 다림줄에 비추어 본 자신들의 상태를 인식하는 것을 말합니다.

느헤미야 시대에 하나님의 백성들에게 근본적인 문제가 있다는 것은 누구나 다 아는 사실이었습니다. 그들은 패망했고, 예루살렘은 폐허가 되었습니다. 유대 백성들은 이구동성으로 자신들에게 문제가 있다고 말했을 것입니다. 그러나 그들 중 느헤미야는 그것을 인하여 여러 날 동안 금식하며 하나님 앞에서 슬퍼하였습니다(느 1:1-5). 그 이유는 그 당시 유대 백성들이 표면적인 사실만을 보았던 반면, 느헤미야는 하나님의 다림줄과 그 다림줄에 비추어 본 하나님의 백성의 모습을 보았기 때문입니다. 그래서 느헤미야는 그 하나님의 일을 위해 자신의 전체를 드렸고, 결국 예루살렘의 회복을 위해 하나님께 쓰임 받았습니다.

오늘날의 교회가 근본적인 문제를 안고 있다는 것은 누구나 다 아는 사실입니다. 우리나라 목회자들과 성도들은 이구동성으로 오늘날의 교회가 심각하게 잘못되었다고 말합니다. 우리는 비판하고 판단합니다. 그러나 우리들 중 느헤미야처럼 우리의 현 상황을 인하여 하나님 앞에 서는 자는 거의 없습니다. 그 이유는 우리들 중 대부분은 진정으로 보아야 할 것을 보지 못했기 때문입니다. 만약 우리들이 우리 신앙의 본질은 무엇이고, 하나님의 교회는 어떠해야 하는지를 선명하게 깨닫고, 또 그 하나님의 기준으로부터 멀리 떨어져 있는 우리의 모습과 그 결과 우리 가운데 가득한 하나님의 진노와 심판의 열매들을 본다면, 우리는 실로 느헤미야처럼 하나님 앞에 엎드려 하나님의 용서와 긍휼을 구할 것입니다.

| 보는 것은 전적인 헌신을 가능케 합니다

하나님의 큰 일일수록 큰 대가를 요구하고, 또 큰 영적 싸움이 있습니다. 히브리서 11장에 나오는 믿음의 사람들의 삶을 보십시오. 각자 모양은 다르지만 전적인 헌신이 그들에게서 요구되었습니다.

특히 하나님의 부흥은 우리들의 전적인 헌신을 요구합니다. 하나님의 부흥을 예비하는 자의 삶에서는 더욱 그렇습니다. 하나님의 부흥을 위해 쓰임 받았던 자들은 교회가 불신과 죄와 인본주의로 타락해 버린 것을 보았습니다. 그 가운데서는 어떠한 하나님의 진정한 역사도 경험할 수 없다는 것을 느꼈습니다. 그래서 그들은 자신들을 따로 구별시켰습니다. 그들은 철저하게 자신들의 삶과 사역을 하나님의 주권과 기준에 맞추었습니다. 그들은 오직 하나님만을 의지했습니다. 이것이 전적인 헌신입니다.

그런데 하나님의 다림줄을 보는 것이 전적인 헌신을 가능케 합니다. 그들은 하나님의 기준을 보았습니다. 그 기준에 비추어 본 자신들의 삶과 상태를 보았습니다. 이제 그들에게는 선택의 여지가 없습니다. 그들은 하나님의 기준이 자신들 가운데 회복되도록, 그래서 하나님의 영광이 자신들 가운데 회복되도록 자기 자신의 모든 것을 걸 것입니다. 심지어 그들은 자신들의 목숨까지도 그 일을 위해 바칠 것입니다. 그리고 그들은 어떠한 반대나 핍박이나 비방 앞에서도 절대로 굴하지 않을 것입니다.

| 씨 뿌리는 비유의 열매

하나님의 행하심을 보고, 온 삶으로 동참하는 삶은 반드시 열매를 맺습니다. 씨 뿌리는 비유에 나오는 열매가 이 점을 잘 보여주고 있습니다.

> 당신은 좋은 밭이 30배, 60배, 100배의 열매를 맺는다는 말이 무슨 뜻이라고 생각합니까?

어떤 사람들은 이 구절을 하나님께서 우리의 헌금을 삼십 배, 육십 배, 백 배로 늘려서 우리에게 돌려주시는 것으로 사용합니다. 그것은 지극히 타락한 발상입니다. 이 구절은 하나님 나라에 대한 비유입니다.

예를 들어, 베드로를 보십시오. 만약 그가 예수님을 따르지 않았다면, 그의 삶은 갈릴리의 한 평범한 어부의 삶이었을 것입니다. 그러나 그가 예수님 안에서 하나님의 행하심을 보고, 자신의 전존재로 그 일에 동참했을 때, 그의 삶은 어떠했습니까? 물론 그의 삶에는 많은 우여곡절이 있었고, 또 굴곡이 있었지만, 하나님은 그의 삶을 통해 온 세계를 바꾸셨습니다. 인류의 역사를 바꾸셨습니다. 평범한 어부로서의 그의 삶과 주님의 제자로서의 그의 삶을 비교해 보십시오. 온 삶으로 주님을 따른 그의 삶이 평범한 어부의 삶의 백 배만 되겠습니까? 수천 배, 수만 배도 될 것입니다. 이것이 여기서 말하는 30배, 60배, 100배의 열매를 맺는 것입니다.

이렇게 볼 때, 예수님의 열 두 제자들처럼 하나님의 행하심을 보고 온 삶으로 동참하는 것은 한 알의 밀알이 땅에 떨어져 썩는 것과 같습니다. 그리고 그 삶은 많은 열매를 맺게 되어 있습니다. "내가 진실로 진실로 너희에게 이르노니 한 알의 밀이 땅에 떨어져 죽지 아니하면 한 알 그대로 있고 죽으면 많은 열매를 맺느니라"(요 12:24). 예수님이 그 삶을 사셨고, 제자들이 그 삶을 살았으며, 하나님의 부흥을 예비한 자들을 포함하여 하나님과 동행했던 모든 사람들이 그렇게 살았습니다.

씨 뿌리는 비유나 요한복음 12:24에서 모두 볼 수 있듯이, 주님의 행하심을 보고 온 삶으로 동참하는 삶은 항상 전적인 헌신을 요구합니다. 전적인 헌신이 없이 하나님의 귀한 계획이 이루어지는 일은 없습니다. 그러나 하나님의 행하심을 보고 동참하기 위해 치룬 대가가 무엇이든지, 그것은 하나님께서 그것을 통해서 이루시는 열매에 비하면 아무것도 아닙니다. 그리고 그렇게 하나님과 동행하는 사람들은 하나님을 사랑하기 때문에, 그 모든 대가와 희생을 전혀 짐이나 부담으로 여기지 않습니다. 오히려 그들은 그것을 기쁨이요 특권으로 여깁니다.

오늘 배운 것을 복습하십시오. 오늘 배운 내용 중에서 하나님께서 당신으로 하여금 이해하고, 배우고, 실천하기 원하는 부분이나 성구를 한두 개 지적해 주시도록 기도하십시오. 그리고 난 후 다음의 질문에 답하십시오.

✣ 오늘 배운 내용 중에서 어떤 부분이나 성구가 가장 뜻있게 와 닿았습니까?

✣ 위의 부분이나 성구를 하나님께 대한 당신의 기도로 바꾸십시오.

✣ 오늘의 학습에 대한 반응으로 하나님은 당신이 무엇을 하기를 원하십니까?

이 과의 요점

- 하나님의 다림줄을 보는 것은 우리 신앙의 모든 면에서 필수입니다.
- 하나님 나라의 열매를 맺는 것과 보는 것은 밀접한 관계가 있습니다.
- 하나님의 다림줄과 하나님의 부흥은 필연적인 관계가 있습니다.
- 하나님의 부흥은 다림줄이 재발견 되어짐으로부터 시작됩니다.
- 보는 것은 전적인 헌신을 가능케 합니다.

제3과 보는 것의 법칙: 빈익빈 부익부

영적 분별력은 우리 신앙의 모든 면에서 필수입니다. 그런데 영적 분별력을 우리가 받기 위해 우리는 어떻게 해야 합니까?

영적인 분별력은 하나님의 은혜로 우리에게 주어집니다

우선, 영적 분별력은 우리에게 주시는 것입니다. 성경을 잘 연구하고 잘 배우는 것이 우리에게 매우 중요합니다. 그러나 그렇다고 영적 분별력이 저절로 생기는 것은 아닙니다. 영적 분별력은 하나님이 주셔야 합니다. 성령님께서 마음 눈을 밝혀 주셔야 우리에게 영적 분별력이 생깁니다. 성경은 영적 분별력이 없었던 이스라엘 백성들에 대해서 이렇게 말했습니다. "그러나 깨닫는 마음과 보는 눈과 듣는 귀는 오늘 여호와께서 너희에게 주지 아니하셨느니라"(신 29:4).

그 다음, 영적 분별력을 우리에게 주시는 것은 하나님의 은혜로 인한 것입니다.

그런즉 이와 같이 지금도 은혜로 택하심을 따라 남은 자가 있느니라 만일 은혜로 된 것이면 행위로 말미암지 않음이니 그렇지 않으면 은혜가 은혜 되지 못하느니라 그런즉 어떠하냐 이스라엘이 구하는 그것을 얻지 못하고 오직 택하심을 입은 자가 얻었고 그 남은 자들은 우둔하여졌느니라 기록된 바 하나님이 오늘까지 그들에게 혼미한 심령과 보지 못할 눈과 듣지 못할 귀를 주셨다 함과 같으니라

(롬 11:5~8)

로마서 11:5–8을 읽고, 다음의 물음에 답하십시오.

성경이 말하는 "남은 자"들은 어떤 자들이었습니까?(5–6절)

그들과 그 나머지 사람들과의 차이는 무엇이었습니까?(7–8절)

답 : 은혜로 택함을 받은 자, "남은 자"들은 본 자들이었고, 나머지 사람들은 눈이 가리어져서 보지 못하는 자들이었다.

우리는 여기서 하나님과 동행하는 삶을 살기 위해 영적 분별력이 필수적인 것과 그 영적 분별력은 하나님이 은혜로 주시는 것임을 분명히 볼 수 있습니다.

영적인 분별력을 위해 가장 중요한 것은 마음의 자세입니다

영적 분별력은 우리에게 하나님이 은혜로 주시기 때문에, 영적 분별력을 위해 우리에게 가장 중요한 것은 올바른 마음의 자세입니다. 왜냐하면, 하나님은 올바른 마음의 자세를 가진 자들에게 은혜를 주시기 때문입니다. 그리고 올바른 자세를 가지고 있어야 하나님께서 은혜를 주실 때, 그것을 받을 수 있기 때문입니다.

베드로전서 5:5을 읽으십시오.

젊은 자들아 이와 같이 장로들에게 순종하고 다 서로 겸손으로 허리를 동이라 하나님은 교만한 자를 대적하시되 겸손한 자들에게는 은혜를 주시느니라

(벧전 5:5)

하나님은 교만한 자를 어떻게 하십니까?

하나님은 어떤 자에게 은혜를 주십니까?

하나님은 교만한 자를 대적하십니다. 하나님께서 그 사람을 대적하면 그 사람은 어떻게 되겠습니까? 반면에 하나님은 겸손한 자에게 은혜를 주십니다.

당신이 예레미야 시대나 예수님 시대에 살았더라면, 당신은 그 당시 이스라엘 백성들과는 달리 예레미야를 통한 하나님의 말씀을 들었고, 예수님을 따르는 제자가 되었겠습니까?

그렇다면 당신은 시대를 잘 타고 났기 때문에 오늘날 예수님을 믿고 따르는 것입니까?

그 당시 이스라엘 백성들의 문제는 무엇이었습니까?

오늘날이건 옛날이건 중요한 것은 마음의 자세입니다. 예레미야나 예수님 시대의 이스라엘 백성들이나 유대인들도 올바른 마음의 자세를 가졌더라면, 그 당시에 행하고 계시는 하나님을 볼 수 있었을 것입니다. 마찬가지로, 오늘날 우리들도 올바른 마음의 자세를 갖지 아니하면, 하나님의 행하심을 전혀 볼 수 없습니다. 예수님을 믿어 구원을 받을지 모르지만, 오히려 이 시대를 향한 하나님의 목적을 대적할 수 있습니다. 하나님과 전혀 상관없는 삶을 살 수 있습니다. 그러면서도 예레미야 시대의 이스라엘 백성들이나 예수님 시대의 유대인들처럼 그 사실을 전혀 모를 수 있습니다.

대답하여 이르시되 천국의 비밀을 아는 것이 너희에게는 허락되었으나 그들에게는 아니되었나니 무릇 있는 자는 받아 넉넉하게 되되 없는 자는 그 있는 것도 빼앗기리라 그러므로 내가 그들에게 비유로 말하는 것은 그들이 보아도 보지 못하며 들어도 듣지 못하며 깨닫지 못함이니라 이사야의 예언이 그들에게 이루어졌으니 일렀으되 너희가 듣기는 들어도 깨닫지 못할 것이요 보기는 보아도 알지 못하리라 이 백성들의 마음이 완악하여져서 그 귀는 듣기에 둔하고 눈은 감았으니 이는 눈으로 보고 귀로 듣고 마음으로 깨달아 돌이켜 내게 고침을 받을까 두려워함이라 하였느니라

(마 13:11-15)

그들이 능히 믿지 못한 것은 이 때문이니 곧 이사야가 다시 일렀으되
그들의 눈을 멀게 하시고 그들의 마음을 완고하게 하셨으니 이는 그들로 하여금 눈으로 보고 마음으로 깨닫고 돌이켜 내게 고침을 받지 못하게 하려 함이라 하였음이더라

(요 12:39-40)

그런즉 어떠하냐 이스라엘이 구하는 그것을 얻지 못하고 오직 택하심을 입은 자가 얻었고 그 남은 자들은 우둔하여졌느니라

(롬 11:7)

보는 것의 법칙 : 빈익빈 부익부

하나님의 다림줄을 보는 것, 즉 영적인 분별력에는 중요한 법칙 하나가 있습니다. 그것은 보는 자는 더욱 보게 될 것이고, 보지 못하는 자는 더욱 보지 못하게 된다는 것입니다. 그래서 하나님의 기준을 보고 그 위에 서는 자는 하나님의 기준을 더욱 보게 될 것이고, 하나님의 기준을 보지 못하고 임의대로 행하는 자는 하나님의 기준을 더욱 보지 못하게 될 것입니다.

마태복음 13:11-15을 읽고, 다음 물음에 답하십시오.

12절을 써 보십시오.

12절은 무엇에 대해서 말하는 구절입니까?

마치 하나님께서 의도적으로 보지 못하도록 하신 것처럼 이해되는 15절을 당신은 어떻게 이해합니까?(요 12:39-40, 롬 11:7 참조)

자본주의의 병폐 중 하나가 빈익빈 부익부 현상이라고 합니다. 즉, 가진 자는 더 부자가 되고, 가난한 자는 더 가난하게 된다는 뜻입니다. 그러나 그것은 정확하게 하나님 나라에서 영적 분별력의 법칙입니다. 보는 자는 더욱 보게 될 것이요, 보지 못한 자는 더욱 눈이 어두워지게 될 것입니다. 12절은 바로 보는 것에 대해서 말하는 구절입니다.

요한복음 12:39-40 그리고 로마서 11:5-7에서도 볼 수 있듯이 믿음으로 주님을 신뢰하고 나온 사람들과 주님께로부터 버림받은 사람들의 차이는 보는 것이었습니다. 우리는 하나님께서 의도적으로 사람들로 하여금 보지 못하도록 하신 것처럼 보이는 이 구절들을 두 가지 차원에서 이해할 수 있습니다. 첫째, 하나님은 하나님의 백성들이 지속적으로 하나님을 거역함으로써 그들에게 심판을 작정하셨을 때, 더 이상 그들에게 볼 수 있는 은혜를 주시지 않습니다. 둘째, 하나님의 백성들이 하나님의 말씀과 초청을 거절할수록 그들의 영적인 눈은 그만큼 어두워집니다. 하나님은 만왕의 왕 되신 주권자이시기 때문에, 우리가 그 분의 말씀과 초청을 거절하고 영적으로 동일한 자리에 절대로 남아 있을 수 없습니다.

요한복음 9:39-41을 읽으십시오.

예수님께서 무엇을 위해 이 땅에 오셨다고 하셨습니까?(39절)

예수님께서 말씀하신 심판은 무엇을 말합니까?

유대인들은 왜 심판을 당했습니까?

이 구절의 배경에는 어떤 사건이 있었습니까?(요 9:6-7)

그 배경에 있는 사건은 무엇을 의미했습니까?(요 9:5, 1:4-5)

예수님은 이 땅에 오실 때 세상의 빛으로 오셨습니다(요 1:4-5). 그리고 날 때부터 소경된 자를 치유하시고 그에게 빛을 주심으로써, 자신이 세상의 빛으로 오신 분임을 나타내 보이셨습니다. 요한복음에 나오는 모든 기적들은 예수님을 증거하는 표적들이었습니다. 하나님은 그러한 표적들을 통해 모든 사람들이 그 중에서도 특히 유대인들이 예수님이 빛이신 것을 깨닫고 예수님께 나아오기를 원하셨습니다. 자신들이 영적인 소경임을 인식하고, 빛이신 예수님께 나와 자기들의 영적 눈을 뜨게 해달라고 간절히 구하기를 원하셨습니다. 만약 그들이 그렇게 했더라면 하나님(예수님)은 그들의 눈을 여셨을 것입니다. 그리고 그들은 예수님을 믿음으로 구원을 얻을 뿐 아니라, 그 시대를 향하신 하나님의 놀라운 목적을 위해 놀랍게 쓰임 받는 삶을 살았을 것입니다.

그러나 유대인들은 배우고자 하는 겸손한 마음이 없었습니다. 그들은 하나님 앞에서 철저하게 영적으로 눈 먼 소경이었음에도 불구하고(마 23:16, 24, 26), 자신들은 본다고 자부했습니다(요 9:41). 그 결과, 그들은 보아야 할 것을 전혀 보지 못했습니다. 무엇보다 그들은 빛이신 예수님을 전혀 보지 못했습니다. 하나님께서 그 놀라운 표적과 기사(요 5:36, 행 2:22), 하나님의 말씀(요 5:39), 그리고 다른 증거들을 통해서 증거하고 계심에도 불구하고(요 5:33) 그들은 예수님을 전혀 보지 못했습니다. 또한 그들은 그 시대에 하나님께서 행하고 계신 일을 전혀 보지 못했습니다. 하나님께서 그 시대에 하나님의 아들을 이 땅에 보내서 인류의 역사상 가장 위대한 일을 행하고 계셨음에도 불구하고, 그들은 그 하나님의 일들을 철저하게 대적했습니다. 특히 그들은 하나님의 이름으로 그렇게 했습니다. 어리석게도 그들은 날 때부터 소경된 자에게 일어난, 너무나 명백한 치유조차도 보지 못했습니다(요 9:16-21). 무엇보다 그들은 자신들을 전혀 보지 못했습니다. 그들이 빛이신 예수님

예수께서 이르시되 내가 심판하러 이 세상에 왔으니 보지 못하는 자들은 보게 하고 보는 자들은 맹인이 되게 하려 함이라 하시니 바리새인 중에 예수와 함께 있던 자들이 이 말씀을 듣고 이르되 우리도 맹인인가 예수께서 이르시되 너희가 맹인이 되었더라면 죄가 없으려니와 본다고 하니 너희 죄가 그대로 있느니라
(요 9:39-41)

이 말씀을 하시고 땅에 침을 뱉어 진흙을 이겨 그의 눈에 바르시고 이르시되 실로암 못에 가서 씻으라 하시니 (실로암은 번역하면 보냄을 받았다는 뜻이라) 이에 가서 씻고 밝은 눈으로 왔더라
(요 9:6-7)

내가 세상에 있는 동안에는 세상의 빛이로라
(요 9:5)

그 안에 생명이 있었으니 이 생명은 사람들의 빛이라 빛이 어둠에 비치되 어둠이 깨닫지 못하더라
(요 1:4-5)

을 보지 못했기 때문에, 예수님(하나님)의 빛으로 자신들을 보는 것이 불가능했습니다. 그래서 그들은 철저한 영적 소경이었음에도 불구하고, 자신들은 빛이라고 생각했습니다. 그들은 하나님을 떠나 심판이 코앞에까지 다가와 있었는데도, 자신들이 누구보다 신앙생활을 잘 하고 있다고 생각했습니다.

그 시대는 어느 시대보다 축복 받은 시대, 하나님의 아들이 빛으로 오셔서 참으로 놀라운 일들을 행하고 계신 시대였습니다. 그럼에도 불구하고 유대인들은 배우고자 하는 겸손한 자세를 가지고 있지 않았기 때문에, 그들의 영적인 눈은 더 어둡게 되었습니다. 이것이 예수님께서 말씀하신 심판입니다. 예수님은 이 땅에 오실 때, 구원하러 오셨습니다(요 3:17). 그러나 만왕의 왕으로 오신 예수님에 대해, 하나님의 행하심에 대해 어떠한 자세로 대하느냐에 따른 한 가지 결과는 심판일 것입니다. 그래서 예수님은 자신이 심판하러 오셨다고 하셨습니다.

그 때에 예수께서 대답하여 이르시되 천지의 주재이신 아버지여 이것을 지혜롭고 슬기 있는 자들에게는 숨기시고 어린 아이들에게는 나타내심을 감사하나이다 옳소이다 이렇게 된 것이 아버지의 뜻이니이다
(마 11:25-26)

반면에 예수님의 행하심을 보고, 겸손히 예수님께 나온 자들에게는 하나님께서 영적인 눈을 열어주셔서 하나님 나라와 하나님의 일들을 보게 하셨습니다.

마태복음 11:25-26을 읽고, 다음의 물음에 답하십시오.

이 구절에서 하나님께서 보이시거나 감추신 것은 무엇입니까?

여기에서 말하는 슬기로운 자들은 누구를 가리킵니까?

여기에서 말하는 어린아이는 누구를 가리킵니까?

이 세대를 무엇으로 비유할까 비유하건대 아이들이 장터에 앉아 제 동무를 불러 이르되 우리가 너희를 향하여 피리를 불어도 너희가 춤추지 않고 우리가 슬피 울어도 너희가 가슴을 치지 아니하였다 함과 같도다 요한이 와서 먹지도 않고 마시지도 아니하매 그들이 말하기를 귀신이 들렸다 하더니 인자는 와서 먹고 마시매 말하기를 보라 먹기를 탐하고 포도주를 즐기는 사람이요 세리와 죄인의 친구로다 하니 지혜는 그 행한 일로 인하여 옳다 함을 얻느니라 예수께서 권능을 가장 많이 행하신 고을들이 회개하지 아니하므로 그 때에 책망하시되 화 있

이 구절에서 말하는 하나님께서 보이시거나 감추신 것은 하나님 나라의 일들을 말합니다. 하나님께서 예수님을 통해서 행하고 계신 일들을 말합니다. 그런데 하나님은 그것들을 "지혜롭고 슬기 있는 자들"에게는 감추셨습니다. 그것이 하나님의 뜻이었습니다. 지혜로운 자들은 그 당시 자신들이 지혜롭고 슬기롭다고 자부하던 종교지도자들을 가리킵니다. 그들은 배우고자 하는 겸손함이 없었기 때문에, 철저하게 가려졌습니다. 반면에 하나님은 예수님의 제자들과 같이 어린아이처럼 단순한 마음과 사모하는 마음과 겸손한 마음을 가지고 예수님께 나온 자들에게는 하나님 나라를 계시해 주셨습니다(마 13:16).

| 보지 못하면 눈은 더 어두워집니다

예수님 당시 종교지도자들은 영적인 눈이 어두워 하나님께서 행하고 계신 것을 보지 못했기 때문에, 예수님을 통한 하나님의 초청에 반응을 보이거나 회개하지 않았습니다. 특별히 사모하는 마음을 가지고 예수님을 찾지 않았습니다. 그러나 하나님 앞에서 그러한 자세들이 용납되지 않았습니다. 하나님은 그러한 그들의 자세로 인하여 심판이 다가오고 있다고 말씀하셨습니다. 그리고 우리가 잘 아는 대로 하나님의 심판이 그들에게 닥쳤습니다.

다음의 구절들을 읽고, 그들의 어떠한 자세 때문에 하나님의 심판이 그들에게 다가오고 있었는지 써보십시오.

마태복음 11:16-24

마태복음 12:41-42

얼마나 두려운 일입니까? 보지 못하기 때문에 반응을 보이지 않는 것은 어떻게 보면 당연한 일인데, 하나님은 그것으로 인하여 심판을 말씀하십니다. 심지어 사모하지 않는 것을 심판의 이유로 제시하고 계십니다. 물론 하나님의 편에서 보면 이것은 당연한 일이었습니다. 하나님께서 그 많은 역사들을 통해서 그들에게 말씀하고 계셨지만, 그들은 하나님께로 돌아오기를 거부하고 하나님을 대적하기만 했으니까요. 이처럼 보지 못하는 결과는 심각합니다. 그리고 영적인 눈은 점점 더 어두워집니다. 그래서 예수님 시대의 유대인들은 결국 하나님의 아들을 죽이는 자리까지 나가게 됩니다. 그리고 그들에게 하나님의 심판이 닥쳤습니다.

중심을 드러내기 위해 의도적으로 우리의 사고를 거스르시는 하나님

영적 분별력을 위해 하나님 앞에서 온전한 겸손이 필요한 것은 우리의 중심을 드러내기 위해 우리의 사고를 거스르시는 하나님의 방법을 이해하면 더욱 선명하게 볼 수 있습니다.

누가복음 2:34-35을 읽으십시오.

예수님은 많은 사람의 흥함을 위해서 뿐 아니라, 많은 사람의 무엇을 위해서 세움을 입었습니까?

화 있을진저 고라신아 화 있을진저 벳새다야 너희에게 행한 모든 권능을 두로와 시돈에서 행하였더라면 그들이 벌써 베옷을 입고 재에 앉아 회개하였으리라 내가 너희에게 이르노니 심판 날에 두로와 시돈이 너희보다 견디기 쉬우리라 가버나움아 네가 하늘에까지 높아지겠느냐 음부에까지 낮아지리라 네게 행한 모든 권능을 소돔에서 행하였더라면 그 성이 오늘까지 있었으리라 내가 너희에게 이르노니 심판 날에 소돔 땅이 너보다 견디기 쉬우리라 하시니라

(마 11:16-24)

심판 때에 니느웨 사람들이 일어나 이 세대 사람을 정죄하리니 이는 그들이 요나의 전도를 듣고 회개하였음이거니와 요나보다 더 큰 이가 여기 있으며 심판 때에 남방 여왕이 일어나 이 세대 사람을 정죄하리니 이는 그가 솔로몬의 지혜로운 말을 들으려고 땅 끝에서 왔음이거니와 솔로몬보다 더 큰 이가 여기 있느니라

(마 12:41-42)

시므온이 그들에게 축복하고 그의 어머니 마리아에게 말하여 이르되 보라 이는 이스라엘 중 많은 사람을 패하거나 흥하게 하며 비방을 받는 표적이 되기 위하여 세움을 받았고 또 칼이 네 마음을 찌르듯 하리니 이는 여러 사람의 마음의 생각을 드러내려 함이니라 하더라

(눅 2:34-35)

또한 예수님은 무엇이 되기 위해 세움을 입었습니까?

하나님께서 그렇게 하신 이유가 무엇입니까?

하나님은 예수님을 많은 사람의 흥함을 위해서 뿐 아니라, 많은 사람의 패함을 위하여 세우셨습니다. 또한 예수님을 비방 받는 표적으로 삼으셨습니다. 하나님께서 그렇게 하신 이유는 사람들의 생각을 드러내기 위함이었습니다.

이 말은 예수님은 우리들을 구원하러 오셨지만, 예수님에 대한 반응에 따라 어떤 사람들은 오히려 걸려 넘어질 것이라는 뜻입니다. 그리고 이 말은 예수님의 삶에는 사람들을 걸려 넘어지게 하는 요소가 있는데, 이것은 그들의 중심을 드러내기 위한 것이라는 말입니다. 그래서 예수님도 "누구든지 나로 말미암아 실족하지 아니하는 자는 복이 있도다"(마 11:6) 라고 말씀하셨습니다.

요한복음 9장에서 예수님은 날 때부터 소경된 자를 어떻게 고치셨습니까?(요 9:5-6)

그 날이 무슨 날이었습니까?(요 9:14)

바리새인들은 왜 예수님을 더 대적했습니까?(요 9:16)

예수님은 왜 하필이면 그 날 그렇게 그 환자를 치유하셨습니까?(요 5:19-20)

하나님은 예수님이 세상의 빛으로 오신 분임을 보여주기 위해 날 때부터 소경된 자를 예수님을 통해 고치셨습니다. 그런데 하나님은 바리새인들의 중심을 드러내기 위해 의도적으로 예수님으로 하여금 안식일에 그러한 방식으로 치유하게 하셨습니다. 예수님은 하나님의 행하심을 보지 않고는 아무것도 스스로 하지 않는 분입니다. 당연히 그 일은 안식일을 범하는 일이 아니었습니다. 하나님은 그 일을 통해 바리새인들의 사고를 거스르셨습니다. 바리새인들은 그 속에 배우고자 하는 겸손함이 없었기 때문에 그 사건을 통해 넘어지고, 그들의 눈은 더욱 어둡게 되었습니다. 그 사건을 통해, 하나님은 종교적인 모양은 가지고 있으나, 실제로는 하나님과의 친밀한 교제 가운데 거하고 있지 않으며, 중심에서부터 하나님의 주권적인 통치 아래 있지 않는 바리새인들의 삶을 적나라하게 드러내셨습니다. 그래서

내가 세상에 있는 동안에는 세상의 빛이로라 이 말씀을 하시고 땅에 침을 뱉어 진흙을 이겨 그의 눈에 바르시고

(요 9:5-6)

예수께서 진흙을 이겨 눈을 뜨게 하신 날은 안식일이라

(요 9:14)

바리새인 중에 어떤 사람은 말하되 이 사람이 안식일을 지키지 아니하니 하나님께로부터 온 자가 아니라 하며 어떤 사람은 말하되 죄인으로서 어떻게 이러한 표적을 행하겠느냐 하여 그들 중에 분쟁이 있었더니

(요 9:16)

그러므로 예수께서 그들에게 이르시되 내가 진실로 진실로 너희에게 이르노니 아들이 아버지께서 하시는 일을 보지 않고는 아무 것도 스스로 할 수 없나니 아버지께서 행하시는 그것을 아들도 그와 같이 행하느니라 아버지께서 아들을 사랑하사 자기가 행하시는 것을 다 아들에게 보이시고 또 그보다 더 큰 일을 보이사 너희로 놀랍게 여기게 하시리라

(요 5:19-20)

예수님의 행하시는 일을 자기들의 전통과 작은 지식을 가지고 이렇게 저렇게 판단하던 유대인들은 예수님이 그들의 손에 심판을 받고 있다고 생각했을지 모르지만, 실제로 그 날 심판을 받고 있던 자들은 예수님이 아니라, 바로 그들이었습니다. 그들이 하나님 앞에서 심판을 받고 있었던 것입니다.

이사야의 경우에도 마찬가지였습니다. 하나님께서 이사야를 통해서 아무리 강력하게 말씀하셔도 그 당시 이스라엘 백성들은 그 말씀에 반응을 보이지도, 그에 따라 회개하지도 않았습니다. 왜냐하면, 그 당시 이스라엘 백성들은 영적 분별력이 어두워져서 하나님의 진정한 길을 이해할 수 없었기 때문입니다. 그러한 상황에서 하나님은 나중에 이사야에게 벌거벗고 다니면서 하나님의 말씀을 전하라고 명령하셨습니다. 아무리 하나님의 말씀을 전해도 그들이 듣지 않으니까, 이제 실물로 그들이 당할 일을 보여줌으로써 그들을 돌이키고자 하셨던 것입니다. 즉, 그들이 회개하고 돌이키지 않으면 이사야처럼 수치를 드러내고 포로로 잡혀갈 것이라고 강력하게 경고하심으로써, 그들을 돌이키기 원하셨던 것입니다(사 20:2-5).

그런데 이것을 본 그 당시 이스라엘 백성들은 그것을 어떻게 생각했겠습니까? 그들은 그렇지 않아도 이사야의 메시지를 이해하지 못했습니다. 이것을 본 그들은 이사야가 잘못되었다고 생각했을 것입니다. 이사야가 거짓 선지자라고 더욱 확정적으로 생각했을 것입니다. 그래서 그들은 이사야를 톱으로 켜 죽였습니다. 성경에는 그 내용이 나와 있지 않지만, 전승에 보면 그것이 나와 있습니다.

문제는 그 날 심판을 받은 것이 이사야가 아니라는 사실입니다. 그 날 심판을 받은 것은 그 당시 이스라엘 백성들이었습니다. 그들은 그들의 그릇된 자세로 인하여 하나님의 진정한 의도를 전혀 보지 못했을 뿐 아니라, 오히려 하나님을 대적하고 하나님의 선지자를 죽였습니다. 그리고 그 결과 그들의 영적 눈은 더욱 어둡게 되어 더욱 보지 못하게 되었습니다. 그리고 하나님의 그 준엄한 심판을 더욱 피할 수 없게 되었습니다. "여호와께서 이르시되 가서 이 백성에게 이르기를 너희가 듣기는 들어도 깨닫지 못할 것이요 보기는 보아도 알지 못하리라 하여 이 백성의 마음을 둔하게 하며 그들의 귀가 막히고 그들의 눈이 감기게 하라 염려하건대 그들이 눈으로 보고 귀로 듣고 마음으로 깨닫고 다시 돌아와 고침을 받을까 하노라"(사 6:9-10).

이 법칙은 오늘날도 그대로 적용되는 영적 법칙입니다. 이것을 보면, 우리들이 얼마나 하나님의 말씀 앞에 떠는 겸손한 자세로 하나님의 행하심 앞에 서야 할 것인가를 잘 볼 수 있습니다. 참으로 두려운 일입니다. 이제 영적 분별력을 위해 우리에게 절실하게 필요한 올바른 자세에 대해 하나하나 살펴보겠습니다.

오늘 배운 것을 복습하십시오. 오늘 배운 내용 중에서 하나님께서 당신으로 하여금 이해하고, 배우고, 실천하기 원하는 부분이나 성구를 한두 개 지적해 주시도록 기도하십시오. 그리고 난 후 다음의 질문에 답하십시오.

✣ 오늘 배운 내용 중에서 어떤 부분이나 성구가 가장 뜻있게 와 닿았습니까?

✣ 위의 부분이나 성구를 하나님께 대한 당신의 기도로 바꾸십시오.

✣ 오늘의 학습에 대한 반응으로 하나님은 당신이 무엇을 하기를 원하십니까?

이 과의 요점

- 영적 분별력은 하나님의 은혜로 주십니다.
- 영적 분별력을 받기 위해 가장 중요한 것은 우리 마음의 자세입니다.
- 보는 것의 법칙: 부익부 빈익빈.
- 하나님은 우리의 중심을 드러내기 위해 의도적으로 우리를 거스르십니다.

제4과 영적 분별력을 위한 자세 1

영적 분별력은 전적인 하나님의 은혜로 우리에게 주어집니다. 개인적으로 나는 하나님께서 우리에게 주시는 가장 큰 은혜 중 하나가 하나님의 다림줄을 보게 해 주시는 것이라고 생각합니다. 우리에게 영적 분별력이 주어지기 위해서는 올바른 마음의 자세가 필수적입니다. 하나님은 올바른 마음의 자세를 가진 자에게 하나님의 은혜를 베푸시기 때문입니다.

요한복음은 영적 분별력에 대해서 우리에게 많은 것을 보여주는 책입니다. 요한복음은 먼저 예수님을 빛으로 소개하고 있습니다(요 1:4-5). 그리고 예수님이 하나님 아버지와 가지셨던 친밀한 교제를 강조하면서, 그 배후에 영적 민감함이 중요한 자리를 차지하고 있었던 것을 보여줍니다(요 5:19-20). 또한 요한복음은 그 당시 종교지도자들이 왜 그토록 영적으로 장님이었는가를 보여주고 있습니다.

이 과에서는 요한복음에 나타난 예수님 당시 종교 지도자들의 삶을 살펴보면서, 영적 분별력을 가리는 잘못된 자세는 무엇이며, 영적 분별력을 위해 우리에게 필요한 자세들은 무엇인가를 살펴보고자 합니다.

하나님의 얼굴을 구하는 삶이 필수적입니다

| 하나님을 찾는 잘못된 의도는 영적인 눈을 어둡게 합니다

요한복음 6장을 읽고, 다음 물음에 답하십시오.

이스라엘 백성들은 무슨 기적을 체험했습니까?(13절)

> 이에 거두니 보리떡 다섯 개로 먹고 남은 조각이 열두 바구니에 찼더라
> (요 6:13)

그런데 예수님은 영적 분별력과 관련해서 그들에게 무엇이라고 말씀하셨습니까?(36절)

> 그러나 내가 너희에게 이르기를 너희는 나를 보고도 믿지 아니하는도다 하였느니라
> (요 6:36)

예수께서 대답하여 이르시되 내가 진실로 진실로 너희에게 이르노니 너희가 나를 찾는 것은 표적을 본 까닭이 아니요 떡을 먹고 배부른 까닭이로다
(요 6:26)

제자 중 여럿이 듣고 말하되 이 말씀은 어렵도다 누가 들을 수 있느냐 한대 예수께서 스스로 제자들이 이 말씀에 대하여 수군거리는 줄 아시고 이르시되 이 말이 너희에게 걸림이 되느냐
(요 6:60-61)

그 때부터 그의 제자 중에서 많은 사람이 떠나가고 다시 그와 함께 다니지 아니하더라
(요 6:66)

그들이 그토록 놀라운 하나님의 기적을 보고도 전혀 '보지' 못한 까닭은 어디에 있습니까?(26절)

26절의 "표적을 본 까닭"이란 말은 무엇을 의미할까요?

그들 중 많은 사람들은 결국 어떻게 했습니까?(60-61, 66절)

요한복음 6장의 이스라엘 백성들은 참으로 놀라운 하나님의 기적을 체험했습니다. 오병이어의 기적을 직접 체험한 것입니다. 그리고 그들은 참으로 사모하는 마음으로 주님께로 왔습니다. 한적한 곳까지 주님의 말씀을 듣기 위해 나갔을 뿐 아니라(3-4절), 오병이어 기적 다음 날에도 그들은 사방을 헤맨 후에 회당에서 주님을 만났습니다(22-25절). 그럼에도 불구하고 그들은 영적 분별력을 전혀 갖지 못했습니다. 예수님께서 그들에게 "너희가 나를 믿지 아니한다." 라고 말씀하신 것은 그들이 예수님을 전혀 보지 못했다는 것을 의미합니다. 예수님을 '보아야' 믿을 수 있기 때문입니다. 그들은 주님의 말씀을 이해하지 못했고, 결국 그들 중 많은 자들은 주님을 떠났습니다.

그들이 그토록 놀라운 기적을 보고, 또 그렇게 간절한 사모함을 가지고도 '보지' 못한 것은 잘못된 의도를 가지고 주님께 나왔기 때문입니다. 오병이어의 기적은 하나의 표적이었습니다. 모든 표적은 예수님을 가리키는 화살표와 같습니다. 그래서 오병이어의 기적은 예수님이 생명의 떡인 것을 보여주는 표적으로서, 예수님은 사람들이 그것을 보고 예수님으로 인하여 살기 위하여 예수님께로 나오기를 기대하셨습니다(40, 48-57절). 그러나 그들은 기적 자체에 관심이 있었습니다. 특히 주린 배를 채우는 데만 관심이 있었습니다.

이처럼 하나님께 나아오되, 자기의 목적을 위해 하나님을 수단 삼는 사람에게는 절대로 영적인 분별력이 주어지지 않습니다. 아무리 많이 사모하고, 아무리 놀라운 하나님의 기적을 보고 체험한다 할지라도, 영적 분별력은 절대 주어지지 않습니다.

| 하나님의 얼굴을 구해야 합니다

영적인 분별력이 주어지기 위해서는 반드시 하나님 자신을 구하여 나와야 합니다. 하나님 자신이 우리의 목적과 목표가 되어야 합니다. 그러한 삶을 우리는 하나님의 얼굴을 구하는 삶이라고 부릅니다.

하나님의 얼굴을 구하여 하나님께 나아올 때, 하나님은 '우리에게 볼 수 있는 눈' 을 주십니다. 영적 분별력을 위해 필수적인 자세 중 가장 중요한 자세는 하나님의 얼굴을 구하는 삶이라고 할 수 있습니다.

하나님의 뜻을 행하고자 하는 자세

요한복음 7:17에 의하면, 어떠한 자에게 영적 분별력이 주어질 것이라고 하셨습니까?

사람이 하나님의 뜻을 행하려 하면 이 교훈이 하나님께로부터 왔는지 내가 스스로 말함인지 알리라 (요 7:17)

답 : 하나님의 뜻을 행하고자 하는 자.

목회를 하면서 한 때 성도들이 제가 전하는 말을 이해하지 못해서 매우 낙심한 적이 있었습니다. "너무 자명한 성경적인 진리를 성도들이 왜 이해하지 못할까?" 그러던 중 성경, 특히 요한복음을 보면서 동일한 일이 예수님 당시에도 일어났던 것을 보았습니다. 요한복음에 보면, 그 당시 종교지도자들은 놔두고라도, 예수님을 따르던 제자들 가운데도 많은 혼동이 있었던 것을 자주 볼 수 있습니다. 요한복음 6장에서 예수님의 말씀을 그렇게 사모하고 또 예수님을 통한 하나님의 그 놀라운 역사들을 경험했던 사람들이 예수님이 전하는 말씀을 이해하지 못하겠다면서 예수님을 떠납니다(요 6:60-61, 66). 7장에 보면 예수님의 형제들이 전혀 예수님을 이해하지 못하고 있습니다(요 7:5). 8장에 보면 소위 예수님을 믿었던 유대인들이 예수님의 말씀을 전혀 이해하지 못합니다(요 8:31, 43). 심지어 나중에는 돌변하여 예수님을 돌로 치려고 합니다(요 8:59).

한편으로 그들의 혼동을 이해할 수 있습니다. 그들은 바리새인들과 같은 종교지도자들에게 가서 들으면 그 말이 맞는 것 같고, 예수님에게 와서 들으면 그 말이 맞는 것 같았을 것입니다. 특히 그 당시 종교지도자들은 예수님을 바알세불이 지폈다고, 이단의 괴수라고 비방하고 핍박했습니다. 당연히 많은 사람들은 예수님께 나오기를 두려워했을 것입니다. 그러나 그럼에도 불구하고 많은 사람들은 예수님께 나왔습니다. 저는 그러한 상황에서도 그들이 예수님께 나온 이유를 크게 두 가지로 들 수 있다고 생각합니다. 하나는 예수님의 말씀이 서기관들의 그것과 달리 권세가 있었습니다(막 1:22 참조). 그리고 그들은 하나님께서 함께 하시지 않으면 예수님을 통해서 나타나는 그 많은 기적들이 나타나는 것이 가능하지 않을 것이라고 생각했을 것입니다. 그것이 랍비인 니고데모가 예수님을 찾아와서 했던 말이기도 합니다(요 3:2). 그렇지만, 그들은 당연히 많은 혼동 가운데 있었습니다.

사실, 6장에 나오는 예수님의 '제자' 들이 예수님을 떠난 것만 하더라도, 그들은 단순히 한 번의 설교를 잘 이해하지 못했기 때문에 예수님을 따르기를 중단한 것이 아니었을 것입니다. 그들은 그렇지 않아도 많은 혼동 가운데 있는데, 예수님께서 자신의 살을 먹고, 피를 마셔야 한다고 가르치시니까 그들은 예수님께서 그 당시 종교지도자들의 말대로 잘못되었다고 생각했겠죠. "성경에는 짐승의 피도 먹지 못하게 되어 있는데, 어떻게 자기의 피를 먹으라는 말인가?" 다시 말해서, 예수님의 그 가르침이 종교지도자들의 말처럼 예수님이 잘못되었다는 결정적인 증거라고 그들은 생각했기 때문에 떠났을 것입니다.

이렇게 많은 혼동을 겪고 있는 자들에게 예수님은 위의 구절을 말씀하신 것입니다. 즉, 그들이 하나님의 뜻을 행하고자 하는 자세를 가지고 있으면, 예수님 안에서 역사하시는 하나님을 볼 수 있을 것이라고 말씀하신 것입니다. 이처럼 하나님의 뜻을 행하고자 하는 자세는 영적 분별력을 위해 필수적인 자세입니다.

하나님의 뜻을 행하고자 하는 자세에는 최소한 두 가지가 포함됩니다. 첫째는 하나님의 뜻을 알기를 적극적으로 구하는 자세입니다. 둘째는 단순히 하나님의 뜻을 알 뿐 아니라, 그것을 행함으로 하나님을 기쁘시게 하고자 하는 자세입니다.

| 하나님의 뜻을 적극적으로 구하는 자세가 필수입니다

예수님은 하나님의 뜻을 행하기를 적극적으로 구하셨습니다. 그래서 하나님을 기쁘게 해드리기를 추구하셨습니다. 그 결과 하나님은 예수님에게 영적 민감함을 주셨습니다.

요한복음 5:30을 읽고, 다음의 물음에 답하십시오.

내가 아무 것도 스스로 할 수 없노라 듣는 대로 심판하노니 나는 나의 뜻대로 하려 하지 않고 나를 보내신 이의 뜻대로 하려 하므로 내 심판은 의로우니라 (요 5:30)

왜 예수님은 자신의 판단이 의롭다고 하셨습니까?

예수님은 왜 하나님께서 자신에게 그 분의 판단을 알려주신다고 말씀하셨습니까?

예수님은 자기 스스로 판단하지 않고, 하나님께로부터 듣는 대로 판단하시기 때문에 자신의 판단이 옳다고 말씀하셨습니다. 특히 여기의 "듣는 대로"는 헬라어로 현재형입니다. 그 말은 예수님께서는 지속적으로 하나님의 판단을 들었다는 것을 의미합니다. 그리고 예수님은 자신이 자신을 기쁘게 하려는 것이 아니라, 하나님을 기쁘게 하기를 구하기 때문에 하나님께서 자신에게 하나님의 판단을 알려 주신다고 말씀하셨습니다.

| 하나님의 말씀에 순종하는 자세가 필수입니다

하나님의 뜻을 행하고자 하는 자세에는 순종하는 자세가 포함되어 있습니다. 예수님은 하나님의 뜻을 아는 자가 아니고, 하나님의 뜻을 행하는 자에게 영적 분별력이 주어지리라고 말씀하셨습니다. 영적 분별력을 갖기 위해 순종하는 자세는 참으로 소중합니다.

요한복음 14:21을 읽고, 다음의 물음에 답하십시오.

누가 주님을 사랑하는 자입니까?

순종하는 자에게 약속하신 주님의 축복 세 가지를 써 보십시오.

순종이 주님을 사랑하는 징표입니다. 그리고 하나님과 예수님은 순종하는 자를 사랑하시고, 그에게 주님을 계시해 주십니다.

| 예수님의 예

요한복음 5:20에 의하면, 하나님은 왜 예수님에게 자신이 하시는 일을 보여주셨습니까?

요한복음 10:17-18, 15:9-10에 의하면, 왜 하나님께서 예수님을 사랑하셨습니까? 아니 어떻게 예수님은 하나님의 사랑 가운데 머무셨습니까?

하나님은 자신이 사랑하는 자에게 자신을 계시하십니다. 그리고 하나님은 순종하는 자를 사랑하십니다. 아니 하나님은 우리 모두를 먼저 사랑하십니다. 그러나 순종하는 자가 그 사랑 안에 거할 수 있습니다.

당신은 하나님의 말씀을 들을 때 어떤 마음의 자세로 듣습니까?

- □ 나에게 유익이 되는 말씀을 위주로 듣는다.
- □ 아무리 하나님의 말씀이지만, 내 마음에 맞지 않으면 받아들이지 않는다.
- □ 나는 평신도이기 때문에 하나님의 말씀을 다 순종하지 않아도 된다고 생각한다.

나의 계명을 지키는 자라야 나를 사랑하는 자니 나를 사랑하는 자는 내 아버지께 사랑을 받을 것이요 나도 그를 사랑하여 그에게 나를 나타내리라

(요 14:21)

아버지께서 아들을 사랑하사 자기가 행하시는 것을 다 아들에게 보이시고 또 그보다 더 큰 일을 보이사 너희로 놀랍게 여기게 하시리라

(요 5:20)

내가 내 목숨을 버리는 것은 그것을 내가 다시 얻기 위함이니 이로 말미암아 아버지께서 나를 사랑하시느니라 이를 내게서 빼앗는 자가 있는 것이 아니라 내가 스스로 버리노라 나는 버릴 권세도 있고 다시 얻을 권세도 있으니 이 계명은 내 아버지에게서 받았노라 하시니라

(요 10:17-18)

아버지께서 나를 사랑하신 것 같이 나도 너희를 사랑하였으니 나의 사랑 안에 거하라 내가 아버지의 계명을 지켜 그의 사랑 안에 거하는 것 같이 너희도 내 계명을 지키면 내 사랑 안에 거하리라

(요 15:9-10)

□ 그대로 사는 것에 대해서는 별로 생각하지 않고, 마음에 감동되는 것 위주로 듣는다.

□ 하나님의 도움과 은혜로 그대로 순종하고자 하는 자세로 듣는다.

오직 하나님의 평가만을 소중히 여기는 자세

요한복음 5:37-47을 읽고, 다음의 물음에 답하십시오. 이 말씀은 예수님께서 그 당시 종교지도자들에게 하신 말씀인 것을 기억하십시오.

예수님은 그들이 하나님을 안다고 하셨습니까?(37-38절). 본인들은 어떻게 생각했을까요?

예수님은 그들이 하나님을 사랑한다고 하셨습니까?(42절). 본인들은 어떻게 생각했을까요?

예수님은 그들이 하나님의 말씀을 믿는다고 하셨습니까?(46-47절). 본인들은 어떻게 생각했을까요?

그들은 누구의 평가를 소중히 여겼습니까?(44절)

반면에 예수님은 어떠했습니까?(41절)

사도 바울은 어떠했습니까?(갈 1:10, 살전 2:4)

예수님 당시 종교 지도자들은 누구보다 성경을 잘 알았고, 또 전통적인 신앙생활을 잘 했습니다. 그래서 자신들은 누구보다 하나님을 잘 알고, 하나님을 사랑하고, 하나님의 말씀을 잘 믿는다고 생각했을 것입니다. 그러나 예수님은 그 반대로 말씀하셨습니다. 그들은 참으로 영적으로 어두운 자들이었습니다. 그들은 하나님을 아는 것, 하나님을 사랑하는 것, 하나님의 말씀을 믿는 것이 무엇을 의미하는지 조차 몰랐습니다. 그런데 그들이 영적으로 그렇게 어두웠던 가장 주된 이유 중의 하나는 하나님의 평가보다 사람의 평가를 소중히 여겼기 때문입니다.

또한 나를 보내신 아버지께서 친히 나를 위하여 증언하셨느니라 너희는 아무 때에도 그 음성을 듣지 못하였고 그 형상을 보지 못하였으며 그 말씀이 너희 속에 거하지 아니하니 이는 그가 보내신 이를 믿지 아니함이라 너희가 성경에서 영생을 얻는 줄 생각하고 성경을 연구하거니와 이 성경이 곧 내게 대하여 증언하는 것이니라 그러나 너희가 영생을 얻기 위하여 내게 오기를 원하지 아니하는도다 나는 사람에게서 영광을 취하지 아니하노라 다만 하나님을 사랑하는 것이 너희 속에 없음을 알았노라 나는 내 아버지의 이름으로 왔으매 너희가 영접하지 아니하나 만일 다른 사람이 자기 이름으로 오면 영접하리라 너희가 서로 영광을 취하고 유일하신 하나님께로부터 오는 영광은 구하지 아니하니 어찌 나를 믿을 수 있느냐 내가 너희를 아버지께 고발할까 생각하지 말라 너희를 고발하는 이가 있으니 곧 너희가 바라는 자 모세니라 모세를 믿었더라면 또 나를 믿었으리니 이는 그가 내게 대하여 기록하였음이라 그러나 그의 글도 믿지 아니하거든 어찌 내 말을 믿겠느냐 하시니라

(요 5:37-47)

이제 내가 사람들에게 좋게 하랴 하나님께 좋게 하랴 사람들에게 기쁨을 구하랴 내가 지금까지 사람들의 기쁨을 구하였다면 그리스도의 종이 아니니라

(갈 1:10)

문제는 당연히 그들은 자신들이 하나님의 평가를 소중히 여긴다고 생각했을 것이라는 점입니다. 그러나 하나님의 관점에서 하나님의 평가를 소중히 여기려면 사람의 평가를 소중히 여기지 말아야 합니다. 예수님과 사도 바울 모두 그렇게 하셨습니다. 그런데 그들은 하나님의 평가도 소중히 여기고, 사람의 평가도 소중히 여겼기 때문에, 결국 그들에게는 사람에게 잘 받아들여지는 범위 내에서만 하나님의 평가가 소중했던 것입니다. 바꿔 말해서, 하나님의 평가가 아니라, 사람의 평가가 그들에게 소중했던 것입니다.

오직 하나님께 옳게 여기심을 입어 복음을 위탁 받았으니 우리가 이와 같이 말함은 사람을 기쁘게 하려 함이 아니요 오직 우리 마음을 감찰하시는 하나님을 기쁘시게 하려 함이라

(살전 2:4)

오직 하나님의 평가만을 소중히 여기는 자세는 영적 분별력을 위해 필수적입니다. 하나님과 친밀하게 동행했던 모든 하나님의 사람들은 그러한 자세를 가졌습니다. 그것이 없이는 하나님의 말씀을 정직하게 전할 수도 없고, 하나님의 인도를 따라 순종할 수도 없습니다.

저는 오늘날 하나님의 백성들과 교회 가운데 사람의 평가를 소중히 함으로써 하나님의 평가를 소홀히 하는 자세가 팽배하다고 생각합니다. 그리고 그 결과 오늘날의 목회자들과 성도들이 영적으로 어둡다고 생각합니다.

다음 중에서 오늘날의 교회에 팽배한 사람을 두려워 하는 자세라고 생각되는 것에 ∨표를 하십시오. 그리고 그 외 사람 두려워함에 대한 어떤 다른 형태들이 있을까요?

- □ 예배 시간을 사람들의 취향에 맞추어 짧게 한다.
- □ 교회 성장을 위해 사람들이 좋아하는 메시지를 전하는 데 힘쓴다.
- □ 하나님의 뜻인 줄을 알면서도 일부 성도들이 반대하기 때문에 그만 둔다.
- □ 동료 목회자들과 성도들에게 인정 받기 위해 힘쓴다.

오늘 배운 것을 복습하십시오. 오늘 배운 내용 중에서 하나님께서 당신으로 하여금 이해하고, 배우고, 실천하기 원하는 부분이나 성구를 한두 개 지적해 주시도록 기도하십시오. 그리고 난 후 다음의 질문에 답하십시오.

✣ 오늘 배운 내용 중에서 어떤 부분이나 성구가 가장 뜻있게 와 닿았습니까?

✣ 위의 부분이나 성구를 하나님께 대한 당신의 기도로 바꾸십시오.

✣ 오늘의 학습에 대한 반응으로 하나님은 당신이 무엇을 하기를 원하십니까?

이 과의 요점

- 영적 분별력을 갖기 위해서는 올바른 마음의 자세를 가져야 합니다.
- 하나님의 얼굴을 구하는 삶이 필수입니다.
- 하나님의 손을 구하는 삶에서는 어떠한 영적 분별력도 주어지지 않습니다.
- 하나님의 뜻을 행하고자 하는 자세가 필수입니다.
- 오직 하나님의 평가만을 소중히 여기는 자세가 필수입니다.

제5과 영적 분별력을 위한 자세 2

우리는 앞 과에서부터 영적 분별력을 위한 중요한 자세들을 살펴보고 있습니다.

하나님의 말씀 앞에 떠는 자세

요한복음 8:31-32을 읽고, 다음의 물음에 답하십시오.

예수님께서 이 말씀을 누구에게 하셨습니까?

그들의 믿음은 참된 믿음이었습니까?(요 8:37, 42, 44절 참조)

그들은 결국 진리를 안 자들입니까? 모르는 자들입니까?(43절 참조)

영적인 분별력을 위해 예수님께서 제시하시는 해답은 무엇입니까?(31절)

성경은 예수님께서 이 말씀을 하신 사람들을 예수를 믿은 유대인들이라고 말하고 있습니다. 그러나 그들의 믿음은 피상적인 믿음에 불과했습니다. 그래서 그들은 나중에 예수님을 대적했고, 심지어 죽이려고까지 했습니다. 그들은 전혀 하나님의 말씀을 깨닫지도 못했고, 올바로 듣지도 못했습니다. 즉, 그들은 영적으로 전혀 보지 못하는 자들이었습니다. 그들은 실제로 하나님의 말씀을 받아들이지 않았습니다(37절). 그러한 그들에게 예수님께서 제시하신 해답은 하나님의 말씀을 꼭 붙잡는 것, 즉 하나님의 말씀 앞에 떠는 자세였습니다.

영적인 분별력을 위해 하나님의 말씀 앞에 떠는 자세는 필수적입니다. 하나님의 말씀 앞에 떠는 자세란 신앙적인 전통, 자기 개인의 경험, 자기가 여태까지 가지고 있던 지

그러므로 예수께서 자기를 믿은 유대인들에게 이르시되 너희가 내 말에 거하면 참으로 내 제자가 되고 진리를 알지니 진리가 너희를 자유롭게 하리라
(요 8:31~32)

나도 너희가 아브라함의 자손인 줄 아노라 그러나 내 말이 너희 안에 있을 곳이 없으므로 나를 죽이려 하는도다
(요 8:37)

예수께서 이르시되 하나님이 너희 아버지였으면 너희가 나를 사랑하였으리니 이는 내가 하나님께로부터 나와서 왔음이라 나는 스스로 온 것이 아니요 아버지께서 나를 보내신 것이니라
(요 8:42)

너희는 너희 아비 마귀에게서 났으니 너희 아비의 욕심대로 너희도 행하고자 하느니라 그는 처음부터 살인한 자요 진리가 그 속에 없으므로 진리에 서지 못하고 거짓을 말할 때마다 제 것으로 말하나니 이는 그가 거짓말쟁이요 거짓의 아비가 되었음이라
(요 8:44)

어찌하여 내 말을 깨닫지 못하느냐 이는 내 말을 들을 줄 알지 못함이로다 (요 8:43)

식, 당시의 팽배한 신앙관, 사람들의 평가 등을 다 내려놓고 하나님의 뜻이 그러하면 순종하고자 하는 자세로 하나님의 말씀인 성경 앞에 엎드리는 자세를 말합니다. 만약 이러한 자세가 없을 때, 방금 나열한 것들이 선입견과 편견으로 작용하여, 그 사람으로 하여금 하나님의 말씀을 깨닫지 못하게 만들고, 또 받아들이지도 못하게 만듭니다(고후 10:4-5). 그것들이 사탄이 사용하는 진으로 작용합니다. 그리고 그 결과 그 사람은 결국 하나님을 대적하게 됩니다. 이것이 정확하게 예수님께서 이 말씀을 하신 유대인들이 가지고 있었던 문제입니다.

우리의 싸우는 무기는 육신에 속한 것이 아니요 오직 어떤 견고한 진도 무너뜨리는 하나님의 능력이라 모든 이론을 무너뜨리며 하나님 아는 것을 대적하여 높아진 것을 다 무너뜨리고 모든 생각을 사로잡아 그리스도에게 복종하게 하니 (고후 10:4-5)

고린도후서 10:4-5을 읽고, 다음 물음에 답하십시오.

여기의 견고한 진은 누구의 진을 말합니까?

그 견고한 진은 어디에 있습니까?

그 견고한 진은 어떠한 역할을 합니까?

나 여호와가 말하노라 내 손이 이 모든 것을 지었으므로 그들이 생겼느니라 무릇 마음이 가난하고 심령에 통회하며 내 말을 듣고 떠는 자 그 사람은 내가 돌보려니와 (사 66:2)

이사야 66:2에 의하면, 하나님은 어떤 자를 귀히 여기십니까?

여기의 견고한 진은 사탄의 진을 말합니다. 진을 다른 말로 하면 요새입니다. 그 진은 술집과 같은 어떤 특정한 장소에 있는 것이 아니라, 바로 우리의 생각 속에 있습니다. 즉, 우리 속에 있는 사고 체계, 편견, 선입견, 의견 등이 사탄이 사용하는 견고한 진입니다. 그 진은 우리로 하여금 하나님을 대적하게 만들고, 우리의 생각이 그리스도께 복종하지 못하도록 만듭니다. 그런데 우리들이 하나님의 말씀 앞에 떠는 자세를 가질 때, 그러한 견고한 진들이 파하여지고, 영적 분별력이 주어집니다.

| "돌아올 수 없는 길"을 가는 것을 포함합니다

하나님의 말씀 앞에 떠는 자세는 하나님의 말씀이 그러하기에 다른 선택의 여지가 없는 길을 가는 것을 포함합니다. 하나님의 기준을 발견하고 따라가는 길이 우리 신앙에 대한 일반적인 이해와 다르고, 사람들이 원하는 것과 다르고, 그래서 교회가 양적으로 성장하기보다 오히려 감소되는 것이 예상된다 할지라도, 하나님의 말씀이 그러하기에 그 길을 갈 수 밖에 없는 것을 포함합니다.

마르틴 루터건, 요한 웨슬리건, 조나단 에드워드건 하나님과 동행했던 하나님의 사람들은 다 이러한 자세를 가지고 주님을 따랐습니다. 우리들이 이러한 자세를 가지고 주님의 말씀을 따라 행할 때, 거기에 놀라운 주님의 은혜가 회복되고, 또 영적인 분별력이 주어집니다.

반면에 이러한 자세가 없는 사람은 하나님의 말씀 앞에 떠는 자세를 가지고 있지 않은 사람들입니다. 그리고 그러한 사람들에게는 그들이 아무리 신학적이고 성경적인 지식이 풍부하다 할지라도 영적인 분별력이 주어지지 않습니다.

오늘날 하나님의 백성들 가운데 하나님의 말씀에 대한 상대주의적인 자세가 너무나 팽배합니다. 그들은 이렇게 말합니다. "하나님의 말씀을 다 지키는 사람이 어디 있나?" "내가 하나님의 말씀대로 다 살려면 차라리 목사가 되었어야지.", "내가 하나님의 말씀대로 다 지키면 성자이게요." 이러한 자세들은 하나님의 말씀에 대한 올바른 자세들이 아닙니다. 그리고 그러한 자세들을 가지고 있는 한 영적 분별력은 절대로 주어지지 않습니다. 그들은 요한복음 8장의 예수님을 믿은 유대인들처럼, 예수님을 피상적으로 믿는 사람들에 불과합니다. 물론 그들이 예수님을 위해 나름대로 많은 헌신과 희생을 드릴 수 있습니다. 그러나 그들은 주님의 참다운 제자로서 주님과 동행하는 삶을 살 수 없습니다. 그들에게 영적 분별력이 주어지지 않기 때문입니다.

그러니까 이 말은 우리가 우리 스스로의 힘으로 하나님의 모든 말씀을 다 지킬 수 있다는 말이 아닙니다. 하나님의 말씀대로 사는 것은 오직 하나님의 은혜로만 가능합니다. 그러므로 하나님의 말씀 앞에 떠는 자세를 가진 사람들은 하나님께서 이사야 66:2에 말씀하신 그대로 합니다. 즉, 그들은 자기 스스로의 힘으로는 절대로 할 수 없음을 철저하게 인식합니다. 그것이 마음이 가난한 것입니다. 그리고 하나님의 말씀대로 사는 것은 하나님의 은혜로만 가능하기에 마음에서부터 애통하며 하나님의 은혜를 구합니다. 그것이 심령에 통회하는 것입니다. 그리고 그러한 마음과 심령으로 하나님의 말씀 앞에 떠는 자세로 하나님 앞에 섭니다. 그렇게 할 때, 하나님께서 영적 분별력을 주시고, 또한 그러한 자들에게 하나님의 말씀대로 살아갈 수 있는 능력을 주십니다. 물론 그들은 가다가 넘어지기도 할 것입니다. 그러나 그들은 다시 일어설 것이고, 계속해서 그런 마음으로 주님을 찾고 구할 것입니다. 그들은 날이 갈수록 더욱 큰 승리를 경험하게 될 것입니다.

하나님께 속한 자는 하나님의 말씀을 듣나니 너희가 듣지 아니함은 하나님께 속하지 아니하였음이로다

(요 8:47)

율법주의적인 사고를 버려야 합니다

요한복음 8:47에 의하면, 그들이 하나님의 음성을 듣지 못하는 이유가 무엇이었습니까?(요 10:26-27절 참조)

너희가 내 양이 아니므로 믿지 아니하는도다 내 양은 내 음성을 들으며 나는 그들을 알며 그들은 나를 따르느니라

(요 10:26-27)

그러므로 예수께서 자기를 믿은 유대인들에게 이르시되 너희가 내 말에 거하면 참으로 내 제자가 되고

(요 8:31)

요한복음 8:31은 이들을 누구라고 표현하고 있습니까?

여기 요한복음 8장과 10장에서 말하는 이들은 무엇보다 율법주의적인 가치관을 가지고 있는 자들입니다. 그들은 전혀 하나님을 모르는 불신자들이 아니었습니다(물론 그러한 자들을 포함하겠지만). 성경은 그들을 "예수를 믿은 유대인"들이라고 표현하고 있습니다. 그러나 그들의 믿음은 분명히 피상적이었으며, 율법주의적이었습니다.

우리가 이미 살펴보았고 또 앞으로 살펴보겠지만, 율법주의 신앙에서는 어떠한 영적 분별력도 주어지지 않습니다. 영적인 소경은 율법주의의 전형적인 특징입니다. 그러므로 우리들이 영적 분별력을 가지려면 반드시 율법주의적인 가치관을 철저하게 버려야 합니다.

배우고자 하는 자세를 가져야 합니다

영적 분별력을 위해 가장 중요한 자세 중의 하나는 배우고자 하는 자세입니다. 배우고자 하는 자세가 없으면, 절대로 영적 분별력이 주어지지 않습니다.

우리는 앞에서 요한복음 9장을 살펴보면서, 빛으로 오신 예수님께서 날 때부터 소경된 자를 치유해 주심으로써 자신이 빛이신 것을 표적으로 보여주셨음에도 불구하고, 그 당시 종교지도자들은 배우고자 하는 자세가 없었기 때문에 전혀 예수님을 보지 못했을 뿐 아니라, 그들의 영적인 눈이 더 어두워지게 되었다는 것을 살펴보았습니다.

하나님은 교만한 자를 대적하십니다. 교만은 여러 가지 형태를 가지고 있습니다. 그 중 대표적인 하나는 배우고자 하는 자세가 없는 것입니다. 오늘날 어떤 하나님의 백성들은 참으로 놀라운 하나님의 역사를 보고도 전혀 깨닫지 못합니다. 그들은 자신들이 안다고 생각하며, 이미 판단을 내리고 접근합니다. 그들이 다른 사람의 말을 듣는 것은 자신들의 주장을 내세우기 위한 기회를 기다리는 것에 불과합니다. 그들은 전혀 배우고자 하는 자세를 가지고 있지 않습니다.

제3과 보는 것의 법칙을 간단히 복습하십시오.

하나님의 백성을 사랑하는 마음

우리가 끝으로 살펴볼 영적 분별력을 위해 필수적인 자세는 하나님의 백성을 사랑하

는 마음입니다. 우리는 이 점을 사도 요한에 의해 기록된 요한1서에서 볼 수 있습니다.

요한1서 4:12-16을 읽으십시오.

어떤 사람이 하나님 안에 거하고, 하나님이 그 사람 안에 거하십니까?

'하나님이 우리 안에, 우리가 하나님 안에' 라는 말은 무엇을 의미합니까?

요한복음과 요한서신서에서 '하나님이 우리 안에, 우리가 하나님 안에' 라는 말은 하나님과의 친밀한 교제를 말합니다. 그리고 우리가 앞에서 살펴본 것처럼 하나님과의 친밀함과 영적 분별력은 밀접한 관계를 가지고 있습니다. 그래서 우리는 이 구절에서 하나님의 백성을 사랑하는 자세와 영적 분별력과의 직접적인 관계를 잘 볼 수 있습니다.

목회자 뿐 아니라, 섬기는 모든 자에게 가장 중요한 것 중 하나가 목자의 마음입니다. 혹은 아비의 마음입니다. 그 마음을 가진 자에게 하나님께서 은혜를 부어주십니다. 하나님과의 친밀함을 여십니다. 영적 분별력을 주십니다.

제가 포도나무교회를 개척하여 섬기는 과정에서, 하나님은 이 부분에 대해 구체적으로 나를 가르치셨습니다. 올해로 포도나무교회가 세워진 지 13년이 지났습니다. 하나님은 나에게 그동안 교회나 성도들에 대해 원망이나 불평은 말할 것도 없고, 서운하거나 불편한 마음을 갖는 것도 허락하지 않으셨습니다. 제가 몇 차례에 걸쳐 그런 마음을 가졌을 때, 하나님은 곧 바로 회개하게 하셨습니다. 그들에 대해 가장 좋은 마음을 갖게 하시고, 그들을 하나님께 맡기게 하셨습니다. 그들을 늘 축복하게 하셨습니다. 그리고 제가 해야 할 부분을 성실히 감당하게 하셨습니다. 하나님께서 마치 질투를 가지고 하나님의 교회를 보호하시는 것 같았습니다. 제가 그렇게 할 때, 하나님은 하나님의 교회를 아름답게 세워가셨습니다.

저는 이렇게 늘 좋은 마음을 가지고 축복하는 자세를 갖는 것이 부모로서 자녀에게 대해서도 매우 중요한 자세임을 배웠습니다. 물론 아이들이 잘 할 때도 있고, 잘못할 때도 있습니다. 그러나 심지어 그들이 잘못할 때에도 하나님은 제가 그들에 대해 부정적인 말이나 생각을 갖는 것을 허락하지 않으셨습니다. 위에서 언급한 그러한 자세를 가지고 그들을 대하고, 그들을 가르치도록 하셨습니다. 어떤 때는 그들을 단호하게 직면할 때도 있었습니다. 그러자 하나님께서 그들을 귀하게 키워가셨습니다.

새물결선교회를 통해서 일꾼을 세워가면서, 저는 하나님께서 하나님의 교회나 하나님

어느 때나 하나님을 본 사람이 없으되 만일 우리가 서로 사랑하면 하나님이 우리 안에 거하시고 그의 사랑이 우리 안에 온전히 이루어지느니라 그의 성령을 우리에게 주시므로 우리가 그 안에 거하고 그가 우리 안에 거하시는 줄을 아느니라 아버지가 아들을 세상의 구주로 보내신 것을 우리가 보았고 또 증언하노니 누구든지 예수를 하나님의 아들이라 시인하면 하나님이 그의 안에 거하시고 그도 하나님 안에 거하느니라하나님이 우리를 사랑하시는 사랑을 우리가 알고 믿었노니 하나님은 사랑이시라 사랑 안에 거하는 자는 하나님 안에 거하고 하나님도 그의 안에 거하시느니라

(요일 4:12-16)

의 백성을 향한 아버지의 마음이 없는 사람을 일꾼으로 세우시지 않는 것을 보고 배웠습니다. 예를 들어, 여기 어떤 목사님이 있다고 가정하십시다. 성령의 여러 은사들이 그분을 통해서 나타납니다. 다른 많은 좋은 점도 갖췄습니다. 그런데 자기가 섬기는 교회를 성장시키기 위해 온갖 노력을 다할지 모르지만, 그 지역의 다른 교회들과 하나님의 백성을 향한 아버지의 마음이 없습니다. 그 경우, 하나님은 그를 그 지역을 위한 리더로는 세우지 않으시는 것을 발견했습니다.

예수님 안에 있었던 아비의 마음은 말할 것도 없고, 사도 바울 안에 있었던 아비의 마음이 나와 이 책을 읽는 여러분에게 더욱 부어지기를 간절히 소원합니다. "우리는 그리스도의 사도로서 마땅히 권위를 주장할 수 있으나 도리어 너희 가운데서 유순한 자가 되어 유모가 자기 자녀를 기름과 같이 하였으니 우리가 이같이 너희를 사모하여 하나님의 복음뿐 아니라 우리의 목숨까지도 너희에게 주기를 기뻐함은 너희가 우리의 사랑하는 자 됨이라"(살전 2:7-8). 사도 바울의 경우, 하나님의 백성과 교회를 향한 아비의 마음이 있었기에 하나님께서 그에게 여러 지역의 교회들을 맡기지 않았나 생각합니다.

오늘 배운 것을 복습하십시오. 오늘 배운 내용 중에서 하나님께서 당신으로 하여금 이해하고, 배우고, 실천하기 원하는 부분이나 성구를 한두 개 지적해 주시도록 기도하십시오. 그리고 난 후 다음의 질문에 답하십시오.

✣ 오늘 배운 내용 중에서 어떤 부분이나 성구가 가장 뜻있게 와 닿았습니까?

✣ 위의 부분이나 성구를 하나님께 대한 당신의 기도로 바꾸십시오.

✣ 오늘의 학습에 대한 반응으로 하나님은 당신이 무엇을 하기를 원하십니까?

이 과의 요점

- 영적 분별력을 위해 하나님의 말씀 앞에 떠는 자세가 필수입니다.
- 하나님의 말씀 앞에 떠는 자세란 신앙적인 전통, 자기 개인의 경험, 자기가 여태까지 가지고 있는 지식, 당시의 팽배한 신앙관, 사람들의 평가 등을 다 내려놓고 하나님의 뜻이 그러하면 순종하고자 하는 자세로 하나님의 말씀인 성경 앞에 엎드리는 자세를 말합니다.
- 그것은 "돌아올 수 없는 길"을 가는 것을 포함합니다.
- 영적 분별력을 위해 율법주의적인 가치관이 철저하게 깨어져야 합니다.
- 영적 분별력을 위해 배우고자 하는 자세가 필수입니다.
- 영적 분별력을 위해 하나님의 백성을 사랑하는 마음이 필수입니다.

제 5단원

하나님을 아는 것

Power of the Cross

제1과 하나님을 아는 것의 정의

하나님을 아는 것은 우리 신앙의 가장 본질적인 부분입니다. 그래서 예수님께서는 하나님께 기도하시면서 "영생은 곧 유일하신 참 하나님과 그가 보내신 자 예수 그리스도를 아는 것이니이다"(요 17:3)라고 말씀하셨습니다. 그리고 하나님을 아는 것은 우리 신앙의 모든 면에서 필수입니다. 그것은 우리의 구원을 위해서, 우리의 성화를 위해서, 우리의 사역을 위해서, 우리의 믿음을 위해서, 영적 전쟁에서의 승리를 위해서, 치유를 위해서 필수입니다.

유대인이라 불리는 네가 율법을 의지하며 하나님을 자랑하며 율법의 교훈을 받아 하나님의 뜻을 알고 지극히 선한 것을 분간하며 맹인의 길을 인도하는 자요 어둠에 있는 자의 빛이요 율법에 있는 지식과 진리의 모본을 가진 자로서 어리석은 자의 교사요 어린 아이의 선생이라고 스스로 믿으니

(롬 2:17–20)

그런데 여기서 문제는 성경이 말하는 하나님을 안다는 말이 무슨 뜻이냐 하는 것입니다. 만약 우리가 이 부분에 있어서 하나님의 관점을 이해하지 못하면, 실제로는 하나님을 전혀 모르는 무지 가운데 있으면서, 자신은 하나님을 누구보다 잘 안다고 생각하는 것입니다.

로마서 2:17–20을 읽으십시오. 이 구절에서 사도 바울은 그 당시 유대인들이 자신들에 대해 생각하고 있는 바를 기록하고 있습니다. 로마서는 서기 55년경에 쓰였기 때문에, 이 구절에서 우리는 예수님 당시 종교지도자들이 자신들에 대해서 어떻게 생각하고 있었는지를 엿볼 수 있습니다.

또한 나를 보내신 아버지께서 친히 나를 위하여 증언하셨느니라 너희는 아무 때에도 그 음성을 듣지 못하였고 그 형상을 보지 못하였으며 그 말씀이 너희 속에 거하지 아니하니 이는 그가 보내신 이를 믿지 아니함이라

(요 5:37–38)

그 당시 유대인들이 자신들에 대해서 어떻게 생각하고 있었는지 당신의 말로 써 보십시오.

만약 그들에게 하나님을 아느냐고 물었다면 그들은 무엇이라고 대답했을까요?

예수님은 그들에게 이 부분에 대해서 무엇이라고 말씀하셨습니까?(요 5:37–38 참조)

내 백성이 지식이 없으므로 망하는도다 네가 지식을 버렸으니 나도 너를 버려 내 제사장이 되지 못하게 할 것이요 네가 네 하나님의 율법을 잊었으니 나도 네 자녀들을 잊어버리리라

(호 4:6)

호세아 4:6에서 하나님은 그 당시 이스라엘 백성들이 하나님을 아는 지식이 없어서 망한다고 하셨습니다. 예수님 당시 종교지도자들은 이 구절이 자기들에 대해

서 말하고 있다는 사실을 알았을까요? 만약 몰랐다면 당신은 무엇이 문제였다고 생각합니까?

여기에 보면 유대인들은 율법이 진리와 지식의 통합체라는 것을 믿었습니다. 여기서 말하는 율법은 단순히 모세오경만이 아니라, 구약성경 전체를 말한다고 보아야 더 옳을 것입니다. 그래서 그들은 율법을 열심히 연구했고, 그 율법을 철저히 믿고 신뢰했습니다. 그들은 하나님을 자랑했고, 지극히 선한 것을 인정하고 받아들였습니다. 그러므로 그들은 자신들이 누구보다 하나님의 뜻을 잘 알고 있다고 자부했습니다. 그리고 자신들을 소경을 위한 인도자, 어두움에 있는 자들을 위한 빛, 어리석은 자들과 어린 자들을 위한 선생이라고 믿었습니다.

만약 이러한 그들에게 "당신은 하나님을 아십니까?" 라고 물었다면, 그들은 아마 "그것을 말이라고 묻느냐"고 대답했을 것입니다. 그들은 오히려 그러한 질문을 그들에 대한 모욕으로 받아들였을 것입니다. 그러나 예수님은 그들에게 한 마디로 말해서 하나님을 전혀 알지 못한다고 말씀하셨습니다.

바리새인들은 호세아 4:6을 잘 알았을 것입니다. 그 구절은 그들의 입장에서도 신앙의 가장 핵심적인 부분을 말하는 구절입니다. 심지어 그들은 그 구절을 가지고 수없이 설교하면서, 자기 조상들이 하나님을 아는 지식이 없어서 망했으니, 자기들은 하나님을 알아야 한다고 강변했을 것입니다. 그러면서도 그들은 자기 조상들과는 근본적으로 다르다고 생각했을 것입니다. 그러나 예수님은 그들이 정확하게 그들 조상들과 똑같은 상태에 있으며, 그 구절이 그들에 대해서 말하고 있다고 말씀하셨습니다(마 13:14, 15:7). 무엇이 문제였습니까? 그들은 똑같은 성경구절을 사용하고, 똑같은 용어를 사용하면서도, 하나님을 안다는 말이 무슨 뜻인지조차 몰랐습니다. 그렇기 때문에, 그들은 하나님을 아는 지식이 없어 심판이 코앞에까지 다가와 있는 상황에 처해 있는데도, 자신들은 누구보다 하나님을 더 잘 안다고 자부했습니다. 그리고 하나님께서 성경을 통해 그들에게 아무리 외치셔도 그들은 그것을 알아듣지 못했습니다.

하나님에 관해서 아는 것과 하나님을 아는 것

성경에서 말하는 하나님을 안다는 말이 무슨 뜻인가를 올바로 이해하려면, 하나님에 관해서 아는 것과 하나님을 아는 것의 차이를 아는 것이 중요합니다. 율법주의 사고에서는 하나님을 안다는 것을 하나님에 관해서 이론적으로 아는 것으로 이해합니다. 그래서 성경을 이론적으로 다른 사람보다 더 많이 알면, 자기는 하나님을 더 잘 알고, 하나님의 뜻을 다른 사람들보다 더 잘 안다고 생각합니다. 바로 예수님 당시의 종교지도

자들이 그렇게 생각했던 것입니다. 그러나 그것이 성경이 말하는 하나님을 아는 지식이 아닙니다. 그래서 예수님은 그 당시 종교지도자들에게 그들이 하나님을 전혀 알지 못한다고 말씀하셨던 것입니다.

하나님에 관해서 아는 것	하나님을 아는 것
하나님에 관해서 이론적으로 아는 것, 신학적인 지식.	인격체이신 하나님을 개인적으로 아는 것.
자서전적인 지식.	저자와의 교제.
교육과 공부를 통해서 습득.	성령의 조명을 통해서 습득.
신앙의 본질을 위한 수단.	신앙의 본질.
삶에 변화를 주지 않는다.	삶에 근본적인 변화.

하나님에 관해서 아는 것

하나님에 관해서 아는 것은 성경을 통해 하나님에 관해서 아는 것을 말합니다. 우리는 이것을 신학적인 지식이라고 말합니다. 그리고 우리는 이 지식을 성경공부와 교육을 통해 습득합니다.

자서전에 비유한다면, 하나님에 관해서 아는 것은 자서전을 통해 저자의 출생지, 학력, 결혼생활, 취향, 좋아하는 음식, 싫어하는 옷 등등 그 사람에 관해 많은 것을 아는 것과 같습니다. 성경은 하나님의 자서전과 같습니다. 성경은 하나님께서(물론 사람들을 통해서) 자신의 성품과 자신의 목적과 자신의 길에 대해서 기록하신 책이기 때문입니다. 그래서 우리는 성경을 통해서 하나님에 관한 많은 사실들을 알 수 있습니다. 하나님은 어떠한 분이시며, 어떠한 일을 하셨고, 또 무엇을 기뻐하시고 무엇을 싫어하시는지 등 많은 것들을 알 수 있습니다.

하나님을 아는 것

성경에서 말하는 하나님을 아는 것은 하나님에 관해서 아는 것과 다릅니다. 하나님에 관해서 아는 것이 자서전을 통해 그 저자에 관한 여러 가지 사실들을 아는 것이라면, 하나님을 아는 것은 개인적인 교제를 통해서 그 저자를 아는 것과 같습니다. 어떤 사람의 자서전을 읽고, 그 저자에 관해 아무리 상세하게 안다 할지라도, 그것이 곧 그 사람을 개인적으로 아는 것은 아닙니다. 그 사람을 아는 것은 그와의 개인적인 교제를 통해서 이루어집니다.

하나님을 아는 것도 마찬가지입니다. 우리들이 성경을 통해서 하나님에 관해 아무리 많은 것을 안다 할지라도, 그것이 곧 하나님을 아는 것은 아닙니다. 성경은 하나님에 관한 기록인 반면, 하나님은 온 우주를 창조하신 유일하신 신이며, 살아계신 인격체이십니다. 하나님을 아는 것은 그 분과의 개인적인 교제를 통해서만 가능합니다.

당신은 지금까지 하나님을 아는 것을 어떻게 생각해 왔습니까? 해당하는 것에 V 표 하십시오.

□ 나는 성경을 열심히 읽고 공부하여, 하나님에 관해서 많은 것을 알면, 그것이 곧 하나님을 아는 지식이라고 생각해 왔다.

□ 나는 하나님을 아는 것을 하나님과의 개인적인 친밀한 교제로 이해하고, 그분을 알기 위해 힘써 왔다.

| 하나님을 아는 것은 성령의 조명으로만 가능합니다

하나님에 관해서 아는 것은 연구와 교육을 통해서 습득되는 반면, 하나님을 아는 것은 전적으로 성령의 역사로만 가능합니다. 하나님께서 성령을 통해서 우리에게 자신을 계시해 주셔야만, 우리는 주님을 알 수 있습니다.

에베소서 1:17을 읽으십시오.

> 우리 주 예수 그리스도의 하나님, 영광의 아버지께서 지혜와 계시의 영을 너희에게 주사 하나님을 알게 하시고
> (엡 1:17)

이 기도는 누구를 위한 바울의 기도입니까?

□ 불신자들 □ 믿는 성도들

이 기도에서 사도 바울은 하나님께 무엇을 구하고 있습니까?

바울은 무엇 때문에 그것을 구하고 있습니까?

이 기도는 믿음과 사랑에서 뛰어난 에베소 교회를 위한 사도 바울의 기도입니다 (엡 1:15). 다시 말해서, 이 기도는 불신자들을 위한 기도가 아닙니다. 하나님의 백성인 성도들을 위한 기도입니다. 그렇게 볼 때, 여기에서 하나님을 알게 해달라는 말은 안 믿는 사람들에게 하나님을 알고 믿게 해달라는 말이 아닙니다. 성도들에게 하나님을 더 알게 해달라는 말입니다. 즉, 우리가 살펴본 것과 같은, 하나님을 아는 지식을 위해 기도하고 있습니다. 그리고 사도 바울은 이를 위해 "지혜와 계

시의 영"을 구하고 있습니다. 왜냐하면 하나님을 아는 것은 성령의 조명으로만 가능하기 때문입니다.

| 하나님에 관한 지식은 하나님을 알기 위한 수단입니다

하나님에 관한 지식도 중요합니다. 그러나 그것은 그 자체가 목적이 아닙니다. 그것은 신앙의 본질인 인격체이신 하나님을 알기 위한 수단입니다.

우유병과 우유의 비유

우리는 주님에 관한 이론적인 지식 혹은 다른 말로 해서 신학을 우유병에, 그리고 주님을 아는 것을 우유에 비유할 수 있습니다.

우유병도 매우 중요합니다. 우유병이 없으면 아무리 많은 우유가 있다 할지라도 우유를 담을 수 없습니다. 또한 우유병이 우유에 비해 형편없이 작거나 혹은 구멍이 나 있으면, 우유는 다 쏟아져 버리고 말 것입니다. 이와 같이 하나님에 관한 바른 지식, 즉 바른 신학이나 바른 교리도 매우 중요합니다. 만약 우리의 신학이 찌그러지거나 구멍 난 우유병과 같이 왜곡되거나 잘못되어 있으면 우리는 하나님을 올바로 알 수 없습니다. 그러므로 하나님의 말씀을 통해 하나님에 관해서 올바로 아는 것의 중요성은 아무리 강조해도 지나침이 없습니다.

많은 성도들이 하나님에 관한 올바른 지식이 부족하기 때문에 하나님을 올바로 아는 데 방해를 받고 있습니다. 심지어 어떤 성도들은 자신들의 체험만을 신뢰하며, 그 체험을 하나님의 말씀에 비추어 보는 배우고자 하는 자세나 지도자들의 조언을 듣고자 하는 겸손함을 가지고 있지 않습니다. 그러한 사람들은 필연적으로 미혹됩니다.

> 또한 나를 보내신 아버지께서 친히 나를 위하여 증언하셨느니라 너희는 아무 때에도 그 음성을 듣지 못하였고 그 형상을 보지 못하였으며
> (요 5:37)

그러나 문제는 우유병이 중요함에도 불구하고 우유병은 우유를 담기 위한 수단에 불과하다는 데에 있습니다. 우유병이 우유가 아닙니다. 그리고 아무리 우유병이 좋다 할지라도, 그 우유병이 비어 있을 수 있습니다. 마찬가지로, 하나님에 관한 바른 지식이나 신학은 하나님을 알기 위한 수단에 불과한 것입니다. 우리는 바리새인들이 그랬던 것처럼 매우 훌륭한 성경적인 지식을 가지고 있으면서도, 전혀 하나님을 모를 수 있습니다. 하나님의 길이나 마음을 전혀 모를 수 있습니다.

> 다만 하나님을 사랑하는 것이 너희 속에 없음을 알았노라
> (요 5:42)

| 하나님에 관한 지식은 우리에게 아무런 변화도 가져다주지 않습니다

> 모세를 믿었더라면 또 나를 믿었으리니 이는 그가 내게 대하여 기록하였음이라 그러나 그의 글도 믿지 아니하거든 어찌 내 말을 믿겠느냐 하시니라
> (요 5:46-47)

하나님에 관한 이론적인 지식은 매우 중요함에도 불구하고 하나님을 알기 위한 수단입니다. 더 나아가 이론적인 지식 그 자체에는 어떠한 하나님의 생명도 없습니다. 그러므로 그것을 아무리 많이 가지고 있다 할지라도, 그것이 그 사람들에게 어떠한 변화

도 가져다 주지 못합니다. 또한 그것을 사람들에게 아무리 많이 전해도, 그 지식 자체가 절대로 사람들을 살리지 못합니다.

이에 대한 대표적인 예가 바로 바리새인들입니다. 그들은 하나님의 말씀을 누구보다 더 잘 알았습니다. 그리고 그 모든 내용을 일점일획도 틀림없이 그대로 믿었습니다. 그런데 성경은 그들의 신앙에 대해서 무엇이라고 말하고 있습니까?

다음의 구절들을 찾아서 성경이 그들의 신앙에 대해서 어떻게 말하고 있는지를 써 보십시오.

요한복음 5:37

요한복음 5:42

요한복음 5:46-47

마태복음 23:24

마태복음 23:25

마태복음 23:28

로마서 2:21-24

마태복음 23:15

바리새인들은 하나님에 관한 지식에 있어서는 타의추종을 불허할 만큼 뛰어났습니다. 그러나 그들은 하나님을 전혀 몰랐습니다. 그들은 하나님을 전혀 사랑하지 않았습니다. 그들은 영적인 장님이었습니다. 그들은 믿음도 없었습니다. 그들의

맹인 된 인도자여 하루살이는 걸러 내고 낙타는 삼키는도다

(마 23:24)

화 있을진저 외식하는 서기관들과 바리새인들이여 잔과 대접의 겉은 깨끗이 하되 그 안에는 탐욕과 방탕으로 가득하게 하는도다

(마 23:25)

이와 같이 너희도 겉으로는 사람에게 옳게 보이되 안으로는 외식과 불법이 가득하도다

(마 23:28)

그러면 다른 사람을 가르치는 네가 네 자신은 가르치지 아니하느냐 도둑질하지 말라 선포하는 네가 도둑질하느냐 간음하지 말라 말하는 네가 간음하느냐 우상을 가증히 여기는 네가 신전 물건을 도둑질하느냐 율법을 자랑하는 네가 율법을 범함으로 하나님을 욕되게 하느냐 기록된 바와 같이 하나님의 이름이 너희 때문에 이방인 중에서 모독을 받는도다

(롬 2:21-24)

화 있을진저 외식하는 서기관들과 바리새인들이여 너희는 교인 한 사람을 얻기 위하여 바다와 육지를 두루 다니다가 생기면 너희보다 배나 더 지옥 자식이 되게 하는도다

(마 23:15)

삶에는 죄와 탐심이 가득했습니다. 시기와 질투가 가득했습니다. 외식이 가득했습니다.

또한 그들은 그들이 가지고 있는 성경적인 지식을 가지고 그들의 제자들에게 열심히 가르쳤습니다. 그들의 가르침은 그 내용에 있어서 별문제가 없었습니다. 그래서 예수님도 자기 제자들에게 그들이 가르치는 것을 반드시 지키라고 명령하셨습니다(마 23:3). 그런데 그 가르침들이 제자들에게 생명을 전혀 가져다주지 못했습니다. 단순한 이론적인 지식의 전달은 그것을 듣고 배우는 자들에게 어떠한 생명도 전달해 주지 못합니다.

| 반면에 하나님을 아는 것은 우리에게 근본적인 변화를 가져다줍니다

하나님을 아는 지식은 우리에게 근본적인 변화를 가져다줍니다. 거기에는 생명이 있기 때문입니다.

이사야의 예

이사야는 제사장이자 선지자였습니다. 당연히 그는 그전에도 하나님은 거룩하신 하나님이시라는 사실과 온 우주를 통치하시는 만군의 하나님이시라는 사실을 알았을 것입니다. 그런데 이사야서 6장에서 그는 바로 그 하나님을 만났습니다. 즉, 그 거룩하신 하나님, 그 만왕의 왕이신 하나님을 알았습니다. 다시 말해서, 거룩하신 하나님, 만왕의 왕이신 하나님의 실재를 경험했습니다.

"웃시야 왕이 죽던 해에 내가 본즉 주께서 높이 들린 보좌에 앉으셨는데 그의 옷자락은 성전에 가득하였고 스랍들이 모시고 섰는데 각기 여섯 날개가 있어 그 둘로는 자기의 얼굴을 가리었고 그 둘로는 자기의 발을 가리었고 그 둘로는 날며 서로 불러 이르되 거룩하다 거룩하다 거룩하다 만군의 여호와여 그 영광이 온 땅에 충만하도다 하더라 이같이 화답하는 자의 소리로 말미암아 문지방의 터가 요동하며 성전에 연기가 충만한지라 그 때에 내가 말하되 화로다 나여 망하게 되었도다 나는 입술이 부정한 사람이요 나는 입술이 부정한 백성 중에 거주하면서 만군의 여호와이신 왕을 뵈었음이로다"(사 6:1-5).

그 날의 이 경험은 그에게 근본적인 변화를 가져다주었습니다. 하나님은 나중에 그에게 삼년 동안 벌거벗은 채로 행하라고 하셨습니다(사 20:2-3 참조). 거듭되는 선지자들을 통한 경고에도 불구하고 이스라엘 백성들이 하나님의 말씀에 귀를 기울이지 않자, 하나님은 이사야를 통해서 그들에게 다가올 심판을 실물로 보여주심으로써 그들을 돌이키기 원하셨던 것입니다.

그런데 이사야의 입장을 생각해 보십시오. 그렇지 않아도 이사야는 그 당시 하나님의 백성들에게서 환영 받지 못했습니다. 그를 통해서 주시는 하나님의 말씀이 다른 많은 거짓 선지자들의 것과는 달리, 그들의 귀를 즐겁게 해 주는 것이 아니었기 때문입니다. 그런데 이제 벌거벗고 다니면 이스라엘 백성들이 이사야에 대해 무엇이라고 생각하겠습니까? 미친 자라고 생각할 것 아닙니까?

그럼에도 이사야는 순종했습니다. 나는 이사야가 순종할 수 있었던 가장 주된 이유는 이사야 6장에 있다고 믿습니다. 이사야는 그 날 하나님의 영광을 보았습니다. 그렇기 때문에 사람들의 평가나 조롱이나 멸시는 더 이상 그에게 중요하지 않았습니다. 이처럼 하나님을 아는 것은 우리에게 근본적인 변화를 가져다줍니다.

당신은 오늘날 많은 성도들이 수 년 동안 교회를 다니고, 여러 가지 직분으로 열심히 봉사하고, 또 많은 성경 공부의 과정들을 마쳤음에도 불구하고, 이전에 비해 하나님께 조금도 더 나아가 있지 않으며, 그 삶에 어떠한 근본적인 변화도 없는 이유가 어디에 있다고 생각하십니까?

나는 그것이 우리가 주님에 관해서 아는 지식을 마치 우리 신앙의 근본인 것처럼 여기며, 주님을 알기를 소홀히 여긴 결과라고 생각합니다. 그 결과, 오늘날 우리 주위에는 주님에 관한 지식이 어느 때보다 더 범람하고 있고, 또 바른 교리와 신학적인 지식을 위한 수많은 성경공부들이 교회 안팎에서 행해지고 있음에도 불구하고, 어느 때보다 주님을 아는 지식이 고갈되어 있습니다. 그리고 아울러 성도들의 삶 속에 변화가 거의 없습니다. 오늘날 목회자들의 가장 큰 고민거리는 성도들의 삶이 변하지 않는 것이라고 합니다. 그것에 대한 가장 결정적인 이유가 바로 여기에 있습니다. 우리가 바리새인과 너무 비슷합니다.

따라서 우리들이 하나님을 얼마나 아는가를 알 수 있는 하나의 중요한 시금석은 우리들의 삶이 얼마나 예수님의 형상으로 변화되고 있는가 하는 것입니다. 만약 우리들이 아무리 이론적으로 하나님에 관해서 많이 알고, 또 그 사실을 믿는다고 할지라도, 우리들의 삶이 지금 주님의 형상으로 변화되고 있지 않으면, 우리는 하나님을 전혀 모르고 있는 것입니다.

오늘 배운 것을 복습하십시오. 오늘 배운 내용 중에서 하나님께서 당신으로 하여금 이해하고, 배우고, 실천하기 원하는 부분이나 성구를 한두 개 지적해 주시도록 기도하십시오. 그리고 난 후 다음의 질문에 답하십시오.

✣ 오늘 배운 내용 중에서 어떤 부분이나 성구가 가장 뜻있게 와 닿았습니까?

✣ 위의 부분이나 성구를 하나님께 대한 당신의 기도로 바꾸십시오.

✣ 오늘의 학습에 대한 반응으로 하나님은 당신이 무엇을 하기를 원하십니까?

이 과의 요점

- 하나님에 관해서 아는 것과 하나님을 아는 것은 다릅니다.
- 하나님에 관해서 아는 것은 배움을 통해 습득됩니다.
- 하나님에 관해서 아는 것은 하나님을 알기 위한 수단입니다.
- 하나님에 관해서 아는 것은 자서전을 통해 저자에 관해서 아는 것과 같고, 하나님을 아는 것은 사귐을 통해 그 저자를 아는 것과 같습니다.
- 하나님을 알기 위해서는 성령의 조명이 필수적입니다.
- 하나님에 관한 자식은 삶에 아무런 변화를 가져다 주지 않습니다.
- 하나님을 아는 지식은 삶에 근본적인 변화를 가져다 줍니다.

제2과 하나님을 아는 것

요한복음 5:37-38에서 예수님은 유대인들이 하나님을 전혀 알지 못한다고 말씀하셨습니다. 그런데 예수님은 그들이 하나님을 모른다는 표현 대신에 그들에게 세 가지가 없다고 말씀하셨습니다. 그 세 가지가 무엇입니까?

> 또한 나를 보내신 아버지께서 친히 나를 위하여 증언하셨느니라 너희는 아무 때에도 그 음성을 듣지 못하였고 그 형상을 보지 못하였으며 그 말씀이 너희 속에 거하지 아니하니 이는 그가 보내신 이를 믿지 아니함이라
> (요 5:37-38)

하나님을 아는 것은 하나님의 음성을 듣는 것을 포함합니다

하나님의 음성을 듣는 것과 하나님을 아는 것은 밀접한 관계를 가지고 있습니다. 요한복음 10장에서 예수님은 자신을 선한 목자로 우리를 양으로 비유하셨습니다.

예수님께서 왜 하필이면 자신을 목자로 우리를 양으로 비유하셨다고 생각합니까?(요 10:14-15 참조)

> 나는 선한 목자라 나는 내 양을 알고 양도 나를 아는 것이 아버지께서 나를 아시고 내가 아버지를 아는 것 같으니 나는 양을 위하여 목숨을 버리노라
> (요 10:14-15)

양에게 요구되는 또 다른 한 가지는 무엇입니까?(요 10:4, 27절 참조)

위의 두 가지 모두를 위해 양에게 반드시 무엇이 필요합니까?

> 자기 양을 다 내놓은 후에 앞서 가면 양들이 그의 음성을 아는 고로 따라오되
> (요 10:4)

그 당시 유대인들은 양을 오늘날 마치 애완견을 키우듯이 키웠다고 합니다. 각자의 양에게 이름을 지어주고, 품에 안고 다니며 말을 하기도 하고, 방에서 같이 자기도 했다고 합니다. 예수님께서 자신을 목자로, 우리를 양으로 비유하신 주된 이유는 예수님(하나님)과 우리 사이가 사랑의 교제로 이루어짐을 보이기 위함이었습니다. 하나님께서 우리를 부르신 가장 주된 목적은 하나님과 예수님 사이의 사랑의 교제와 똑같은 교제를 우리가 예수님(하나님)과 갖는 것입니다. 물론 이것은 우리의 목표이겠지요.

> 내 양은 내 음성을 들으며 나는 그들을 알며 그들은 나를 따르느니라
> (요 10:27)

예수님께서 자신을 목자로 우리를 양으로 비유하신 또 하나의 이유는 양인 우리의 삶이 목자인 예수님을 따르는 삶인 것을 보여주기 위함입니다. 사실, 이 비유에서 목자는 양을 위해 많은 것들을 하지만, 양에게 요구되는 것은 두 가지 밖에 없습니다. 하나는 목자와의 친밀한 교제요, 다른 하나는 목자를 따르는 삶입니다. 이렇게 볼 때 이 삶은 우리가 앞에서 살펴본 포도나무의 삶과 정확하게 일치되는 삶입니다.

목자와의 친밀한 교제와 목자를 따르는 삶 모두를 위해 목자의 음성을 듣는 것이 필수입니다. 요한복음 10장 전체가 이 부분을 명백히 하고 있습니다. 반면에 유대인들은 하나님이 자기들의 목자요 자기들은 하나님의 양이라고 주장했지만, 목자의 음성을 전혀 듣지 못했기 때문에 이 땅에 오신 하나님의 아들, 즉 자기들의 목자를 죽이려고 했던 것입니다.

여호와께서 사무엘을 부르시는지라 그가 대답하되 내가 여기 있나이다 하고 엘리에게로 달려가서 이르되 당신이 나를 부르셨기로 내가 여기 있나이다 하니 그가 이르되 나는 부르지 아니하였으니 다시 누우라 하는지라 그가 가서 누웠더니 여호와께서 다시 사무엘을 부르시는지라 사무엘이 일어나 엘리에게로 가서 이르되 당신이 나를 부르셨기로 내가 여기 있나이다 하니 그가 대답하되 내 아들아 내가 부르지 아니하였으니 다시 누우라 하니라 사무엘이 아직 여호와를 알지 못하고 여호와의 말씀도 아직 그에게 나타나지 아니한 때라

(삼상 3:4-7)

사무엘상 3장에는 하나님께서 사무엘에게 처음으로 나타나셔서 그를 부르신 사건이 나옵니다. 사무엘상 3:4-7을 읽고 다음의 물음에 답하십시오.

당신은 7절의 사무엘이 하나님을 알지 못했다는 말이 무슨 뜻이라고 생각합니까?

7절에서 사무엘이 하나님을 알지 못한 것이 무엇과 연결되어 있습니까?

하나님께서 사무엘에게 임하셔서 사무엘을 부르셨습니다. 그러나 사무엘은 그것이 하나님의 음성인 것을 전혀 알지 못했습니다. 그 이유를 두고 성경은 사무엘이 아직 하나님을 알지 못했기 때문이라고 표현하고 있습니다. 여기에서 사무엘이 아직 하나님을 알지 못했다는 말은 그가 하나님에 관해서 한 번도 교육을 받지 않았다는 말이 아닙니다. 그는 어려서부터 엘리 제사장에게 배우면서 성막에서 자라났습니다. 그리고 그날 밤에 그가 하나님에 관해서 특별한 교육을 받은 것도 없었습니다. 이 말은 그가 여태까지 하나님을 개인적으로 알지 못했다는 말입니다. 그리고 성경은 하나님을 개인적으로 아는 것과 하나님의 음성을 듣는 것을 연계시키고 있습니다.

성경이 말하는 하나님을 아는 것은 인격체이신 하나님을 개인적으로 아는 것을 말하기 때문에 하나님의 음성을 듣는 것을 포함합니다. 다시 말해서, 하나님과 개인적이고 실제적인 관계를 갖는 것을 말합니다.

다음에 나오는 하나님의 사람들 중 하나님과의 개인적이고 실제적인 교제를 갖지 않았던 사람이 있으면 표시해 보십시오.

□ 아브라함 □ 모세 □ 기드온 □ 사무엘 □ 다윗
□ 바울 □ 베드로 □ 요한 □ 스데반

신구약을 통털어서 성경에 나오는 하나님의 사람들은 모두 하나님과의 실제적이고 개인적인 교제를 가졌습니다. 아브라함에게 하나님은 실제이셨습니다. 단순한 이론이 아니었습니다. 모세에게도 그랬고, 기드온에게도 그랬고, 사무엘에게도 그랬고, 다윗에게도 그랬습니다. 예수님에게는 더 말할 것도 없이 그랬고, 바울에게도, 베드로에게도, 요한에게도 그랬습니다. 당연히 그들은 모두 하나님의 음성을 들었습니다.

오늘날 적지 않은 성도들에게 하나님은 단순한 이론에 불과합니다. 물론 그들은 하나님이 실제적인 인격체이시라는 사실을 믿습니다. 그러나 그들은 그 실제적인 인격체이신 하나님과 어떠한 실제적인 관계도 가지고 있지 못합니다. 그저 그분에 관한 정보와 지식을 가지고 있을 따름입니다. 이것이 바로 예수님 시대의 유대인들의 문제점이었고, 오늘날 많은 성도들의 문제점입니다. 그리고 오늘날 성도들이 가지고 있는 문제의 거의 대부분은 그들이 하나님을 알지 못하는 데서 기인한 것입니다.

당신은 살아계신 하나님과 개인적이고 실제적인 관계를 가지고 있습니까?

하나님을 아는 것은 하나님의 영광을 보는 것을 포함합니다

요한복음 5:37에서 예수님은 그 당시 유대인들이 하나님의 형상을 한 번도 본적이 없다고 말씀하셨습니다.

> 또한 나를 보내신 아버지께서 친히 나를 위하여 증언하셨느니라 너희는 아무 때에도 그 음성을 듣지 못하였고 그 형상을 보지 못하였으며
> (요 5:37)

하나님이 형상을 가지고 계십니까?

당신은 하나님의 형상을 본다는 말이 무슨 뜻이라고 생각합니까?

하나님은 형상을 가지고 계시지 않습니다. 하나님은 영이십니다(요 4:24). 하나님의 형상을 본다는 말은 하나님의 영광을 본다는 말입니다. 다른 말로 하면 하나님의 성품을 본다는 말입니다.

출애굽기 34:5-9을 읽고 다음의 물음에 답하십시오.

여호와의 이름은 무엇을 가리킵니까?(5절)

하나님께서 모세 앞을 지나시며 무엇을 하고 계십니까?

우리가 이 구절을 읽을 때, 모세가 했던 것과 같은 반응이 없는 이유는 무엇일까요?

이 사건은 모세의 어떠한 기도에 대한 응답으로 일어났습니까?(출 33:18-19 참조)

우리의 이름은 단순한 호칭에 불과합니다. 그러나 하나님의 이름은 하나님에 대한 호칭일 뿐 아니라, 그 이름 하나하나가 그분의 성품을 나타냅니다. 이 구절에서 하나님은 모세 앞에 강림하셔서 하나님 자신을 모세에게 계시하고 계십니다. 하나님이 어떠한 분이신가에 대한 단순한 지식을 모세에게 가르치고 계신 것이 아닙니다. 하나님께서 영광 중에 임하셔서 하나님 자신을 계시하고 계신 것입니다. 하나님의 영광을 본 모세는 그 앞에 납작 엎드렸습니다. 오늘날 우리가 이 구절을 읽으면서도 모세에게 있었던 것과 같은 반응이 우리에게 없는 이유는 우리는 이 구절에서 단순히 하나님에 관한 지식을 얻기 때문입니다.

모세의 경우처럼, 하나님의 형상을 보는 것은 하나님의 영광을 보는 것을 말합니다. 그것은 곧 하나님께서 성령으로 임하셔서 우리에게 하나님의 선함, 즉 하나님의 성품을 계시해 주시는 것을 말합니다. 아브라함이 여호와 이레의 하나님을 경험한 것, 이사야가 성전에서 거룩한 하나님을 뵌 것 등 성경에 나오는 하나님의 사람들이 하나님을 경험한 것은 모두 하나님의 영광을 본 것이었습니다. 다시 말해서, 그들이 하나님을 만나 개인적으로 하나님을 알게 된 사건이었습니다. 단순히 하나님에 관한 정보를 얻은 사건이 아니었습니다.

오늘날 우리는 이러한 구절들을 읽을 때 그들과는 달리 하나님에 관한 정보를 얻습니다. 하나님이 어떠한 분이신가에 대한 지식을 얻습니다. 앞 과에서 살펴본 것처럼, 이러한 지식이나 정보는 하나님을 올바로 알기 위해 매우 중요합니다. 그러나 우리는 거기에서 멈춰서는 안 됩니다. 하나님을 더욱 알기를 간절히 추구하는 가운데, 그들처럼 하나님을 개인적으로 만나야 합니다. 그분의 영광을 보아야 합니다. 그분을 개인적으로 알아야 합니다. 하나님의 형상을 보는 것, 다시 말해서 하나님을 아는 것, 거기에 하나님의 생명이 있습니다.

여호와께서 구름 가운데에 강림하사 그와 함께 거기 서서 여호와의 이름을 선포하실새 여호와께서 그의 앞으로 지나시며 선포하시되 여호와라 여호와라 자비롭고 은혜롭고 노하기를 더디하고 인자와 진실이 많은 하나님이라 인자를 천대까지 베풀며 악과 과실과 죄를 용서하리라 그러나 벌을 면제하지는 아니하고 아버지의 악행을 자손 삼사 대까지 보응하리라 모세가 급히 땅에 엎드려 경배하며 이르되 주여 내가 주께 은총을 입었거든 원하건대 주는 우리와 동행하옵소서 이는 목이 뻣뻣한 백성이니이다 우리의 악과 죄를 사하시고 우리를 주의 기업으로 삼으소서

(출 34:5-9)

모세가 이르되 원하건대 주의 영광을 내게 보이소서 여호와께서 이르시되 내가 내 모든 선한 것을 네 앞으로 지나가게 하고 여호와의 이름을 네 앞에 선포하리라 나는 은혜 베풀 자에게 은혜를 베풀고 긍휼히 여길 자에게 긍휼을 베푸느니라

(출 33:18-19)

모세가 급히 땅에 엎드려 경배하며 이르되 주여 내가 주께 은총을 입었거든 원하건대 주는 우리와 동행하옵소서 이는 목이 뻣뻣한 백성이니이다 우리의 악과 죄를 사하시고 우리를 주의 기업으로 삼으소서

(출 34:8-9)

| 하나님의 영광을 보면 나타나는 열매

위 구절에서 하나님의 영광을 본 모세는 어떠한 반응을 보였습니까?(출 34:8-9)

이사야가 하나님의 영광을 보고 하나님의 음성을 듣는 것은 무엇을 포함했습니까? 그리고 그에 대한 이사야의 반응은 어떠했습니까?(사 6:8)

스데반이 예수님(하나님)의 영광을 보았을 때, 그는 누구를 닮아갔습니까?(행 7:59-60, 눅 23:34).

우리가 진정으로 하나님의 영광을 보고 하나님의 음성을 들으면 반드시 우리에게 열매들이 나타나게 되어 있습니다. 그것들 중 대표적인 몇 가지를 나열하면 다음과 같습니다. 첫째, 우리가 진정으로 하나님의 영광을 보고 하나님의 음성을 들으면, 우리는 모세처럼 하나님을 경외하는 가운데 하나님 앞에 엎드릴 것입니다. 모세가 하나님 앞에서 자기의 신발을 벗었던 것처럼, 우리의 모든 주권과 주도권을 내려놓고 하나님 앞에 엎드릴 것입니다(출 3:5). 둘째, 우리는 이사야처럼 그 시대를 향하신 하나님의 의중을 알게 될 것입니다. 그리고 그 일에 자신의 온 삶을 드리게 될 것입니다. 하나님의 영광을 보는 것은 그저 우리의 행복을 위한 것이 아닙니다. 우리가 하나님의 영광을 볼수록 그분의 깊은 마음을 알게 될 것입니다. 그리고 그 일에 우리의 삶을 드릴 것입니다. 어떠한 대가나 사람들의 오해나 조롱이나 멸시에도 불구하고 우리는 기꺼이 그렇게 할 것입니다. 셋째, 우리는 스데반이 그랬던 것처럼, 진실로 주님의 닮기를 열망하게 될 것입니다. 그래서 우리는 주님을 알수록 우리의 삶이 변하게 되어 있습니다.

오늘날 어떤 사람들은 자신이 하나님을 가장 잘 안다고 자부합니다. 그들은 하나님의 음성도 듣습니다. 그러나 만약 그들에게 위의 열매들이 없으면, 그들은 실제로는 하나님을 전혀 모르는 자들입니다. 우리가 하나님의 음성을 듣는 것은 두 가지 경로를 통해서 가능합니다. 우리는 하나님과의 친밀함을 인하여 하나님의 음성을 들을 수도 있고, 은사를 통해서(예를 들어, 예언의 은사) 하나님의 음성을 들을 수도 있습니다. 그런데 그런 사람들은 은사를 통해서 하나님의 음성을 들을지 몰라도, 전혀 하나님의 영광을 보지 못한 자들입니다. 하나님을 아는 것은 하나님의 음성을 듣는 것 뿐 아니라, 하나님의 영광을 보는 것을 포함합니다. 그리고 진정으로 하나님의 음성을 듣고 하나님의 영광을 보면 위의 열매들이 나타나게 되어 있습니다.

당신이 본 하나님의 영광을 아래에 써보십시오. 다시 말해서 당신이 개인적으로 아는 하나님의 성품을 써보십시오. 당신이 개인적으로 하나님을 아는 만큼 그분

내가 또 주의 목소리를 들으니 주께서 이르시되 내가 누구를 보내며 누가 우리를 위하여 갈꼬 하시니 그 때에 내가 이르되 내가 여기 있나이다 나를 보내소서 하였더니
(사 6:8)

그들이 돌로 스데반을 치니 스데반이 부르짖어 이르되 주 예수여 내 영혼을 받으시옵소서 하고 무릎을 꿇고 크게 불러 이르되 주여 이 죄를 그들에게 돌리지 마옵소서 이 말을 하고 자니라
(행 7:59-60)

이에 예수께서 이르시되 아버지 저들을 사하여 주옵소서 자기들이 하는 것을 알지 못함이니이다 하시더라 그들이 그의 옷을 나눠 제비 뽑을 새
(눅 23:34)

을 신뢰할 것이고, 그 능력이 당신의 삶 속에 역사할 것입니다(예: 나의 필요를 채우시는 하나님, 신실하신 하나님 등). 그런데 만약 당신이 "나의 필요를 채우시는 하나님"이라고 답변했는데, 당신의 필요를 위해 하나님을 신뢰하는 자리에 있지 아니하면 당신은 실제로 그 하나님을 모르는 것입니다. 당신의 필요를 채우시는 하나님을 아직 만나지 못한 것입니다.

하나님을 아는 것과 하나님의 말씀이 우리 안에 거하는 것은 매우 깊은 관계를 가지고 있습니다

이스라엘 자손들아 여호와의 말씀을 들으라 여호와께서 이 땅 주민과 논쟁하시나니 이 땅에는 진실도 없고 인애도 없고 하나님을 아는 지식도 없고
(호 4:1)

예수님은 유대인들에게 그들이 하나님을 모른다고 말씀하시는 대신 하나님의 말씀이 그들 속에 거하지 않는다고 하셨습니다. 이것은 매우 큰 아이러니였습니다. 왜냐하면, 요한복음 5장의 바로 그 다음 절에서 예수님께서도 말씀하셨듯이, 그 당시 유대인들은 누구보다 성경을 더 열심히 연구하고, 묵상하고, 암송하였기 때문입니다. 그리고 누구보다 그 말씀을 철저히 믿고, 신뢰했을 뿐 아니라, 나름대로 그 말씀을 지키려고 노력했기 때문입니다.

내 백성이 지식이 없으므로 망하는도다 네가 지식을 버렸으니 나도 너를 버려 내 제사장이 되지 못하게 할 것이요 네가 네 하나님의 율법을 잊었으니 나도 네 자녀들을 잊어버리리라
(호 4:6)

하나님을 아는 것과 하나님의 말씀이 우리 속에 거하는 것은 밀접한 관계를 가지고 있기 때문에, 우리가 하나님을 알지 못하면 하나님의 말씀이 절대 우리 속에 거하지 않습니다.

호세아 시대는 하나님을 알지 못했습니다(호 4:1). 그래서 그들은 하나님의 법을 어떻게 했습니까?(호 4:6)

내 백성이 두 가지 악을 행하였나니 곧 그들이 생수의 근원되는 나를 버린 것과 스스로 웅덩이를 판 것인데 그것은 그 물을 가두지 못할 터진 웅덩이들이니라
(렘 2:13)

예레미야 시대도 하나님을 알지 못했습니다(렘 2:13). 그래서 그들은 하나님의 법을 어떻게 했습니까?(렘 6:19)

어느 시대건 하나님을 알지 못하면 하나님의 법을 버리게 되어 있습니다.

땅이여 들으라 내가 이 백성에게 재앙을 내리리니 이것이 그들의 생각의 결과라 그들이 내 말을 듣지 아니하며 내 율법을 거절하였음이니라
(렘 6:19)

문제는 하나님의 법을 버린다는 말이 무슨 뜻인가 하는 것입니다. 이 말은 그들이 하나님의 율법을 전혀 배우지도 연구하지도 않고 무지 가운데 살았다는 말이 아닙니다. 심지어 하나님의 심판이 실제로 닥친 예레미야 시대의 이스라엘 백성들도 성경을 나름대로 잘 알았던 것 같습니다. 그래서 그들은 자기들이 지혜롭다고 생각했을 정도였습니다. "너희가 어찌 우리는 지혜가 있고 우리에게는 여호와의 율법이 있다 말하겠느냐…"(렘 8:8).

예수님 시대의 유대인들은 이 사실을 몰랐기 때문에 자기들은 자기 조상들과 다르다고 생각했습니다. 그들은 누구보다 철저하게 성경을 연구하고 묵상했기 때문입니다. 그들은 성경의 언어를 알았고, 배경을 알았고, 성경에 대한 랍비들의 해석을 알았습니다. 그 당시 서기관이 되려면, 모세 오경을 암송하는 것은 기본이었다고 합니다. 그러나 예수님은 그들도 조상들과 똑같이 하나님의 법을 버렸다고 하셨습니다. 표현은 다르지만 결국 같은 말입니다.

하나님의 말씀을 버린다는 말은 우리의 삶에서 하나님의 말씀을 버린 것을 말합니다. 아무리 하나님의 말씀을 많이 안다 할지라도 실제 삶에서 그 말씀대로 하지 않으면, 그것이 하나님의 말씀을 버린 것입니다. 하나님은 우리 행동의 소리를 들으시기 때문입니다. 우리의 말이 아니라, 우리의 행동이 우리가 하나님과 하나님의 말씀에 대해서 실제로 어떻게 믿는가를 드러내기 때문입니다.

당신은 하나님께서 살아계신 것을 믿습니까?

□ 예 □ 아니요

당신은 우리가 이 세상을 떠나면 하나님 앞에 설 것을 믿습니까?

□ 예 □ 아니요

당신은 우리가 하나님 앞에 서면, 이 세상에서 살던 것으로 하나님 앞에서 심판을 받을 것을 믿습니까?

□ 예 □ 아니요

당연히 모두 예라고 대답하셨지요? 이 진리들은 우리가 신학박사 학위를 받아야 알 수 있는 심오한 진리들이 아니라, 우리 신앙의 가장 기본적인 진리들입니다. 오늘날 모든 성도들은 당연히 이 진리들을 다 믿는다고 말할 것입니다. 그러나 만약 우리가 이 사실들을 진실로 믿는다면, 우리들의 대부분은 우리가 현재 살고 있는 방법대로 살지 않을 것입니다. 심지어 목회자들도 현재 하고 있는 방법대로 목회하지 않을 것입니다. 이 말은 우리들의 대부분은 실제로 하나님의 말씀을 전혀 믿지 않는다는 것을 의미합니다. 이론적으로 하나님에 관한 진리들에 대해 동의할지 모르지만, 실제로 하나님과 하나님의 말씀을 믿지 않는 것을 의미합니다. 다시 말해서, 하나님의 말씀이 우리 속에 거하고 있지 않습니다. 하나님의 말씀을 버렸습니다. 그리고 그 이유는 오늘날 대부분의 성도들이 하나님을 모르기 때문입니다.

삶이 신앙입니다. 하나님을 아는 것과 삶은 나누어지지 않습니다. 그래서 우리의 삶을 보면, 우리가 하나님과 올바른 관계에 있는지 그렇지 않는지를 알 수 있습니다.

당신의 삶을 볼 때, 당신은 지금 하나님과 올바른 관계 가운데 있습니까?

우리는 앞에서 가짜 신앙인 거짓 신앙체계에 대해서 살펴보았습니다. 의식이 본질을 대체해 버린 것이 거짓 신앙체계인 율법주의 신앙입니다. 그런데 그것을 다른 말로 표현하면, 그것은 하나님에 관한 교리가 인격체이신 하나님과의 관계를 대체해 버린 것입니다. 그것은 이론이 실제를 대체해 버린 것입니다. 그것은 이론이 삶을 대체해 버린 것입니다.

반면에 우리가 하나님을 알려면, 하나님의 말씀 앞에 떠는 자세가 필수적입니다. 다시 말해서 하나님의 말씀이 우리 속에 거하는 것이 필수적입니다. 그저 하나님의 말씀을 자기 목적을 따라 선별적으로 취하는 자세를 가지고는 절대로 하나님을 알 수 없습니다. 옳은 교리를 위한 기준으로서 하나님의 말씀을 강조하면서도, 우리의 삶과 사역을 위한 기준으로서의 하나님의 말씀을 소홀히 하는 자세를 가지고는 절대로 하나님을 알 수 없습니다. 하나님을 알기 위해서는 하나님의 말씀 앞에 정직하게 동의하고 엎드리는 자세, 무엇보다 하나님이 가장 소중하기에 하나님의 말씀이 그러하면 어떠한 대가를 지불하고라도 순종하고자 하는 자세를 가지고 하나님의 말씀 앞에 서는 자세가 필수적입니다.

오늘 배운 것을 복습하십시오. 오늘 배운 내용 중에서 하나님께서 당신으로 하여금 이해하고, 배우고, 실천하기 원하는 부분이나 성구를 한두 개 지적해 주시도록 기도하십시오. 그리고 난 후 다음의 질문에 답하십시오.

✣ 오늘 배운 내용 중에서 어떤 부분이나 성구가 가장 뜻있게 와 닿았습니까?

✣ 위의 부분이나 성구를 하나님께 대한 당신의 기도로 바꾸십시오.

✣ 오늘의 학습에 대한 반응으로 하나님은 당신이 무엇을 하기를 원하십니까?

이 과의 요점

- 하나님을 아는 것은 하나님의 음성을 듣는 것을 포함합니다.
- 하나님을 아는 것은 하나님의 영광을 보는 것을 포함합니다.
- 우리가 하나님의 영광을 보면, 우리 속에 하나님을 경외함이 생깁니다.
- 하나님을 아는 것과 우리 속에 하나님의 말씀이 거하는 것은 서로 밀접한 관계를 가지고 있습니다.

제3과 하나님을 아는 것의 중요성

하나님을 아는 것은 우리 신앙 전반에 걸쳐 그 뿌리요 핵심입니다. 우리의 구원, 성화, 사역, 영적인 승리 등 그 어느 것 하나도 주님을 아는 지식이 없이는 불가능합니다. 우리는 그동안 율법주의적인 사고에 매우 깊이 길들여져 왔기 때문에, 이 점을 잘 이해하지 못합니다. 그러나 주님을 아는 것이야말로 이 모든 것들을 위해 필수적인 요소입니다.

하나님을 아는 것은 우리 구원을 위해 필수입니다

> 내 백성이 지식이 없으므로 망하는도다 네가 지식을 버렸으니 나도 너를 버려 내 제사장이 되지 못하게 할 것이요 네가 네 하나님의 율법을 잊었으니 나도 네 자녀들을 잊어버리리라
> (호 4:6)

> 영생은 곧 유일하신 참 하나님과 그가 보내신 자 예수 그리스도를 아는 것이니이다
> (요 17:3)

> 예수께서 대답하시되 진실로 진실로 네게 이르노니 사람이 물과 성령으로 나지 아니하면 하나님의 나라에 들어갈 수 없느니라
> (요 3:5)

호세아 4:6과 요한복음 17:3을 읽어 보십시오. 성경은 구원을 무엇이라고 표현하고 있습니까?

당신은 무엇이 구원 받는 믿음이라고 생각하십니까? 간단하게 설명해 보십시오.

요한복음 3:5에 의하면, 우리들이 구원 받는 것은 누구의 역사라고 말하고 있습니까?

성경은 구원을 하나님과 예수님을 아는 것이라고 표현하고 있습니다. 그리고 구원은 성령님의 역사입니다.

오늘날 대부분의 성도들은 오직 예수님을 믿음으로만 구원을 얻을 수 있다는 사실을 잘 알고 있습니다. 그런데 많은 사람들이 예수님을 믿는다는 것이 무엇을 의미하느냐에 대해서는 명확하게 알고 있지 못합니다. 그들은 예수님이 하나님의 아들이라는 사실과 예수님께서 우리의 구원을 위해 행하신 사실들을 믿으면 구원을 얻는다고 생각합니다. 그들이 이해하는 믿음이란 그러한 사실들을 이론적으로 믿는 것을 말합니다. 그러나 그것은 성경이 말하는 구원 얻는 믿음이 아닙니다. 만약 그렇다면, 성경은 우

리들이 오직 성령으로만 구원을 얻는다고 말하고 있는데, 성령님의 역할은 어디에 있습니까?

성경은 하나님과 예수님을 아는 것이 곧 구원이요, 영생이라고 말합니다. 그리고 이스라엘 백성들이 바로 그 지식이 없어 망한다고 말하고 있습니다. 이런 구절들을 읽으면서, 우리는 주님에 관해서 아는 것과 주님을 아는 것의 차이를 알지 못하면, 이 구절들을 전혀 이해할 수 없습니다. 이 구절은 이스라엘 백성들이 주님에 관한 이론적인 지식이 없어 망한다는 말이 전혀 아닙니다. 그들은 그 당시 하나님에 관한 많은 교육들을 받았습니다. 그리고 하나님에 관한 그 모든 내용들을 다 믿었습니다. 호세아와 같은 시대인 이사야 1장을 보면, 그들은 철저하게 율법에 기초하여 모든 제사들을 드리고 절기들을 지켰습니다. 심지어 실제로 하나님의 심판이 임한 예레미야 시대에도 이스라엘 백성들은 율법을 가지고 있기 때문에 지혜롭다고 자부했습니다(렘 8:8). 여기서 말하는 지식은 하나님을 아는 지식을 말합니다. 그리고 그것은 오로지 성령의 조명에 의해서만 우리에게 주어질 수 있습니다.

우리가 구원 받기 위해서는 성령님의 조명으로 우리가 하나님 앞에서 철저하게 타락한 죄인이라는 것과 하나님의 아들인 예수님께서 바로 내 죄를 위해 십자가 위에서 돌아가신 것을 깨달아야 합니다. 여기에서 깨닫는다는 말은 성령의 조명으로 말씀의 그 실체를 깨닫는 것을 말합니다. 그리고 내 모든 죄의 용서와 구원을 위해서, 날 위해 돌아가신 예수님을 신뢰하고 의지할 때, 그리고 그분을 마음속에 주님으로 영접할 때, 구원을 얻습니다. 이처럼 하나님을 아는 지식이 없이는 우리의 구원이 불가능합니다.

마태복음 16:15-19을 읽으십시오.

베드로는 예수님께 무엇이라고 고백했습니까?

베드로의 구원을 보여주는 이 고백의 성격을 당신은 어떻게 이해합니까?

예수님은 누가 이것을 베드로에게 알려주셨다고 말씀하셨습니까? 그리고 당신은 그 말의 의미가 무엇이라고 생각합니까?

베드로는 예수님께 "주는 그리스도요 살아계신 하나님의 아들이십니다" 라고 고백했습니다. 이 고백을 들은 예수님은 그에게 천국 열쇠를 주겠다고 하셨습니다. 그가 구원 받았음을 언급하는 말씀입니다. 오늘날 많은 사람들은 베드로의 이 고백을 성경에 나오는 예수님에 관한 진리에 대한 동의로 이해합니다. 그러나 우리

이르시되 너희는 나를 누구라 하느냐 시몬 베드로가 대답하여 이르되 주는 그리스도시요 살아 계신 하나님의 아들이시니이다 예수께서 대답하여 이르시되 바요나 시몬아 네가 복이 있도다 이를 네게 알게 한 이는 혈육이 아니요 하늘에 계신 내 아버지시니라 또 내가 네게 이르노니 너는 베드로라 내가 이 반석 위에 내 교회를 세우리니 음부의 권세가 이기지 못하리라 내가 천국 열쇠를 네게 주리니 네가 땅에서 무엇이든지 매면 하늘에서도 매일 것이요 네가 땅에서 무엇이든지 풀면 하늘에서도 풀리리라 하시고

(마 16:15-19)

그러므로 우리가 이 직분을 받아 긍휼하심을 입은 대로 낙심하지 아니하고 이에 숨은 부끄러움의 일을 버리고 속임으로 행하지 아니하며 하나님의 말씀을 혼잡하게 하지 아니하고 오직 진리를 나타냄으로 하나님 앞에서 각 사람의 양심에 대하여 스스로 추천하노라 만일 우리의 복음이 가리었으면 망하는 자들에게 가리어진 것이라 그 중에 이 세상의 신이 믿지 아니하는 자들의 마음을 혼미하게 하여 그리스도의 영광의 복음의 광채가 비치지 못하게 함이니 그리스도는 하나님의 형상이니라 우리는 우리를 전파하는 것이 아니라 오직 그리스도 예수의 주 되신 것과 또 예수를 위하여 우리가 너희의 종 된 것을 전파함이라 어두운 데에 빛이 비치라 말씀하셨던 그 하나님께서 예수 그리스도의 얼굴에 있는 하나님의 영광을 아는 빛을 우리 마음에 비추셨느니라
(고후 4:1–6)

우리의 권면은 간사함이나 부정에서 난 것이 아니요 속임수로 하는 것도 아니라 오직 하나님께 옳게 여기심을 입어 복음을 위탁받았으니 우리가 이와 같이 말함은 사람을 기쁘게 하려 함이 아니요 오직 우리 마음을 감찰하시는 하나님을 기쁘시게 하려 함이라 너희도 알거니와 우리가 아무 때에도 아첨하는 말이나 탐심의 탈을 쓰지 아니한 것을 하나님이 증언하시느니라
(살전 2:3~5)

는 그 당시에는 아직 신약성경이 쓰여지지 않았다는 사실을 기억해야 합니다. 베드로는 여기에서 성경에 나오는 예수님에 관한 몇 가지 진리에 동의하고 그것을 고백하고 있는 것이 아닙니다. 베드로는 성령의 조명으로 예수님 안에서 그리스도, 하나님의 아들을 "보았던" 것입니다. 그래서 예수님은 그것을 알게 한 분이 하나님이시라고 하셨습니다.

고린도후서 4:1–6을 읽으십시오. 이 구절은 사도 바울이 자신의 복음 전파에 대해서 기록한 구절입니다.

사도 바울이 전한 복음은 무엇이었습니까?(5절)

그러한 복음을 전하기 위해 사도 바울이 하지 않은 것을 나열해 보십시오.(2절과 살전 2:3–5 참조)

사도 바울은 잃은 영혼이 구원 받기 위해 하나님께서 어떻게 해주시도록 의지했습니까?

사도 바울은 로마서 10:10에서 "사람이 마음으로 믿어 의에 이르고 입으로 시인하여 구원에 이르느니라"고 말했는데, 여기에서 마음은 무엇을 가리킵니까?

사도 바울은 예수 그리스도를 전했습니다. 예수 그리스도를 전하되, 처음부터 예수님을 주님으로 전했습니다. 오늘날의 교회는 사람들의 환심을 사서 붙잡기 위해 사람들이 좋아하는 소위 예수를 믿으면 받을 축복에 대해서는 많이 말하지만, 예수님을 주님으로 전하지 않는 경우가 많습니다. 그러나 사도 바울은 처음부터 예수님을 구세주로 뿐 아니라, 주님으로 전했습니다. 사도 바울 뿐 아니라, 초대교회 사도들은 다 그렇게 했습니다(행 2:36).

사도 바울은 그렇게 복음을 전하기 위해 그 당시 많은 거짓 선지자들이 하는 일을 하지 않고, 오직 하나님의 진리를 전했습니다. 그가 하지 않은 일을 나열하면 다음과 같습니다. 그는 자기의 숨은 동기를 가지고 말씀을 전하지 않았습니다. 그는 자기 목적이나 이득을 위해 교묘하게 말씀을 이용하는 일을 하지 않았습니다. 그는 하나님의 말씀을 전하면서 사람들의 환심을 사려고 노력하지 않았습니다. 그는 하나님의 말씀의 진리를 희석시키지 않았습니다. 그는 옳지 않은 줄 알면서도 자기 목적을 위해 자기가 원하는 말씀을 전하지 않았습니다. 오늘날도 복음을 올바

로 전하려면 우리는 반드시 바울이 가졌던 자세를 가져야 합니다. 사실, 예수님도 정확하게 그러한 자세를 가졌습니다.

사도 바울은 사람들에게 십자가에 못 박힌 예수 그리스도를 구세주와 주님으로 전하면서, 말의 지혜를 가지고 그들을 설득시키려고 노력하지 않았습니다(고전 1:17, 2:4). 그는 하나님께서 성령을 통해 듣는 자들의 마음눈을 밝혀주셔서 그들로 하여금 예수님을 그리고 하나님을 알게 해주시도록 하나님을 의지했습니다. 그는 우리가 구원 받은 것을 "어두운 데서 빛이 비취리라 하시던 그 하나님께서 예수 그리스도의 얼굴에 있는 하나님의 영광을 아는 빛을 우리 마음에 비취셨느니라" 라고 표현하고 있습니다.

사도 바울이 로마서 10:10에서 말한 마음은 영어로 "heart"를 말합니다. 우리말로 마음이라고 부르는 것이 헬라어나 영어에는 두 가지가 있습니다. 하나는 mind로서 우리의 지적 내지는 생각 부분을 가리키는 것이고, 다른 하나는 heart로서 우리의 중심을 가리키는 것입니다. 그런데 여기의 마음은 mind가 아니고, heart입니다. 그래서 여기서 마음으로 믿어 의에 이른다는 말은 지식적으로 믿어 의에 이른다는 말이 아닙니다. 여기서 말하는 믿음은 중심으로 믿는 것을 말합니다. 중심으로 믿으려면, 당연히 성령의 조명이 전제됩니다.

주님을 아는 것은 우리의 사역을 위해서도 필수입니다

우리가 사역의 성격을 올바로 이해하면, 하나님을 아는 것이 사역을 위해 얼마나 필수인가를 쉽게 알 수 있습니다.

제1단원 2과, 3과를 복습하십시오.

우리의 사역은 우리가 하나님을 위해 무엇인가를 열심히 하는 것이 아닙니다. 성경에서 말하는 사역은 하나님께서 하나님의 계획을 이루어가시면서, 하나님의 사람들에게 그것들을 보이시면, 하나님의 사람들이 그 일에 믿음으로 동참할 때, 하나님께서 하나님의 능력으로 그 일을 이루시는 것입니다.

우리의 모델인 예수님께서 정확하게 그렇게 사역을 감당하셨습니다(요 5:17, 19-20).

1. 하나님께서 일하신다.
2. 나도 일한다.
3. 나는 스스로 아무 것도 할 수 없다.
4. 나는 하나님께서 하시는 것을 보고, 그것을 행한다.

5. 하나님께서 아들을 사랑하셔서, 자신의 하시는 일을 보이신다.

성경에 보면, 하나님의 일은 하나님이 하십니다. 우리가 최선을 다해 하나님을 위해 무엇인가를 이루어드리는 것이 아닙니다.

고린도후서 5:19에 의하면, 누가 세상을 하나님과 화목하게 만드십니까?

> 곧 하나님께서 그리스도 안에 계시사 세상을 자기와 화목하게 하시며 그들의 죄를 그들에게 돌리지 아니하시고 화목하게 하는 말씀을 우리에게 부탁하셨느니라
> (고후 5:19)

마태복음 16:18에 의하면, 교회는 누구의 교회입니까? 그리고 그 교회는 누가 세우십니까?

답 : 하나님, 하나님(예수님)의 교회, 하나님(예수님)

> 또 내가 네게 이르노니 너는 베드로라 내가 이 반석 위에 내 교회를 세우리니 음부의 권세가 이기지 못하리라
> (마16:18)

애굽에서 이스라엘을 구원하신 분도, 세상을 하나님께로 화목케 하시는 분도, 오늘날 하나님의 교회를 세우시는 분도, 성도들의 삶을 변화시키시는 분도 다 하나님이십니다. 이 일들은 우리가 노력으로 할 수 있는 일들이 아닙니다. 이 일들은 오직 하나님만이 하실 수 있는 일들입니다.

그런데 오늘날 우리는 이 일들을 우리의 노력으로 이루려고 하는 경우가 많습니다. 예를 들어, 오늘날 목회자들에게 "이 교회는 누구의 교회입니까? 이 교회를 누가 세우십니까?" 라고 물으면 그들은 무엇이라고 대답하겠습니까? 그들은 당연히 교회는 하나님의 교회요, 하나님께서 교회를 세우신다고 대답할 것입니다. 그러나 그렇게 대답한 목회자들은 스스로의 노력으로 교회를 세워보려고 얼마나 많이 애쓰고 노력하는지 모릅니다. 그리고 기대하는 대로 되지 않으면 얼마나 낙심하고 실망하는지 모릅니다. 목회자들이 교회를 세우시는 분은 하나님이라는 한 가지 사실만이라도 분명하게 인식한다면, 너무나 놀라운 자유를 경험할텐데 말입니다.

우리가 할 일은 하나님의 행하심을 보고 우리의 온 삶으로 동참하는 것입니다. 하나님의 행하심을 보려면, 하나님과의 친밀한 교제가 필수입니다. 또한 하나님의 행하심을 보고자 하는 영적인 집중력이 필수입니다. 하나님의 행하심을 보면, 그 일에 온 삶으로 동참해야 합니다. 하나님을 사랑하기 때문에, 아버지의 일을 내 일로 알고 동참해야 합니다. 또한 하나님의 일에 동참하려면 믿음이 필수입니다. 그 일들은 우리 자원으로 할 수 있는 일들이 아니기 때문입니다.

우리가 그렇게 하나님의 행하심에 온 삶으로 그리고 믿음으로 동참할 때, 하나님께서 하나님의 일을 이루십니다. 다시 말해서, 우리는 살아계신 하나님의 역사를 경험하게 됩니다. 아브라함이, 모세가, 사무엘이, 베드로가, 바울이 그 시대에 하나님의 역사를 경험했듯이, 우리도 우리의 삶 속에서 살아계신 하나님을 경험하게 됩니다.

주님을 아는 것은 영적 전쟁에서의 승리를 위해서도 필수입니다

성경은 우리들이 날마다 순간마다 영적인 전쟁을 하고 있다는 사실을 명백히 말해 주고 있습니다. 그런데 우리가 날마다 싸우는 영적 전쟁에서 주님과의 깊은 교제보다 더 큰 승리의 비결은 없습니다.
우리는 에베소서 6:10-18이 영적 전쟁에 관한 중요한 구절인 것을 잘 압니다. 그러나 우리는 에베소서 6장뿐 아니라, 에베소서 전체가 영적 전쟁에 관한 책이라는 사실을 기억해야 합니다. 그 당시 에베소 지역은 다른 지역과 마찬가지로 영적으로 매우 어두운 지역이었습니다. 에베소 지역에는 그 당시 세계 7대 불가사의 중 하나인 아데미 신전이 있었고, 그 지역 전체가 그 이방 종교와 관련하여 생계를 유지하고 있다고 해도 과언이 아닐 정도였습니다(행 19:23-29 참조). 에베소 지역에는 그 당시 다른 지역과 마찬가지로 주술과 같은 마술을 행하는 자들이 많았습니다. 심지어 그들 중에는 예수님의 이름을 빙자하여 주술을 행하는 자들도 있었습니다(행 19:13). 하나님의 역사로 마술을 행하던 자들이 회개하고 가져다 태운 책의 값이 은 오만이었을 정도이니까, 그 지역의 우상숭배가 얼마나 심했겠습니까?(행 19:19). 그렇게 영적으로 어두운 지역에서 신앙생활을 시작하는 에베소 교회 성도들에게 보낸 사도 바울의 편지가 에베소서입니다.

다음의 구절들을 읽고, 사도 바울이 에베소 교회 성도들을 위해 무엇을 구하고 있는지를 써보십시오.

에베소서 1:17

에베소서 1:18-23

또한 바울은 에베소서 2:4-6까지에서 예수님을 믿는 자에게 주어진 권세를 어떻게 표현하고 있습니까?

바울은 하나님께서 지혜와 계시의 성령을 에베소 교회 성도들에게 주셔서 하나님을 더욱 알게 해 달라고 간절히 기도하고 있습니다. 또한 바울은 하나님께서 그들의 마음눈을 밝혀주셔서, 그들이 하나님의 부르심의 소망, 그들 안에 있는 하나님의 기업의 풍성한 영광, 그들과 함께 하시는 그 놀라운 하나님의 능력을 알게 해달라고 간절히 기도하고 있습니다. 바울은 심지어 그들과 함께 하시는 하나님의 능력의 크기를 설명하려고 여러 가지로 노력하다가 성이 차지 않자, 바로 그 능력이

우리 주 예수 그리스도의 하나님, 영광의 아버지께서 지혜와 계시의 영을 너희에게 주사 하나님을 알게 하시고

(엡 1:17)

너희 마음의 눈을 밝히사 그의 부르심의 소망이 무엇이며 성도 안에서 그 기업의 영광의 풍성함이 무엇이며 그의 힘의 위력으로 역사하심을 따라 믿는 우리에게 베푸신 능력의 지극히 크심이 어떠한 것을 너희로 알게 하시기를 구하노라 그의 능력이 그리스도 안에서 역사하사 죽은 자들 가운데서 다시 살리시고 하늘에서 자기의 오른편에 앉히사 모든 통치와 권세와 능력과 주권과 이 세상뿐 아니라 오는 세상에 일컫는 모든 이름 위에 뛰어나게 하시고 또 만물을 그의 발 아래에 복종하게 하시고 그를 만물 위에 교회의 머리로 삼으셨느니라 교회는 그의 몸이니 만물 안에서 만물을 충만하게 하시는 이의 충만함이니라

(엡 1:18-23)

긍휼이 풍성하신 하나님이 우리를 사랑하신 그 큰 사랑을 인하여 허물로 죽은 우리를 그리스도와 함께 살리셨고 (너희는 은혜로 구원을 받은 것이라) 또 함께 일으키사 그리스도 예수 안에서 함께 하늘에 앉히시니

(엡 2:4-6)

예수님 안에서 역사하셔서 예수님을 죽은 자 가운데서 살리셔서 모든 정사와 권세와 능력과는 비교도 안될 만큼 뛰어난 하나님 보좌 우편에 앉히셨다고 말합니다. 그리고 바울은 하나님께서 예수님을 믿는 하나님의 백성들을 예수님과 함께 일으키셔서, 모든 천사의 세력들이나 어두움의 세력들 보다 비교도 안될 만큼 높은 권세의 자리인 하나님의 보좌 우편에 함께 앉히셨다고 말합니다.

너희 모든 군사는 그 성을 둘러 성 주위를 매일 한 번씩 돌되 엿새 동안을 그리하라 제사장 일곱은 일곱 양각 나팔을 잡고 언약궤 앞에서 나아갈 것이요 일곱째 날에는 그 성을 일곱 번 돌며 그 제사장들은 나팔을 불 것이며 제사장들이 양각 나팔을 길게 불어 그 나팔 소리가 너희에게 들릴 때에는 백성은 다 큰 소리로 외쳐 부를 것이라 그리하면 그 성벽이 무너져 내리리니 백성은 각기 앞으로 올라갈지니라 하시매

(수 6:3-5)

영적 전쟁에서 승리의 비결은 우리가 얼마나 큰 소리로 마귀의 세력들을 꾸짖느냐에 있지 않습니다. 승리의 비결은 하나님을 아는 데 있습니다. 우리는 하나님을 아는 만큼, 하나님 안에서 우리의 신분을 아는 만큼, 예수님께서 십자가 위에서 이루신 승리를 아는 만큼, 우리가 예수님 안에서 가지고 있는 권세를 아는 만큼 승리할 것입니다.

영적 승리의 비결 중 또 하나는 하나님의 인도를 따르는 것입니다. 이것을 위해서도 하나님을 아는 것은 필수입니다.

우리는 이것을 구약에 나오는 이스라엘 백성들의 삶에서 잘 볼 수 있습니다. 그 당시 이스라엘 백성들이 싸웠던 모든 전쟁은 영적 전쟁이었습니다. 이 말은 그들이 나가서 창과 칼을 가지고 실제로 적들과 싸우지 않고, 그저 앉아서 기도로써 싸웠다는 말이 아닙니다. 그들은 실제로 적들과 싸웠습니다. 그러나 그럼에도 불구하고 그들의 전쟁에 있어서 승패는 한 번도 군사력의 우위에 따라서 결정된 적이 없었습니다. 그것은 전적으로 그들과 하나님과의 관계에 의해서 결정되었습니다. 그러한 의미에서 그들의 모든 전쟁은 영적 전쟁이었습니다.

야하시엘이 이르되 온 유다와 예루살렘 주민과 여호사밧 왕이여 들을지어다 여호와께서 이같이 너희에게 말씀하시기를 너희는 이 큰 무리로 말미암아 두려워하거나 놀라지 말라 이 전쟁은 너희에게 속한 것이 아니요 하나님께 속한 것이니라 내일 너희는 그들에게로 내려가라 그들이 시스 고개로 올라올 때에 너희가 골짜기 어귀 여루엘 들 앞에서 그들을 만나려니와 이 전쟁에는 너희가 싸울 것이 없나니 대열을 이루고 서서 너희와 함께 한 여호와가 구원하는 것을 보라 유다와 예루살렘아 너희는 두려워하지 말며 놀라지 말고 내일 그들을 맞서 나가라 여호와가 너희와 함께 하리라 하셨느니라 하매

(대하 20:15-17)

이스라엘 백성들이 여리고성을 정복할 때 하나님은 그들에게 어떻게 하라고 하셨습니까?(수 6:3-5)

그들이 아이성을 정복할 때는 어떻게 하라고 하셨습니까?(수 8:1-8)

하나님께서 기드온을 통해 미디안을 물리치실 때는 어떻게 하라고 하셨습니까?(삿 7:8-23)

하나님은 여호사밧에게 적의 연합군을 쳐부수기 위해 어떻게 하라고 하셨습니까?(대하 20:15-17)

당신은 하나님께서 각기 다른 방법(길)들을 그들에게 명하신 것을 보면서 무엇을 느낍니까?

하나님은 여리고 성을 무너뜨리기 위해 여호수아에게 제사장을 앞세워 온 백성이 여리고 성을 하루에 한 바퀴씩 돌고, 칠 일째는 일곱 바퀴를 돌고 난 다음 나팔을 불면서 소리를 지르라고 하셨습니다. 아이 성을 무너뜨릴 때는 이스라엘 백성들을 둘로 나누어 한 무리를 몰래 아이 성 한 쪽에 매복시켜 놓고, 나머지 군대로 아이 성의 군대와 싸우다가 도망하는 척하여 아이 성의 군대가 성밖으로 나올 때 숨어있던 군대로 아이 성을 점령하게 함으로써 정복하게 하셨습니다. 기드온의 경우에는, 하나님께서 그로 하여금 적진에 내려가서 적들이 하는 소리를 듣고 믿음을 갖게 하시고, 전혀 일반적이 아닌 방법을 통해서 그 엄청난 적을 물리치게 하셨습니다. 여호사밧의 경우에는 그 엄청난 적의 연합군을 향해 그냥 항오를 이루고 나가게 함으로써 승리하게 하셨습니다.

하나님은 이스라엘 백성들을 인도하실 때, 한 번도 똑같은 방법으로 인도하지 않으셨습니다. 그 이유는 그들로 하여금 어떤 방법을 의지하지 말고, 전적으로 하나님만 의지하도록 하기 위함이었습니다. 다시 말해서, 이스라엘 백성들은 하나님의 음성을 듣고 순종할 때마다 승리했습니다. 영적 전쟁에 있어서 승리의 비결은 전적으로 하나님을 알고, 하나님의 인도를 따라 믿음으로 순종하는 데 있습니다. 영적 승리는 절대로 방법에 있지 않습니다. 주님을 아는 것이 바로 승리의 비결입니다.

오늘 배운 것을 복습하십시오. 오늘 배운 내용 중에서 하나님께서 당신으로 하여금 이해하고, 배우고, 실천하기 원하는 부분이나 성구를 한두 개 지적해 주시도록 기도하십시오. 그리고 난 후 다음의 질문에 답하십시오.

✣ 오늘 배운 내용 중에서 어떤 부분이나 성구가 가장 뜻있게 와 닿았습니까?

✣ 위의 부분이나 성구를 하나님께 대한 당신의 기도로 바꾸십시오.

✣ 오늘의 학습에 대한 반응으로 하나님은 당신이 무엇을 하기를 원하십니까?

이 과의 요점

- 하나님을 아는 것은 우리 신앙의 모든 면에서 필수입니다.
- 하나님을 아는 것은 우리 구원을 위해 필수입니다.
- 영생은 하나님과 예수님을 아는 것입니다.
- 하나님을 아는 것은 우리의 사역을 위해서도 필수입니다.
- 우리의 사역은 우리가 하나님을 위해 무엇인가를 열심히 하는 것이 아닙니다.
- 우리의 사역은 하나님의 행하심을 보고 우리의 온 삶으로 동참하는 것입니다.
- 하나님을 아는 것은 영적 승리를 위해서도 필수입니다.
- 영적 승리는 방법에 있지 않습니다.
- 영적 승리는 주님의 인도에 믿음으로 순종하는 데에 있습니다.

제4과 하나님을 아는 것과 성화

주님을 아는 것은 우리의 성화를 위해서도 필수입니다.

성화는 우리의 노력으로 이루는 것이 전혀 아닙니다

당신은 성화라는 말은 들으면, 무슨 생각이 가장 먼저 마음에 떠오릅니까? 해당하는 것에 ∨표 하십시오.

- □ 설레이고 가슴 벅차고 기대되는 생각이 든다.
- □ 부담감이 들고 죄책감이 앞선다.
- □ 내가 해야 할 의무들이 생각나 마음이 무겁다.

왜 그런 생각이 듭니까?

많은 사람들이 '성화' 하면, 가장 먼저 무거운 부담감이나 죄책감부터 갖습니다. 그러나 그것은 성화에 대한 그릇된 이해에서 비롯된 것입니다. 그들은 성화를 자신들이 열심히 노력해서 이루는 것으로 생각합니다. 그래서 성화라는 단어를 들을 때, 더 열심히 노력하고, 순종하고, 거룩한 삶을 살아야 하는데, 그렇지 못하는 자신들을 보면서 그렇게 느낍니다. 그러나 성화는 전혀 그렇게 이루어지는 것이 아닙니다. 성화는 절대로 우리의 노력으로 이루어지는 것이 아닙니다. 그렇다고 이 말이 우리는 그저 가만히 있어도 성화가 저절로 이루어진다는 말은 아닙니다. 우리는 그만큼 성화에 대한 올바른 이해에서 멀어져 있습니다.

성화는 전적으로 성령님의 역사입니다

고린도후서 3:18은 성화에 관해서 매우 중요한 구절입니다. 그 구절을 읽고 다음의 질문에 답하십시오.

우리가 다 수건을 벗은 얼굴로 거울을 보는 것 같이 주의 영광을 보매 그와 같은 형상으로 변화하여 영광에서 영광에 이르니 곧 주의 영으로 말미암음이니라

(고후 3:18)

성화는 우리들이 주님의 형상으로 변화되는 것을 말합니다. 성경은 우리들이 어떻게 할 때 성화된다고 말하고 있습니까?

어떤 사람이 주님의 영광을 볼 수 있습니까?

> 우리가 지금은 거울로 보는 것 같이 희미하나 그 때에는 얼굴과 얼굴을 대하여 볼 것이요 지금은 내가 부분적으로 아나 그 때에는 주께서 나를 아신 것 같이 내가 온전히 알리라 (고전 13:12)

"거울을 보는 것 같이" 라는 말은 무슨 말입니까?(고전 13:12 참조)

성화는 결국 누구의 역사입니까?

우리는 주님의 영광을 보는 만큼 주님의 형상으로 변화됩니다. 즉 성화됩니다. 그리고 신약시대에 사는 우리 모두는 다 주님의 영광을 볼 수 있습니다. 비록 이 땅에서는 거울을 보는 것 같이 희미하게 볼지 모르지만, 예수님을 믿는 모든 성도들은 다 하나님의 영광을 볼 수 있습니다. 성령님의 역사로 그렇게 할 수 있습니다. 결국 성화는 성령님의 역사입니다.

오늘날 우리는 그리스도인의 성화나 참된 영성에 대해 잘못 이해하고 있는 경우가 많습니다. 우선 성경이 말하는 참된 영성이나 성화는 우리가 하거나 혹은 하지 않는 그 무엇이 아닙니다. 예를 들어, 참된 영성은 성수주일하고 십일조하고 전도하고 기도하는 것이라거나 혹은 술 안 먹고 담배 안 피우고 욕 안 하고 거짓말 안 하는 것이 아닙니다. 물론 이러한 것들은 우리 신앙의 열매들이며, 또한 성도들의 삶 속에 있어야 할 중요한 열매들입니다. 그러나 그것들 자체가 참된 영성은 아닙니다. 만약 우리가 참된 영성을 이러한 관점에서 이해하고, 이런 것들을 잘 하거나 혹은 안 하는 사람들을 성숙한 성도들이라고 이해하게 되면, 이것이 바로 우리가 앞에서 살펴본 것처럼 율법주의 신앙이요, 우리는 필연적으로 잘못에 빠지게 될 것입니다. 그래서 이러한 것들을 잘 지키는 사람들은 영적인 교만에 빠지게 되어 자신을 다른 사람들보다 높게 평가하고, 다른 사람들을 판단하고 무시하게 될 것입니다. 겉으로는 매우 겸손한 모양을 갖출 수 있으나, 마음 속 깊은 곳에서는 그렇게 생각할 것입니다. 반면에, 이러한 것들을 잘 지키지 못하는 사람들은 죄책감과 열등감에서 헤어나지 못하게 될 것입니다. 기억하십시오. 이것이 정확하게 성경에 나오는 바리새인들이 가지고 있었던 영성관이며, 따라서 그들은 그 엄청난 영적 교만에 빠지게 되었던 것입니다.

그러면 참된 영성은 무엇입니까? 참된 영성은 우리의 유일한 주님이 되시며 동시에 우리의 생명이 되시는 주님과의 사랑의 교제입니다. 그리고 이 교제는 하나님을 향한 사랑의 헌신과 자기를 향한 사랑, 그리고 이웃을 향한 섬김으로 표현됩니다.

이처럼 참된 영성은 우리가 하는 그 무엇이 아니라 인격체 되신 주님과의 사랑의 교제입니다. 따라서 성화는 오늘날 교회가 세워 놓은 기준과 규칙들을 성도들이 잘 따라오게 하는 데 있는 것이 아니라, 주님과의 사랑의 교제를 통해서 성령의 역사로 우리가 예수님의 형상으로 변화되어 가는 데 있는 것입니다.

우리는 주님을 보는 만큼 주님의 형상으로 변화됩니다

우리는 주님의 영광을 보는 만큼 주님의 형상으로 변화됩니다. 즉, 영광의 주님을 깨닫고 그 분을 신뢰하는 것만큼 우리는 주님의 형상으로 변화됩니다. 그리고 이것은 전적으로 성령님의 역사입니다. 주님의 영광을 본다는 말은 구체적으로 무엇을 말합니까? 그것은 우리가 앞에서 살펴본 대로 성령님의 조명으로 실체이신 주님을 보는 것을 말합니다. 그래서 우리는 성령님의 조명으로 주님을 알고, 그 분을 신뢰하는 것만큼 그 분의 형상으로 변화되는 것입니다.

| 스데반의 예

우리는 죽는 순간까지도 예수님을 닮은 스데반을 잘 압니다. 그리고 그처럼 우리도 예수님을 닮는 삶을 살려고 다짐합니다. 그러나 우리는 예배를 마치고 집으로 돌아가는 길에 옆 차가 갑자기 끼어들기만 해도 화를 내며 때로는 욕을 합니다. 무엇이 문제입니까? 스데반은 자기를 돌로 치는 자들을 위해서도 예수님처럼 할 수 있었는데, 왜 우리는 그렇게 작은 일에도 잘 되지 않습니까? 문제는 성화에 대한 그릇된 이해 때문입니다.

그들이 돌로 스데반을 치니 스데반이 부르짖어 이르되 주 예수여 내 영혼을 받으시옵소서 하고 무릎을 꿇고 크게 불러 이르되 주여 이 죄를 그들에게 돌리지 마옵소서 이 말을 하고 자니라

(행 7:59-60)

사도행전 7:59-60을 읽고, 스데반은 자기를 돌로 치는 자들을 위해 어떻게 기도했는지 요약해 보십시오.

이에 예수께서 이르시되 아버지 저들을 사하여 주옵소서 자기들이 하는 것을 알지 못함이니이다 하시더라 그들이 그의 옷을 나눠 제비 뽑을새

(눅 23:34)

스데반의 이 자세와 기도는 누구의 기도와 거의 정확하게 일치합니까?(눅 23:34 참조)

바로 이 일이 있기 전에 스데반은 무엇을 보았습니까?(행 7:55)

스데반이 성령 충만하여 하늘을 우러러 주목하여 하나님의 영광과 및 예수께서 하나님 우편에 서신 것을 보고

(행 7:55)

스데반은 자기를 돌로 치는 자들을 위해 그들의 죄를 용서해 달라고 무릎을 꿇고 하나님께 간절히 기도했습니다. 이러한 그의 자세와 행동은 정확하게 십자가에서 행하신 예수님의 그것과 일치했습니다. 그 일이 있기 전에, 스데반은 성령의 능력으로 하나님의 영광과 하나님 우편에 서 계신 예수님을 보았습니다.

스데반은 어떻게 자기를 돌로 치는 자들의 용서를 위해 그렇게 간절하게 기도할 수 있었을까요? 그가 다른 사람들보다 성품이 더 좋았기 때문일까요? 아니면 평소 주님을 닮으려고 누구보다 더 열심히 노력했기 때문일까요? 그 무엇도 아닙니다. 왜냐하면 그 어떠한 것으로도 주님을 닮아갈 수 없기 때문입니다.

스데반이 자기를 돌로 치는 자들을 그렇게 용서할 수 있었던 이유는 그가 하나님의 영광을 보았기 때문이었습니다. 그는 하나님의 아들로 이 땅에 오셔서 우리의 죄를 대속하시기 위해 십자가 위에서 죽으신 예수님, 하나님의 명령에 순종하심에 있어 사람들의 모든 멸시와 모욕도 기쁨으로 참으신 예수님, 자기를 십자가에 못 박은 그들을 용서하신 예수님, 그 모든 것을 이기시고 부활하사 하나님의 영광의 보좌 우편에 앉아 계시는 예수님, 그리고 거기에서 자기를 기다리다 못해 서 계시는 주님을 본 것입니다. 그렇기 때문에 그는 예수님처럼 자기를 죽이는 자들을 중심에서부터 용서하고, 예수님처럼 그들을 위해 기도할 수 있었습니다. 이처럼 주님의 영광을 볼 때 우리가 성화됩니다. 그러므로 미국이 낳은 가장 위대한 설교자, 조나단 에드워드는 "하나님이여 내 눈에 영원한 세계의 인을 쳐 주옵소서. 그리하면 세상의 모든 영화가 내 눈에는 희미하게 보이게 될 것입니다" 라고 기도하곤 했다고 합니다.

| 두 가지 종류의 변화

두 가지 종류의 변화가 있다고 합니다. 그것은 물리적인 변화와 화학적인 변화입니다. 물리적인 변화는 나무로 의자를 만든 것과 같이 물질의 본질은 전혀 변하지 않은 채 모양이 변하는 변화를 말합니다. 반면에 화학적인 변화는 독소인 염산과 나트륨이 합하여 염화나트륨(소금)이라는 우리 몸에 필요한 전혀 새로운 물질이 되는 것과 같은 변화를 가리킵니다.

그런데 이것들을 성화에 비교해 본다면, '우리가 하는 그 무엇' 의 관점에서 나온 영성은 오로지 물리적인 변화만을 가져올 따름입니다. 그래서 우리가 교회에 가서는 이렇게 행동하고, 또 종교적인 면에서는 저렇게 행동하는 등 우리의 모양을 바꿀 수는 있지만, 근본적으로는 변함이 없이 육신적인 모습이 그대로 남아 있습니다. 정확하게 바리새인들이 그랬습니다.

반면에 '주님과의 사랑의 교제' 의 측면에서 참된 영성은 우리에게 근본적인 변화를 가져다줍니다. 우리의 가치관, 사고, 삶의 방법, 삶의 목적 등 모든 면에서 근본적인 변화를 가져다줍니다. 그래서 독소와도 같은 육신적인 삶이 변하여 소금과도 같은 영적인 삶으로 지속적이고도 영광스럽게 변화될 것입니다.

우리 모두가 다 주님의 영광을 볼 수 있습니다

어떤 사람들은 "나는 이사야나 스데반처럼 그렇게 하나님의 영광을 본 적이 없다" 라고 말하며 낙심할지 모릅니다. 사실 이사야나 스데반이 했던 것과 똑같은 방법으로 하나님을 경험한 사람들은 성경에도 없습니다. 이사야나 스데반이 했던 것과 같은 경험을 하는 것만이 하나님의 영광을 보는 것은 아닙니다.

위의 고린도후서 3:18의 "우리가 다 수건을 벗을 얼굴로" 라는 말은 무슨 뜻입니까?

그 표현은 어느 시대와 대조해서 한 말입니까?(고후 3:7-8, 13)

신약에서 우리가 볼 수 있는 하나님의 영광은 구약에서 볼 수 있던 하나님의 영광과 얼마나 차이가 납니까?(고후 3:7-11)

> 돌에 써서 새긴 죽게 하는 율법 조문의 직분도 영광이 있어 이스라엘 자손들은 모세의 얼굴의 없어질 영광 때문에도 그 얼굴을 주목하지 못하였거든 하물며 영의 직분은 더욱 영광이 있지 아니하겠느냐 정죄의 직분도 영광이 있은즉 의의 직분은 영광이 더욱 넘치리라 영광이었던 것이 더 큰 영광으로 말미암아 이에 영광될 것이 없으나 없어질 것도 영광으로 말미암았은즉 길이 있을 것은 더욱 영광 가운데 있느니라 우리가 이같은 소망이 있으므로 담대히 말하노니 우리는 모세가 이스라엘 자손들에게 장차 없어질 것의 결국을 주목하지 못하게 하려고 수건을 그 얼굴에 쓴 것 같이 아니하노라
> (고후 3:7-13)

성경은 우리 모두가 다 하나님의 영광을 볼 수 있다고 말하고 있습니다. 고린도후서 3:18에 나오는 "우리가 다 수건을 벗은 얼굴로" 라는 말은 모세로 대변되는 구약시대와 대조하여 하는 말입니다. 구약시대에는 모세가 이스라엘 백성들 앞에서 하나님의 영광으로 빛나는 자신의 얼굴을 수건으로 가렸듯이, 모든 이스라엘 백성들이 하나님의 영광을 보는 것이 허락되지 않았습니다. 그러나 신약시대인 오늘날에는 수건을 벗은 것처럼 우리 모두가 다 주님의 영광을 볼 수 있도록 허락되었습니다. 이 얼마나 놀라운 축복이요 은혜입니까!

더욱 놀라운 사실은 오늘날 우리들이 볼 수 있는 하나님의 영광은 구약시대에 볼 수 있었던 하나님의 영광보다 훨씬 더 크다는 사실입니다. 성경은 구약시대의 사람들이 볼 수 있었던 하나님의 영광은 오늘날 우리들이 볼 수 있는 하나님의 영광에 비하면 영광도 아니었다고 말합니다. 그런데 그러한 구약시대에 살았던 많은 하나님의 사람들은 참으로 놀라운 하나님의 영광을 보았습니다. 그렇다면 우리가 볼 수 있는 하나님의 영광의 가능성은 어떠하겠습니까?

우리들은 이 땅에 사는 동안에는 주님의 영광을 보되 거울을 보는 것같이 희미하게 부분적으로 밖에 볼 수 없을 것입니다. 그 당시 거울은 오늘날과는 달리 구리를 잘 닦아서 사용했습니다. 그러므로 그것에 비친 형상은 매우 희미했습니다. 그러나 이처럼 희미하게 보는 주의 영광도 우리에게 근본적인 변화를 일으켜서, 우리를 주의 형상으로 변

화시킬 것이며, 영광에서 더 큰 영광으로 우리를 변화시킬 것입니다. 그러므로 우리는 주님과의 사랑의 교제를 통해서 그 분을 더욱 알기를 간절히 열망해야 할 것입니다.

| 하나님 나의 아버지

1999년 중에 일어났던 일입니다. 교회에서 금요 철야기도를 인도하고 있었습니다. 찬양 시간이었는데, 갑자기 하나님이 나의 아버지가 되신다는 사실이 선명하게 깨달아졌습니다. 그 분은 저의 육신의 아버지와는 전혀 달랐습니다. 육신의 아버지에 대한 생각이 오히려 하나님 아버지에 대한 생각을 방해하고 있었습니다. 그 분은 전능하시며 거룩하시고 동시에 온전히 사랑하시며 친절하신 아버지셨습니다. 그러니까 이 말은 제가 그 날 처음으로 하나님이 나의 아버지 되신다는 사실을 알았다는 말이 아닙니다. 저는 어려서부터 교회에 다녔습니다. 어린 나이에 부모를 떠나 객지에서 혼자 공부하면서도 하나님 아버지께서 늘 곁에 계신다는 생각이 저를 지켜 주었습니다. 그 이후로 신학을 공부하고 목사가 되어 목회를 한지도 벌써 10년이 훨씬 넘었습니다. 그동안 저는 하나님이 나의 아버지 되신다는 사실을 잘 알았습니다. 그런데 그날 하나님이 나의 아버지 되심이 더욱 선명하게 깨달아진 것입니다. 그 분이 나의 어떠한 아버지가 되시는가 하는 것이 선명하게 깨달아진 것입니다. 그 다음 날 저는 잠자리에서 일어나 기도하면서 '아버지' 라고 단 한 마디 했습니다. 그런데 하나님의 강한 임재가 저를 감싸는 것을 느낄 수 있었습니다.

그 일이 있고 나서 얼마 후의 일입니다. 그 당시 저는 기도원에서 집회를 인도하고 있었습니다. 설교를 점검하려고 제 방에 앉아 있었는데, 갑자기 "My Father' s business is my business" 라는 사실이 선명하게 깨달아졌습니다. 그 말은 "내 아버지의 사업 혹은 일이 바로 내 사업이요 내 일이다" 라는 말입니다. 그리고 아버지의 일을 대하는 아들의 마음이 제 마음에 부어졌습니다. 구멍가게에서 일을 할 때에도 월급을 받고 일하는 사람과 아버지의 사업에 기쁨으로 동참하는 아들이 전혀 다르지 않습니까? 하나님의 종들과 백성들을 하나님의 길로 회복시키고, 그들을 만지는 것은 정녕 나의 아버지의 일이었습니다. 그렇기 때문에 그것은 곧 나의 일이기도 했습니다. 그것은 아버지의 일이었기 때문에 나에게는 사람들이 나를 알아주는 것, 내가 받는 보수, 내가 가지고 있는 직함 등 그 어떠한 것도 그리 중요하지 않았습니다. 사실 저는 보수도 받지 않고 또 직함도 가지고 있지 않았습니다. 하나님의 복음을 위한 일들은 내 아버지의 일들이었고, 따라서 그것들은 내 일들이었습니다. 대가가 없다 할지라도 저는 내 아버지의 일에 기쁨으로 동참하기 원하는 마음이 생겼으며, 진실로 아버지만을 기쁘시게 하는 것이 저의 만족이 되어졌습니다. 예수님께서 요한복음에서 여러 차례에 걸쳐 아버지의 일과 그 일에 동참하는 자신의 태도에 대해서 말씀하셨는데, 그것이 조금이나마 이해되는 것 같았습니다. 그 일이 있고 난 후, 저는 성경을 읽으면서 예수님께서 말씀하신 "내 아버지의 일" 이라는 말만 들어도 가슴이 벅차오릅니다.

오늘 배운 것을 복습하십시오. 오늘 배운 내용 중에서 하나님께서 당신으로 하여금 이해하고, 배우고, 실천하기 원하는 부분이나 성구를 한두 개 지적해 주시도록 기도하십시오. 그리고 난 후 다음의 질문에 답하십시오.

✣ 오늘 배운 내용 중에서 어떤 부분이나 성구가 가장 뜻있게 와 닿았습니까?

✣ 위의 부분이나 성구를 하나님께 대한 당신의 기도로 바꾸십시오.

✣ 오늘의 학습에 대한 반응으로 하나님은 당신이 무엇을 하기를 원하십니까?

이 과의 요점

- 하나님을 아는 것은 우리의 성화를 위해서도 필수입니다.
- 성화는 우리의 노력으로 이루어지는 것이 아닙니다.
- 우리는 주님의 영광을 보는 만큼 주님의 형상으로 변화됩니다.
- 주님의 영광을 보는 것은 성령으로 가능합니다.
- 우리 모두가 다 주님의 영광을 볼 수 있습니다.

제5과 하나님을 아는 유익

주님을 아는 것은 우리 신앙의 모든 면에서 필수입니다. 동시에 주님을 아는 것은 우리에게 수많은 유익을 가져다줍니다. 다음은 우리들이 앞 장에서 살펴본 것 외에 몇 가지 중요한 유익들을 나열한 것입니다.

우리 안에 거룩함이 산출됩니다

우리들이 몇 가지 부정적인 행동을 하지 않는다고 해서 그것이 거룩한 것은 아닙니다. 그러한 행동을 하지 않으면서도, 우리의 마음속에는 온갖 시기와 질투, 미움과 분노 그리고 세상 사랑이 가득할 수 있습니다. 그리고 우리들이 기도 많이 하고 성경 많이 보는 것이 중요합니다만, 그럼에도 불구하고 그것들이 우리에게 거룩함을 산출해 주지 않습니다. 만약 그렇다면 바리새인들이 가장 거룩한 사람들이었을 것입니다. 그러나 그들은 그렇지 않았습니다.

거룩함은 우리 속에 있는 하나님의 생명입니다. 예수님이 우리의 유일한 구원자이시며, 주인이시며, 생명이신 삶을 통해 그 분이 우리의 삶 속에 거하실 때에, 우리 속에 주님의 거룩함이 산출됩니다. 거룩함은 단순한 성경 공부나 율법적인 행위를 통해서 산출되지 않습니다. 따라서 우리들이 주님만을 바라보고 주님께 가까이 나아갈 때, 그 분께서 우리에게 가까이 임하셔서 우리 가운데 거하시게 되고, 아울러 우리 속에 거룩함이 산출되는 것입니다. 그리고 우리는 그 주님의 임재 가운데 있는 것이 가장 귀하고 소중하기 때문에, 그 분께 가까이 나아가는 것을 방해하는 것은 무엇이든지 그것들을 기쁨으로 그리고 적극적으로 버릴 수 있게 되는 것입니다.

우리의 영을 씻어 줍니다

우리들이 사는 이 사회는 그야말로 우리의 영혼을 오염시키는 것들로 가득 차 있습니다.

아래의 목록을 읽고, 일상생활에서 당신의 영혼을 오염시키는 것들에 V표해 보십시오.

□ TV	□ 신문이나 잡지
□ 길거리의 광고	□ 사람들과의 대화
□ 사업상의 일	□ 컴퓨터
□ 생활의 염려	□ 사람들과의 관계
□ 취미나 여가 활동	□ 기타 ( )

당신은 영적인 목욕의 필요성을 느낍니까?

만약에 그 필요성을 느끼지 못한다면, 그것은 무엇을 의미할까요?

당신은 얼마나 자주 영적인 목욕을 합니까?

어떻게 영적인 목욕을 할 수 있을까요?

우리는 수시로 영적인 목욕을 해야 합니다. 만약 당신이 그 필요성마저 느끼지 못한다면, 그것은 당신이 영적으로 심각하게 무뎌져 있는 것을 의미할 것입니다. 우리들이 수시로 영적인 목욕을 하지 않으면, 우리들은 영적으로 둔감하어지고 우리의 마음은 강퍅해질 것입니다.

그런데 단순한 주님에 관한 성경적인 지식이나 예배 참석은 우리의 영혼을 씻어주지 못합니다. 오늘날 성도들이 여러 종류의 성경 공부 프로그램을 마쳤음에도 불구하고, 그들의 삶에 거의 아무런 변화도 일어나지 않는 것이 바로 이 때문입니다. 반면에 주님과의 긴밀한 교제 가운데서 주님이 내게 주신 말씀은 참으로 내 영혼을 정결케 해줍니다(엡 5:26).

우리의 혼을 보호해 줍니다

주님 앞에서의 참된 순결은 예수님을 향한 열정이 없이는 불가능합니다. 그런데 우리가 주님 자신을 간절히 구할 때, 주님께서 우리를 정결케 하실 뿐 아니라 우리의 보호막이 되시는 것입니다. 그리고 주님을 향한 우리의 사랑이 우리에게 죄를 이길 수 있는 힘을 부여해 줍니다. 우리의 각오와 결단도 중요하지만 그것만 가지고는 부족합니다. 주님을 향한 우리의 뜨거운 사랑만이 우리를 모든 죄의 유혹에서 이기게 해 줍니다. 예를 들어, 신혼여행 중 다른 여자(혹은 남자)에게 눈을 돌리지 않는 것처럼 말입니다.

세상 사랑을 이기게 해 줍니다

주님과 동행하는 삶을 위해 우리 가운데서 반드시 다루어져야 할 것 중 하나는 세상 사랑입니다.

간음한 여인들아 세상과 벗된 것이 하나님과 원수 됨을 알지 못하느냐 그런즉 누구든지 세상과 벗이 되고자 하는 자는 스스로 하나님과 원수 되는 것이니라

(약 4:4)

야고보서 4:4을 읽고, 다음의 물음에 답하십시오.

성경은 세상 사랑을 무엇이라고 부릅니까?

우리가 세상 사랑을 가지고 있으면 하나님과의 관계가 어떻게 됩니까?

성경은 세상 사랑을 영적인 간음이라고 표현하고 있습니다. 여기의 간음하는 여자들은 세상을 사랑하는 성도들을 가리킵니다. 세상 사랑은 우리를 하나님과 원수 되게 만듭니다. 마치 결혼한 여자가 다른 남자와 사랑에 빠지는 것이 본 남편과 원수 되는 것과 같습니다. 우리는 그리스도의 신부이기 때문입니다. 바람 난 아내가 남편에게 몇 가지 잘 해 준다고 해서 남편과의 친밀한 관계가 회복될 수 없듯이, 세상 사랑에서 돌이키지 않고 몇 가지 종교적인 활동을 열심히 한다고 해서 하나님과의 친밀한 사랑의 관계가 열리지 않습니다.

그런데 율법주의 신앙에서는 절대로 세상 사랑이 깨어지지 않습니다. 율법주의 신앙을 양파 벗기듯이 벗겨 보면, 그 중심에는 탐심과 세상 사랑이 있기 때문입니다. 반면에 우리들이 하나님의 얼굴을 구하고, 그 분만을 알기를 더욱 사모하게 될 때, 주님의 은혜로 세상 사랑이 우리 속에서 깨어지기 시작합니다.

우리 마음에 주님을 향한 사랑을 불당겨 줍니다

너는 나를 도장 같이 마음에 품고 도장 같이 팔에 두라 사랑은 죽음 같이 강하고 질투는 스올 같이 잔인하며 불길 같이 일어나니 그 기세가 여호와의 불과 같으니라 많은 물도 이 사랑을 끄지 못하겠고 홍수라도 삼키지 못하나니 사람이 그의 온 가산을 다 주고 사랑과 바꾸려 할지라도 오히려 멸시를 받으리라

(아 8:6-7)

아가서 8:6-7을 읽고 다음에 써 보십시오.

하나님은 오늘날 이 아가서에 나오는 사랑과 같은 예수님을 향한 사랑을 성도들의 마음속에 붓고 계십니다. 그런데 이러한 사랑이 우리에게 부어지는 것도 바로 주님과의 친밀한 교제를 통해서입니다. 우리가 주님을 알면 알수록 그 분을 더욱 사랑하게 되고, 그 분과 같이 있기를 더욱 간절히 열망하게 되기 때문입니다.

누가복음 10:38-42을 읽으십시오.

마르다는 무엇을 하고 있었습니까?

마리아는 무엇을 하고 있었습니까?

예수님은 누구를 칭찬하셨습니까?

마르다와 마리아 중 누가 예수님을 위해 옥합을 깨뜨렸습니까?(요 12:1-11).

마르다는 예수님의 식사를 대접하기 위해 바빴습니다. 마리아는 주님의 발 앞에 앉아 주님의 말씀을 듣고 있었습니다. 예수님은 마리아를 칭찬하셨습니다. 마리아가 주님을 위해 옥합을 깨뜨렸습니다.

그들이 길 갈 때에 예수께서 한 마을에 들어가시매 마르다라 이름하는 한 여자가 자기 집으로 영접하더라 그에게 마리아라 하는 동생이 있어 주의 발치에 앉아 그의 말씀을 듣더니 마르다는 준비하는 일이 많아 마음이 분주한지라 예수께 나아가 이르되 주여 내 동생이 나 혼자 일하게 두는 것을 생각하지 아니하시나이까 그를 명하사 나를 도와 주라 하소서 주께서 대답하여 이르시되 마르다야 마르다야 네가 많은 일로 염려하고 근심하나 몇 가지만 하든지 혹은 한 가지만이라도 족하니라 마리아는 이 좋은 편을 택하였으니 빼앗기지 아니하리라 하시니라

(눅10:38-42)

우리가 주님을 깊이 앎이 없이 주님을 깊이 사랑하는 것은 불가능합니다. 우리는 주님을 깊이 알지 않고도 외부적인 신앙의 모양을 갖출 수 있습니다. 그리고 우리가 임의로 설정해 놓은 경계선 내에서 그분께 순종하고 또 그분을 위해 봉사할 수 있습니다. 오늘날 대부분의 성도들이 하는 것처럼 말입니다. 그러나 우리가 주님을 깊이 앎이 없이 그분을 위해 소위 옥합을 깨뜨리는 사랑은 할 수 없습니다. 우리는 마르다와 마리아 자매 중 주님을 위해 옥합을 깨뜨린 사람은 늘 주님의 발 앞에서 그분의 음성을 들으며 그분과의 친밀한 교제를 우선적으로 구했던 마리아였던 것을 기억해야 합니다.

인간에 대한 두려움이나 불안정으로부터 우리를 자유케 해 줍니다

우리는 우리 주위의 환경이나 우리가 가지고 있는 지위나 재산, 그리고 우리에 대한 다른 사람들의 평가로부터 우리 자신의 가치와 존재를 찾으려고 노력할 때, 끊임없이 불안하고 초조할 수밖에 없습니다. 그런 것들을 아무리 많이 소유해도 마찬가지입니다.

그러나 우리가 하나님과의 깊은 교제를 가질수록 우리 자신을 향한 하나님의 사랑을 더욱 깨닫게 되고, 하나님께 받아들여졌다는 사실을 깨닫게 됩니다. 그리고 이러한 확신은 우리에게 참으로 놀라운 자존감과 가치를 부여해 주며, 따라서 다른 종류의 두려움과 불안으로부터 우리를 자유케 해 줍니다. 사실, 우리를 향한 하나님의 그 크신 사랑을 알수록 우리는 하나님을 사랑하게 됩니다. 그리고 우리 자신을 사랑할 수 있게 됩니다. 우리를 향한 하나님의 사랑의 관점에서 우리를 보게 되기 때문입니다. 그리고 우리 속에 넘치는 하나님의 사랑은 다른 사람을 향해 흘러가게 될 것입니다.

우리 마음에 진정한 기쁨을 가져다줍니다

주님을 아는 것보다 우리 마음에 더 큰 기쁨과 만족을 가져다주는 것은 없습니다. 우리 마음과 삶 속에 더 큰 행복을 가져다주는 것은 없습니다.

시편 기자는 주의 전에서의 하루가 세상에서의 천 날보다 더 귀하다고 말했습니다(시 84:10). 당신은 이 말이 그저 단순히 주의 전에 있는 것이 그렇게 좋다고 말하는 것이라고 생각하십니까? 결코 아닙니다. 시편 기자는 주님이 머물러 계시는 주의 장막에 거하는 것이 그렇게 좋다고 말하고 있습니다(시 84:1, 26:8). 사실, 주님의 임재 가운데 있는 단 10분이 세상에서의 천 날보다 훨씬 더 좋습니다. 그것은 우리에게 참으로 놀라운 기쁨과 만족을 줍니다. 주님의 임재 가운데 주님의 얼굴을 바라보며 그 분과 교제하는 것보다 더 기쁜 것은 세상에 없습니다.

주님과의 친밀한 교제로 인하여 우리가 진정으로 기쁘고 행복하지 않으면서 주를 위해 섬기려고 하면 우리는 머지않아 탈진할 것입니다.

당신은 지금 주님으로 인하여 행복하십니까?

□ 예 □ 아니요

주님과의 교제를 통해서 경험했던 진정한 기쁨이 있으면, 한 사람씩 같이 나누시기 바랍니다. 가장 최근에 그 경험을 했던 경우는 언제였습니까?

오늘 배운 것을 복습하십시오. 오늘 배운 내용 중에서 하나님께서 당신으로 하여금 이해하고, 배우고, 실천하기 원하는 부분이나 성구를 한두 개 지적해 주시도록 기도하십시오. 그리고 난 후 다음의 질문에 답하십시오.

- 오늘 배운 내용 중에서 어떤 부분이나 성구가 가장 뜻있게 와 닿았습니까?

- 위의 부분이나 성구를 하나님께 대한 당신의 기도로 바꾸십시오.

- 오늘의 학습에 대한 반응으로 하나님은 당신이 무엇을 하기를 원하십니까?

이 과의 요점

- 주님을 아는 것은 우리 안에 거룩함을 산출해 줍니다.
- 주님을 아는 것은 우리의 영을 씻어줍니다.
- 주님을 아는 것은 우리의 혼을 보호해 줍니다.
- 주님을 아는 것은 세상 사랑을 이기게 해 줍니다.
- 주님을 아는 것은 주를 향한 열정을 불붙여 줍니다.
- 주님을 아는 것은 인간에 대한 두려움이나 불안정으로부터 자유케해 줍니다.
- 주님을 아는 것은 우리 마음에 진정한 기쁨을 가져다 줍니다.

제 6단원

하나님을 사랑하는 것

제1과 하나님을 사랑한다는 의미

예수께서 이르시되 네 마음을 다하고 목숨을 다하고 뜻을 다하여 주 너의 하나님을 사랑하라 하셨으니 이것이 크고 첫째 되는 계명이요
(마 22:37-38)

우리 신앙의 가장 핵심은 하나님을 사랑하는 것입니다.

마태복음 22:37-38을 읽고 다음의 물음에 답하십시오.

이 말씀은 누가 하신 말씀입니까?

성경에는 많은 명령들이 있습니다. 예를 들어, 쉬지 말고 기도하라, 땅 끝까지 복음을 전파하라, 죽도록 충성하라, 항상 기뻐하라, 네 보화를 하늘에 쌓아두라 등등. 그런데 그 중에서 가장 우선적이고 첫째 되는 명령, 그리고 가장 큰 명령은 무엇입니까?

이 명령은 예수님께서 직접 말씀하신 것입니다. 성경에 나오는 모든 명령 중 가장 우선적이고 가장 첫째 되는 명령은 우리의 전존재로 하나님을 사랑하라는 것입니다. 그리고 성경에 나오는 모든 명령 중 가장 큰 명령도 우리의 전존재로 하나님을 사랑하라는 것입니다. 우리의 전존재로 하나님을 사랑하는 것이야말로 하나님께서 우리를 창조하시고, 우리를 구속하신 가장 근본적인 이유입니다. 또한 그것은 우리가 하나님을 위해서 하는 모든 일의 배후에 있는 가장 근본적인 동기입니다.

하나님을 사랑하는 것이 당신의 삶과 사역의 가장 우선적이고 가장 큰 목표입니까? 그리고 그것이 당신의 삶과 사역의 성공 여부를 시험해 볼 수 있는 리트머스 시험지입니까?

□ 예 □ 아니요

하나님을 사랑하는 것의 의미

하나님을 사랑하는데 있어서 중요한 것은 하나님을 사랑하는 것이 무엇을 의미하느냐 하는 것을 아는 것입니다. 우리의 모든 신앙생활에서 하나님의 다림줄이 중요합니다. 앞에서 살펴본 대로 예수님 시대의 바리새인들이나 호세아와 예레미야 시대의 이스라엘 백성들은 자신들이 누구보다 하나님을 사랑한다고 생각했을 것입니다. 그들은 의식을 잘 하는 것을 하나님을 사랑하는 것이라고 생각했기 때문입니다. 그러나 하나님은 그들이 전혀 하나님을 사랑하지 않는다고 말씀하셨습니다. 하나님께서 말씀하시는 하나님을 사랑하는 것은 다른 의미를 가지고 있기 때문입니다.

그렇다면 성경이 말하는 하나님을 사랑하는 것은 무엇을 의미합니까? 성경에서 하나님을 사랑하는 것은 인격체이신 하나님을 전존재로 사랑하는 것을 말합니다.

먼저 하나님은 인격체이십니다. 하나님은 영이시기 때문에 뼈나 살이 없으십니다(요 4:24, 눅 24:39). 그러나 하나님은 인격을 가지신 분입니다. 오히려 우리들보다 더욱 확실한 인격체이십니다. 우리의 인격이 그 분에게서 나왔습니다.

하나님을 사랑하는 것은 우리의 마음에서부터 시작됩니다. 아내나 남편 혹은 친구를 사랑하는 경우에도 그렇듯이, 한 인격체를 사랑하는 것은 어떠한 행동 이전에 항상 마음에서부터 시작됩니다.

우리가 하나님을 우리의 전존재로 사랑한다는 것은 인격체이신 하나님이 우리의 유일한 구세주와 유일한 주인과 우리의 생명이 되시는 것을 말합니다. 한 마디로 말하면, 그분 자신이 우리의 모든 것 되시는 것을 말합니다.

| 하나님이 우리의 유일한 구세주요 주인이요 생명인 관계

하나님을 사랑하는 것은 하나님이 우리의 유일한 구세주요 주인이요 생명인 관계에서만 가능합니다. 하나님이 우리의 삶에서 그러한 위치를 차지하지 않으면, 그것은 나누어진 마음이요, 우상숭배입니다. 그리고 그런 상태에서 우리 삶 속에 아무리 많은 종교적인 의식과 헌신이 가득하다 할지라도, 그것은 전혀 하나님을 사랑하는 것이 아닙니다.

여기에서 중요한 단어는 "유일한" 이란 단어입니다. 하나님이 우리의 유일한 구세주가 아니면, 그 분은 더 이상 우리의 구세주가 아닙니다. 하나님이 우리의 유일한 주인이 아니시면, 그 분은 더 이상 우리의 주인이 아닙니다.

| 다윗의 예

힘이신 여호와여 내가 주를 사랑하나이다
(시 18:1)

시편 18:1을 읽고, 다음의 물음에 답하십시오.

다윗은 하나님을 자신의 무엇이라고 부르고 있습니까?

당신은 그 말의 의미가 무엇이라고 생각하십니까?

당신은 하나님이 당신의 힘이라고 고백할 수 있습니까?

다윗은 하나님이 자신의 힘이라고 고백했습니다. 우리는 이 구절을 읽을 때, 이러한 다윗의 신앙고백은 당연한 것이라고 생각합니다. 그리고 우리의 경우에도 당연히 하나님이 우리의 힘이라고 생각합니다. 그러나 하나님이 자신의 힘이라는 다윗의 이 고백은 그렇게 단순한 말이 아닙니다. 그것은 하나님만이 그의 유일한 힘이라는 고백입니다. 만약 하나님만이 우리의 유일한 힘이 되지 않으면, 하나님은 더 이상 우리의 힘이 아닙니다. 그것은 우리의 환경이 어떠하든지, 그 분만이 우리가 힘을 얻는 유일한 힘의 근원이라는 말입니다.

오래 전 우리가 첫 번째 교회를 개척할 당시의 일입니다. 그 당시 우리는 교회를 개척하느라 살림이 넉넉지 못한 상태였습니다. 하루는 아내가 교회에 앉아있는데, 힘이 없더랍니다. 그래서 하나님 앞에서 기다리면서 왜 그런 상태에 있는지 원인을 찾았습니다. 그 때 아내는 시장을 가려고 하는데 호주머니에 몇 천원 밖에 없는 것 때문에 힘이 빠져 있는 것을 발견했습니다. 그 때 하나님께서 아내에게 말씀하셨습니다. "나만이 너의 힘이라며?" 아내는 곧 바로 하나님께 회개했습니다. "하나님, 그렇습니다. 제가 잘못했습니다. 하나님만이 저의 힘이라고 고백했는데, 실제로 그렇지 못했음을 회개합니다." 그러자 그 낙심이 곧 바로 사라졌습니다. 그리고 그 후로는 돈이 많고 적음에 의해 낙심되거나 힘이 솟는 일이 없었다고 합니다.

이처럼 주님이 우리의 유일한 구세주요 주님이요 생명이라는 말은 오직 그 분만이 우리의 유일한 구원자요, 우리의 삶을 주관하시는 유일한 주인이시요, 우리의 생명 그 자체인 것을 의미합니다.

하나님을 아는 것과 사랑하는 것

하나님을 아는 것과 하나님을 사랑하는 것은 동전의 양면처럼 서로 밀접한 관계를 가지고 있습니다. 그 둘은 본질은 같지만 양면으로서 하나 없이 다른 하나가 가능하지 않습니다.

| 하나님을 사랑하는 사람은 주님을 아는 것이 삶의 유일한 목표와 목적이 될 것입니다

하나님을 우리의 전존재로 사랑하는 것은 하나님 그분이 우리의 모든 것 되시는 것을 말합니다. 하나님 그분이 우리의 모든 것으로 산 가장 값진 보화와 진주가 되시는 것을 말합니다(마 13:44-46). 그래서 하나님을 전존재로 사랑하는 사람은 삶의 유일한 목적과 목표가 하나님을 아는 것이 될 것입니다. 모세가 그랬고, 다윗이 그랬고, 바울이 그랬습니다. 내가 지금 하나님을 사랑하고 있는지 아닌지를 살펴볼 수 있는 한 가지 테스트도 지금 나의 유일한 열망이 주님을 아는 것인가 하는 것입니다.

지금 당신의 유일한 열망과 목표는 주님을 아는 것입니까?

□ 예 □ 아니요

| 하나님을 아는 만큼 하나님을 사랑할 수 있습니다

하나님을 아는 것과 하나님을 사랑하는 것 사이의 밀접한 관계 중 하나는 우리가 하나님을 사랑하기 위해 하나님을 알아야 한다는 것입니다. 다시 말해서 우리는 하나님을 아는 만큼 하나님을 사랑할 수 있습니다. 우리가 하나님의 영광을 볼 때, 우리를 향한 하나님의 크신 사랑을 알 때, 우리는 진실로 하나님만을 사랑하기를 원하게 될 것입니다.

1. 하나님이 우리를 향한 하나님의 사랑을 계시하신다.
2. 그것이 우리에게 하나님을 사랑할 수 있는 능력을 준다.
3. 그것이 우리에게 자신을 사랑할 수 있는 능력을 준다.
4. 그것이 우리에게 우리 이웃을 우리처럼 사랑할 수 있는 능력을 준다.

내가 아버지의 이름을 그들에게 알게 하였고 또 알게 하리니 이는 나를 사랑하신 사랑이 그들 안에 있고 나도 그들 안에 있게 하려 함이니이다
(요 17:26)

1. 하나님이 우리를 향한 하나님의 사랑을 계시하십니다

우리가 우리의 전존재로 하나님을 사랑하는 것이 하나님의 가장 큰 열망이고, 가장 첫

째 되는 열망입니다. 그래서 하나님은 우리로 하나님을 사랑할 수 있도록 우리를 향한 하나님의 사랑을 계시하십니다. 우리를 향한 하나님의 사랑이 우리에게 계시되는 것보다 더 큰 성령의 역사는 없습니다. 그것이 성령님의 가장 첫째 되고, 큰 열망이기 때문입니다.

우리가 즐거워하고 크게 기뻐하며 그에게 영광을 돌리세 어린 양의 혼인 기약이 이르렀고 그의 아내가 자신을 준비하였으므로

(계 19:7)

요한복음 17:26에 의하면, 예수님은 우리 안에 예수님에 대한 어떤 사랑이 있기를 위해서 기도하십니까?

그것을 위해 예수님은 계속적으로 무엇을 하실 것이라고 말씀하십니까?

소망이 우리를 부끄럽게 하지 아니함은 우리에게 주신 성령으로 말미암아 하나님의 사랑이 우리 마음에 부은 바 됨이니

(롬 5:5)

요한계시록 19:7은 예수님이 다시 오시기 전에 어린양의 신부가 어떻게 될 것을 말합니까?

로마서 5:5에 의하면, 누가 아버지의 사랑을 우리에게 부어주십니까?

이러므로 내가 하늘과 땅에 있는 각 족속에게 이름을 주신 아버지 앞에 무릎을 꿇고 비노니

(엡 3:14–15)

사도 바울은 에베소 교회를 위해 기도하면서 무엇을 위해 어떻게 기도하고 있습니까?(엡 3:14–15, 18–19, 1:16–17)

능히 모든 성도와 함께 지식에 넘치는 그리스도의 사랑을 알고 그 너비와 길이와 높이와 깊이가 어떠함을 깨달아 하나님의 모든 충만하신 것으로 너희에게 충만하게 하시기를 구하노라

(엡 3:18–19)

내가 기도할 때에 기억하며 너희로 말미암아 감사하기를 그치지 아니하고 우리 주 예수 그리스도의 하나님, 영광의 아버지께서 지혜와 계시의 영을 너희에게 주사 하나님을 알게 하시고

(엡 1:16–17)

예수님은 하나님께서 예수님을 사랑하는 바로 그 사랑이 우리 속에 있기를 위해서 기도하십니다. 이것이 예수님의 열망일 뿐 아니라, 아버지의 열망이기도 하고 성령님의 열망이기도 합니다. 예수님은 철저하게 성령님의 인도를 따라 아버지의 행하심을 보고 행했기 때문입니다. 성경은 예수님의 재림 전에 그리스도의 신부가 준비될 것을 말해주고 있습니다. 그 준비는 무엇보다 예수님께서 요한복음 17장에서 기도하신 것처럼 예수님을 사랑하는 교회가 될 것입니다. 그리고 우리가 그렇게 예수님을 사랑할 수 있도록 예수님은 하나님 아버지를 우리에게 지속적으로 계시해주실 것이라고 말씀하고 있습니다. 사도 바울은 성령께서 아버지의 사랑을 우리 속에 부어주신다고 말하고 있습니다. 그리고 하나님께서 지혜와 계시의 성령을 성도들에게 부어주셔서 하나님을 더욱 알게 해달라고 기도하고, 성도들로 하여금 성령의 능력으로 하나님의 사랑을 더욱 알게 해달라고 간절히 기도하고 있습니다. 그 당시 무릎을 꿇고 드리는 기도는 간절한 기도였습니다.

성령께서 지혜와 계시의 영으로 오셔서 우리로 하나님을 더욱 알게 하시고, 하나님의 사랑을 우리 속에 부어주시는 것이 성령님의 가장 큰 역사입니다. 그것은 삼위일체 하

나님의 가장 큰 열망을 실현시키는 것이기 때문입니다. 그러므로 우리는 사도 바울이 그랬던 것처럼 그러한 성령의 역사와 기름부음을 간절히 열망하고 구해야 합니다. 우리는 어느 날 하나님께서 지혜와 계시의 영을 부으셔서 하나님과 하나님의 사랑을 더욱 알게 해주실 것을 막연히 기다릴 것이 아니라, 성령께서 우리 속에 하나님의 사랑을 부어주시도록 간절히 기도하고 사모하고 열망해야 합니다.

2. 우리 속에 넘치는 하나님의 사랑이 우리에게 하나님을 사랑할 수 있는 능력을 줍니다

요한1서 4:19을 읽고, 아래에 써보십시오.

우리가 사랑함은 그가 먼저 우리를 사랑하셨음이라

(요일 4:19)

우리가 하나님을 사랑하는 것은 먼저 하나님께서 우리를 사랑하셨기 때문입니다. 하나님께서 먼저 우리를 하나님의 전존재로 사랑하십니다. 그리고 우리로 하여금 하나님을 그렇게 사랑하기 원하십니다. 하나님은 우리와 영원한 사랑의 교제를 원하시기 때문입니다. 예를 들어, 여기 자기의 모든 것으로 신부를 사랑하는 신랑이 있습니다. 그런데 신부는 그 신랑도 사랑하고 다른 남자도 사랑합니다. 만약 그렇다면 어떻게 진정한 사랑의 교제가 가능하겠습니까? 하나님과 우리 사이도 마찬가지입니다.

에베소서 3:18-19에 의하면, 우리가 하나님(예수님)의 사랑을 아는 만큼 우리에게 무엇이 넘치게 됩니까?

우리가 우리를 향하신 하나님의 말할 수 없는 그 놀라운 사랑을 알게 될 때, 하나님의 모든 충만이 우리 속에 충만하게 넘치게 됩니다. 생각해 보십시오. 하나님의 모든 충만이 우리 속에 충만하게 넘친다니요. 그리고 우리 속에 넘치는 하나님의 충만 중 하나는 진실로 하나님을 전존재로 사랑하기를 원하는 열망이 될 것입니다.

로이드 존스 목사가 쓴 『부흥』이라는 책에 보면, 조나단 에드워드의 이야기가 나옵니다.

1737년 내 건강을 위해서 숲속으로 말을 타고 달려가다가 말에서 내려 내가 늘 하던 대로 한적한 곳에서 하나님을 생각하고 기도하며 걸었던 적이 있었다. 그 때 나는 정말 특이하게 하나님과 사람 사이의 중보자이신 하나님의 아들의 영광을 보았다. 그리고 그의 놀랍고 위대하고 충만하고 순결하고 달콤한 은혜와 사랑, 온유하고 겸손하고 낮아지심의 영광을 보게 되었다. 그처럼 고요하고 달콤하게 나타났던 이 은혜는 하늘보다 크게 보였다. 그리스도의 인격이 말로 할 수 없이 탁월하게 보였는데, 내가 판단하기로는 거의 한 시간 가량 그러한 일이 계속되었다. 그래서 그 시간 내내 거의 대부분을 나는 눈물의 홍수에 빠져 있었고 흐느껴 울었다. 내 영혼이 텅 비어 기절하여 먼

지 속에 누워 그리스도로만 충만해지고, 거룩하고 순전한 사랑으로 그리스도를 사랑하고 싶은 격렬한 느낌을 가졌다. 나는 그것을 달리 표현할 길이 없다. 그를 섬기고 따르고, 그저 완전하게 거룩하게 되고 신적이고 천상적인 순결함으로 깨끗하게 되고 싶은 영혼의 강렬한 느낌을 받았다. 나는 다른 때도 여러 번 바로 그러한 성질에 속하는 것을 매우 많이 체험했었다. 그럴 때마다 그것은 똑같은 효과를 발하였다(289쪽).

3. 우리 속에 넘치는 하나님의 사랑이 우리에게 자기를 사랑할 수 있는 능력을 줍니다

우리를 향한 하나님의 그 큰 사랑을 아는 것보다 우리에게 더 큰 진정한 만족과 기쁨과 영혼의 안식을 주는 것은 없습니다.

우리를 향한 하나님의 사랑을 아는 것으로부터 나오는 진정한 만족과 안식은 우리로 하여금 하나님께서 우리를 사랑하시는 것처럼 우리 자신을 용납하고 귀히 여기고 사랑하도록 도와줄 것입니다. 이것은 자신을 향한 이기적인 사랑을 말하는 것이 아닙니다. 하나님의 관점으로 자신을 보는데서 오는 진정한 자기 사랑을 말합니다.

둘째도 그와 같으니 네 이웃을 네 자신 같이 사랑하라 하셨으니
(마 22:39)

반면에 우리가 우리를 향한 하나님의 그 큰 사랑을 알지 못하면, 우리는 다른 것으로부터 만족을 얻으려고 끝없이 추구할 것입니다. 그러나 그것들은 목이 마를 때 바닷물을 마시면 더욱 심한 갈증이 나듯이, 더욱 큰 갈증만을 가져올 것입니다.

우리는 우리를 전파하는 것이 아니라 오직 그리스도 예수의 주 되신 것과 또 예수를 위하여 우리가 너희의 종 된 것을 전파함이라
(고후 4:5)

그리고 우리가 자신을 사랑하지 못하면, 다른 사람을 진정으로 사랑할 수 없습니다. 다른 사람을 사랑하는 것에 큰 어려움을 겪고 있던 한 성도가 "내 이웃을 내 몸 같이 사랑할 수 있도록 도와주세요" 라고 기도했다고 합니다. 그랬더니 예수님께서 "너는 이미 그렇게 하고 있다" 라고 말씀하셨습니다. 다시 말해서, 그가 자기를 사랑하지 못하기 때문에 다른 사람을 사랑하지 못하는 것을 보여주신 것입니다.

내가 모든 사람에게서 자유로우나 스스로 모든 사람에게 종이 된 것은 더 많은 사람을 얻고자 함이라
(고전 9:19)

4. 우리 속에 넘치는 하나님의 사랑이 우리에게 이웃을 사랑할 수 있는 능력을 줍니다

마태복음 22:39에 의하면, 둘째 계명은 무엇입니까?

사도 바울은 심지어 교회와 모든 사람의 무엇이 되었습니까?(고후 4:5, 고전 9:19)

우리가 이같이 너희를 사모하여 하나님의 복음뿐 아니라 우리의 목숨까지도 너희에게 주기를 기뻐함은 너희가 우리의 사랑하는 자 됨이라
(살전 2:8)

바울은 교회를 위해 무엇까지 기꺼이 내어주기를 즐겨했습니까?(살전 2:8)

고린도후서 11:23-28을 읽고, 사도 바울이 치룬 희생을 당신의 말로 간단히 써보

십시오.

사도 바울의 이 모든 희생과 섬김의 배후에는 무엇이 있었습니까?(고후 5:14)

가장 크고 첫째 되는 계명은 우리의 전존재로 하나님을 사랑하는 것이고, 둘째 계명은 우리 이웃을 우리와 같이 사랑하는 것입니다. 그런데 이 둘은 나누어질 수 없습니다.

우리는 이웃을 사랑함이 없이 하나님을 사랑할 수 없습니다. 다시 말해서, 하나님을 전존재로 사랑하면서 이웃을 사랑하지 않는 것은 불가능합니다. 우리가 하나님을 사랑하면, 자연스럽게 이웃을 사랑하게 될 것입니다. 만약 어떤 사람이 하나님을 진실로 사랑한다고 말하면서 이웃을 사랑하지 않는다면, 그 사람은 실제로는 하나님을 전혀 사랑하는 사람이 아닙니다.

우리 속에 하나님의 사랑이 넘치게 될 때, 그것이 우리에게 이웃을 사랑할 수 있는 능력을 줍니다. 사도 바울의 경우를 보면 이 점을 잘 알 수 있습니다. 사도 바울의 이웃을 향한 섬김을 우리는 잘 압니다. 그는 스스로 교회와 모든 사람의 종이 되었습니다. 그는 성도들에게 복음뿐 아니라, 할 수 있으면 자기 목숨까지 내어주기를 기뻐했습니다. 사도 바울 자신이 자기는 다른 모든 사도들보다 더 많이 수고했다고 말할 만큼(고전 15:10), 그의 헌신과 희생은 참으로 컸습니다. 그런데 사도 바울은 그 모든 것을 그리스도의 사랑이 강권함으로 감당했습니다. 다시 말해서 그의 속에 넘치는 하나님의 사랑이 그로 하여금 이렇게 교회와 이웃을 섬기도록 능력을 주었던 것입니다.

우리는 당연히 의무감에서도 섬겨야 합니다. 그것은 분명히 성경적입니다. 그러나 우리를 향한 하나님의 사랑으로 인한 감격 없이, 다시 말해서 하나님의 사랑이 우리에게 능력을 부여해줌이 없이, 우리가 의무감에서만 섬기면 우리는 머지않아 지치고, 탈진하고, 사람에 대한 배신감과 원망으로 가득차고 말 것입니다.

그들이 그리스도의 일꾼이냐 정신 없는 말을 하거니와 나는 더욱 그러하도다 내가 수고를 넘치도록 하고 옥에 갇히기도 더 많이 하고 매도 수없이 맞고 여러 번 죽을 뻔하였으니 유대인들에게 사십에서 하나 감한 매를 다섯 번 맞았으며 세 번 태장으로 맞고 한 번 돌로 맞고 세 번 파선하고 일 주야를 깊은 바다에서 지냈으며 여러 번 여행하면서 강의 위험과 강도의 위험과 동족의 위험과 이방인의 위험과 시내의 위험과 광야의 위험과 바다의 위험과 거짓 형제 중의 위험을 당하고 또 수고하며 애쓰고 여러 번 자지 못하고 주리며 목마르고 여러 번 굶고 춥고 헐벗었노라 이 외의 일은 고사하고 아직도 날마다 내 속에 눌리는 일이 있으니 곧 모든 교회를 위하여 염려하는 것이라

(고후 11:23-28)

그리스도의 사랑이 우리를 강권하시는도다 우리가 생각하건대 한 사람이 모든 사람을 대신하여 죽었은즉 모든 사람이 죽은 것이라

(고후 5:14)

오늘 배운 것을 복습하십시오. 오늘 배운 내용 중에서 하나님께서 당신으로 하여금 이해하고, 배우고, 실천하기 원하는 부분이나 성구를 한두 개 지적해 주시도록 기도하십시오. 그리고 난 후 다음의 질문에 답하십시오.

❖ 오늘 배운 내용 중에서 어떤 부분이나 성구가 가장 뜻있게 와 닿았습니까?

❖ 위의 부분이나 성구를 하나님께 대한 당신의 기도로 바꾸십시오.

❖ 오늘의 학습에 대한 반응으로 하나님은 당신이 무엇을 하기를 원하십니까?

이 과의 요점

- 하나님을 사랑하는 것은 우리의 전존재로 하나님을 사랑하는 것입니다.
- 하나님은 인격체이십니다.
- 하나님을 사랑하는 것은 하나님이 우리의 유일한 구세주와 주인과 생명이 됨을 아는 것입니다.
- 우리는 하나님을 아는 만큼 하나님을 사랑할 수 있습니다.
- 우리가 하나님을 사랑하는 만큼 우리 속에 하나님의 생명이 넘칩니다.

제2과 하나님을 사랑하는 것과 순종

하나님을 사랑하는 것과 하나님께 대한 순종은 직접적인 연관을 가지고 있습니다. 순종은 하나님을 사랑하는 가장 큰 열매라고 할 수 있습니다.

하나님을 사랑하는 것과 순종의 밀접한 관계

요한복음 14:15, 21, 23-24을 읽고, 아래의 문장을 올바로 연결시켜 완성해 보십시오.

1. 하나님을 사랑하는 사람은	ㄱ. 하나님께 순종하지 않는다.
2. 하나님을 사랑하지 않는 사람은	ㄴ. 하나님을 사랑한다.
3. 하나님께 순종하는 사람은	ㄷ. 하나님께 순종한다.
4. 하나님께 순종하지 않는 사람은	ㄹ. 하나님을 사랑하지 않는다.

우리는 앞에서 예레미야 2장에 나오는 공식을 살펴본 적이 있습니다. 다음의 괄호 안에 옳은 말을 집어넣으십시오. (118쪽 참조)

신앙의 본질
=하나님 중심적인 삶
=(   )
=하나님의 경외함

답 : 1-ㄷ, 2-ㄱ, 3-ㄴ, 4-ㄹ, 하나님의 주권적인 통치 아래 사는 삶.

ㅣ헨리 블랙가비 목사의 예

헨리 블랙가비 목사는 그의 책 『하나님을 경험하는 삶』 12단원에서 하나님과의 친밀한 사귐의 본질을 다음과 같이 나열하고 있습니다.

너희가 나를 사랑하면 나의 계명을 지키리라
(요 14:15)

나의 계명을 지키는 자라야 나를 사랑하는 자니 나를 사랑하는 자는 내 아버지께 사랑을 받을 것이요 나도 그를 사랑하여 그에게 나를 나타내리라
(요 14:21)

예수께서 대답하여 이르시되 사람이 나를 사랑하면 내 말을 지키리니 내 아버지께서 그를 사랑하실 것이요 우리가 그에게 가서 거처를 그와 함께 하리라 나를 사랑하지 아니하는 자는 내 말을 지키지 아니하나니 너희가 듣는 말은 내 말이 아니요 나를 보내신 아버지의 말씀이니라
(요 14:23-24)

1. 우리는 우리의 존재를 다 걸고 하나님을 사랑해야만 한다.
2. 우리는 하나님의 통치권에 완전히 순복해야만 한다.
3. 우리는 하나님을 실질적이고 개인적으로 경험해야만 한다.
4. 우리는 하나님을 완전히 의지해야만 한다.

하나님과의 친밀한 사귐을 위해 이 네 가지는 필수적인 요소들입니다. 그런데 여기서 나는 두 가지 점을 강조하려고 합니다. 하나는 블랙가비 목사가 여기서 각 용어의 의미를 잘 설명하고 있다는 것입니다. 다른 하나는 이 네 가지 요소는 서로 깊은 연관을 가지고 있어서, 하나 없이 다른 하나가 가능하지 않다는 것입니다.

먼저, 헨리 블랙가비 목사는 여기에서 하나님을 사랑하는 것, 하나님께 순종하는 것, 그리고 하나님을 의지하는 것의 참다운 의미를 아주 잘 표현하고 있습니다. 사실, 하나님을 사랑하는 것, 하나님의 통치권에 순복하는 것, 그리고 하나님을 의지하는 것, 그 자체는 어렵지 않습니다. 우리는 얼마든지 부분적으로 하나님을 사랑하고, 하나님께 순종하고, 하나님을 의지할 수 있습니다. 여기에서 핵심은 바로 그것들을 수식하는 단어들입니다. 즉, 존재를 다 걸고 사랑하는 것, 하나님의 통치권에 완전히 순복하는 것, 하나님을 완전히 의지하는 것이 핵심입니다.

오늘날 많은 성도들은 하나님을 사랑하되 자기가 원하는 만큼 사랑하고, 하나님의 통치권에 순종하되 자기가 생각하기에 좋게 보이는 부분만 순종하고, 하나님을 의지하되 다른 것과 겸하여 의지하려고 합니다. 그렇기 때문에 그들은 하나님과의 개인적인 친밀한 사귐을 전혀 가지고 있지 못할 뿐 아니라, 하나님을 경험하지 못하고 있습니다.

어떤 사람들은 우리의 전 존재를 걸고 하나님을 사랑하고, 또 하나님의 통치권에 완전히 들어가야 한다고 말하면, "그 말이 맞다. 그러나 누가 그렇게 살 수 있느냐?" 라고 말하거나 "그렇게 하려면 목사가 되어야지" 라고 말합니다. 그러나 바로 그러한 인식은 근본적으로 잘못된 사탄의 속임수입니다. 그것이 바로 우리로 하여금 하나님을 경험하지 못하도록 만드는 혼합주의 신앙입니다.

그 다음, 우리의 전존재로 하나님을 사랑하는 것과 하나님의 통치권에 완전히 순복하는 것 그리고 하나님을 완전히 의지하는 것이 서로 밀접한 관계를 가지고 있습니다. 하나님을 전존재로 사랑하는 사람은 당연히 하나님의 통치권에 온전히 순복할 것입니다. 그리고 그것은 하나님께 대한 온전한 신뢰에서만 가능할 것입니다. 반면에 하나님을 사랑한다고 하면서 하나님의 통치권에 온전히 순복하지 않으면, 그 사람은 전혀 하나님을 사랑하지 않는 사람입니다. 하나님을 신뢰하지 않는 사람입니다.

선별적인 순종은 전적인 불순종과 같습니다

순종과 관련해서 우리가 반드시 기억해야 할 중요한 사실은 선별적인 순종은 전적인 불순종과 같다는 것입니다.

사무엘상 15장에 보면, 사울이 하나님께로부터 버림을 받게 되는 결정적인 한 사건이 기록되어 있습니다. 사무엘상 15장을 읽고, 다음의 물음에 답하십시오.

하나님께서 사울에게 명령하신 바는 무엇이었습니까?(3절)

사울은 그 하나님의 명령에 어떻게 했습니까?(8-9절)

사울은 자신이 하나님의 말씀에 어떻게 했다고 생각했습니까?(13절)

하나님은 사울이 하나님의 말씀에 어떻게 했다고 생각하셨습니까?(10-11절)

하나님은 사울에게 아말렉을 치되 사람과 짐승 등 모든 호흡 있는 것을 다 멸하라고 하셨습니다. 하나님은 사울을 통해 아말렉을 심판하려 하셨습니다. 사울은 아말렉 왕을 제외한 모든 사람들과 살진 짐승 소수를 제외한 모든 짐승을 다 죽였습니다. 그래서 그는 당연히 하나님께 순종했다고 생각했습니다. 퍼센트로 따지면 90% 이상을 순종했기 때문입니다. 그러나 하나님은 그가 하나님께 불순종했다고 탄식하셨습니다. 그리고 그를 버리시기로 작정하셨습니다. 문제는 바로 선별적인 순종의 문제였습니다. 선별적인 순종은 전적인 불순종과 같습니다.

선별적인 순종은 전적인 불순종과 같습니다. 그러니까 이 말은 우리가 삶의 모든 부분에서 하나님의 말씀을 온전히 순종하지 않으면, 그것은 전적으로 하나님께 불순종하는 것과 같다는 말이 아닙니다. 만약 그렇다면 이 땅에서 하나님의 말씀에 순종하는 사람은 단 한 사람도 없을 것입니다.

이 말은 하나님께서 우리에게 말씀하신 것에 대해 순종할 때, 우리가 임의대로 원하는 부분만 선별적으로 순종하는 자세를 말합니다. 그래서 예를 들어, 우리에게 도움이 되는 부분은 선별적으로 순종하고, 우리에게 부담이 되는 부분은 적당히 넘어가는 자세

지금 가서 아말렉을 쳐서 그들의 모든 소유를 남기지 말고 진멸하되 남녀와 소아와 젖 먹는 아이와 우양과 낙타와 나귀를 죽이라 하셨나이다 하니

(삼상 15:3)

아말렉 사람의 왕 아각을 사로잡고 칼날로 그의 모든 백성을 진멸하였으되 사울과 백성이 아각과 그의 양과 소의 가장 좋은 것 또는 기름진 것과 어린 양과 모든 좋은 것을 남기고 진멸하기를 즐겨 아니하고 가치 없고 하찮은 것은 진멸하니라

(삼상 15:8-9)

사무엘이 사울에게 이른즉 사울이 그에게 이르되 원하건대 당신은 여호와께 복을 받으소서 내가 여호와의 명령을 행하였나이다 하니

(삼상 15:13)

여호와의 말씀이 사무엘에게 임하니라 이르시되 내가 사울을 왕으로 세운 것을 후회하노니 그가 돌이켜서 나를 따르지 아니하며 내 명령을 행하지 아니하였음이니라 하신지라 사무엘이 근심하여 온 밤을 여호와께 부르짖으니라

(삼상 15:10-11)

를 말합니다. 외부적인 모양이나 실적으로 볼 때 아무리 많이 순종한다 할지라도 그러한 순종은 전혀 순종이 아닙니다.

오늘날 이러한 혼합주의적인 신앙의 자세가 우리 가운데 너무 팽배합니다. 심지어 그러한 혼합주의적인 자세가 당연한 것처럼 되어 버렸습니다. 이것은 비단 일반 성도들만의 문제가 아닙니다. 많은 목회자들도 그러한 자세를 가지고 있습니다. 오늘날 하나님의 백성들 가운데 하나님과의 친밀한 사귐이 없고, 거룩함이 없고, 십자가의 능력이 경험되지 않는 것은 어쩌면 너무나 당연한 결과입니다.

하나님께서 보이신 것에 대한 전적인 순종을 적극적으로 추구해야 합니다

그러므로 하늘에 계신 너희 아버지의 온전하심과 같이 너희도 온전하라 (마 5:48)

마태복음 5:48에서 예수님은 우리에게 어떻게 하라고 명령하십니까?

당신은 이 명령에 대해서 어떻게 생각하십니까?

- ㅁ 이 명령은 우리가 하늘나라에 가서야 온전히 성취될 명령이다.
- ㅁ 이 명령은 우리가 바라보고 나갈 목표다.
- ㅁ 이 명령은 우리가 구체적으로 순종해야 할 명령이다.

예수님은 우리에게 하늘에 계신 아버지께서 온전하신 것과 같이 온전하라고 명령하십니다. 이 명령은 당연히 우리가 하늘나라에 갈 때에야 온전히 성취될 것입니다. 그러나 오늘날 우리가 할 일이 단순히 하늘나라에 가기를 기다리는 것이라면, 예수님께서 여기서 이 말씀을 할 필요가 없었을 것입니다. 또한 이 명령은 우리의 목표이기도 합니다. 그러나 문제는 많은 성도들이 이것을 단순히 우리의 목표라고만 생각하고, 이 명령에 대해서 구체적으로 아무 일도 하지 않는다는 것입니다. 이 명령은 당연히 우리의 목표이고, 그 최종적인 성취는 하늘나라에 가서야 가능하겠지만, 동시에 지금 우리가 구체적으로 순종하기를 추구해야 할 명령입니다.

| 온전함에 대한 사도 바울의 명령

예수님의 이 명령은 온전함에 대한 사도 바울의 명령과 그 맥락을 같이 합니다. 사도 바울은 성경 여러 곳에서 우리에게 온전하라고 명령합니다.

에베소서 4:11-13에 의하면, 하나님께서 일꾼들을 세우신 목적 중 하나가 무엇입니까?

골로새서 1:28-29에서 사도 바울은 각 성도를 어떻게 세우려고 그의 모든 힘을 다 쏟았습니까?

데살로니가전서 3:10에서 사도 바울은 성도들의 무엇을 위해 간절히 기도하고 있습니까?(고후 13:9도 참조)

당신은 여기서 말하는 온전함(완전함)이 무엇을 의미한다고 생각합니까?

위 모든 질문에 대한 답은 성도들의 온전함(혹은 완전함)입니다. 신약성경 전체는 말할 것도 없고, 사도 바울이 쓴 서신서만 하더라도 이와 비슷한 구절들이 매우 많습니다(고후 13:9, 11, 빌 1:6, 골 4:12, 딤후 3:17, 갈 3:3, 빌 3:15, 고전 1:6-8, 빌 2:15, 살전 3:13, 5:23, 딤전 3:2, 10, 5:5-7, 6:14, 엡 5:27 등).

| 온전함의 의미

성경 전체에 나오는 이 수많은 명령들만 보더라도 온전함에 대한 명령을 그저 단순히 우리의 목표로만 이해하고 옆으로 제쳐놓기에는 너무나 소중한 것임을 분명하게 볼 수 있습니다.

성경이 말하는 온전함은 죄가 하나도 없는 완벽함을 말하는 것이 아닙니다. 만약 그렇다면 우리 중 어느 누구도 이 명령을 지키는 것은 불가능할 것입니다. 우리는 수시로 넘어질 것입니다. 그러면 우리는 회개하고, 돌이키고, 주님의 용서를 믿음으로 받아들이고, 주님의 사랑을 의지하고 다시 일어서서 온전함의 이 명령을 다시 순종해 나갈 것입니다.

예수님께서 마태복음 5장에서 말씀하신 것은 순종에 대한 온전함입니다. 즉, 우리가 하나님을 사랑하기 때문에, 하나님께서 성령을 통해 우리에게 비추신 하나님의 길과 하나님의 인도하심에 온전히 순종하는 것을 말합니다. 모든 대가를 기꺼이 지불하고 사람들로부터 받는 오해와 비판 등 모든 스티그마를 기꺼이 지고 순종하는 것을 말합니다.

그가 어떤 사람은 사도로, 어떤 사람은 선지자로, 어떤 사람은 복음 전하는 자로, 어떤 사람은 목사와 교사로 삼으셨으니 이는 성도를 온전하게 하여 봉사의 일을 하게 하며 그리스도의 몸을 세우려 하심이라 우리가 다 하나님의 아들을 믿는 것과 아는 일에 하나가 되어 온전한 사람을 이루어 그리스도의 장성한 분량이 충만한 데까지 이르리니
(엡 4:11-13)

우리가 그를 전파하여 각 사람을 권하고 모든 지혜로 각 사람을 가르침은 각 사람을 그리스도 안에서 완전한 자로 세우려 함이니 이를 위하여 나도 내 속에서 능력으로 역사하시는 이의 역사를 따라 힘을 다하여 수고하노라
(골 1:28-29)

주야로 심히 간구함은 너희 얼굴을 보고 너희 믿음이 부족한 것을 보충하게 하려 함이라
(살전 3:10)

우리가 약할 때에 너희가 강한 것을 기뻐하고 또 이것을 위하여 구하니 곧 너희가 온전하게 되는 것이라
(고후 13:9)

아버지께서 나를 사랑하신 것 같이 나도 너희를 사랑하였으니 나의 사랑 안에 거하라 내가 아버지의 계명을 지켜 그의 사랑 안에 거하는 것 같이 너희도 내 계명을 지키면 내 사랑 안에 거하리라
(요 15:9-10)

우리가 다 실수가 많으니 만일 말에 실수가 없는 자라면 곧 온전한 사람이라 능히 온 몸도 굴레 씌우리라
(약 3:2)

무릇 더러운 말은 너희 입 밖에도 내지 말고 오직 덕을 세우는 데 소용되는 대로 선한 말을 하여 듣는 자들에게 은혜를 끼치게 하라 하나님의 성령을 근심하게 하지 말라 그 안에서 너희가 구원의 날까지 인치심을 받았느니라 너희는 모든 악독과 노함과 분냄과 떠드는 것과 비방하는 것을 모든 악의와 함께 버리고
(엡 4:29-31)

음행과 온갖 더러운 것과 탐욕은 너희 중에서 그 이름조차도 부르지 말라 이는 성도에게 마땅한 바니라 누추함과 어리석은 말이나 희롱의 말이 마땅치 아니하니 오히려 감사하는 말을 하라
(엡 5:3-4)

그러므로 예물을 제단에 드리려다가 거기서 네 형제에게 원망들을 만한 일이 있는 것이 생각나거든 예물을 제단 앞에 두고 먼저 가서 형제와 화목하고 그 후에 와서 예물을 드리라
(마 5:23-24)

요한복음 15:9-10을 읽고, 다음에 물음에 답하십시오.

누가 예수님을 먼저 사랑하셨습니까?

예수님이 어떻게 하심으로써 아버지의 사랑 안에 거하셨습니까?

예수님께서 먼저 우리를 어떻게 하셨습니까?

예수님은 이제 우리에게 어떻게 하라고 명령하십니까?

아버지께서 예수님을 먼저 사랑하셨습니다. 예수님은 아버지의 명령에 순종함으로써 아버지의 사랑 안에 거하셨습니다. 마찬가지로 예수님께서 우리를 먼저 사랑하셨습니다. 그리고 우리에게 예수님(하나님)께 순종함으로써 예수님(하나님)의 사랑 안에 거하라고 명령하고 계십니다.

아무도 이 세상에 사는 동안에 이 온전한 순종을 온전히 다 이루지 못할 것입니다. 사도 바울과 같은 훌륭한 하나님의 사람도 그의 인생의 말기에 그가 오직 온전함에 이르지 못했다고 말했습니다(빌 3:12-14). 이 온전한 순종은 우리가 우리의 삶에서 구체적이고 적극적으로 추구하는 것입니다.

진도를 멈추고, 하나님 앞에서 지금 하나님께서 성령을 통해 보이신 모든 길과 인도하심에 그렇게 순종하기를 결단하십시오. 95%의 순종이 아니라, 선별적인 순종이 아니라, 온전히 순종하기를 결단하십시오.

| 온전한 순종의 영역

다음의 구절들을 읽고, 하나님께서 우리의 온전한 순종을 요구하는 영역들을 써보십시오.

야고보서 3:2, 에베소서 4:29-31, 5:3-4

마태복음 5:23-24, 에베소서 4:32, 히 12:14

에베소서 5:16

마태복음 6:20-21

고린도전서 9:27

욥기 31:1

고린도후서 13:13

온전한 순종은 우리의 혀에 재갈을 물리는 것, 사람들과의 관계에서 화목을 이루는 것, 하나님의 말씀과 기도를 위해 우리의 시간을 내는 것, 하나님의 나라와 이웃을 위해 우리의 돈과 시간을 드리는 것, 우리의 선호하는 바를 내려놓는 것, 우리의 정욕을 부채질하는 모든 것들을 보지 않기로 우리 눈과 언약을 맺는 것, 내주하시는 성령님과 수시로 교제하는 것 등과 같은 영역에서 하나님께서 성령을 통해 우리에게 비추시고 우리에게 말씀하시는 대로 온전히 순종하는 것을 말합니다.

진도를 멈추고, 위의 영역에서 하나님께서 말씀하고 계심에도 불구하고 불순종하고 있는 것이 있는지 하나님께 물어보십시오. 하나님께서 말씀하시면 어떤 대가를 지불하고라도 순종함으로 하나님을 사랑하는 자리에 머물겠다는 자세로 그렇게 하십시오. 그리고 하나님께서 말씀하신 바를 아래에 써보십시오. 그리고 이제 그 부분을 순종하십시오.

| 온전한 순종의 요소

이 온전한 순종은 무엇보다 하나님을 사랑하는 사랑에서 나온 것입니다. 우리 신앙생활은 지속적인 하나님과의 친밀한 교제입니다. 우리가 하나님의 마음을 깊이 알 때, 우리는 우리의 온 삶으로 하나님께서 원하시는 일에 우리의 삶을 드리기를 열망하게 될 것입니다. 성령을 통한 주님과의 만남은 하나님께 대한 우리의 순종을 위해 강력한

서로 친절하게 하며 불쌍히 여기며 서로 용서하기를 하나님이 그리스도 안에서 너희를 용서하심과 같이 하라
(엡 4:32)

모든 사람과 더불어 화평함과 거룩함을 따르라 이것이 없이는 아무도 주를 보지 못하리라
(히 12:14)

세월을 아끼라 때가 악하니라
(엡 5:16)

오직 너희를 위하여 보물을 하늘에 쌓아 두라 거기는 좀이나 동록이 해하지 못하며 도둑이 구멍을 뚫지도 못하고 도둑질도 못하느니라 네 보물 있는 그 곳에는 네 마음도 있느니라
(마 6:20-21)

내가 내 몸을 쳐 복종하게 함은 내가 남에게 전파한 후에 자신이 도리어 버림을 당할까 두려워함이로다
(고전 9:27)

내가 내 눈과 약속하였나니 어찌 처녀에게 주목하랴
(욥 31:1)

주 예수 그리스도의 은혜와 하나님의 사랑과 성령의 교통하심이 너희 무리와 함께 있을지어다
(고후 13:13)

마음과 능력을 불어넣어줄 것입니다. 하나님과의 지속적인 교제로 뒷받침 되지 않는 순종은 곧 우리를 지치게 만들 것입니다.

산상수훈의 자세가 필수적입니다. 온전한 순종의 삶은 예수님께서 말씀하신 산상수훈에 가장 잘 나타나 있습니다. 예수님은 산상수훈에서 그 삶에 대해 말씀하시면서 하나님 나라의 삶을 사는 하나님의 백성들이 가져야 할 가장 기본적인 자세에 대해서 먼저 말씀하셨습니다. 그 자세는 우리가 흔히 팔복이라고 부르는 것에 잘 나타나 있습니다(마 5:3-12). 하나님께서 우리에게 보이신 기준과 우리가 처해 있는 현실 사이에는 큰 차이가 있습니다. 그 차이를 보면서 우리는 가난한 마음을 갖게 됩니다. 다시 말해서, 우리 속에는 그 일을 감당할 수 있는 어떤 능력도 없음을 철저하게 인식하게 됩니다. 그래서 그 일을 감당할 수 있는 하나님의 은혜를 구하는 애통하는 마음을 갖게 됩니다. 그리고 그 은혜를 간절히 구하게 됩니다. 그 외에도 온유한 마음, 의에 주리고 목마른 마음, 주를 위한 핍박으로 인하여 오히려 기뻐하는 마음, 긍휼히 여기는 마음, 화평케 하는 마음, 청결한 마음 등이 필수입니다.

삶에서의 실제적인 순종으로 나타나야 합니다. 온전한 순종은 열기가 넘치는 기도 모임 이상입니다. 우리의 힘을 다 쏟은 뜨거운 찬양 이상입니다.

내가 너희에게 이르노니 너희 의가 서기관과 바리새인보다 더 낫지 못하면 결코 천국에 들어가지 못하리라

(마 5:20)

예수님은 하나님 나라의 삶에 대해서 말씀하시면서 우리들의 의가 누구의 의보다 낫지 않으면 천국에 들어가지 못하리라고 하셨습니까?(마 5:20)

바리새인들과 서기관들은 어떤 자들이었습니까?(마 23:2-4)

서기관들과 바리새인들이 모세의 자리에 앉았으니 그러므로 무엇이든지 그들이 말하는 바는 행하고 지키되 그들이 하는 행위는 본받지 말라 그들은 말만 하고 행하지 아니하며 또 무거운 짐을 묶어 사람의 어깨에 지우되 자기는 이것을 한 손가락으로도 움직이려 하지 아니하며

(마 23:2-4)

예수님은 산상수훈을 마치면서 지혜로운 건축자와 미련한 건축자에 대한 비유를 하셨습니다. 그들의 차이는 무엇이었습니까?

온전한 순종은 우리의 일상생활에서 실제적인 순종으로 나타나야 합니다. 바리새인들과 서기관들은 종교적인 의식이나 지식 면에서는 누구보다 뛰어났습니다. 그러므로 우리의 의가 그들의 것보다 더 나아야 한다는 말은 그 말이 아닙니다. 그러나 바리새인들과 서기관들은 하나님의 말씀을 가르치기만 하고 자신들은 행치 않았습니다. 우리는 실제로 하나님의 말씀을 행하는 자들이 되어야 합니다. 그래서 예수님은 산상수훈을 마치면서 나무는 열매를 봄으로써 알 수 있다는 가르침, 거짓 선지자들에 대한 가르침, 그리고 건축자들의 비유 등을 통해 이 점을 집중적으로 강조하셨습니다.

그 외에도 온전한 순종은 어려울 때에도 인내함으로 지속하는 순종입니다. 이 온전한 순종은 사람들에게 자신을 과시하여 사역이 커지게 하기 위한 것이 아니고, 주님과의 관계에서 은밀하게 하는 순종입니다. 이 순종은 우리가 교회를 통해 연합해서 하나님을 찾고 따라갈 때 더욱 강력할 것입니다. 이 순종은 장기적으로 지속되는 순종입니다. 다니엘은 약 65년 동안 하나님께 자기 나라를 회복시켜 주시도록 기도했습니다(단 6:10).

오늘 배운 것을 복습하십시오. 오늘 배운 내용 중에서 하나님께서 당신으로 하여금 이해하고, 배우고, 실천하기 원하는 부분이나 성구를 한두 개 지적해 주시도록 기도하십시오. 그리고 난 후 다음의 질문에 답하십시오.

✣ 오늘 배운 내용 중에서 어떤 부분이나 성구가 가장 뜻있게 와 닿았습니까?

✣ 위의 부분이나 성구를 하나님께 대한 당신의 기도로 바꾸십시오.

✣ 오늘의 학습에 대한 반응으로 하나님은 당신이 무엇을 하기를 원하십니까?

이 과의 요점

- 하나님을 사랑하는 것과 하나님께 대한 순종은 밀접한 관계를 가지고 있습니다.
- 하나님께 대한 순종은 전적인 순종을 말합니다.
- 선별적인 순종은 전적인 불순종과 같습니다.
- 성경은 온전함에 대해서 명령하고 있습니다.
- 온전함은 하나님께서 성령을 통해 우리에게 비추신 하나님의 길과 하나님의 인도하심에 온전히 순종하는 것을 말합니다.

제3과 하나님을 떠나는 과정

하나님께서 하나님의 백성들에게서 가장 원하시는 것은 하나님의 백성들이 전존재로 하나님을 사랑하는 것입니다. 그렇게 하나님을 사랑할 때, 하나님께서 그들을 위해 예비하신 하나님의 생명이 그들에게 넘칩니다.

사도행전 2:42-47을 읽고, 초대교회 안에 넘쳤던 하나님의 생명을 당신의 말로 표현해 보십시오.

> "그들이 사도의 가르침을 받아 서로 교제하고 떡을 떼며 오로지 기도하기를 힘쓰니라 사람마다 두려워하는데 사도들로 말미암아 기사와 표적이 많이 나타나니 믿는 사람이 다 함께 있어 모든 물건을 서로 통용하고 또 재산과 소유를 팔아 각 사람의 필요를 따라 나눠 주며 날마다 마음을 같이하여 성전에 모이기를 힘쓰고 집에서 떡을 떼며 기쁨과 순전한 마음으로 음식을 먹고 하나님을 찬미하며 또 온 백성에게 칭송을 받으니 주께서 구원 받는 사람을 날마다 더하게 하시니라"(행 2:42-47)

예수님은 우리 모두 안에 이러한 하나님의 생명이 넘치기를 원하십니다(요 10:10). 당신과 당신의 교회 안에 지금 이러한 하나님의 생명이 넘치고 있습니까? 만약 그렇지 않다면 무엇이 문제라고 생각합니까?

도둑이 오는 것은 도둑질하고 죽이고 멸망시키려는 것뿐이요 내가 온 것은 양으로 생명을 얻게 하고 더 풍성히 얻게 하려는 것이라

(요 10:10)

그런데 안타깝게도 하나님의 백성들은 하나님을 떠나려는 경향을 가지고 있습니다. 성경은 하나님의 백성들의 그러한 이야기로 가득합니다. 그리고 하나님의 백성들이 하나님을 떠나면, 하나님의 생명이 그들에게서 걷히고, 그들에게 하나님의 징계와 심판이 있습니다.

하나님을 떠나는 것은 마음에서부터 시작됩니다

오늘날 많은 성도들은 주일이면 교회에 열심히 나오고, 기도를 열심히 하고, 또 십일조

도 잘 하기 때문에, 하나님을 떠나는 것과 자신은 아무런 상관이 없다고 생각합니다.

그러나 하나님을 사랑하는 것이 그렇듯이 하나님을 떠나는 것 또한 마음에서부터 시작됩니다. 헨리 블랙가비 목사도 이 점을 잘 지적하고 있습니다. "하나님으로부터 멀어지는 것은 활동과는 무관합니다. 그것은 당신의 마음이 급진적으로 이동하는 것과 상관이 있습니다. 하나님으로부터 떠나는 것은 일정한 진행과정을 거칩니다. 그것은 당신의 마음이 하나님으로부터 돌아서는 것에서부터 시작됩니다"(『하나님과의 신선한 만남』, 요단 역간 92쪽)

하나님을 떠나는 것은 우리의 마음속에서 하나님께서 더 이상 우리의 유일한 구원자요, 유일한 주인이요, 생명이 되시기를 그치는 순간 시작됩니다. 우리가 하나님을 떠나는 것은 매우 미세한 것으로써, 많은 경우에 우리는 자신이 하나님께로부터 매우 멀리 떠나 있다는 사실을 깨닫기 전까지 그 사실도 모릅니다.

하나님을 떠나면 나타나는 징표

하나님을 떠나는 것은 아주 미세한 행동이기 때문에 그것을 간파하는 것이 어렵습니다. 그런데 하나님의 백성들이 하나님을 떠나면, 몇 가지 징표가 나타나게 되어 있습니다. 우리는 그 징표들을 보고, 우리들이 하나님을 떠나 있다는 사실을 깨달을 수 있습니다.

그러나 네가 만일 마음을 돌이켜 듣지 아니하고 유혹을 받아 다른 신들에게 절하고 그를 섬기면 (신 30:17)

신명기 30:17에 의하면, 하나님을 떠나는 것은 어디에서부터 시작됩니까?

하나님의 백성이 마음에서부터 하나님을 떠나면, 일어나는 두 가지 일은 무엇입니까?

도움을 구하러 애굽으로 내려가는 자들은 화 있을진저 그들은 말을 의지하며 병거의 많음과 마병의 심히 강함을 의지하고 이스라엘의 거룩하신 이를 앙모하지 아니하며 여호와를 구하지 아니하나니 (사 31:1)

이사야 31:1을 보면, 하나님의 백성들이 하나님을 찾고 구하지 않고 하나님을 의지할 수 있습니까?

하나님을 떠나는 것은 마음에서부터 시작됩니다. 하나님을 떠나게 되면, 하나님의 말씀에 불순종하게 되고, 우상을 섬기게 됩니다. 하나님을 찾는 것과 하나님을 사랑하는 것은 밀접한 관계를 가지고 있습니다(대하 15:2). 그런데 하나님을 찾지 않고, 다시 말해서 하나님을 사랑하지 않고, 위기 가운데서도 하나님만을 신뢰하는 것은 불가능합니다.

| 불순종

하나님의 백성들이 하나님을 떠나면 나타나는 현상 중 대표적인 것이 불순종입니다. 우리는 앞에서 하나님을 사랑하는 것과 순종의 관계를 살펴보았습니다.

하나님의 백성이 하나님을 떠나면 항상 하나님 말씀을 버립니다. 호세아 시대, 예레미야 시대, 예수님 시대의 이스라엘 백성들이 어떻게 하나님을 버렸고, 동시에 하나님의 말씀에 대해 불순종했는지를 다음의 성경구절들을 보고 써보십시오.

호세아 4:1, 6

예레미야 2:13, 6:19

요한복음 5:42, 47

어느 시대건 하나님의 백성들이 하나님을 전존재로 사랑하는 자리에서 떠나면 하나님의 말씀을 버리게 되어 있습니다. 하나님의 말씀을 버린다는 말은 성경을 더 이상 공부하지 않거나 믿지 않는다는 말이 아닙니다. 그것은 삶에서 실제적으로 하나님의 말씀에 순종하지 않는 것을 말합니다. 그리고 불순종의 전형적인 형태는 우리가 앞에서 살펴본 것처럼 선별적인 순종입니다.

성경은 하나님의 명령이 쉬운 것이라고 말합니까? 아니면 어려운 것이라고 말합니까?(신 30:11, 마 11:30)

당신은 하나님의 말씀이 어렵게 느껴집니까? 아니면 쉽게 느껴집니까? 만약 어렵게 느껴진다면 그 이유가 무엇이라고 생각합니까?

성경은 하나님의 말씀이 지키기에 쉬운 것이라고 말합니다. 또한 예수님의 멍에는 지기에 쉬운 것이라고 말합니다. 그런데 하나님의 사람들이 하나님을 떠날수록 하나님의 주권을 부담스러워합니다. 그래서 만약 어떤 사람이 하나님의 말씀에 순종하는 것에 문제가 있다면, 그 사람은 하나님을 사랑하는 데 문제를 가지고 있는 사람입니다. 그리고 우리들이 하나님의 말씀에 순종하려면, 우리는 먼저 하나님을 사랑하기를 구해야 합니다.

이스라엘 자손들아 여호와의 말씀을 들으라 여호와께서 이 땅 주민과 논쟁하시나니 이 땅에는 진실도 없고 인애도 없고 하나님을 아는 지식도 없고
(호 4:1)

내 백성이 지식이 없으므로 망하는도다 네가 지식을 버렸으니 나도 너를 버려 내 제사장이 되지 못하게 할 것이요 네가 네 하나님의 율법을 잊었으니 나도 네 자녀들을 잊어버리리라
(호 4:6)

내 백성이 두 가지 악을 행하였나니 곧 그들이 생수의 근원되는 나를 버린 것과 스스로 웅덩이를 판 것인데 그것은 그 물을 가두지 못할 터진 웅덩이들이니라
(렘 2:13)

땅이여 들으라 내가 이 백성에게 재앙을 내리리니 이것이 그들의 생각의 결과라 그들이 내 말을 듣지 아니하며 내 율법을 거절하였음이니라
(렘 6:19)

다만 하나님을 사랑하는 것이 너희 속에 없음을 알았노라
(요 5:42)

그러나 그의 글도 믿지 아니하거든 어찌 내 말을 믿겠느냐 하시니라
(요 5:47)

내가 오늘 네게 명령한 이 명령은 네게 어려운 것도 아니요 먼 것도 아니라
(신 30:11)

이는 내 멍에는 쉽고 내 짐은 가벼움이라 하시니라
(마 11:30)

인자야 이 사람들이 자기 우상을 마음에 들이며 죄악의 걸림돌을 자기 앞에 두었으니 그들이 내게 묻기를 내가 조금인들 용납하랴 그런즉 너는 그들에게 말하여 이르라 나 주 여호와가 말하노라 이스라엘 족속 중에 그 우상을 마음에 들이며 죄악의 걸림돌을 자기 앞에 두고 선지자에게로 가는 모든 자에게 나 여호와가 그 우상의 수효대로 보응하리니 이는 이스라엘 족속이 다 그 우상으로 말미암아 나를 배반하였으므로 내가 그들이 마음먹은 대로 그들을 잡으려 함이라 그런즉 너는 이스라엘 족속에게 이르기를 주 여호와의 말씀에 너희는 마음을 돌이켜 우상을 떠나고 얼굴을 돌려 모든 가증한 것을 떠나라
(겔 14:3-6)

내 백성이 두 가지 악을 행하였나니 곧 그들이 생수의 근원되는 나를 버린 것과 스스로 웅덩이를 판 것인데 그것은 그 물을 가두지 못할 터진 웅덩이들이니라
(렘 2:13)

| 우상 숭배

하나님의 백성이 하나님을 떠날 때 나타나는 대표적인 징표 중 하나는 우상 숭배입니다. 우상 숭배에 있어서 많은 성도들은 외적인 형상만을 생각하기 때문에 그것이 그들과 아무런 상관이 없다고 생각합니다. 그러나 성경에 보면, 그렇지 않습니다.

성경에 보면 우상은 근본적으로 우리 마음에 있습니다. 그리고 우상의 가장 대표적인 형태는 하나님을 대체하는 것입니다. 우리가 마음에서부터 하나님을 떠나면, 우리는 하나님 외에 다른 것으로 향하게 됩니다. 다시 말하면, 하나님을 다른 것으로 대체합니다. 그 하나님을 대체하는 것이 바로 우상입니다.

에스겔 14:3-6에 의하면, 우상이 어디에 있습니까?

예레미야 2:13에 의하면, 그 당시 이스라엘 백성들이 범한 두 가지 죄가 무엇이었습니까?

그 구절은 하나님을 대체하는 것을 무엇에 비유하고 있습니까?

그 하나님을 대체하는 것의 전형적인 특징은 무엇입니까?

하나님의 백성들은 우상을 그들의 마음에 둡니다. 그들은 마음에서부터 하나님을 떠나고, 그들의 마음이 우상에게로 향합니다. 예레미야 시대에도 하나님의 백성들은 하나님을 버린 죄와 하나님을 대체할 다른 것으로 향하는 죄를 범했습니다. 하나님을 대체하는 것을 성경은 스스로 판 웅덩이에 비교하고 있습니다. 그 웅덩이의 특징은 물을 저축치 못하는 것입니다. 다시 말해서, 하나님을 대체하는 우상에는, 그것이 무엇이든지, 하나님의 생명이 없습니다. 이것이 가장 전형적이고, 가장 치명적인 우상의 특징입니다.

하나님을 대체하는 것들

하나님을 대체하는 것들은 수없이 많습니다. 그리고 그것들은 사람마다 다를 수 있습니다. 그런데 그 중에는 돈 사랑, 세상의 명예, 쾌락과 같이 누가 보더라도 쉽게 알 수 있는 것들이 있는 반면, 어떤 것들은 세심한 주의를 기울이지 않으면 잘 알 수 없는 것들도 있습니다. 다음의 것들은 우리의 주의를 특별히 필요로 하는, 오늘날 우리 가운

데 팽배한 하나님을 대체하는 것들 중 몇 가지입니다.

다음에 나오는 하나님을 대체하는 것들의 목록과 그에 해당하는 성경 구절들을 연결해 보십시오. 어떤 구절들은 하나 이상과 연결될 수 있습니다.

• 자기 자신	• 마태복음 15:8-9
• 형식적인 예배	• 요한복음 5:39-40
• 전통적인 신앙	• 이사야 1:11-12
• 성경공부	• 누가복음 9:23-24

당신은 어떻게 전통적인 신앙생활이 하나님을 대체하는 우상이 될 수 있다고 생각합니까?

하나님을 대체하는 형식적인 예배는 어떤 것이라고 생각합니까?

당신은 어떻게 성경공부가 하나님을 대체하는 우상이 될 수 있다고 생각합니까?

자기 자신이 하나님을 대체하는 한 예를 써 보십시오.

전통적으로 내려오는 관습을 따라 아무리 열심히 기도하고, 봉사하고, 헌금하고, 예배를 잘 드린다 할지라도, 마음에서부터 하나님을 전존재로 사랑하지 않으면, 그 사람은 하나님을 떠나 있는 것입니다. 그런데 어떤 사람이 하나님을 떠나 있으면서, 전통적인 신앙생활을 잘 하고 있기 때문에 하나님을 잘 섬기고 있다고 생각하면, 그 사람에게는 전통적인 신앙이 하나님을 대체하는 우상이 된 것입니다. 그 사람은 예레미야 시대의 이스라엘 백성들과 똑같이 하나님을 버리고 스스로 다른 웅덩이를 팠는데, 그 다른 웅덩이가 전통적인 신앙인 사람입니다. 그 경우, 그 사람은 전통적인 신앙생활을 통해 하나님이 주시는 생명을 경험할 수 없습니다. 아무리 열심히 신앙생활을 한다 할지라도 그렇습니다. 그것은 터진 웅덩이로써, "물" 곧 하나님의 생명을 저축하지 못하기 때문입니다.

형식적인 예배는 건성으로 드리는 예배만을 의미하는 것이 아닙니다. 우리의 신앙은 우리의 전존재로 하나님을 사랑하는 삶입니다. 그리고 우리의 예배는 그것을 표현하고 추구하는 수단입니다. 그런데 우리의 삶에서는 하나님을 전존재로 사랑하지 않은 채, 그저 단순히 종교적인 의무나 복을 받기 위한 수단으로써 예배를 드릴 경우, 그 예배는 하나님을 대체한 형식적인 예배입니다. 이것은 예배 가운데 아무리 장엄한 찬양과 많은 헌금과 감동적인 설교가 있다 할지라도 마찬가지입니다. 그리고 거기에는 어떠한 하나님의 생명도 없습니다.

성경공부는 성경이 말씀하시는 하나님을 알고, 우리의 전존재로 그 분을 사랑하기 위한 수단입니다. 그러나 성경공부를 통해 그러한 신앙의 본질을 추구함이 없이, 성경적인 지식과 깨달음으로 만족할 때, 그것은 성경공부가 우상이 된 것입니다. 바리새인들이 그랬습니다.

성경은 하나님께서 예수님의 피로 값 주고 우리를 사셨기 때문에 우리에게 하나님의 영광을 위해 살라고 명령합니다(고전 6:20). 그런데 우리가 신앙생활 하면서도 우리 자신의 목표와 목적을 전혀 내려놓지 않고, 소위 하나님을 위해 많은 헌신과 희생을 한다 할지라도 우리의 목적과 목표의 성취를 위한 수단으로써 그렇게 하면, 우리의 삶에서 자기 자신이 하나님을 대체한 우상이 된 것입니다.

그가 나가서 아사를 맞아 이르되 아사와 및 유다와 베냐민의 무리들아 내 말을 들으라 너희가 여호와와 함께 하면 여호와께서 너희와 함께 하실지라 너희가 만일 그를 찾으면 그가 너희와 만나게 되시려니와 너희가 만일 그를 버리면 그도 너희를 버리시리라

(대하 15:2)

또 마음을 다하고 목숨을 다하여 조상들의 하나님 여호와를 찾기로 언약하고 이스라엘 하나님 여호와를 찾지 아니하는 자는 대소 남녀를 막론하고 죽이는 것이 마땅하다 하고 무리가 큰 소리로 외치며 피리와 나팔을 불어 여호와께 맹세하매

(대하 15:12-14)

온 유다가 이 맹세를 기뻐한지라 무리가 마음을 다하여 맹세하고 뜻을 다하여 여호와를 찾았으므로 여호와께서도 그들을 만나 주시고 그들의 사방에 평안을 주셨더라

(대하 15:15)

| 불신

하나님의 백성들이 하나님을 떠나면 믿음으로 하나님을 의지하는 것이 가능하지 않습니다. 우리가 12단원에서 믿음에 의한 삶을 자세히 살펴보겠습니다만, 믿음은 인격체이신 하나님을 전적으로 신뢰하는 것입니다. 다시 말해서 우리의 모든 삶으로 오직 하나님을 의지하는 것입니다. 그러므로 우리가 하나님을 떠나 하나님과의 친밀한 교제 가운데 있지 않으면서, 어려운 상황에서도 오직 하나님만을 의지하고 서는 것은 가능하지 않습니다. 믿음으로 하나님을 의지하지 못하는 것이 우리가 주님을 떠난 증거입니다.

아사 왕은 나라에 위기가 닥쳤을 때, 어떻게 했습니까?(대하 15:2, 12-14)

그 결과 하나님께서 어떻게 하셨습니까?(대하 15:15)

20년 후 다시 어려움이 닥쳤을 때 그는 어떻게 했습니까?(대하 16:1-3)

그 결과는 무엇이었습니까?(대하 16:4-5, 7, 9)

당신은 아사가 이번에는 하나님을 믿음으로 의지하지 못했던 이유가 어디에 있다고 생각합니까?

아사 왕은 나라에 처음으로 위기가 닥쳤을 때, 선지자의 말을 따라 하나님을 전심으로 찾았습니다. 여기서 하나님을 찾았다는 말은 하나님의 얼굴을 구했다는 말입니다. 그 결과, 하나님께서 온 나라에 전쟁을 쉬게 하시고 하나님의 평안을 주셨습니다. 하나님의 평안은 하나님께서 함께 하시는 가운데 삶의 모든 영역에서 하나님의 생명이 넘치는 것을 말합니다. 전쟁을 쉬게 하시는 것도 하나님의 생명 중 하나였습니다.

20년 후 다시 국가에 위기가 닥쳤을 때, 아사는 이번에는 하나님을 의지하지 않았습니다. 아람 왕에게 사신을 보내어 조약을 맺으므로 아람 왕의 도움을 얻어 문제를 해결했습니다. 그러나 당면한 문제는 해결되었을지 모르지만, 아사의 불신으로 인하여 하나님의 생명은 아사와 유다에서 거두어졌습니다. 그래서 아람 왕이 아사의 손아귀에서 벗어나게 되었고, 다시 전쟁이 시작되었습니다.

아사에게 위기가 닥쳤을 때 오직 하나님을 믿음으로 의지할 수 없었던 것은 그가 처음에 했던 것처럼 하나님을 간절히 찾지 않았기 때문입니다. 다시 말해서 그가 하나님과의 친밀한 교제 가운데 없었기 때문에 믿음으로 하나님을 의지하는 것은 가능하지 않았습니다. 아마 그는 20년 동안 평안과 하나님의 은혜로 인하여 마음이 안일하여져서 하나님을 간절히 찾지 않았던 것 같습니다.

아사 왕 제삼십육년에 이스라엘 왕 바아사가 유다를 치러 올라와서 라마를 건축하여 사람을 유다 왕 아사에게 왕래하지 못하게 하려 한지라 아사가 여호와의 전 곳간과 왕궁 곳간의 은금을 내어다가 다메섹에 사는 아람 왕 벤하닷에게 보내며 이르되 내 아버지와 당신의 아버지 사이에와 같이 나와 당신 사이에 약조하자 내가 당신에게 은금을 보내노니 와서 이스라엘 왕 바아사와 세운 약조를 깨뜨려 그가 나를 떠나게 하라 하매 벤하닷이 아사 왕의 말을 듣고 그의 군대 지휘관들을 보내어 이스라엘 성읍들을 치되 이욘과 단과 아벨마임과 납달리의 모든 국고성들을 쳤더니 바아사가 듣고 라마 건축하는 일을 포기하고 그 공사를 그친지라

(대하 16:1–5)

그 때에 선견자 하나니가 유다 왕 아사에게 나와서 그에게 이르되 왕이 아람 왕을 의지하고 왕의 하나님 여호와를 의지하지 아니하였으므로 아람 왕의 군대가 왕의 손에서 벗어났나이다

(대하 16:7)

여호와의 눈은 온 땅을 두루 감찰하사 전심으로 자기에게 향하는 자들을 위하여 능력을 베푸시나니 이 일은 왕이 망령되이 행하였은즉 이 후부터는 왕에게 전쟁이 있으리이다 하매

(대하 16:9)

오늘 배운 것을 복습하십시오. 오늘 배운 내용 중에서 하나님께서 당신으로 하여금 이해하고, 배우고, 실천하기 원하는 부분이나 성구를 한두 개 지적해 주시도록 기도하십시오. 그리고 난 후 다음의 질문에 답하십시오.

❖ 오늘 배운 내용 중에서 어떤 부분이나 성구가 가장 뜻있게 와 닿았습니까?

❖ 위의 부분이나 성구를 하나님께 대한 당신의 기도로 바꾸십시오.

❖ 오늘의 학습에 대한 반응으로 하나님은 당신이 무엇을 하기를 원하십니까?

이 과의 요점

- 하나님을 떠나는 것은 마음에서부터 시작됩니다.
- 하나님을 떠나는 것은 미세한 것입니다.
- 하나님을 떠나면, 불순종과 우상 숭배와 불신이 그 징표로 나타납니다.
- 순종에 있어서 문제가 있다면, 그것은 하나님을 사랑하지 않기 때문입니다.
- 하나님을 대체하는 것이 우상입니다.
- 우상에는 생명이 없습니다.
- 하나님을 대체하는 것에는 전통적인 신앙, 성경공부, 형식적인 예배 등도 포함될 수 있습니다.
- 하나님을 떠나면 믿음에 의한 삶이 가능하지 않습니다.

제4과 하나님의 징계

하나님의 백성들이 신앙의 본질에서 떠나면 하나님은 그들을 징계하시고 심판하십니다. 우리는 호세아 시대, 예레미야 시대, 그리고 예수님 시대에 정확하게 그러한 일이 일어났던 것을 이미 살펴보았습니다. 하나님의 백성들 가운데 아무리 종교적인 의식과 헌신이 가득하다 할지라도 하나님은 그렇게 하십니다. 왜냐하면 그들이 신앙의 본질에서 떠나면, 그것이 곧 그들이 실제로는 하나님을 떠난 것이기 때문입니다.

하나님께서 하나님의 백성을 징계하시고 심판하시는 것은 그들을 사랑하기 때문입니다. 그리고 하나님은 그들을 하나님께로 돌아오도록 그들을 징계하시고 심판하십니다. 다시 말해서, 그들이 신앙의 본질 가운데로 돌아오도록 그들을 징계하시고 심판하십니다. 하나님은 그들이 신앙의 본질 가운데 서서 하나님과의 친밀한 교제 가운데 있을 때에만, 하나님께서 그들을 위해 예비하신 생명이 그들에게 넘칠 줄을 아시기 때문입니다.

징계와 심판에 대한 그릇된 이해

오늘날 많은 하나님의 백성들이 하나님의 징계에 대해 그릇된 이해를 가지고 있습니다. 그 중 대표적인 두 가지는 다음과 같습니다.

1. 하나님은 나를 사랑하시기 때문에 나는 아무런 일도 없이 그저 평탄하다

오늘날 많은 성도들은 세상적으로 안락하고 잘 되는 것을 하나님의 축복의 증거로 이해하고, 그들이 신앙의 본질 가운데 서 있지 않음에도 불구하고 세상적으로 아무런 일이 없이 평탄하면 그것을 자신들이 신앙생활 잘하는 증거로 받아들입니다. 그러나 그것은 매우 그릇된 이해입니다.

히브리서 12:6-8에 의하면, 하나님은 어떠한 자를 징계하십니까? 그리고 하나님의 징계가 없는 자는 어떠한 자입니까?

주께서 그 사랑하시는 자를 징계하시고 그가 받아들이시는 아들마다 채찍질하심이라 하였으니 너희가 참음은 징계를 받기 위함이라 하나님이 아들과 같이 너희를 대우하시나니 어찌 아버지가 징계하지 않는 아들이 있으리요 징계는 다 받는 것이거늘 너희에게 없으면 사생자요 친아들이 아니니라
(히 12:6-8)

또한 그들이 마음에 하나님 두기를 싫어하매 하나님께서 그들을 그 상실한 마음대로 내버려 두사 합당하지 못한 일을 하게 하셨으니

(롬 1:28)

로마서 1:28에 의하면, 하나님께서 내어버려 두시는 것은 무엇을 의미합니까?(18절 참조)

여호와여 내가 주와 변론할 때에는 주께서 의로우시니이다 그러나 내가 주께 질문하옵나니 악한 자의 길이 형통하며 반역한 자가 다 평안함은 무슨 까닭이니이까 주께서 그들을 심으시므로 그들이 뿌리가 박히고 장성하여 열매를 맺었거늘 그들의 입은 주께 가까우나 그들의 마음은 머니이다

(렘 12:1-2)

예레미야 12:1-2에 의하면, 그 당시 많은 유대인들의 삶이 어떠했습니까?

내 백성이 두 가지 악을 행하였나니 곧 그들이 생수의 근원되는 나를 버린 것과 스스로 웅덩이를 판 것인데 그것은 그 물을 가두지 못할 터진 웅덩이들이니라

(렘 2:13)

그들은 신앙생활을 잘 하고 있었습니까?(렘 2:13, 6:12-13)

내가 그 땅 주민에게 내 손을 펼 것인즉 그들의 집과 밭과 아내가 타인의 소유로 이전되리라 여호와의 말씀이니라 이는 그들이 가장 작은 자로부터 큰 자까지 다 탐욕을 부리며 선지자로부터 제사장까지 다 거짓을 행함이라

(렘 6:12-13)

많은 사람들의 이해와는 달리 하나님은 자기의 받으시는 아들을 그리고 사랑하시는 자를 징계하시고 채찍질 하십니다. 반대로 하나님을 아는 것을 소중한 것으로 여기지 않는 사람들은 그들의 상실한 마음대로 온갖 죄 가운데 거하도록 내어 버려 두십니다. 그것이 그들에게 임하는 하나님의 진노입니다. 그러므로 하나님의 백성들이 신앙의 본질 가운데 서 있지 않고, 그들의 삶 속에 죄가 가득한 데도, 그들의 삶이 그저 평탄하다면, 그것은 하나님께서 그들을 사랑하시는 증거가 아니라, 그들에게 하나님의 진노가 임한 증거입니다. 예레미야 시대는 하나님의 심판이 실제로 임한 시대말적인 상황이었습니다. 하나님은 그들이 하나님을 버렸다고 말씀하셨고, 다가오는 그들에 대한 심판에 대해서 말씀하셨습니다. 그런데 그들 중 상당수는 세상적으로 잘 되고, 안락했습니다.

2. 하나님은 오늘날은 더 이상 심판하거나 징계하지 않으신다

오늘날 많은 성도들은 구약의 하나님을 심판의 하나님으로 그리고 신약의 하나님을 사랑의 하나님으로 생각합니다. 그래서 오늘날은 은혜의 시대이기 때문에, 하나님은 더 이상 구약에 하셨던 것처럼 우리를 심판하시지 않는다고 생각합니다. 그러나 그것 또한 매우 잘못된 생각입니다.

구약의 하나님과 신약의 하나님은 동일하신 하나님입니다. 우리 하나님은 구약 시대이건 신약 시대이건 변함이 없으신 동일하신 하나님이십니다. 그래서 말라기 3:6은 "나 여호와는 변하지 아니하나니" 라고 말하고 있고, 히브리서 13:8은 "예수 그리스도는 어제나 오늘이나 영원토록 동일하시니라" 라고 말하고 있습니다.

하나님은 사랑의 하나님이신 동시에 심판의 하나님이십니다. 출애굽기 34:6-7을 읽고, 하나님의 성품을 아래에 써 보십시오.

하나님은 사랑의 하나님이십니다. 하나님 자신이 사랑이실 뿐 아니라(요일 4:8), 독생자 예수님을 십자가에 내어 주심으로써 우리를 향하신 그 분의 사랑을 영원히 확증하셨습니다(롬 5:8, 요일 4:10-11). 그런데 하나님은 동시에 거룩하신 하나님이십니다. 공의의 하나님이십니다. 그러므로 하나님은 모든 죄를 반드시 심판하시고 다루십니다.

이처럼 하나님 안에는 사랑과 공의, 은혜와 심판, 주권과 신실하심이 공존하십니다. 이에 대한 가장 좋은 예가 바로 예수님의 십자가입니다. 예수님의 십자가는 바로 하나님의 공의와 사랑이 만난 장소입니다.

우리는 하나님께 대해 이와 같은 올바른 인식을 가져야 합니다. 그래야 우리에게 마땅히 가져야 할 건전한 두려움을 가지고 하나님 앞에 설 수 있습니다. 반면에 하나님의 사랑과 공의 중 어느 한 쪽만 강조하고 다른 한 쪽을 무시하면, 하나님을 올바로 알 수도 없고, 하나님께 대해 올바른 자세를 가질 수도 없습니다. 특히 하나님의 사랑만을 강조하며 하나님의 공의를 무시하면, 하나님께 대하여 방종하는 자세를 갖게 됩니다. 오늘날 심각하게도 그러한 자세가 하나님의 백성들 가운데 팽배합니다.

특히 부흥의 때마다 하나님은 늘 자신을 사랑과 공의의 하나님으로 나타내셨습니다. 로이드 존스 목사는 그의 책『부흥』에서 다음과 같이 말했습니다. *"부흥의 시대마다 언제나 두드러지게 나타나는 것이 바로 그것입니다--다시 말하면 하나님의 모든 영광스러운 속성이 이처럼 기이하게 결합되어 나타난다는 것입니다. 여러분은 그것을 서로 떼어내서는 안 됩니다. 그 모든 것을 함께 두어야 합니다. 함께 동시적으로 말해야 합니다. 하나님께서는 사랑이시면서 동시에 의로우신 분입니다. 그는 언제나 동일하신 분입니다. 그는 동시에 사랑이시며 의로우신 분입니다. 그는 동시에 거룩하시며 사랑하십니다. 여러분은 이것들을 나눌 수 없습니다. 하나님은 한 분이십니다"(302쪽, 생명의 말씀사).*

징계의 목적

히브리서 12:5-11을 읽고, 징계의 목적을 써 보십시오(특히 10-11절 참조).

우리는 하나님께서 우리를 징계하시는 목적을 잘 알아야 합니다. 하나님은 우리들이 신앙의 본질을 떠날 때 우리들을 징계하십니다. 그리고 우리를 징계하시는 목적은 우리에게 신앙의 본질로 돌아오게 하기 위함입니다. 우리가 신앙의 본질 가운데 설 때, 하나님의 거룩함에도 참여할 수 있고, 또 의의 평강한 열매도 맺을 수 있습니다.

여호와께서 그의 앞으로 지나시며 선포하시되 여호와라 여호와라 자비롭고 은혜롭고 노하기를 더디하고 인자와 진실이 많은 하나님이라 인자를 천대까지 베풀며 악과 과실과 죄를 용서하리라 그러나 벌을 면제하지는 아니하고 아버지의 악행을 자손 삼사 대까지 보응하리라

(출 34:6-7)

또 아들들에게 권하는 것 같이 너희에게 권면하신 말씀도 잊었도다 일렀으되 내 아들아 주의 징계하심을 경히 여기지 말며 그에게 꾸지람을 받을 때에 낙심하지 말라 주께서 그 사랑하시는 자를 징계하시고 그가 받아들이시는 아들마다 채찍질하심이라 하였으니 너희가 참음은 징계를 받기 위함이라 하나님이 아들과 같이 너희를 대우하시나니 어찌 아버지가 징계하지 않는 아들이 있으리요 징계는 다 받는 것이거늘 너희에게 없으면 사생자요 친아들이 아니니라 또 우리 육신의 아버지가 우리를 징계하여도 공경하였거든 하물며 모든 영의 아버지께 더욱 복종하며 살려 하지 않겠느냐 그들은 잠시 자기의 뜻대로 우리를 징계하였거니와 오직 하나님은 우리의 유익을 위하여 그의 거룩하심에 참여하게 하시느니라 무릇 징계가 당시에는 즐거워 보이지 않고 슬퍼 보이나 후에 그로 말미암아 연단 받은 자들은 의와 평강의 열매를 맺느니라

(히 12:5-11)

하나님의 징계의 종류

하나님의 징계라는 말을 들으면, 오늘날 많은 성도들은 사업이 망하거나 자녀들이 큰 어려움을 당하는 것과 같은 일들을 연상합니다. 물론 그러한 일들이 하나님의 징계일 수 있습니다. 그러나 하나님의 징계는 그보다 훨씬 다양합니다.

다음은 하나님의 징계와 심판 중 일부입니다. 다음을 읽고, 그 징계에 대해서 말하고 있는 성경구절의 번호를 써 넣으십시오. 헨리 블랙가비 목사는 그의 책 『하나님과의 신선한 만남』에서 이 부분을 잘 다루고 있습니다.

우리의 기도를 듣지 않으심 (　　)
하나님의 임재를 거두심 (　　)
말씀의 기근을 보내심 (　　)
영적인 눈이 어두워지게 하심 (　　)
보호의 울타리를 거두심 (　　)
죄의 결과를 충분히 감당케 하심 (　　)
멸망시키거나 제거하심 (　　)

(1) 이사야 1:15
"너희가 손을 펼 때에 내가 내 눈을 너희에게서 가리고 너희가 많이 기도할지라도 내가 듣지 아니하리니 이는 너희의 손에 피가 가득함이라."

(2) 요한계시록 2:5
"그러므로 어디서 떨어졌는지를 생각하고 회개하여 처음 행위를 가지라 만일 그리하지 아니하고 회개하지 아니하면 내가 네게 가서 네 촛대를 그 자리에서 옮기리라."

(3) 아모스 8:11-12
"주 여호와의 말씀이니라 보라 날이 이를지라 내가 기근을 땅에 보내리니 양식이 없어 주림이 아니며 물이 없어 갈함이 아니요 여호와의 말씀을 듣지 못한 기갈이라 사람이 이 바다에서 저 바다까지, 북쪽에서 동쪽까지 비틀거리며 여호와의 말씀을 구하려고 돌아다녀도 얻지 못하리니."

(4) 이사야 5:5
"이제 내가 내 포도원에 어떻게 행할지를 너희에게 이르리라 내가 그 울타리를 걷어 먹힘을 당하게 하며 그 담을 헐어 짓밟히게 할 것이요."

(5) 예레미야 7:13-15

"여호와의 말씀이니라 이제 너희가 그 모든 일을 행하였으며 내가 너희에게 말하되 새벽부터 부지런히 말하여도 듣지 아니하였고 너희를 불러도 대답하지 아니하였느니라 그러므로 내가 실로에 행함 같이 너희가 신뢰하는 바 내 이름으로 일컬음을 받는 이 집 곧 너희와 너희 조상들에게 준 이 곳에 행하겠고 내가 너희 모든 형제 곧 에브라임 온 자손을 쫓아낸 것 같이 내 앞에서 너희를 쫓아내리라 하셨다 할지니라."

(6) 누가복음 19:43-44

"날이 이를지라 네 원수들이 토둔을 쌓고 너를 둘러 사면으로 가두고 또 너와 및 그 가운데 있는 네 자식들을 땅에 메어치며 돌 하나도 돌 위에 남기지 아니하리니 이는 네가 보살핌 받는 날을 알지 못함을 인함이니라 하시니라."

(7) 마태복음 13:14-15

"이사야의 예언이 그들에게 이루어졌으니 일렀으되 너희가 듣기는 들어도 깨닫지 못할 것이요 보기는 보아도 알지 못하리라 이 백성들의 마음이 완악하여져서 그 귀는 듣기에 둔하고 눈은 감았으니 이는 눈으로 보고 귀로 듣고 마음으로 깨달아 돌이켜 내게 고침을 받을까 두려워함이라 하였느니라."

오늘날 대부분의 성도들은 기도 응답 받는 것을 몸무게 20kg 빼는 것보다 더 어렵게 인식하고 있습니다. 성경은 하늘에 계신 우리 아버지는 세상의 가장 좋은 아버지가 악한 자에 불과할 만큼 좋으신 아버지로서 구하는 자에게 좋은 것을 주시기를 기뻐하신다고 말하고 있음에도 불구하고 그렇습니다. 특히 이사야 1장에 보면, 그 시대에 신앙의 의식과 헌신이 얼마나 가득했는지를 알 수 있습니다. 그럼에도 불구하고, 그들이 신앙의 본질에서 떠나 있었기 때문에 하나님은 더 이상 그들의 기도에 응답하지 않으셨습니다. 정확하게 오늘날이 그렇습니다.

모세에게는 하나님의 임재가 가장 소중했으며, 그는 하나님의 임재를 잃는다는 것을 그의 생명을 잃는 것보다 더 견딜 수 없는 일로 받아 들였습니다. 그리고 그는 하나님의 임재야말로 하나님의 백성과 세상 사람을 구별하는 가장 중요한 특징 중 하나라고 말했습니다(출 33:16). 그런데 오늘날 대부분의 교회에서 하나님의 임재는 걷힌 지 오래되었습니다. 대부분의 하나님 백성들은 하나님의 임재를 경험하지 못한 것은 말할 것도 없고, 하나님의 임재라는 것이 있는지 조차 모르고 있습니다.

하나님이 말씀하신 말씀의 기근은 오늘날 북한이나 중국에서와 같이 성경을 갖기 원해도 가질 수 없는 상황을 말하는 것이 아닙니다. 오히려 오늘날 남한과 같은 상태를 말합니다. 오늘날 우리는 과거 어느 때보다 하나님에 관한 지식과 정보가 넘치는 시대에 살고 있습니다. 그러나 동시에 우리는 어느 때보다 영적으로 어두운 시대에 살고 있습니다. 우리 신앙의 가장 기본적인 것에서부터 하나님의 다림줄이 철저하게 가리어진 시대에 살고 있습니다. 하나님의 입에서부터 나오는 하나님의 말씀이 기근인 시대에 살고 있습니다(렘 23:16, 18, 22).

하나님의 백성들이 신앙의 본질에서 떠날 때, 하나님이 내리시는 가장 무서운 징계 중 하나는 영적인 분별력이 어두워지는 것입니다. 영적인 분별력이 어두워지면, 하나님의 백성들은 하나님의 기준을 보지 못하게 됩니다. 그렇게 되면, 자신들은 신앙생활 잘 한다고 생각하지만, 실제로는 하나님과 상관없는 삶을 살게 됩니다. 그 결과 하나님의 심판이 다가오지만, 그들은 그 사실도 그리고 왜 그러한 일들이 그들에게 일어나는지도 전혀 모릅니다.

하나님의 백성들에게는 하나님의 보호막이라고 부를 수 있는 것이 있습니다. 하나님의 백성들이 하나님과 친밀한 교제 가운데 거할 때, 그 보호막이 함께 하십니다. 그런데 하나님의 백성들이 신앙의 본질에서 떠나면, 그 보호막이 걷힙니다. 오늘날 우리 주위에는 하나님의 백성들의 삶 속에 하나님의 보호막이 걷혔다고 볼 수밖에 없는 일들이 너무 많이 일어나고 있습니다. 이것은 심지어 목회자들의 가정에도 마찬가지입니다.

그 외 하나님은 죄의 결과를 당하게 하시기도 하고, 최종적으로 멸망에 이르게도 하십니다. 여기에서도 가장 심각한 사실은 영적인 분별력의 부재입니다. 예수님 시대의 하나님의 백성들만 하더라도 그렇습니다. 그들은 권고 받는 날을 알지 못했기 때문에 궁극적으로 최종적인 멸망에 이르게 되었습니다. 여기서 말하는 권고 받는 날은 하나님의 방문의 날을 말합니다. 예수님을 통해 하나님께서 그들에게 오셨습니다. 그러나 그들은 영적인 분별력이 전혀 없었기 때문에 그 사실을 전혀 알지 못했습니다. 오히려 그들은 자기들의 생각을 따라 판단함으로써 오신 하나님의 아들을 대적하고 급기야 죽였습니다. 그 결과, 그들에게 최종적인 심판이 왔습니다.

이렇게 볼 때, 오늘날 우리나라의 하나님의 백성들과 교회 가운데 하나님의 징계와 심판의 증거들로 가득합니다. 이 모든 것들은 우리들이 신앙의 본질에서 떠났기 때문입니다. 우리 가운데 신앙의 의식들은 가득할지 모르지만, 오늘날 우리들은 하나님을 알지도 못하고 사랑하지도 않습니다. 그런데 우리는 그러한 사실 조차도 전혀 모르고 있습니다. 철저하게 하나님의 기준이 가리어졌기 때문입니다. 이제 우리는 신앙의 본질로 돌아가야 합니다. 그것만이 우리의 살 길입니다. 그 외에 어떠한 다른 길도 없습니다.

오늘 배운 것을 복습하십시오. 오늘 배운 내용 중에서 하나님께서 당신으로 하여금 이해하고, 배우고, 실천하기 원하는 부분이나 성구를 한두 개 지적해 주시도록 기도하십시오. 그리고 난 후 다음의 질문에 답하십시오.

✣ 오늘 배운 내용 중에서 어떤 부분이나 성구가 가장 뜻있게 와 닿았습니까?

✣ 위의 부분이나 성구를 하나님께 대한 당신의 기도로 바꾸십시오.

✣ 오늘의 학습에 대한 반응으로 하나님은 당신이 무엇을 하기를 원하십니까?

이 과의 요점

- 하나님의 백성들이 신앙의 본질에서 떠나면 하나님은 그들을 징계하시고 심판하십니다.
- 하나님께서 그들을 징계하시고 심판하시는 이유는 그들을 사랑하시기 때문입니다.
- 하나님의 징계와 심판은 그들로 하여금 신앙의 본질로 돌아오라는 촉구입니다.
- 하나님의 징계와 심판은 다양합니다.
- 오늘날 교회 가운데 하나님의 징계와 심판의 증거들이 가득합니다.
- 오늘날 우리가 처한 상황에 대한 해답은 신앙의 본질로 돌아가는 것입니다.

제5과 신앙의 본질로의 회복

우리는 오늘날 신앙의 본질로 회복되어야 할 긴박한 필요 가운데 있습니다. 우리들이 신앙의 본질로 회복될 때, 하나님께서 우리에게 회복되실 것입니다. 즉, 하나님께서 우리에게 찾아 오셔서 우리 가운데 거하실 것입니다. 그러면 우리 가운데 하나님의 모든 생명이 넘치게 될 것입니다.

우리들은 회개를 통해서 하나님께로 회복될 수 있습니다. 그리고 그 회개에 대해서 가장 잘 말해 주는 구절은 역대하 7:14입니다. 이 구절은 특히 하나님의 백성들이 하나님을 떠난 결과 하나님의 징계와 심판이 그들에게 임했을 때, 그들이 회복될 수 있는 길로서 하나님께서 제시하신 조건입니다.

회개의 네 가지 조건

"내 이름으로 일컫는 내 백성이 그들의 악한 길에서 떠나 스스로 낮추고 기도하여 내 얼굴을 찾으면 내가 하늘에서 듣고 그들의 죄를 사하고 그들의 땅을 고칠지라" (대하 7:14)

이 구절에서 우리들이 하나님께로 회복되기 위해, 보다 더 근본적으로 하나님께서 우리들에게 요구하시는 네 가지 조건은 무엇입니까?

우리들이 그렇게 하면, 하나님께서 해 주시겠다고 약속하신 세 가지는 무엇입니까?

우리들이 하나님께로 회복되는 것은 회개를 통해서 이루어집니다. 그런데 회개는 스스로 겸비하는 것, 기도하는 것, 하나님의 얼굴을 구하는 것, 그리고 악한 길에서 떠나는 것 네 가지를 반드시 포함해야 합니다. 그리고 우리들이 그렇게 할 때,

하나님은 우리의 기도를 들으시고, 우리의 죄를 사하시며, 우리의 땅을 고쳐주실 것입니다. 한 마디로 말하면, 하나님께서 우리에게 회복되실 것입니다.

스스로 겸비하는 것

반드시 있어야 할 회개의 네 가지 조건 중 첫 번째는 스스로 겸비하는 것입니다. 우리의 회개가 올바른 회개가 되기 위해서는 반드시 가장 먼저 스스로 겸비함이 있어야 합니다. 이 자세가 없으면, 회개는 시작조차 되지 않습니다. 그래서 성경에도 이 조건이 가장 먼저 제시되어 있습니다(우리 말 성경에는 이 네 가지의 순서가 약간 틀리게 번역되어 있습니다만, 영어 성경에는 스스로 겸비하는 것이 가장 먼저 나와 있습니다).

그런데 문제는 스스로 겸비한다는 것이 무슨 의미인가 하는 것입니다. 성경에서 말하는 스스로 겸비하는 것은 남들 앞에서 자신을 낮추는 것이나 허리를 깊이 숙여 인사하는 것이나 자신에 대해 늘 비하하는 것과 같은 행동을 말하지 않습니다.

성경에서 말하는 스스로 겸비하는 것은 하나님의 말씀에 정직하게 동의하고, 그 말씀 앞에 엎드리는 것을 말합니다.

| 요시야의 예

역대하 34장 전체를 주의 깊게 읽고, 다음의 물음에 답하십시오.

하나님의 백성들이 하나님을 떠나 범죄했기 때문에 하나님은 그들을 어떻게 하시려고 계획하셨습니까?(24-25절)

그런데 요시야 왕의 사는 날 동안에는 그 재앙과 심판을 어떻게 하시겠다고 하셨습니까?(28절)

하나님께서는 왜 요시야에게 그러한 은혜를 베푸셨습니까(27절)

요시야의 어떠한 행동을 두고 하나님은 그가 스스로 겸비했다고 말씀하셨습니까?(19-21절)

여호와께서 이같이 말씀하시기를 내가 이 곳과 그 주민에게 재앙을 내리되 곧 유다 왕 앞에서 읽은 책에 기록된 모든 저주대로 하리니 이는 이 백성들이 나를 버리고 다른 신들에게 분향하며 그의 손의 모든 행위로 나의 노여움을 샀음이라 그러므로 나의 노여움을 이 곳에 쏟으매 꺼지지 아니하리라 하라 하셨느니라

(대하 34:24-25)

그러므로 내가 네게 너의 조상들에게 돌아가서 평안히 묘실로 들어가게 하리니 내가 이 곳과 그 주민에게 내리는 모든 재앙을 네가 눈으로 보지 못하리라 하셨느니라 이에 사신들이 왕에게 복명하니라

(대하 34:28)

내가 이 곳과 그 주민을 가리켜 말한 것을 네가 듣고 마음이 연약하여 하나님 앞 곧 내 앞에서 겸손하여 옷을 찢고 통곡하였으므로 나도 네 말을 들었노라 여호와가 말하였느니라

(대하 34:27)

왕이 율법의 말씀을 듣자 곧 자기 옷을 찢더라 왕이 힐기야와 사반의 아들 아히감과 미가의 아들 압돈과 서기관 사반과 왕의 시종 아사야에게 명령하여 이르되 너희는 가서 나와 및 이스라엘과 유다의 남은 자들을 위하여 이 발견한 책의 말씀에 대하여 여호와께 물으라 우리 조상들이 여호와의 말씀을 지키지 아니하고 이 책에 기록된 모든 것을 준행하지 아니하였으므로 여호와께서 우리에게 쏟으신 진노가 크도다 하니라

(대하 34:19-21)

하나님께서는 이스라엘 백성들의 우상 숭배와 죄로 인하여 그들을 심판하시고 멸하시기로 이미 결정하셨습니다. 이 경우에는 이미 때가 늦은 것입니다. 성경에 보면, 하나님의 심판이 이미 확정된, 더 이상 돌이킬 수 없는 그러한 때가 있습니다. 그럼에도 불구하고 요시야가 하나님 앞에 스스로 겸비하여 엎드렸을 때, 하나님은 그 심판과 재앙을 요시야의 살아 있는 동안에는 보류하여 주셨습니다.

요시야는 하나님 앞에서 정직한 왕이었습니다. 그는 산당과 우상을 파괴하고, 성전을 보수하는 일에 힘썼습니다. 성전을 보수하다가, 그는 하나님의 율법책을 발견했습니다. 그 율법책을 읽으면서, 그는 자기 조상들 때부터 하나님을 떠난 결과 자신들에게 얼마나 큰 하나님의 진노와 심판이 함께 하고 있는가를 깨닫게 되었습니다. 그러자 그는 그 말씀 앞에 옷을 찢고 엎드렸습니다. 이것을 두고 성경은 그가 하나님 앞에 스스로 겸비하였다고 말하고 있습니다.

오늘날 많은 성도들은 심지어 명백한 죄를 짓고도 하나님의 말씀 앞에 정직하게 대면하려고 하지 않습니다. 그들은 자신을 정당화시킵니다. 여러 가지 핑계를 댑니다. 다른 사람들과 비교하여 적당히 넘어갑니다. 자신들의 죄를 직면하는 것 자체를 싫어합니다. 죄를 심각하게 다루는 메시지를 원치 않습니다. 자신들이 듣기 좋아하는 메시지만을 듣습니다. 이러한 자세들을 가지고는 절대로 올바른 회개가 일어날 수 없습니다. 자신들이 잘못했다고 생각하는 몇 가지에 대해서 하나님께 잘못했다고 고백한다고 해서 그것이 진정한 회개가 아닙니다. 요시야는 그렇게 하지 않았습니다. 그는 하나님의 진노와 심판에 관한 말씀 앞에서도 정직하게 그 말씀에 동의하고 자신을 그 앞에 엎드렸습니다. 그렇게 하나님의 말씀 앞에 정직하게 엎드렸기 때문에, 요시야는 나중에 온 백성들로 하여금 자신과 똑같이 온 마음으로 하나님을 사랑하고, 모든 것을 다하여 하나님께 순종하고, 모든 가증한 것들을 다 제하도록 명하고 그렇게 인도할 수 있었습니다.

기도하는 것

구하라 그리하면 너희에게 주실 것이요 찾으라 그리하면 찾아낼 것이요 문을 두드리라 그리하면 너희에게 열릴 것이니 구하는 이마다 받을 것이요 찾는 이는 찾아낼 것이요 두드리는 이에게는 열릴 것이니라

(마 7:7-8)

기도에 대한 예수님의 중요한 가르침에서 예수님은 기도를 어떻게 세 가지로 표현하셨습니까?(마 7:7-8)

답: 구하는 것, 찾는 것, 문을 두드리는 것.

우리가 스스로 겸비하기 위해서는 하나님의 기준이 우리에게 비춰져야 합니다. 하나님의 기준이 선명하게 비춰지고, 그 기준 앞에 비춰진 자신의 모습을 보고, 하나님 앞에 정직하게 동의하고 엎드리는 것, 그것이 스스로 겸비함입니다. 기도하는 것은 이

제 우리가 하나님께서 비추신 그 하나님의 기준에 도달하기 위해 하나님께 구하고, 찾고, 문을 두드리는 것을 의미합니다.

| 요시야의 예

요시야는 율법책을 통해 자신들의 처지를 깨닫고 난 후 어떤 조치를 취했습니까?(대하 34:20-22).

당신은 요시야가 왜 그 조치를 취했다고 생각합니까?

하나님께서 요시야에게 하나님의 말씀을 통해 하나님의 기준과 그 기준 앞에 비춰진 요시야 시대의 모습을 깨닫게 해주셨습니다. 그러자 요시야가 옷을 찢으며 하나님의 말씀 앞에 정직하게 동의하고 엎드렸습니다. 그것을 두고 하나님은 요시야가 스스로 겸비하였다고 말씀하셨습니다. 그러자 요시야는 모든 측근들을 불러 하나님의 뜻을 묻도록 했습니다. 그 일환으로 그는 그 당시 선지자였던 훌다에게 사람을 보내어 하나님의 뜻을 묻도록 했습니다. 그가 이렇게 하나님의 뜻을 찾은 것은 어떻게 자신의 나라가 하나님께서 보이신 그 많은 우상들을 버리고, 하나님께서 의도하신 나라로 돌이킬 수 있는지에 대해 하나님의 길을 찾기 위함이었다고 저는 믿습니다. 요시야에게는 이 부분이 바로 회개의 두 번째 단계인 기도하는 것에 해당하는 부분이었습니다. 이처럼 두 번째 단계인 기도는 첫 번째 단계인 스스로 겸비함에 이어서 나와, 하나님께서 첫 번째 단계에서 보이신 하나님의 기준 가운데 서기 위해 구하고 찾고 문을 두드리는 부분을 말합니다.

왕이 힐기야와 사반의 아들 아히감과 미가의 아들 압돈과 서기관 사반과 왕의 시종 아사야에게 명령하여 이르되 너희는 가서 나와 및 이스라엘과 유다의 남은 자들을 위하여 이 발견한 책의 말씀에 대하여 여호와께 물으라 우리 조상들이 여호와의 말씀을 지키지 아니하고 이 책에 기록된 모든 것을 준행하지 아니하였으므로 여호와께서 우리에게 쏟으신 진노가 크도다 하니라 이에 힐기야와 왕이 보낸 사람들이 여선지자 훌다에게로 나아가니 그는 하스라의 손자 독핫의 아들로서 예복을 관리하는 살룸의 아내라 예루살렘 둘째 구역에 살았더라 그들이 그에게 이 뜻을 전하매
(대하 34:20-22)

한 번은 충주에 있는 한 교회에 집회를 인도하러 갔습니다. 그 집회의 주제는 “믿음에 의한 삶”이었습니다. 하루 저녁 성경에서 말하는 믿음의 성격에 대해서 살펴보았는데, 믿음에 의한 삶이 무엇인지 마치 스크린에 비친 것처럼 선명하게 비쳤습니다. 하나님의 기준이 우리에게 선명하게 비치면, 항상 그 하나님의 기준 앞에 비친 우리의 모습이 보이게 되어 있습니다. 그래서 그 날 하나님은 성경에서 말하는 믿음에 의한 삶과 그 기준 앞에 비친 오늘날 우리들의 모습, 즉 하나님을 의지하기보다 인간의 수단과 방법과 사람을 의지하는 불신의 삶을 적나라하게 비추셨습니다. 그러자 많은 사람들이 하나님의 기준 앞에 비친 자신들의 모습을 보고 앞으로 나와서 애통하며 회개했습니다.

그들을 지켜보고 있던 저에게 하나님께서 갑자기 그들의 그러한 태도가 역대하 7:14에서 말하는 스스로 겸비함에 해당하는 것이라는 점을 깨닫게 해주셨습니다. 그러면서 하나님은 지금 그들의 자세가 매우 귀하지만, 그 자세만 가지고는 안 된다는 것을 깨닫게 하셨습니다. 이제 성경에서 말하는 믿음에 의한 삶을 실제로 살기 위해 연구하고, 성경을 보고, 앞서간 믿음의 선배들로부터 배우고, 기도해야 할 것을 말씀하셨습

니다. 그리고 그것이 바로 "기도하고"에 해당하는 부분이라고 말씀하셨습니다. 하나님 앞에서 스스로 겸비하는 자세는 매우 소중하지만, "기도하고"의 단계가 없으면, 그 삶은 전혀 변하지 않을 것입니다. 믿음에 의한 삶의 예를 들자면, 그들이 자신들의 불신을 보고 아무리 애통하고 통회한다 할지라도 "기도하고"의 단계를 거치지 않으면, 믿음에 의한 삶을 사는 것은 불가능할 것입니다.

하나님의 얼굴을 구하는 것

왕이 사람을 보내어 유다와 예루살렘의 모든 장로를 불러 모으고 여호와의 전에 올라가매 유다 모든 사람과 예루살렘 주민들과 제사장들과 레위 사람들과 모든 백성이 노소를 막론하고 다 함께 한지라 왕이 여호와의 전 안에서 발견한 언약책의 모든 말씀을 읽어 무리의 귀에 들려 주고 왕이 자기 처소에 서서 여호와 앞에서 언약을 세우되 마음을 다하고 목숨을 다하여 여호와를 순종하고 그의 계명과 법도와 율례를 지켜 이 책에 기록된 언약의 말씀을 이루리라 하고
(대하 34:29-31)

우리는 반드시 하나님의 얼굴을 구하는 삶으로 전환되어야 합니다. 하나님의 징계가 우리에게 임한 것은 우리들이 신앙의 본질에서 떠났기 때문입니다. 즉, 하나님을 알고 사랑하는 것에서 떠났기 때문입니다. 그리고 하나님께서 우리에게 징계하시는 목적도 우리로 하여금 신앙의 본질 가운데로 돌아오라는 것입니다.

어떤 사람들은 당면한 문제의 해결만을 위해서 간절히 부르짖어 기도하고, 금식하고, 철야를 합니다. 그들은 하나님의 얼굴을 구하는 삶으로 돌이키려고 하지 않습니다. 그러한 사람들은 절대로 회복되지 않습니다. 그리고 그들의 회개는 절대로 온전한 것이 아닙니다. 왜냐하면, 그들이 아무리 과거에 행한 잘못된 관행들에 대해서 부분적으로 회개했다 할지라도, 그들은 여전히 하나님을 전존재로 사랑하지 않는, 하나님을 떠난 상태에 있기 때문입니다.

하나님의 얼굴을 구하는 삶으로 돌이키지 않았으면, 어떠한 종류의 회개도 일어나지 않은 것입니다. 하나님께서 하나님을 떠난 하나님의 백성들에게 그 해결책으로 제시하신 것은 항상 하나님의 얼굴을 구하는 삶으로 돌아오라는 것이었습니다.

또 마음을 다하고 목숨을 다하여 조상들의 하나님 여호와를 찾기로 언약하고 이스라엘 하나님 여호와를 찾지 아니하는 자는 대소 남녀를 막론하고 죽이는 것이 마땅하다 하고
(대하 15:12-13)

| 요시야의 예

요시야는 온 이스라엘을 모으고 어떻게 하기로 언약을 세웁니까?(대하 34:29-31)

이와 비슷한 사건인 아사 왕의 경우에도 어떻게 하기로 맹세합니까?(대하 15:12-13, 15)

온 유다가 이 맹세를 기뻐한지라 무리가 마음을 다하여 맹세하고 뜻을 다하여 여호와를 찾았으므로 여호와께서도 그들을 만나 주시고 그들의 사방에 평안을 주셨더라
(대하 15:15)

두 왕 모두 온 이스라엘 백성들과 함께 마음을 다하여 하나님을 찾기로 결단합니다. 그리고 그들은 모두 온 마음으로 하나님께 순종하기로 결단합니다.

성경에서 말하는 하나님을 찾는 것, 하나님께로 돌아가는 것, 하나님을 가까이 하는

것은 모두 하나님의 얼굴을 구하는 것을 말합니다. 이 말들은 단순히 자기의 필요를 위해 하나님의 도움과 능력을 구하는 것을 의미하지 않습니다. 우리가 아무리 간절하게 하나님을 찾고 하나님께 기도한다 할지라도, 단순히 하나님의 도움과 능력을 구하여 나아가면, 그것은 전혀 하나님을 찾는 것이 아닙니다. 말라기 시대에는 심지어 제사장들도 그러한 의미를 몰랐기 때문에 하나님께서 하나님께 돌아오라고 말씀하셨으나, 그들은 어떻게 돌아가느냐고 반문했습니다(말 3:7). 오늘날도 그렇지 않나 생각합니다.

또한 하나님을 찾는 자세는 마음과 뜻과 성품을 다하여 찾는 것입니다. 성경은 여러 곳에서 이 점을 분명히 하고 있습니다(대하 15:12, 15, 34:31, 렘 29:13 등).

그리고 이렇게 하나님의 얼굴을 구하는 백성들에게 하나님은 반드시 임하십니다. 아침이 되면 반드시 해가 뜨는 것처럼 그렇게 확실하게 임하십니다(호 6:3).

악한 길에서 떠나는 것

스스로 겸비하는 것은 회개의 첫 단추입니다. 그것이 없이는 회개는 시작조차 되지 않습니다. 기도하는 것은 회개에서 없어서는 안될 과정입니다. 하나님의 얼굴을 구하는 것은 회개에 있어서 가장 핵심입니다. 그리고 악한 길에서 떠나는 것은 회개의 완성입니다. 아무리 처음 세 단계를 거쳤다 할지라도 악한 길에서 떠나지 않으면 회개는 아직 완성되지 않은 것입니다.

악한 길에서 떠나는 것은 그동안 우리 삶 속에서 하나님을 대체했던 모든 우상들을 철저하게 버리는 것을 말합니다.

이 우상들은 우리들이 앞에서 살펴 본 것과 같이, 물질주의, 돈을 사랑하고 중시하는 것, 형식적인 예배, 자기 자신, 다른 사람들의 도움을 의지하는 것, 전통적인 신앙, 신앙의 본질이 없는 성경 공부 등 여러 가지가 있습니다. 우리는 이 모든 것들을 우리의 삶에서 철저하게 버려야 합니다.

그 외에도 우리는 하나님의 능력과 인도를 의지하기, 신뢰하기보다 인간적인 수단과 방법으로 교회를 세우려고 했던 모든 것, 예배를 통해 하나님과의 친밀함을 구하기보다 화려하고도 감동적인 분위기를 만들려고 노력한 모든 것, 소위 교회 성장을 위해 행했던 모든 그릇된 마음 자세와 행동, 성도 한 사람 한 사람을 하나님께로 인도하기보다 자기의 사람 만들려고 했던 것, 사람들을 대할 때 진정으로 그리스도께로 인도하고자 하는 마음으로 그들을 대한 것이 아니라 자기 교회로 끌어 들이려고 했던 모든 노력, 하나님께서 교회의 필요를 채워 주시도록 하나님을 의지하고 기다리기보다 사람들을 교묘하게 조정하여 헌금하게 하는 것, 사람들을 붙잡기 위해 직분을 남발한 것, 하나님께서 세우시는 일꾼을 분별하여 세우려고 힘쓰기보다 교회에 헌금을 많이 할 수 있는 사람을 일꾼으로 세우는 것, 직분을 섬기는 직무로 이해하기보다 계급적인 신분으로 이해한 것, 하나님의 직분을 세상의 사업을 위해 이용한 것 등 이 모든 것들을 철저하게 버리고, 그러한 죄악들로부터 철저하게 돌이켜야 합니다.

하나님께서 말씀하시는 회개는 이처럼 개인과 교회의 모든 삶의 영역에서 근본적인 변화를 포함합니다. 가치관, 삶의 목표와 목적과 형태, 사역에 대한 이해와 태도, 예배에 대한 이해와 자세와 형태 등 모든 면에서 인위적인 방법을 철저하게 버리고 하나님의 기준과 방법으로 돌이키는 것을 포함합니다.

이러한 회개는 때로는 큰 대가를 요구합니다. 그러나 하나님의 말씀 앞에 스스로 겸비한 자, 그리고 하나님의 얼굴을 구하는 자는 그 대가를 기꺼이 치룰 것입니다. 즉, 하나님의 말씀을 통해 하나님의 기준을 발견하고, 그 기준에 비추어 본 자신의 모습이 얼마나 하나님에게서 멀어졌는가를 깨닫고, 그 말씀 앞에 엎드린 자는 하나님과 하나님의 목적과 하나님의 길로 돌아가는데 있어서 요구되는 대가가 무엇이든지, 그것을 치룰 각오가 되어 있습니다.

이것은 개인뿐 아니라, 교회에서도 마찬가지입니다. 한 개인이 하나님께서 말씀하시는 네 가지 조건을 따라 회개할 때, 그는 회복됩니다. 마찬가지로, 한 교회가 그렇게 회개할 때, 그 교회는 회복됩니다. 헨리 블랙가비 목사는 공동체적인 회개에 대해서 말하면서, 이렇게 말합니다. *"교회가 완전한 회개를 이루려면, 죄로부터 돌이켜야 합니다. 이것은 모든 우상을 허물어 부수는 것, 행동양식의 변화, 전통을 버리는 것, 재산과 물질을 파는 것, 잘못된 일에 대한 보상, 다른 사람들과의 화해 혹은 하나님이 용납한 사람들을 용납하는 일 등을 요구할 수도 있습니다. '다음부터 잘할께요' 라는 말로는 불충분합니다. 회개는 미래에 대한 약속이 아니라, 매일의 삶에서 새로운 삶의 방식이 구현되는 것입니다"*(『하나님과의 신선한 만남』, 165쪽).

| 요시야의 예

이와 같이 요시야가 이스라엘 자손에게 속한 모든 땅에서 가증한 것들을 다 제거하여 버리고 이스라엘의 모든 사람으로 그들의 하나님 여호와를 섬기게 하였으므로 요시야가 사는 날에 백성이 그들의 조상들의 하나님 여호와께 복종하고 떠나지 아니하였더라

(대하 34:33)

역대하 34:33에 의하면 요시야는 최종적으로 어떻게 했습니까?

요시야는 모든 우상을 제거하는 데까지 나아갔습니다. 그리고 그 결과 하나님이 그의 사는 날 동안 그 나라에 은혜를 베푸셨습니다.

오늘 배운 것을 복습하십시오. 오늘 배운 내용 중에서 하나님께서 당신으로 하여금 이해하고, 배우고, 실천하기 원하는 부분이나 성구를 한두 개 지적해 주시도록 기도하십시오. 그리고 난 후 다음의 질문에 답하십시오.

✣ 오늘 배운 내용 중에서 어떤 부분이나 성구가 가장 뜻있게 와 닿았습니까?

✣ 위의 부분이나 성구를 하나님께 대한 당신의 기도로 바꾸십시오.

✣ 오늘의 학습에 대한 반응으로 하나님은 당신이 무엇을 하기를 원하십니까?

이 과의 요점

- 하나님께 회복되기 위해서는 네 가지 조건을 따라 회개해야 합니다.
- 스스로 겸비함이 없이는 회개가 시작되지도 않습니다.
- 기도는 하나님께서 의도하는 자리에 서기 위해 구하고, 찾고, 두드리는 것을 말합니다.
- 하나님의 얼굴을 구하는 삶이 무엇보다 핵심입니다.
- 회개는 모든 악한 길에서 돌이키는 것을 포함합니다.

제 7단원

하나님의 얼굴을 구하는 삶

제1과 하나님의 손을 구하는 삶 1

하나님과의 친밀한 교제는 하나님을 알고 사랑하는 것을 말합니다. 그런데 하나님과의 친밀한 교제를 위해 가장 중요하고 필수적인 요소는 하나님의 얼굴을 구하는 삶입니다. 하나님의 얼굴을 구하는 삶은 하나님과의 친밀함을 위한 첫 단추라고 할 수 있습니다. 이 부분이 실제로 되어야 하나님과의 친밀한 교제가 가능합니다. 하나님의 얼굴을 구하는 삶, 하나님과의 관계에서 그것이 전환점입니다. 나는 성도들이 실제적으로 하나님의 얼굴을 구하는 삶을 살기 시작할 때, 그들의 신앙과 삶에 근본적인 전환이 시작되는 것을 반복적으로 봅니다.

하나님의 손을 구하는 삶과 하나님의 얼굴을 구하는 삶

우리의 신앙생활에서 하나님께 바라고 추구하는 것이 무엇이냐에 따라 우리의 삶을 하나님의 손을 구하는 삶과 하나님의 얼굴을 구하는 삶으로 나눌 수 있습니다. 그리고 하나님의 손을 구하는 삶과 하나님의 얼굴을 구하는 삶은 각기 그 특징을 가지고 있습니다.

하나님과의 친밀한 교제, 십자가 복음의 삶, 하나님의 마음을 아는 것 등은 모두 하나님의 얼굴을 구하는 삶의 특징들입니다. 그러므로 그러한 특징들이 우리의 삶 속에 나타나려면 우리는 반드시 하나님의 얼굴을 구하는 삶으로 전환해야 합니다. 이것이 우리가 하나님과의 친밀한 교제를 위해 반드시 하나님의 얼굴을 구하는 삶으로 전환해야 하는 이유입니다. 만약 우리들이 하나님의 손을 구하는 삶을 살면, 하나님의 손을 구하는 삶의 특징들만 우리의 삶 속에 그대로 나타날 것입니다. 이것은 우리가 아무리 많이 기도하고, 아무리 많이 노력해도 마찬가지입니다. 하나님의 손을 구하는 삶을 살면서, 하나님의 얼굴을 구하는 삶의 특징들을 우리 삶 속에서 기대하는 것은 어리석은 일입니다. 그것은 절대로 가능하지 않기 때문입니다.

성경에서 하나님의 얼굴을 구하는 삶을 살았던 대표적인 인물 중 하나는 모세입니다. 반면에 성경에서 하나님의 손을 구하는 삶을 살았던 대표적인 인물은 광야 생활하던 이스라엘 백성들이었습니다.

하나님의 손을 구하는 삶의 특징

하나님의 손을 구하는 삶의 특징

1. 하나님을 근심케 한다.
2. 하나님의 길을 모른다.
3. 불신이 가득하다.
4. 세상 사랑이 다루어지지 않는다.
5. 참다운 순종이 없다.

광야에서 생활하던 이스라엘 백성들의 삶을 보면, 하나님의 손을 구하는 삶의 전형적인 특징들이 그대로 나타납니다.

1. 하나님을 근심케 합니다

히브리서 3:7-19을 자세하게 읽으십시오. 그리고 다음 물음에 답하십시오.

이 성경 구절은 오늘날 우리와 어떠한 관계를 가지고 있습니까?

- □ 이 구절은 구약 시대의 이스라엘 백성들에 관한 이야기이므로, 신약 시대에 사는 우리들과는 아무런 상관이 없다.
- □ 이 구절은 구약 시대의 이스라엘 백성들을 본보기로 신약 시대에 사는 우리들에게 경고하는 구절이다.

그 당시 이스라엘 백성들은 하나님에게 어떻게 했습니까?(10-11, 16절)

당신은 그들이 그 사실을 알았다고 생각합니까?

오늘날 어떤 성도들은 여기에 나오는 이스라엘 백성들의 예를 들어서 말하면, 그들은 구약 시대의 사람들이고, 오늘날 우리는 은혜의 시대인 신약 시대에 살고 있기 때문에, 그들의 이야기가 우리들에게 그대로 적용되지 않는다고 말합니다. 그러나 그렇지 않습니다. 우선 히브리서 3장은 신약성경에 나오는 구절입니다. 그래서 이 구절은 신약시대에 사는 우리들을 위해 쓰여진 하나님의 말씀입니다. 그리고 이 구절은 구약의 이스라엘 백성들을 본보기로 들어서 바로 은혜의 시대에 사는 우리들을 경고하고 있습니다.

그러므로 성령이 이르신 바와 같이 오늘 너희가 그의 음성을 듣거든 광야에서 시험하던 날에 거역하던 것 같이 너희 마음을 완고하게 하지 말라 거기서 너희 열조가 나를 시험하여 증험하고 사십 년 동안 나의 행사를 보았느니라 그러므로 내가 이 세대에게 노하여 이르기를 그들이 항상 마음이 미혹되어 내 길을 알지 못하는도다 하였고 내가 노하여 맹세한 바와 같이 그들은 내 안식에 들어오지 못하리라 하였다 하였느니라 형제들아 너희는 삼가 혹 너희 중에 누가 믿지 아니하는 악한 마음을 품고 살아계신 하나님에게서 떨어질까 조심할 것이요 오직 오늘이라 일컫는 동안에 매일 피차 권면하여 너희 중에 누구든지 죄의 유혹으로 완고하게 되지 않도록 하라 우리가 시작할 때에 확신한 것을 끝까지 견고히 잡고 있으면 그리스도와 함께 참여한 자가 되리라 성경에 일렀으되 오늘 너희가 그의 음성을 듣거든 격노하시게 하던 것 같이 너희 마음을 완고하게 하지 말라 하였으니 듣고 격노하시게 하던 자가 누구냐 모세를 따라 애굽에서 나온 모든 사람이 아니냐 또 하나님이 사십 년 동안 누구에게 노하셨느냐 그들의 시체가 광야에 엎드러진 범죄한 자들에게가 아니냐 또 하나님이 누구에게 맹세하사 그의 안식에 들어오지 못하리라 하셨느냐 곧 순종하지 아니하던 자들에게가 아니냐 이로 보건대 그들이 믿지 아니하므로 능히 들어가지 못한 것이라
(히 3:7-19)

이스라엘 백성들은 하나님을 격노케 했습니다. 하나님의 노가 불처럼 타오르게 했습니다. 그러나 그들은 당연히 그 사실을 몰랐을 것입니다. 어떤 하나님의 백성들이 자신들이 하나님의 분노가 펄펄 끓게 만들고 있다는 것을 알면서도 계속해서 그러한 일을 하겠습니까?

하나님의 손을 구하는 삶을 살면, 자신들이 알건 모르건, 자신들이 원컨 원치 않건 상관없이 하나님을 근심케 할 수 밖에 없습니다. 더 나아가 하나님을 분노케 할 수 밖에 없습니다.

| 하나님의 행사와 하나님의 신임

하나님의 손을 구하는 삶을 사는 사람들이 하나님을 근심케 하면서도 그 사실을 모르는 주된 이유 중의 하나는 하나님의 행사와 하나님의 신임 사이의 관계를 모르기 때문입니다.

그 당시 이스라엘 백성들은 40년 동안 하나님의 무엇을 보았습니까?(히 3:9)

그들은 몇 년 동안 하나님을 분노케 했습니까?(히 3:17)

이스라엘 백성들은 40년 동안 하나님의 놀라운 행사를 보았습니다. 여기서 말하는 하나님의 행사란 하나님의 능력의 역사, 즉 하나님의 손으로 행하신 놀라운 일들을 말합니다. 그들이 본 하나님의 행사는 예수님 시대를 제외하고는 신구약을 통털어 찾아보기 힘들 만큼 놀라운 것들이었습니다. 애굽에서의 열 가지 재앙은 말할 것도 없고, 홍해를 가르신 사건, 하늘에서 만나가 내린 사건, 반석에서 물이 터져 나와 사막에서 2백만 명에 이르는 사람을 먹인 사건 등 참으로 놀라웠습니다. 뿐만 아니라, 그들은 날마다 구름기둥과 불기둥이 그들 앞에서 그들을 인도하는 것을 보았습니다. 그리고 40년 동안 그들의 의복과 신발이 전혀 닳지 않았습니다(신 8:4).

반면에 그들은 그 동일한 40년 동안 내내 하나님을 분노케 했습니다. 하나님의 노가 활활 타오르게 했습니다.

이스라엘 백성들에 관한 이 사실은 우리에게 매우 중요한 점을 보여줍니다. 그것은 우리가 경험하는 하나님의 능력과 행사가 반드시 우리를 향한 하나님의 신임을 의미하는 것은 아니라는 사실입니다. 만약 그러하다면, 이스라엘 백성들은 누구보다 하나님을 기쁘게 하는 자들이었을 것입니다. 그러나 그들은 그 반대였습니다. 예수님께서 불법을 행한 자들에 대해 하신 말씀도 이 점을 뒷받침합니다(마 7:22-23).

오늘날도 하나님의 행사와 하나님의 신임은 별개입니다. 오늘날 적지 않은 성도들이 하나님이 기뻐하시는 것이 무엇이며 하나님이 싫어하시는 것이 무엇인지 전혀 알지 못한 채, 자기의 욕심을 따라 구하고, 그 기도가 응답되었다고 해서 하나님이 세상에서 자기를 제일로 기뻐하신다고 생각합니다. 하나님의 능력과 은사들을 자기의 명예와 안락을 위해 사용하면서도, 자기를 통해 능력들이 여전히 나타난다고 해서 하나님께서 세상에서 자기를 제일로 사랑한다고 생각합니다. 성도들의 삶이나 자세나 태도나 추구하는 것이 하나님의 길에서 철저하게 벗어나 있는데도 불구하고, 교회가 계속해서 성장한다고 해서 하나님께서 자기 교회를 제일로 사랑한다고 생각합니다. 그 당시 이스라엘 백성들이 그랬던 것처럼, 그들은 심지어 자신들이 하나님을 근심케 할 뿐 아니라, 하나님을 격노케 하고 있다는 사실조차 모르고 있습니다.

특히 오늘날 많은 성도들은 성령의 은사로서 하나님의 음성을 듣는 것과 하나님과의 친밀함을 혼동하고 있는 것 같습니다. 예언의 은사는 성령의 은사 중의 하나로서 하나님의 음성을 듣는 것과 깊은 관련이 있습니다. 그래서 그들이 다른 사람을 위해서 기도할 때에나 어떤 문제를 놓고 기도할 때, 하나님의 음성이 들리고 하나님의 환상이 보일 수 있습니다. 그래서 그들은 자신들이 하나님과의 친밀한 교제를 가지고 있다고 생각합니다. 그러나 그것이 친밀함을 의미하는 것은 아닙니다. 만약 그렇다면 예수님께서 말씀하신 불법을 행한 자들 중에 예수 이름으로 예언한 자들이 포함되어 있지 않아야 할 것입니다.

하나님의 은사나 부르심에는 후회함이 없습니다(롬 11:29). 그렇기 때문에, 그 은사를 가지고 잘못 사용해도 그 은사는, 최소한 당분간은, 그대로 나타날 수 있습니다. 그러나 그것이 곧 그에 대한 하나님의 신임을 의미하는 것은 전혀 아닙니다. 이에 대한 가장 좋은 예가 바로 이스라엘의 초대 왕 사울입니다. 사울은 하나님께로부터 이스라엘의 왕으로 부름을 받았습니다. 그리고 그에게 놀라운 성령의 기름부음이 부어졌습니다. 그러나 그는 하나님께 불순종하였고, 머지않아 그에게서 하나님의 임재가 걷혔습니다. 그는 하나님의 신임을 잃었습니다. 그럼에도 불구하고 그는 그 후 약 20년 동안이나 왕으로 다스렸고, 또한 많은 승리를 거두었습니다. 특히 하나님께서 그를 버리신 이후에도 그에게 예언의 은사가 나타났습니다(삼상 19:24).

반면에 하나님은 자신이 사랑하는 자들에게, 즉 하나님과 친밀함을 가진 자들에게 자신을 계시하십니다. 자신의 길과 마음과 목적, 그리고 자기 자신을 계시하십니다. 그러므로 우리가 하나님과의 친밀함을 가지고 있을 때, 하나님께서 주신 음성과 그 의미도 올바로 이해하고, 올바로 깨달을 수 있습니다.

2. 하나님의 길을 알지 못합니다

그러므로 내가 이 세대에게 노하여 이르기를 그들이 항상 마음이 미혹되어 내 길을 알지 못하는도다 하였고

(히 3:10)

히브리서 3:10에 의하면, 이스라엘 백성들이 하나님을 격노케 한 이유가 무엇이었습니까?

그들은 40년 동안 반복해서 하나님을 분노케 하면서도, 그 사실을 몰랐습니다. 그 이유는 그들이 하나님의 길을 몰랐기 때문입니다. 또한 그들은 하나님의 길을 알지 못했기 때문에, 하나님을 근심케 하고, 더 나아가 하나님을 격노케 할 수 밖에 없었습니다.

| 하나님의 길은 하나님의 마음을 말합니다

여기서 하나님의 길은 다른 말로 하면 하나님의 마음, 하나님의 의중을 말합니다. 우리는 앞에서 하나님께서 하나님 자신과 하나님의 목적과 길을 우리에게 계시하신다는 것을 살펴보았습니다. 그런데 여기서 하나님의 길은 단순히 하나님의 길만을 말하는 것이 아니라, 하나님의 목적과 길 모두를 말한다고 볼 수 있습니다. 이스라엘 백성들은 하나님의 마음이 어떠한지, 하나님께서 기뻐하시는 것이 무엇이며 하나님께서 미워하시는 것이 무엇인지 전혀 알지 못했습니다. 그들은 하나님의 계획이 무엇이며, 하나님의 목적이 무엇이며, 하나님의 행하심이 무엇인지 전혀 알지 못했습니다. 그들은 하나님께서 그들을 광야로 인도하신 의도가 무엇인지, 그 곳에서 이루려고 하시는 것이 무엇인지, 그들에게서 그 당시 원하시는 것이 무엇인지 전혀 알지 못했습니다. 그러므로 그들은 하나님을 근심시킬 수 밖에 없었습니다 하나님을 분노케 할 수 밖에 없었습니다. 왜냐하면, 그러한 것들을 알아야 그렇게 행할 수 있고, 또 그렇게 행해야 하나님을 기쁘시게 할 수 있기 때문입니다. 그리고 그들은 그러한 하나님의 마음을 몰랐기 때문에, 그들이 하나님을 근심시키고 있다는 사실도, 하나님을 격노케 하고 있다는 사실도 몰랐습니다. 여기에 문제의 심각성이 있습니다.

| 우리는 하나님의 길을 따라 행해야 합니다

우리들이 임의대로 무엇인가를 열심히 한다고 해서 하나님을 기쁘시게 할 수 있는 것이 아닙니다. 우리들이 무조건 열심히 찾는다고 해서 하나님을 만날 수 있는 것이 아닙니다. 방향과 길이 다르면 아무리 열심히 달려간다고 해도 전혀 엉뚱한 곳에 도달하는 것과 같이, 하나님께 나아가기 위해서는 하나님의 길을 따라 행해야 합니다. 하나님의 방법을 따라 나아가야 합니다. 내 조건과 내 생각을 따라 행할 것이 아니고, 하나님의 조건을 따라 행해야 합니다.

시편 86:11을 읽고 다윗이 하나님께 간절히 구하는 두 가지가 무엇인지 써보십시오.

다윗은 하나님의 길과 나누어지지 않는 마음을 구하고 있습니다. 이 점은 시편 여러 곳에서 볼 수 있습니다(시 25:4, 27:11, 143:8, 10).

오늘날 많은 성도들은 순수한 동기를 가지고 열심히 하기만 하면 하나님을 기쁘게 할 수도 있고, 또 하나님을 만날 수 있다고 생각합니다. 그리고 그렇게 했는데도 생각대로 되지 않을 때, 그들은 낙심하고 실망합니다. 심지어 하나님을 원망하기까지 합니다. 그러나 그것은 잘못된 생각입니다. 물론 순수한 동기가 중요합니다. 순수한 동기가 없으면, 그것은 나누어진 마음이요, 나누어진 마음은 곧 우상숭배입니다. 그러나 그럼에도 불구하고 순수한 동기만 가지고는 부족합니다. 순수한 동기를 가질 뿐 아니라, 하나님의 길을 알고, 그 길을 따라 행해야 합니다.

| 하나님의 길은 성령의 조명으로만 알 수 있습니다

우리들이 하나님의 길을 올바로 알기 위해 성경을 열심히 읽고 묵상하고 연구하는 것이 중요합니다. 하나님의 뜻에 대한 전반적인 이해와 지식을 갖는 것이 중요합니다. 그럼에도 불구하고 그것만 가지고 되지 않습니다. 하나님의 길은 성령의 조명으로만 우리에게 계시될 수 있습니다.

이 점이 바로 하나님의 손을 구하는 삶의 심각성입니다. 하나님의 손을 구하는 삶에서는 성령의 조명으로 하나님의 길이 계시되지 않습니다. 그리고 우리가 하나님의 길을 알지 못하면, 우리는 자기 임의대로 행하게 될 것이고, 그 결과는 하나님을 근심케 하고 분노케 하는 것뿐입니다.

여호와여 주의 도를 내게 가르치소서 내가 주의 진리에 행하오리니 일심으로 주의 이름을 경외하게 하소서
(시 86:11)

여호와여 주의 도를 내게 보이시고 주의 길을 내게 가르치소서
(시 25:4)

여호와여 주의 도를 내게 가르치시고 내 원수를 생각하셔서 평탄한 길로 나를 인도하소서
(시 27:11)

아침에 나로 하여금 주의 인자한 말씀을 듣게 하소서 내가 주를 의뢰함이니이다 내가 다닐 길을 알게 하소서 내가 내 영혼을 주께 드림이니이다
(시 143:8)

주는 나의 하나님이시니 나를 가르쳐 주의 뜻을 행하게 하소서 주의 영은 선하시니 나를 공평한 땅에 인도하소서
(시 143:10)

오늘 배운 것을 복습하십시오. 오늘 배운 내용 중에서 하나님께서 당신으로 하여금 이해하고, 배우고, 실천하기 원하는 부분이나 성구를 한두 개 지적해 주시도록 기도하십시오. 그리고 난 후 다음의 질문에 답하십시오.

❖ 오늘 배운 내용 중에서 어떤 부분이나 성구가 가장 뜻있게 와 닿았습니까?

❖ 위의 부분이나 성구를 하나님께 대한 당신의 기도로 바꾸십시오.

❖ 오늘의 학습에 대한 반응으로 하나님은 당신이 무엇을 하기를 원하십니까?

이 과의 요점

- 주님과 동행하는 삶을 위해서는 하나님의 얼굴을 구하는 삶으로의 전환이 필수입니다.
- 하나님의 손을 구하는 삶은 하나님을 근심케 할 수 밖에 없습니다.
- 하나님의 능력의 나타남이 반드시 하나님의 신임을 의미하는 것은 아닙니다.
- 하나님의 손을 구하는 삶에서는 하나님의 길이 계시되지 않습니다.
- 우리가 하나님을 만나려면 하나님의 길을 따라 행해야 합니다.
- 하나님의 길을 아는 것은 성령의 조명으로만 가능합니다.

제2과 하나님의 손을 구하는 삶 2

하나님의 손을 구하는 삶의 특징

1. 하나님을 근심케 한다.
2. 하나님의 길을 모른다.
3. 불신이 가득하다.
4. 세상 사랑이 다루어지지 않는다.
5. 참다운 순종이 없다.

3. 불신이 가득합니다

하나님의 손을 구하는 삶의 특징 중 가장 전형적인 것은 불신입니다.

히브리서 3:12, 18-19을 읽고, 이스라엘 백성들이 가나안 땅에 들어가지 못한 두 가지 수된 이유 중의 하나가 무엇인지 써 보십시오.

히브리서 3:12은 불신을 무엇이라고 표현하고 있습니까?

불신은 하나님과의 관계에서 우리를 어떻게 만듭니까?(12절)

하나님께서 이스라엘 백성들에게 분노하시고 맹세코 그들을 가나안 땅에 들이지 않으신 이유 중의 하나는 바로 그들의 불신 때문이었습니다. 성경은 불신을 악심이라고 표현하고 있습니다. 불신은 이처럼 악한 죄요, 우리를 하나님의 축복과 약속으로부터 떨어지게 만듭니다. 특히 여기에서 하나님에게서 떨어진다는 말은 그 시대를 향하신 하나님의 목적에서 제외되는 것을 뜻합니다.

형제들아 너희는 삼가 혹 너희 중에 누가 믿지 아니하는 악한 마음을 품고 살아 계신 하나님에게서 떨어질까 조심할 것이요
(히 3:12)

또 하나님이 누구에게 맹세하사 그의 안식에 들어오지 못하리라 하셨느냐 곧 순종하지 아니하던 자들에게가 아니냐 이로 보건대 그들이 믿지 아니하므로 능히 들어가지 못한 것이라
(히 3:18-19)

| 하나님이 말씀하신 이스라엘 백성들의 불신의 의미

이 말씀이 우리에게 올바로 이해되기 위해서는 하나님께서 이스라엘의 어떠한 행동을 두고 그토록 심각한 죄인 불신이라고 말씀하셨는지를 살펴보아야 합니다.

시편 78:11-22을 읽고, 다음의 물음에 답하십시오.

이 사건은 어떤 사건과 관련이 있습니까?(17-20절)

왜 하나님은 이스라엘 백성들을 향하여 그렇게 노하셨습니까?(21-22절)

17-19에 의하면, 성경은 이스라엘 백성들의 불신을 어떻게 표현하고 있습니까?

이 사건은 광야에서 음식이 떨어졌을 때, 이스라엘 백성들이 취한 행동과 관련이 있습니다. 그리고 하나님은 그들의 불신 때문에 그들에게 그렇게 노하셨습니다. 성경은 하나님께서 그들에게 대하여 불같이 노하셨다고 말하고 있습니다. 그리고 성경은 그들의 불신을 두고, '그들이 하나님께 범죄했다', '그들이 하나님을 배반했다', '그들이 하나님을 시험했다', '그들이 하나님을 대적했다' 라고 표현하고 있습니다. 불신은 그만큼 큰 죄입니다.

그러면 이스라엘 백성들은 그들의 음식이 떨어졌을 때 어떻게 행동했습니까? 하나님은 그들의 어떠한 행동을 두고 이토록 심각한 불신이라고 부르셨습니까? 우리는 이 사건에 대한 자세한 기록인 출애굽기 16장을 보면, 그 내용을 잘 알 수 있습니다.

출애굽기 16:1-3을 읽고, 다음의 물음에 답하십시오.

그들은 그 당시 어디에 있었습니까?

그런데 무슨 일이 일어났습니까?

그 당시 그들이 처한 상황을 당신의 말로 써보십시오.

여호와께서 행하신 것과 그들에게 보이신 그의 기이한 일을 잊었도다 옛적에 하나님이 애굽 땅 소안 들에서 기이한 일을 그들의 조상들의 목전에서 행하셨으되 그가 바다를 갈라 물을 무더기 같이 서게 하시고 그들을 지나가게 하셨으며 낮에는 구름으로, 밤에는 불빛으로 인도하셨으며 광야에서 반석을 쪼개시고 매우 깊은 곳에서 나오는 물처럼 흡족하게 마시게 하셨으며 또 바위에서 시내를 내사 물이 강 같이 흐르게 하셨으나 그들은 계속해서 하나님께 범죄하여 메마른 땅에서 지존자를 배반하였도다 그들이 그들의 탐욕대로 음식을 구하여 그들의 심중에 하나님을 시험하였으며 그뿐 아니라 하나님을 대적하여 말하기를 하나님이 광야에서 식탁을 베푸실 수 있으랴 보라 그가 반석을 쳐서 물을 내시니 시내가 넘쳤으나 그가 능히 떡도 주시며 자기 백성을 위하여 고기도 예비하시랴 하였도다 그러므로 여호와께서 듣고 노하셨으며 야곱에게 불같이 노하셨고 또한 이스라엘에게 진노가 불타 올랐으니 이는 하나님을 믿지 아니하며 그의 구원을 의지하지 아니한 때문이로다

(시 78:11-22)

이러한 상황에 처하자 그들은 어떻게 했습니까?

만약 당신이 그와 비슷한 상황을 만난다면, 당신은 어떻게 하시겠습니까?

그 때는 애굽을 떠난 지 약 두 달 반쯤 되었을 때입니다. 이스라엘 백성들은 하나님의 기적을 통해 홍해를 건너서 사막으로 들어섰습니다. 그들은 자기들 임의대로 행한 것이 아니고, 낮에는 구름기둥으로 밤에는 불기둥으로 인도하시는 하나님의 구체적인 인도를 따라 그 곳으로 왔습니다. 그런데 시간이 지나면서 애굽에서 가져온 식량이 다 떨어졌습니다. 그들은 지금 사막에 있습니다. 어디에서도 풀 한 포기 구할 수 없는 상황이었습니다. 바닥은 온통 검게 타버린 돌들뿐이었습니다. 농사할 땅이나 물은 말할 것도 없고, 뿌릴 씨앗이나 수확 때까지 기다릴 시간적인 여유도 전혀 없었습니다. 이것이 바로 그 당시 이스라엘 백성들이 처한 상황이었습니다. 아무리 둘러보아도 그 곳에서 헤어날 길이 전혀 없었습니다.

그러자 이스라엘 백성들은 모세와 아론을 원망하기 시작했습니다. 그들은 하나님께 불평과 원망을 쏟아놓기 시작했습니다. 그들은 아무리 하나님이라고 하신들 사막에서 그 많은 사람들을 먹이시는 것을 전혀 상상할 수 없었습니다.

하나님은 이스라엘 백성들의 이러한 행동을 두고 불신이라고 말씀하셨습니다. 하나님은 이것을 두고 이스라엘 백성들이 하나님을 대적했다고 말씀하셨고, 그들이 하나님을 시험했다고 말씀하셨습니다. 그리고 이 불신이 하나님을 분노케 했고, 궁극적으로 하나님께서 맹세하사 그들을 흩으신 원인이 되었습니다. 물론 하나님은 그들의 단 한 번의 불신 때문에 그들을 그렇게 하지는 않으셨습니다. 그러나 그들은 반복적으로 그렇게 하나님을 불신했습니다.

이러한 사실은 우리에게 의미하는 바가 매우 큽니다. 왜냐하면 오늘날 많은 성도들은 그 당시 이스라엘 백성들이 처했던 상태의 십분의 일도 못 미치는 상태에만 처해도 이스라엘 백성들과 똑같은 반응을 나타내 보이기 때문입니다. 그 당시 이스라엘 백성들은 온 가족뿐 아니라, 온 민족이 아사의 위험에 처해 있었습니다. 뿐만 아니라, 그들의 관점에서는 어떠한 길도 보이지 않았습니다. 그런데 우리는 조그마한 어려움이 닥쳐도 이스라엘 백성들보다 더한 원망과 불신을 하나님께 나타냅니다. 어떤 사람은 "그런 상황에서 그렇게 하지 않을 사람이 누가 있어?" 라고 말하면서 자신들의 불신을 정당화합니다. 그리고 그러한 불신의 자세가 많은 성도들 가운데서 공감을 얻습니다. 그만큼 오늘날 하나님의 백성들의 삶에는 불신이 가득합니다.

이스라엘 자손의 온 회중이 엘림에서 떠나 엘림과 시내 산 사이에 있는 신 광야에 이르니 애굽에서 나온 후 둘째 달 십오일이라 이스라엘 자손 온 회중이 그 광야에서 모세와 아론을 원망하여 이스라엘 자손이 그들에게 이르되 우리가 애굽 땅에서 고기 가마 곁에 앉아 있던 때와 떡을 배불리 먹던 때에 여호와의 손에 죽었더라면 좋았을 것을 너희가 이 광야로 우리를 인도해 내어 이 온 회중이 주려 죽게 하는도다

(출 16:1–3)

우리의 조상들이 애굽에 있을 때 주의 기이한 일들을 깨닫지 못하며 주의 크신 인자를 기억하지 아니하고 바다 곧 홍해에서 거역하였나이다 그러나 여호와께서는 자기의 이름을 위하여 그들을 구원하셨으니 그의 큰 권능을 만인이 알게 하려 하심이로다 이에 홍해를 꾸짖으시니 곧 마르니 그들을 인도하여 바다 건너가기를 마치 광야를 지나감 같게 하사 그들을 그 미워하는 자의 손에서 구원하시며 그 원수의 손에서 구원하셨고 그들의 대적들은 물로 덮으시매 그들 중에서 하나도 살아 남지 못하였도다 이에 그들이 그의 말씀을 믿고 그를 찬양하는 노래를 불렀도다 그러나 그들은 그가 행하신 일을 곧 잊어버리며 그의 가르침을 기다리지 아니하고 광야에서 욕심을 크게 내며 사막에서 하나님을 시험하였도다

(시 106:7-14)

여호와께서 모세에게 말씀하여 이르시되 이스라엘 자손에게 명령하여 돌이켜 바다와 믹돌 사이의 비하히롯 앞 곧 바알스본 맞은편 바닷가에 장막을 치게 하라 바로가 이스라엘 자손에 대하여 말하기를 그들이 그 땅에서 멀리 떠나 광야에 갇힌 바 되었다 하리라 내가 바로의 마음을 완악하게 한즉 바로가 그들의 뒤를 따르리니 내가 그와 그의 온 군대로 말미암아 영광을 얻어 애굽 사람들이 나를 여호와인 줄 알게 하리라 하시매 무리가 그대로 행하니라 그 백성이 도망한 사실이 애굽 왕에게 알려지매 바로와 그의 신하들이 그 백

오늘날 성도들의 삶 속에 불신이 가득한 가장 근본적인 원인은 그들이 그 당시 이스라엘 백성들과 같이 하나님의 손을 구하는 삶을 살고 있기 때문입니다.

| 하나님의 손을 구하는 삶에서 믿음은 환경에 의존합니다

참된 믿음은 절대로 환경에 의존하지 않습니다. 환경에 의존하는 믿음은 하나님께 대한 참다운 믿음이 아닙니다. 그것은 환경에 대한 믿음일 뿐입니다. 그런데 하나님의 손을 구하는 삶에서는 그들의 믿음이 환경에 의존합니다. 그래서 일이 잘 되어 가면 하나님을 믿고 감사하다가, 역경을 만나면 곧 바로 하나님을 원망하고 불신합니다.

시편 106:7-14에 의하면, 이스라엘 백성들은 홍해 사건을 경험하고 어떤 반응을 보였습니까?

그 뒤 얼마 되지 않아 역경이 닥쳤을 때, 그들은 어떻게 했습니까?

이스라엘 백성들은 홍해 사건을 경험했을 때 하나님을 믿고 또 기뻐하며 춤까지 추었습니다. 그러나 그들의 믿음은 참다운 믿음이 아니었습니다. 만약 그것이 참다운 믿음이었으면, 성경은 그들을 불신의 대명사로 표현하지 않았을 것입니다. 그들의 믿음은 환경을 믿는 것에 불과했습니다. 그래서 곧 이어 역경이 닥쳤을 때, 그들은 곧 바로 하나님을 원망하고 불신했습니다.

오늘날 많은 성도들은 어려움에 처하면 하나님께 기도합니다. 그들은 "하나님께서 채워주실 줄 믿습니다" 라고 말합니다. 그러면서 그들은 그 문제를 해결할 수 있는 여러 방안들을 고안해냅니다. 그러나 그들이 생각한 여러 방안들이 하나하나 무너질 때, 그들은 낙심하고 좌절합니다. 하나님을 원망합니다. 그들이 "믿습니다" 라고 말했을 때, 그들은 하나님을 믿었던 것이 아닙니다. 그들이 고안해 낸 수단을 믿었을 따름입니다.

| 참다운 믿음은 환경에 의존하지 않습니다

하나님의 손을 구하는 삶에서는 믿음이 환경에 의존하지만, 성경이 말하는 참다운 믿음은 환경에 의존하지 않습니다. 우리는 이 점을 모세의 삶에서 잘 볼 수 있습니다. 모세는 하나님의 얼굴을 구하는 삶을 살았습니다. 그래서 그는 이스라엘 백성들과 똑같은 상황에 처해 있었음에도 불구하고, 믿음으로 행동했습니다. 사실 모세가 이스라엘 백성들보다 훨씬 더 어려움에 처해 있었습니다. 집 안에 쌀이 떨어지면, 자녀들이 더 어려운지 부모가 더 어려운지를 생각해 보면 이 점을 쉽게 알 수 있을 것입니다.
그 대표적인 예가 홍해 앞에서 모세가 취한 자세입니다. 출애굽기 14:1-14을 읽고, 다

음의 물음에 답하십시오.

그 당시 이스라엘 백성들이 처한 상황을 당신의 말로 간단하게 표현해 보십시오.

이러한 상황에서 이스라엘 백성들은 어떤 반응을 나타냈습니까?(10-12절)

반면에 모세는 어떠한 반응을 나타냈습니까?(13-14절)

모세가 그렇게 반응을 보일 수 있었던 이유는 어디에 있습니까?(1-4절)

이 경우도 출애굽기 16장의 경우와 똑같은 성격의 상황이었습니다. 이스라엘 백성들은 그 당시 홍해 앞에 진을 치고 있었습니다. 그런데 바로가 마음을 바꿔 최정예의 군대를 이끌고 이스라엘 백성들을 붙잡으러 온 것입니다. 이스라엘 백성들의 입장에서 볼 때, 구원의 여망이 전혀 없었습니다. 앞에는 홍해요, 뒤에는 애굽 군대가 이미 코앞에까지 다가와 있는 상황이었습니다. 배는 말할 것도 없고, 배를 만들 어떤 도구나 재료도 없었습니다. 더욱이 애굽의 최정예 부대와 맞서 싸운다는 것은 자살 행위나 다름 없었습니다. 그러자 이스라엘 백성들은 하나님과 모세를 원망하기 시작했습니다.

반면에 똑같은 상황에서 모세는 이스라엘 백성들과는 전혀 다른 태도를 취했습니다. 모세는 "두려워 말고 담대히 서서 하나님께서 이스라엘 백성들을 위해 싸우시는 것을 보라" 라고 외쳤습니다. 이 얼마나 다른 자세입니까! 모세가 이렇게 외칠 수 있었던 것은 하나님께서 모세에게 미리 그렇게 말씀해 주셨기 때문입니다. 여기에서도 볼 수 있듯이 참다운 믿음은 하나님과의 친밀한 교제에서만 나옵니다. 참다운 믿음은 환경에 의존하지 않습니다.

| 하나님께서 원하시는 믿음

그러면 하나님은 그러한 상황에서 이스라엘 백성들로부터 무엇을 기대하셨단 말입니까? 하나님께서 원하셨던 믿음은 어떠한 것이었습니까? 하나님께서 오늘날 우리에게서 기대하시는 믿음은 어떤 것입니까?

먼저, 하나님은 그들을 의도적으로 홍해 앞으로, 물이 없는 곳으로 그리고 먹을 것이 없는 곳으로 인도하셨습니다. 다시 말해서 그들을 광야로 인도하셨습니다. 그것은 그

성에 대하여 마음이 변하여 이르되 우리가 어찌 이같이 하여 이스라엘을 우리를 섬김에서 놓아 보내었는가 하고 바로가 곧 그의 병거를 갖추고 그의 백성을 데리고 갈새 선발된 병거 육백 대와 애굽의 모든 병거를 동원하니 지휘관들이 다 거느렸더라 여호와께서 애굽 왕 바로의 마음을 완악하게 하셨으므로 그가 이스라엘 자손의 뒤를 따르니 이스라엘 자손이 담대히 나갔음이라 애굽 사람들과 바로의 말들, 병거들과 그 마병과 그 군대가 그들의 뒤를 따라 바알스본 맞은편 비하히롯 곁 해변 그들이 장막 친 데에 미치니라 바로가 가까이 올 때에 이스라엘 자손이 눈을 들어 본즉 애굽 사람들이 자기들 뒤에 이른지라 이스라엘 자손이 심히 두려워하여 여호와께 부르짖고 그들이 또 모세에게 이르되 애굽에 매장지가 없어서 당신이 우리를 이끌어 내어 이 광야에서 죽게 하느냐 어찌하여 당신이 우리를 애굽에서 이끌어 내어 우리에게 이같이 하느냐 우리가 애굽에서 당신에게 이른 말이 이것이 아니냐 이르기를 우리를 내버려 두라 우리가 애굽 사람을 섬길 것이라 하지 아니하더냐 애굽 사람을 섬기는 것이 광야에서 죽는 것보다 낫겠노라 모세가 백성에게 이르되 너희는 두려워하지 말고 가만히 서서 여호와께서 오늘 너희를 위하여 행하시는 구원을 보라 너희가 오늘 본 애굽 사람을 영원히 다시 보지 아니하리라 여호와께서 너희를 위하여 싸우시리니 너희는 가만히 있을지니라
(출 14:1-14)

들의 믿음을 시험하기 위함이었습니다. "광야"에 가야 우리의 믿음이 드러납니다. "광야"는 하나님 외에 아무것도 의지할 것이 없는 곳입니다. 참다운 믿음은 환경에 의존하는 것이 아니기 때문에, 그곳에 가야 하나님의 백성들의 믿음이 드러납니다.

하나님께서 이스라엘 백성들을 광야로 인도하신 것은 단순히 그들의 믿음을 시험하기 위한 것만이 아니었습니다. 하나님은 그들에게 믿음의 훈련을 시키기 위해 그들을 그리로 인도하셨습니다.

하나님은 애굽에서의 10가지 재앙을 포함한 그 놀라운 수많은 역사들을 통해서 이미 하나님은 전능하신 하나님이며, 이스라엘의 하나님이신 것을 보여주셨습니다. 하나님께서 모세에게 보이신 대로 하나님은 아브라함과 이삭과 야곱의 하나님이며, 야훼 하나님임을 반복적으로 보여주셨습니다.

그리고 이제 하나님은 그 상황들에서 그들이 하나님을 의지함으로 하나님의 지시를 기다리기를 원하셨습니다. 이것이 하나님께서 이스라엘 백성들에게서 기대하셨던 믿음입니다. 그래서 시편 106:13은 그들의 불신을 두고 "그러나 그들은 그가 행하신 일을 곧 잊어버리며 그의 가르침을 기다리지 아니하고" 라고 말하고 있습니다. 여기에서 "가르침" 이란 말은 하나님의 지도 내지는 지시를 말합니다. 하나님은 자신의 능력으로 그 일을 해결할 계획을 가지시고 그들을 그 상황들로 인도하시면서, 그들이 하나님을 믿는 믿음 안에서 자라기를 간절히 열망하셨습니다. 그러나 이스라엘 백성들은 그때까지 여러 차례에 걸쳐 그들에게 보여주신 하나님의 신실함도, 그들을 향하신 하나님의 사랑의 관심도, 그리고 하나님의 능력도 신뢰하지 않았습니다. 그것이 바로 불신이었습니다.

그들의 불신으로 인하여 하나님은 분노하셨습니다. 그러나 하나님은 분노를 돌이키시고, 그들에게 다시 그리고 또 다시 기회를 주었습니다. 그것이 물이 없는 상황이었고, 먹을 것이 없는 상황이었습니다. 그러나 그들은 계속적으로 하나님을 신뢰하지 않았습니다. 하나님은 그들에게 열 번까지 기회를 주셨으나, 그들이 끝까지 돌이키지 않자 하나님은 그들을 흩으시기로 최종적으로 결정하셨습니다.

오늘 배운 것을 복습하십시오. 오늘 배운 내용 중에서 하나님께서 당신으로 하여금 이해하고, 배우고, 실천하기 원하는 부분이나 성구를 한두 개 지적해 주시도록 기도하십시오. 그리고 난 후 다음의 질문에 답하십시오.

✣ 오늘 배운 내용 중에서 어떤 부분이나 성구가 가장 뜻있게 와 닿았습니까?

✣ 위의 부분이나 성구를 하나님께 대한 당신의 기도로 바꾸십시오.

✣ 오늘의 학습에 대한 반응으로 하나님은 당신이 무엇을 하기를 원하십니까?

이 과의 요점

- 하나님의 손을 구하는 삶의 전형적인 특징은 불신입니다.
- 환경에 의존하는 믿음은 참다운 믿음이 아닙니다.
- 참다운 믿음은 하나님과의 친밀한 교제에서 나옵니다.
- 하나님의 길을 알지 못하면, 진정한 믿음을 가질 수 없습니다.

제3과 하나님의 손을 구하는 삶 3

4. 세상 사랑이 다루어지지 않습니다

하나님과의 친밀한 교제를 방해하는 가장 대표적인 것 중 하나가 바로 세상 사랑입니다. 그런데 하나님의 손을 구하는 삶에서는 세상 사랑이 다루어지지 않습니다.

이 점은 이스라엘 백성들의 삶에도 뚜렷하게 나타납니다. 하나님께서 이스라엘 백성들을 애굽에서 빼내셨습니다. 이제 광야 생활을 통해서 하나님께서 하시기를 원하셨던 일은 그들 속에서부터 애굽을 빼내는 것이었습니다. 하나님께서 그들을 애굽에서 빼내는 데는 하루가 걸렸습니다. 그러나 그들 속에서부터 애굽을 빼내는 데는 사십 년이 걸렸습니다. 아니 사십 년이 걸려서도 다 이루어지지 않았습니다.

우리 조상들이 모세에게 복종하지 아니하고자 하여 거절하며 그 마음이 도리어 애굽으로 향하여 아론더러 이르되 우리를 인도할 신들을 우리를 위하여 만들라 애굽 땅에서 우리를 인도하던 이 모세는 어떻게 되었는지 알지 못하노라 하고 그 때에 그들이 송아지를 만들어 그 우상 앞에 제사하며 자기 손으로 만든 것을 기뻐하더니 하나님이 외면하사 그들을 그 하늘의 군대 섬기는 일에 버려 두셨으니 이는 선지자의 책에 기록된 바 이스라엘의 집이여 너희가 광야에서 사십 년간 희생과 제물을 내게 드린 일이 있었느냐 몰록의 장막과 신 레판의 별을 받들었음이여 이것은 너희가 절하고자 하여 만든 형상이로다 내가 너희를 바벨론 밖으로 옮기리라 함과 같으니라

(행 7:39-43)

특히 하나님께서 광야에서 흩으신 이스라엘 백성들은 그들 속에서부터 애굽을 버리는 것을 거부했습니다. 그들은 기회만 있으면, 애굽으로 되돌아갔습니다. 신체적으로 그렇게 하지 않았을지 모르지만, 그들의 마음속에서는 항상 그랬습니다. 그래서 그들은 기회가 있을 때마다 애굽을 그리워하며 회상했습니다.

출애굽기 16:2-3을 읽으십시오. 그리고 그들의 마음속에는 항상 애굽이 자리 잡고 있었던 것을 보여주는 부분에 밑줄을 그으십시오.

> "이스라엘 자손 온 회중이 그 광야에서 모세와 아론을 원망하여 이스라엘 자손이 그들에게 이르되 우리가 애굽 땅에서 고기 가마 곁에 앉아 있던 때와 떡을 배불리 먹던 때에 여호와의 손에 죽었더라면 좋았을 것을 너희가 이 광야로 우리를 인도해 내어 이 온 회중으로 주려 죽게 하는도다."

이것의 정점은 그들이 금송아지를 만들어 섬긴 사건입니다. 사도행전 7:39-43을 읽으십시오.

이스라엘 백성들이 금송아지를 만들어 섬긴 행위 뒤에는 그들의 마음에 무엇이 자리 잡고 있었기 때문입니까?

그리고 이 죄의 영향력은 언제까지 계속 되었습니까?

이스라엘 백성들이 금송아지를 만들어 섬긴 것은 그들의 마음속에 자리 잡고 있던 애굽 때문이었습니다. 세상 사랑으로 인하여 그들은 모세의 말에 청종하기를 거부하고 우상을 만들어 숭배했습니다. 그런데 매우 무서운 사실은 세상 사랑으로 인한 우상 숭배와 죄의 영향력이 이스라엘이 패망한 그 날까지도 끊어지지 않았다는 사실입니다. 이 얼마나 무섭습니까!

| 오늘날 성도들의 삶 속에 가득한 금송아지

한 번은 하나님께서 오늘날 성도들 가운데 금송아지가 가득한 것을 보이시며, 그것을 인하여 회개하라고 하셨습니다. 그러면서 하나님은 오늘날 성도들 가운데 있는 금송아지를 다음과 같이 조명해 주셨습니다.

성경에 의하면, 우리들이 우리 지체를 누구 혹은 무엇에게 드려 순종하든지 우리는 그것의 종입니다. 그래서 우리들이 우리 지체를 죄에게 주어 순종하면 죄의 종이요, 하나님께 의의 병기로 드려 순종하면 하나님의 종입니다(롬 6:16). 그런데 오늘날 많은 성도들이 교회에 와서는 하나님이 자기의 주님이라고 고백하며 경배하고 예배를 드릴지 모르지만, 사회에 나가서 돈을 버는 데 있어서는 그들의 삶 속에 하나님의 법칙이 간 곳이 없습니다. 그들은 마치 하나님의 법칙을 따르면 아무 것도 되지 않을 것처럼 여기고, 그들의 삶에는 오직 돈의 법칙만 있을 뿐입니다. 이러한 행위는 그들이 말로는 하나님이 자신들의 주님이라고 고백할지 모르지만, 실제로는 돈 앞에 엎드려, 다시 말해서 금송아지 앞에 엎드려 "당신이 바로 우리를 인도하는 신입니다" 라고 숭배하는 것과 똑같습니다. 이스라엘 백성들이 한 일과 정확하게 똑같은 일입니다. 이처럼 오늘날 성도들의 삶 속에 세상 사랑함이 가득합니다. 그리고 이것 또한 오늘날 우리 가운데 팽배한 하나님의 손을 구하는 삶의 열매입니다.

또 하나님이 누구에게 맹세하사 그의 안식에 들어오지 못하리라 하셨느냐 곧 순종하지 아니하던 자들에게가 아니냐
(히 3:18)

5. 참다운 순종이 없습니다

히브리서 3:18을 다시 한 번 보십시오.

그 당시 이스라엘 백성들이 가나안 땅에 들어가지 못한 또 하나의 이유는 무엇입니까?(시 106:24-26 참조)

그것은 불순종이었습니다. 그들은 대표적으로 불순종과 불신으로 인하여 하나님의 약속으로부터 떨어지게 되었습니다.

그들이 그 기쁨의 땅을 멸시하며 그 말씀을 믿지 아니하고 그들의 장막에서 원망하며 여호와의 음성을 듣지 아니하였도다 이러므로 그가 그의 손을 들어 그들에게 맹세하기를 그들이 광야에 엎드러지게 하고
(시 106:24-26)

| 불신과 불순종

믿음과 순종은 동전의 양면과 같습니다. 그것은 각기 다른 것이지만, 둘이 서로 분리될 수 없습니다. 하나님이 말씀하신 것을 순종하려면, 반드시 믿음이 필요하기 때문입니다. 따라서 그들의 불순종은 당연한 결과였습니다.

이에 대한 좋은 본보기가 가데스 바네아의 사건에 나옵니다. 민수기 13:17-14:11까지 읽고, 다음의 물음에 답하십시오.

그와 함께 올라갔던 사람들은 이르되 우리는 능히 올라가서 그 백성을 치지 못하리라 그들은 우리보다 강하니라 하고 이스라엘 자손 앞에서 그 정탐한 땅을 악평하여 이르되 우리가 두루 다니며 정탐한 땅은 그 거주민을 삼키는 땅이요 거기서 본 모든 백성은 신장이 장대한 자들이며 거기서 네피림 후손인 아낙 자손의 거인들을 보았나니 우리는 스스로 보기에도 메뚜기 같으니 그들이 보기에도 그와 같았을 것이니라 온 회중이 소리를 높여 부르짖으며 백성이 밤새도록 통곡하였더라 이스라엘 자손이 다 모세와 아론을 원망하며 온 회중이 그들에게 이르되 우리가 애굽 땅에서 죽었거나 이 광야에서 죽었으면 좋았을 것을 어찌하여 여호와가 우리를 그 땅으로 인도하여 칼에 쓰러지게 하려 하는가 우리 처자가 사로잡히리니 애굽으로 돌아가는 것이 낫지 아니하랴 이에 서로 말하되 우리가 한 지휘관을 세우고 애굽으로 돌아가자 하매

(민 13:31-14:4)

1. 가데스 바네아에 이르렀을 때, 하나님께서는 이스라엘 백성에게 어떻게 하라고 명령하셨습니까?(신 1:19-21 참조)

2. 그에 대한 이스라엘 백성들의 대답은 무엇이었습니까?(신 1:22 참조)

3. 정탐꾼들이 돌아왔을 때, 이스라엘 백성들의 반응은 어떠했습니까?(민 13:31-14:4)

4. 이번이 그들이 불신하고 불순종한 몇 번째였습니까?(민 14:22)

5. 이번 사건을 통해서 하나님은 그들을 어떻게 하기로 맹세하십니까?(민 14:23)

가데스 바네아는 가나안 땅의 남쪽 경계선과도 같은 곳입니다. 그 곳에서 하나님은 이스라엘 백성들에게 들어가서 가나안 땅을 취하라고 명령하셨습니다. 그러나 그들은 환경에만 의존하여 하나님을 불신하고 원망하며 순종하지 않았습니다. 그들은 여태까지 그렇게 해왔던 것처럼, 이번에도 여지없이 그렇게 했습니다. 그러자 하나님은 드디어 맹세하사 그들을 흩으시기로 작정하셨습니다. 오직 믿음으로 하나님께 나온 여호수아와 갈렙만이 하나님께서 약속하신 가나안 땅에 들어가리라고 축복하셨습니다. 만약에 이스라엘 백성들이 믿음으로 순종하였더라면, 그들은 40년 동안 광야에서 방황하지 않았을 것입니다. 그러나 그들은 순종할 수 없었습니다. 그들에게는 믿음이 없었기 때문입니다. 믿음과 순종은 밀접한 관계가 있습니다. 하나님의 손을 구하는 삶에는 참다운 믿음도, 따라서 참다운 순종도 없습니다.

그들은 하나님의 손만을 구했습니다

그 당시 이스라엘 백성들은 하나님의 길을 알지 못했기 때문에 하나님을 분노케 했습니다. 그들은 또한 하나님의 길을 몰랐기 때문에 하나님을 신뢰할 수도 없었고, 하나님을 신뢰할 수 없었기 때문에, 하나님께 참으로 순종할 수도 없었습니다. 그러므로 그들에게 가장 근본적인 문제는 그들이 하나님의 길을 몰랐다는 데에 있습니다.

그런데 그들이 하나님의 길을 몰랐던 것은 그것이 그들에게 계시되지 않았기 때문입니다. 우리들이 앞에서 살펴본 대로 하나님의 길은 하나님께서 계시해 주셔야만 알 수 있습니다. 다른 길은 없습니다.

그렇다면, 하나님은 왜 그들에게 하나님의 길을 계시해 주시지 않았습니까? 하나님께서 계시해 주시지 않았기 때문에 그들이 하나님의 길을 몰랐다면, 하나님은 왜 그들에게 책임을 물으셨습니까? 이점이 바로 우리들이 이 단원을 통해서 살펴보고 있는 가장 핵심적인 부분입니다. 사실, 그 당시 이스라엘 백성들은 하나님께서 그들에게 하나님의 길을 보여주셔도 그것을 전혀 깨달을 수 없는 위치에 있었습니다. 그것은 그들이 오직 하나님의 손만을 구했기 때문입니다.

히브리서 3:9에 의하면, 이스라엘 백성들은 40년 동안 하나님의 무엇을 보았습니까?

> 거기서 너희 열조가 나를 시험하여 증험하고 사십 년 동안 나의 행사를 보았느니라
> (히 3:9)

시편 103:7을 읽으십시오. 하나님께서 이스라엘 백성들에게는 무엇을 그리고 모세에게는 무엇을 보여주셨습니까?

> 그의 행위를 모세에게, 그의 행사를 이스라엘 자손에게 알리셨도다
> (시 103:7)

이스라엘 백성들에게 :

모세에게 :

이스라엘 백성들은 40년 동안 하나님의 행사를 보았습니다. 그것은 하나님께서 그들에게 하나님의 행사를 보여주셨기 때문입니다. 그러나 하나님께서 모세에게는 하나님의 길을 보여주셨습니다. 여기의 "행위"라는 단어는 원래 원어에는 "길"이라는 단어입니다. 그래서 우리말 새번역이나 모든 영어 성경에는 다 "길"이라고 번역되어 있습니다.

그러면 왜 이스라엘 백성들에게는 하나님의 행사만을 보여주셨습니까? 다시 말해서, 왜 그들에게는 하나님의 길을 보여주지 않으셨습니까? 그것은 그들이 구한 것이 오직

하나님의 행사 곧 하나님의 손뿐이었기 때문입니다. 이 점은 우리가 다음 과에서 살펴볼 모세의 삶을 보면 선명하게 볼 수 있습니다.

이스라엘 백성들은 먹을 것이 없을 때 먹을 것을 구하고, 마실 것이 없을 때 마실 것을 구하고, 위기에 처했을 때 하나님의 도움을 구했을 따름입니다. 자주 그들은 매우 절박하게 그리고 간절하게 그것들을 구했습니다. 그러나 그들은 그 이상 어떠한 하나님의 길이나 하나님을 아는 것은 전혀 구하지 않았습니다. 사실, 그들에게 있어 하나님은 세상에서의 그들 자신의 목적을 위한 수단일 뿐이었습니다.

매우 안타깝게도 오늘날 성도들의 삶이 그 당시 이스라엘 백성들의 그것과 너무 흡사합니다. 오늘날 그들은 많은 기도를 합니다. 새벽기도, 철야기도, 작정기도, 금식기도, 다니엘 기도, 여리고 기도, 기도원 특별기도성회, 릴레이 기도 등. 그리고 입시 때가 되면 큰 교회들은 새벽기도 시간에 앉을 자리가 없을 만큼 많은 사람들로 붐빕니다. 그러나 그들 대부분의 기도는 그들이 세워놓은 목표와 목적을 위한 하나님의 도움과 능력과 역사만을 구하는 기도입니다. 즉, 하나님의 손만을 구하는 기도입니다. 그렇기 때문에 오늘날 성도들의 삶 속에는 이스라엘 백성들의 삶 속에 나타난 특징들이 그대로 나타나고 있습니다. 둘 다 같은 종류의 신앙의 각도를 가지고 있기 때문에, 똑같은 열매가 나타나는 것입니다.

이것은 목회자들의 경우에도 마찬가지입니다. 물론 목회자들의 기도는 사역을 중심으로 이루어져 있습니다. 그러나 그 기도 또한 일반 성도들의 기도와 전혀 다름이 없이 오직 하나님의 손만을 구하는 기도가 될 수 있습니다.

하나님은 심지어 하나님의 손을 구하는 기도도 응답하십니다. 이스라엘 백성들에게 응답하셨던 것처럼 말입니다. 하나님은 그만큼 은혜와 긍휼이 풍성하신 분이십니다. 그러나 그것이 곧 그들에 대한 하나님의 신임을 의미하는 것은 절대로 아닙니다. 이 점을 올바로 이해하지 못하기 때문에 많은 사람들이 자신에 대한 잘못된 인식으로부터 벗어나지 못하고 있습니다.

| 영혼을 소멸하는 병

하나님의 손을 구하는 삶에는 무서운 함정이 있습니다. 그것은 우리들이 하나님의 손을 구하는 삶에서 빨리 벗어나지 않으면, 우리들은 영혼을 소멸시키는 무서운 병에 걸릴 수 있다는 것입니다.

시편 106:12-15을 다시 한 번 읽으십시오.

이스라엘 백성들이 반복해서 하나님을 신뢰하지 아니하고, 자기들이 원하는 것만을 하나님께 구했을 때, 하나님은 어떻게 하셨습니까? 옳은 답에 ∨표 하시오.

이에 그들이 그의 말씀을 믿고 그를 찬양하는 노래를 불렀도다 그러나 그들은 그가 행하신 일을 곧 잊어버리며 그의 가르침을 기다리지 아니하고 광야에서 욕심을 크게 내며 사막에서 하나님을 시험하였도다 그러므로 여호와께서는 그들이 요구한 것을 그들에게 주셨을지라도 그들의 영혼은 쇠약하게 하셨도다
(시 106:12-15)

□ 하나님께서 더 이상 그들의 기도에 응답하지 않으셨다.
□ 하나님께서 그들이 요청한 것을 주셨다.

하나님께서 그들의 영혼을 어떻게 하셨습니까?(15절)

하나님은 이스라엘 백성들의 믿음을 보기 원하셔서 혹은 믿음에 의한 삶으로 그들을 인도하기 원하셔서 반복적으로 그들에게 기회를 주셨습니다. 그러나 그들은 그러한 하나님의 의도를 전혀 깨닫지 못하고 지속적으로 하나님의 손만을 구했습니다. 그러자 하나님은 그들이 요청한 것을 주셨지만, 동시에 그들의 영혼을 쇠약하게 하셨습니다.

먼저, 하나님은 여기에서 그들이 당한 처지에서 하나님의 얼굴을 구하지 아니하고, 불신 가운데 하나님의 손만을 구한 처사를 욕심을 따라 구한 처사라고 말씀하고 계십니다.

그리고 여기에서 "그 영혼을 쇠약하게 하셨도다" 라는 말은 영혼을 소멸하는 병을 말합니다. 그래서 NIV나 NASV 영어성경은 이 구절을 "a wasting disease(영혼을 소멸하는 병)"이란 말로 번역하고 있습니다. 제가 아는 한 사람이 원인을 알지 못하는 이상한 병에 걸려 이 세상을 떠났습니다. 그의 병은 소뇌가 점점 그 기능을 상실하는 것이었습니다. 그 결과 그는 서서히 걸음이나 언어 등 모든 행동과 움직임이 점점 둔해져 나중에는 결국 하나님 앞으로 갔습니다. 그런데 여기에서 말하는 소멸하는 병은 영적으로 정확하게 바로 그러한 병을 말합니다.

우리들이 하나님의 손을 구하는 삶에서 돌이키지 않을 때, 우리 영혼은 쇠약하게 됩니다. 우리 영혼은 서서히 말라 죽어갑니다. 그래서 우리는 하나님의 뜻과 길을 분별하지 못하게 됩니다. 하나님의 마음을 아는 분별력은 점점 상실되고, 하나님의 행하심을 보는 눈은 점점 어두워집니다. 결국에는 신앙의 모양은 있으나 그 실제가 없는 바리새인들의 삶과 같이 되어버리고 맙니다. 예수님께서 말씀하신 마태복음 13:14-15의 말씀처럼 되어 버립니다. 그렇게 되면, 하나님의 길을 아는 것은 불가능하게 되고, 따라서 하나님을 기쁘시게 하는 삶을 살 수 없을 뿐 아니라, 하나님을 진실로 신뢰하는 믿음의 삶도, 하나님께 순종하는 삶도 불가능해집니다. 하나님의 손을 구하는 삶은 이처럼 무섭습니다. 그래서 히브리서 3장은 바로 이 점을 우리에게 그렇게 강력하게 경고하고 있는 것입니다.

신명기 29:2-5을 읽으십시오.

모세가 온 이스라엘을 소집하고 그들에게 이르되 여호와께서 애굽 땅에서 너희의 목전에 바로와 그의 모든 신하와 그의 온 땅에 행하신 모든 일을 너희가 보았나니 곧 그 큰 시험과 이적과 큰 기사를 네 눈으로 보았느니라 그러나 깨닫는 마음과 보는 눈과 듣는 귀는 오늘 여호와께서 너희에게 주지 아니하셨느니라 주께서 사십 년 동안 너희를 광야에서 인도하게 하셨거니와 너희 몸의 옷이 낡아지지 아니하였고 너희 발의 신이 해어지지 아니하였으며

(신 29:2-5)

그 당시 이스라엘 백성들은 40년 동안 무엇을 보았습니까?

그런데 그들에게는 무엇이 주어지지 않았습니까?

이스라엘 백성들은 참으로 놀라운 하나님의 행사를 보았습니다. 그러나 그들에게는 보는 눈, 듣는 귀, 깨닫는 마음이 주어지지 않았습니다. 즉, 영적 분별력이 주어지지 않았습니다. 그래서 그들이 하나님의 길을 아는 것은 가능하지 않았던 것입니다. 영적 분별력이 가리어지는 것, 이것이 바로 하나님의 손을 구하는 삶의 가장 치명적인 결과입니다.

오늘 배운 것을 복습하십시오. 오늘 배운 내용 중에서 하나님께서 당신으로 하여금 이해하고, 배우고, 실천하기 원하는 부분이나 성구를 한두 개 지적해 주시도록 기도하십시오. 그리고 난 후 다음의 질문에 답하십시오.

✣ 오늘 배운 내용 중에서 어떤 부분이나 성구가 가장 뜻있게 와 닿았습니까?

✣ 위의 부분이나 성구를 하나님께 대한 당신의 기도로 바꾸십시오.

✣ 오늘의 학습에 대한 반응으로 하나님은 당신이 무엇을 하기를 원하십니까?

이 과의 요점

- 하나님의 손을 구하는 삶에서는 세상 사랑이 다루어지지 않습니다.
- 하나님의 손을 구하는 삶에는 참다운 순종이 없습니다.
- 믿음과 순종은 동전의 양면과 같습니다.
- 지속적으로 하나님의 손을 구하는 삶을 살면, 영혼을 소멸하는 병에 걸립니다.

제4과 하나님의 얼굴을 구하는 삶

오늘날 우리들에게 절실하게 요구되는 것이 모세가 살았던 것과 같은 하나님의 얼굴을 구하는 삶으로의 전환입니다. 그래야 모세와 같이 주님과의 친밀함을 가질 수 있고, 하나님과 동행하는 삶을 살 수 있고, 또한 다가오는 하나님의 놀라운 행하심 속에 동참할 수 있습니다.

하나님의 얼굴을 구하는 삶은 하나님의 손을 구하는 삶과 정반대의 특징을 가지고 있습니다. 하나님의 얼굴을 구하는 삶에는 무엇보다 하나님과의 친밀함이 있습니다. 하나님의 길을 알고, 그 길을 따라 행하기 때문입니다. 따라서 하나님의 은총이 그 곳에 있습니다. 하나님이 그러한 자를 기뻐하십니다.

모세는 구약 시대의 사람이었음에도 불구하고 신약 시대에 사는 우리들이 부러워할 만한 하나님과의 친밀함을 가지고 있었습니다. 출애굽기 33:9-11을 읽고 모세가 하나님과 가졌던 친밀한 교제를 당신의 말로 표현해 보십시오.

모세가 회막에 들어갈 때에 구름 기둥이 내려 회막 문에 서며 여호와께서 모세와 말씀하시니 모든 백성이 회막 문에 구름 기둥이 서 있는 것을 보고 다 일어나 각기 장막 문에 서서 예배하며 사람이 자기의 친구와 이야기함 같이 여호와께서는 모세와 대면하여 말씀하시며 모세는 진으로 돌아오나 눈의 아들 젊은 수종자 여호수아는 회막을 떠나지 아니하니라

(출 33:9-11)

하나님의 얼굴을 구하는 삶에는 또한 진정한 믿음이 있습니다. 진정한 믿음은 하나님과의 친밀한 교제에서 나오는 것이기 때문입니다. 우리는 홍해 앞에 선 모세의 모습에서 그것을 보았습니다. 또한 그곳에는 올바른 순종이 있고, 거기에서는 세상 사랑이 다루어집니다.

특히 하나님의 얼굴을 구하는 삶에 하나님이 영광으로 임하십니다. 하나님의 영광이 시내산 위에 임했을 때, 하나님은 대부분의 이스라엘 백성들에게 산 경계선 밖에서 그 선도 넘어오지 못하도록 하셨습니다. 그러나 모세에게는 하나님의 영광 속에 들어가 그 곳에서 40일을 머물도록 허락하셨습니다. 특히 출애굽기 34장에 보면, 하나님께서 모세 앞에 영광으로 임하시는 장면이 나옵니다. 그런데 그 사건은 모세가 하나님의 얼굴을 구한 것에 대한 응답으로 이루어졌습니다. 성경은 말세지말에 하나님께서 하나님의 놀라운 영광으로 하나님의 백성들과 하나님의 교회를 방문하실 것을 예언하고 있습니다(사 60:1-2). 그러므로 오늘날 하나님의 얼굴을 구하는 삶으로의 전환이 어느 때보다 절실하게 필요합니다.

하나님의 얼굴을 구하는 삶

| 하나님의 얼굴을 구하는 것의 의미

하나님의 얼굴을 구한다는 말은 무슨 말입니까? 여기서 하나님의 얼굴을 구한다는 말은 하나님의 손을 구한다는 말과 대조적으로 사용되고 있습니다. 그래서 하나님의 손을 구한다는 말은 우리 자신의 목적과 목표를 위해 하나님의 도움이나 능력과 같은 하나님의 손길을 구하는 것을 의미하고, 주님의 얼굴을 구한다는 말은 하나님 자신을 구하는 것을 의미합니다. 즉, 하나님을 더욱 알기를 구하고, 하나님의 의중과 의도를 알아 그 가운데 같이 있기를 구하는 것을 의미합니다. 하나님을 더욱 사랑하기를 구하는 것을 의미합니다. 얼핏 생각하기에는 이 두 가지가 별 차이가 없이 비슷한 것 같습니다. 그러나 이 두 가지 사이에는 근본적인 차이가 있습니다. 하나는 하나님이 우리의 삶에서 수단인 삶이고, 다른 하나는 하나님이 우리의 목적이 되는 삶입니다.

모세의 예

우리는 앞에서 하나님께서 이스라엘 백성들에게는 하나님의 행사를 보여 주셨으나, 모세에게는 하나님의 길을 보여 주셨다는 것을 살펴보았습니다(시 103:7). 그러면 왜 모세에게는 하나님의 길을 보여주셨습니까? 그래서 왜 모세에게는 하나님과의 친밀한 교제를 가능케 하시고, 하나님과 동행하는 삶을 살 수 있도록 하셨습니까? 그것은 모세가 하나님의 길을 구했기 때문입니다. 모세는 이스라엘 백성들과는 근본적으로 다른 것을 구했습니다.

> 모세가 여호와께 아뢰되 보시옵소서 주께서 내게 이 백성을 인도하여 올라가라 하시면서 나와 함께 보낼 자를 내게 지시하지 아니하시나이다 주께서 전에 말씀하시기를 나는 이름으로도 너를 알고 너도 내 앞에 은총을 입었다 하셨사온즉 내가 참으로 주의 목전에 은총을 입었사오면 원하건대 주의 길을 내게 보이사 내게 주를 알리시고 나로 주의 목전에 은총을 입게 하시며 이 족속을 주의 백성으로 여기소서
> (출 33:12-13)

출애굽기 33:12-13을 읽으십시오. 모세는 하나님께 무엇을 구했습니까?

모세는 무엇보다 하나님의 길을 구했습니다. 그는 하나님의 길을 따라 행함으로 하나님을 더욱 알기를 구했습니다. 그렇게 함으로써 그는 지속적으로 하나님의 은총 가운데 남아있기를 구했습니다. 한마디로 말해서 모세는 하나님 자신을 구했습니다.

특히 이 구절의 문맥을 보면, 모세가 살았던 하나님의 얼굴을 구하는 삶의 무게를 느낄 수 있습니다. 이 기도는 이스라엘 백성들의 거듭되는 죄로 인하여 하나님께서 그들의 조상들에게 맹세한 대로 그들에게 가나안 땅은 주시겠지만, 하나님의 임재가 그들과 같이 가지 않겠다고 말씀하신 후에 나온 말입니다(출 33:1-3). 그러한 상황에서 모세는 위의 기도를 드렸던 것입니다. 모세에게 있어서 하나님의 은총 곧 하나님의 신임을 잃는다는 것은 자신의 목숨을 잃는 것보다 더 견딜 수 없는 일이었습니다. 모세에게는 하

나님 그분 자신이 세상의 그 무엇보다 소중했기 때문입니다. 그 뿐만이 아닙니다.

모세가 여호와께 아뢰되 주께서 친히 가지 아니하시려거든 우리를 이 곳에서 올려 보내지 마옵소서 (출 33:15)

출애굽기 33:15을 읽고, 아래에 써 보십시오.

모세와 이스라엘 백성들은 지금 어디에 있습니까?

여호와께서 모세에게 이르시되 너는 네가 애굽 땅에서 인도하여 낸 백성과 함께 여기를 떠나서 내가 아브라함과 이삭과 야곱에게 맹세하여 네 자손에게 주기로 한 그 땅으로 올라가라 내가 사자를 너보다 앞서 보내어 가나안 사람과 아모리 사람과 헷 사람과 브리스 사람과 히위 사람과 여부스 사람을 쫓아내고 너희를 젖과 꿀이 흐르는 땅에 이르게 하려니와 나는 너희와 함께 올라가지 아니하리니 너희는 목이 곧은 백성인즉 내가 길에서 너희를 진멸할까 염려함이니라 하시니 (출 33:1-3)

하나님께서 모세와 이스라엘 백성들에게 약속하고 계신 것이 무엇입니까?(출 33:1-3)

모세와 이스라엘 백성들은 지금 사막에 있습니다. 지난 2년 동안 그들이 날마다 먹는 것은 만나와 물뿐이었습니다. 그들은 과일 한 번, 채소 한 번 먹지 못했습니다. 그들을 샤워 한 번 제대로 못했습니다. 그런데 하나님께서 그들에게 지금 젖과 꿀이 흐르는 가나안 땅을 약속하고 계십니다. 그 땅은 포도 한 송이를 장정 두 명이 메고 운반할 만큼 풍요로운 땅입니다(민 13:23). 심지어 하나님은 천사들을 앞서 보내어 그 모든 원수들을 멸해 주시겠다고 약속하고 계십니다. 그러나 하나님은 그들과 같이 가지 않겠다고 하십니다.

이러한 상황에서 모세가 구하는 것을 보십시오. 그는 하나님께서 함께 가시지 않는, 젖과 꿀이 흐르는 가나안 땅이나 천군 천사를 통한 놀라운 승리보다 하나님의 임재가 함께 하시는 돌뿐이고 숨이 막히는 사막이 더 좋다고 말합니다. 그리고 자기는 그곳에 하나님과 함께 있기를 원한다고 말합니다. 모세는 그만큼 무엇보다 하나님의 얼굴을 구했습니다. 하나님의 임재를 구했습니다. 하나님 자신을 구했습니다. 하나님과 함께 있기를 구했습니다. 그 무엇보다 하나님이 그에게 소중했습니다. 하나님의 은총 가운데 있는 것이 소중했습니다. 하나님의 길을 알아 그 가운데 함께 있는 것이 소중했습니다. 이것이 바로 하나님의 얼굴을 구하는 자세입니다.

우리는 이러한 모세의 기도와 삶의 자세를 보면, 왜 하나님께서 그에게 그러한 친밀함을 허락하셨는지, 그가 왜 하나님의 은총을 입었는지, 왜 하나님은 그의 기도를 들으셔서 그들과 동행하셨는지 그리고 왜 하나님께서 영광으로 그에게 임하셨는지를 짐작할 수 있습니다.

모세와 대조하여 볼 때, 당신은 하나님 앞에서 무엇을 우선적으로 구합니까?

하나님을 알고 사랑하는 것이 유일한 소망이 되는 것이 하나님의 얼굴을 구하는 삶입니다

시편 27:4을 읽고, 다윗이 하나님께 구한 한 가지가 무엇이었는지를 써 보십시오.

내가 여호와께 바라는 한 가지 일 그것을 구하리니 곧 내가 내 평생에 여호와의 집에 살면서 여호와의 아름다움을 바라보며 그의 성전에서 사모하는 그것이라

(시 27:4)

다윗의 경우에도, 하나님의 임재 가운데서 하나님의 영광을 보고, 하나님의 아름다움을 앙망하고, 그곳에서 하나님을 찾는 것이 그가 가지고 있던 단 한 가지 소원이었습니다. 그것은 다윗의 많은 소원 중의 하나가 아니었습니다. 심지어 많은 것 중에서 첫 번째도 아니었습니다. 그것이 다윗의 유일한 한 가지 소원이었습니다. 하나님께서 다윗에 대해서 하나님의 마음에 합한 자라고 말씀하셨는데, 우리는 그 이유를 알 것 같습니다.

하나님의 얼굴을 구하는 삶은 오직 하나님만이 유일한 목적이 되는 삶을 말합니다. 나는 성공적인 사업도 원하고 하나님도 더욱 알기 원하는 성도들을 보았습니다. 그리고 목회에서도 성공하고 하나님의 영광도 보기 원하는 많은 목회자들을 보았습니다. 그러나 나는 그것은 결코 하나님의 얼굴을 구하는 자세가 아닌 것을 발견했습니다. 그것은 나누어진 마음입니다. 그것은 실제로는 성공적인 사업을 원하는 삶이고, 성공적인 목회를 원하는 삶입니다. 그리고 그 목적을 위해 하나님을 구할 따름입니다. 우리들이 진실로 하나님을 알기 원하고, 하나님이 우리에게 소중하면, 하나님 그 분만이 우리의 유일한 목적과 목표가 되어야 합니다.

그리고 하나님만이 우리의 유일한 목표와 목직이 될 때, 그 분 안에 우리에게 필요한 모든 것이 다 있습니다. 그 분은 천지를 창조하신 분일 뿐 아니라, 우리를 진실로 사랑하시는 분이시기 때문입니다.

우리는 지속적으로 하나님의 얼굴을 구해야 합니다

모세와 다윗과 같은 하나님의 사람들은 지속적으로 하나님의 얼굴을 구했습니다. 그들이 광야를 방황하며 헤맬 때 뿐 아니라, 그들의 사역이 확장되고 놀라운 하나님의 생명이 그들과 함께 할 때에도 그들은 여전히 하나님의 얼굴을 구했습니다. 하나님 자신만이 그들의 유일한 소망이요 열망이었습니다. 출애굽기 33:12-13에 나오는 모세의 기도는 그의 사역의 절정기에 그가 한 기도인 것을 기억하십시오.

| 바울의 예

신약 성경에 나오는 사도 바울도 처음부터 끝까지 오직 예수님 한 분만을 구했습니다.

> 내가 너희 중에서 예수 그리스도와 그가 십자가에 못 박히신 것 외에는 아무것도 알지 아니하기로 작정하였음이라
> (고전 2:2)

고린도전서 2:2을 읽고, 사도 바울이 알기 원했던 한 가지가 무엇인지 써 보십시오.

> 그러나 무엇이든지 내게 유익하던 것을 내가 그리스도를 위하여 다 해로 여길뿐더러 또한 모든 것을 해로 여김은 내 주 그리스도 예수를 아는 지식이 가장 고상하기 때문이라 내가 그를 위하여 모든 것을 잃어버리고 배설물로 여김은 그리스도를 얻고
> (빌 3:7-8)

빌립보서 3:7-8, 10절을 읽고, 사도 바울이 간절히 얻기를 원하는 것이 무엇인지 써 보십시오.

바울은 그것을 얻기 위하여 다른 모든 것을 어떻게 여겼습니까?

> 내가 그리스도와 그 부활의 권능과 그 고난에 참여함을 알고자 하여 그의 죽으심을 본받아
> (빌 3:10)

사도 바울도 역시 오직 예수님만을 구했습니다. 고린도전서는 대체적으로 그의 사역의 초기에 쓰인 서신서입니다. 그리고 빌립보서는 로마 옥중에서 쓰인 서신으로서 그의 사역의 말기 부분에 쓰인 서신입니다. 이 서신들을 보면, 바울은 처음부터 끝까지 오직 예수 그리스도만을 알기 원했고, 그 분만을 사랑하기 원했던 것을 알 수 있습니다. 그것이 그의 유일한 목표였습니다. 그리고 사도 바울은 예수님을 알기 위해 다른 모든 것을 배설물로 여겼습니다.

우리는 지속적으로 하나님의 얼굴을 구해야 합니다. 우리는 이 점을 반드시 배워야 합니다. 우리의 유일한 목표와 목적은 처음부터 끝까지 하나님 자신뿐이어야 합니다. 그 분을 알고, 그 분을 더욱 사랑하는 것만이 되어야 합니다. 우리들이 하나님의 얼굴을 구하는 삶을 살다가도, 조금만 방향이 흐려져 다른 것이 우리의 삶의 초점이 되면, 심지어 그것이 주를 위한 사역이라 할지라도, 곧바로 하나님과의 친밀함이 우리에게서 끊어집니다.

| 나의 전환점

주님과의 관계에 있어서 저의 전환점도 제가 하나님의 얼굴을 구하기 시작하면서 일어났습니다. 저는 한 사건을 잊을 수 없습니다. 그 사건을 계기로 해서 신앙과 사역에 대한 저의 전반적인 이해가 변하게 되었으며, 저의 삶도 하나님 안에서 근본적으로 변하게 되었기 때문입니다.

그 사건은 1991년 말 즈음에 일어났습니다. 그 당시 교회에 한 가지 어려운 문제가 있어서 교회에서 금식하며 기도하고 있었습니다. 그러던 중 어느 날 하나님께서 저에게 "넌 나를 사랑하지 않는구나"라고 말씀하셨습니다. 그 말씀은 저에게 충격이었을 뿐 아니라, 저의 삶 전체를 흔들어 놓는 말씀이었습니다. 그래서 저는 땅에 엎드려 회개

하며 "그렇습니다. 주님, 전 주님을 사랑하지 못했습니다. 용서해 주옵소서" 라고 기도할 수밖에 없었습니다.

우선, 제가 주님을 사랑하지 못했다는 말은 그 동안 하나님의 사역을 감당하면서 그저 저의 소욕을 위해 해 왔다는 말이 아닙니다. 나름대로 신실하게 그리고 열심히 했습니다. 공장을 돌면서 전도하기도 하고, 여기저기 신학교에 강의를 다니며 교회를 꾸려가기도 했습니다. 전혀 기반이 없는 곳에서 교회를 개척한다고 아내와 아이들에게 많은 고생을 시키기도 했습니다. 저는 이 모든 일들을 주를 위해서 한다고 생각했습니다. 그리고 또한 저는 교회에 무슨 일이 있을 때마다 하나님의 인도하심을 구했고 하나님의 방법대로 해결하려고 노력했습니다. 설교만 하더라도 제 임의대로 하지 않고 하나님이 원하시는 말씀을 전하려고 기도하며 노력했습니다. 하나님께서 그날 그 성도들에게 전하기를 원하시는 말씀이 무엇인가를 발견하는 것이 때로는 매우 힘들고 고통스러운 일이기까지 했습니다.

이렇게 살아온 제가 "넌 날 사랑하지 않는구나" 라는 하나님의 말씀에 "그렇습니다" 라고 동의하며 회개할 수밖에 없었던 이유는 무엇이었을까요? 그 의미는 바로 이러한 것이었습니다. 저는 그 때까지 모든 일을 하나님을 위해서 한다고 생각했습니다. 그리고 그 생각이 전적으로 틀린 것은 아니었을 것입니다. 그런데 문제는 제가 하나님을 위해서 섬긴다며 열심히 뛰고 노력했을지는 몰라도, 그리고 수시로 당면한 일과 문제를 위해 하나님의 도움을 구했을지는 몰라도, 제가 전하려고 노력하던 그 하나님, 제가 제 삶의 모든 것을 드려 그 분을 위해 산다고 하는 바로 그 하나님, 그 분 자신을 더욱 알기를 구하고, 그 하나님 자신을 더욱 사랑하는 일에는 정작 소홀히 했던 것입니다. 우리 하나님은 어떠한 교리의 집합체가 아니며, 인격을 가지신 분입니다. 그래서 우리에게서 가장 원하시는 것은 무엇보다 우리가 그 분을 전 존재로 사랑하는 것입니다. 그런데 저는 하나님께 모든 삶을 드려 하나님을 위해 산다고 하면서, 정작 그 하나님 자신을 아는 것을 소홀히 하고, 그 하나님 자신을 사랑하는 것을 소홀히 한 것입니다.

저의 경우에는 그 동안 제가 하나님을 사랑하지 않았다는 것이 비치자, 교회를 성장시키려는 저의 모든 노력이 내려졌습니다. 그리고 저는 그 때부터 집중적으로 하나님 그 분을 찾기 시작했습니다. 성경을 통해, 기도를 통해, 앞서간 믿음의 선배들의 책들을 읽으면서, 집중적으로 하나님을 알기를 구했습니다.

그러자 저의 삶에 근본적인 변화가 일어나기 시작했습니다. 하나님께서 저의 삶을 직접적으로 간섭하시면서 다루시기 시작하셨습니다. 저의 삶에서 하나님 앞에 합당치 못한 것들을 하나하나 제거하시고 하나님의 의와 거룩함으로 채우시기 시작하셨습니다. 하나님의 임재가 저의 삶 속에 회복되기 시작했습니다. 하나님의 의, 거룩함, 하나님의 은혜, 하나님을 경외함 등 하나님의 진정한 생명들이 저의 삶에서 경험되며 깨달아지기 시작했습니다. 성령의 인도하심에 대해 더욱 민감할 수 있게 되었고, 그 분과 동행하는 법을 하나하나 배우기 시작했습니다. 하나님의 말씀을 통해서도 과거에는 깨닫지 못하던 하나님과 하나님의 것들에 관한 진정한 의미와 실재(reality)가 깨달아졌습니다. 하나님께서 주신 은혜들은 이루 헤아릴 수 없을 정도였습니다.

오늘 배운 것을 복습하십시오. 오늘 배운 내용 중에서 하나님께서 당신으로 하여금 이해하고, 배우고, 실천하기 원하는 부분이나 성구를 한두 개 지적해 주시도록 기도하십시오. 그리고 난 후 다음의 질문에 답하십시오.

✣ 오늘 배운 내용 중에서 어떤 부분이나 성구가 가장 뜻있게 와 닿았습니까?

✣ 위의 부분이나 성구를 하나님께 대한 당신의 기도로 바꾸십시오.

✣ 오늘의 학습에 대한 반응으로 하나님은 당신이 무엇을 하기를 원하십니까?

이 과의 요점

- 하나님의 얼굴을 구하는 삶은 하나님 자신을 구하는 삶입니다.
- 하나님을 알고 사랑하는 것이 유일한 소망이 되는 것이 하나님의 얼굴을 구하는 삶입니다.
- 하나님의 얼굴을 지속적으로 구해야 합니다.
- 하나님의 얼굴을 구하는 것에서 초점이 벗어나면, 하나님과의 친밀함이 끊어집니다.

제5과 PLO의 삶

하나님과 동행하는 삶을 살기 위해 우리에게 필수적인 요소 중 하나는 날마다 하나님의 얼굴을 구하여 나아가는 삶입니다. 즉, PLO의 삶이 우리 삶의 패턴이 되어야 합니다. PLO의 삶은 날마다 하나님의 얼굴을 구하여 나아가(Pray), 하나님의 뜻을 발견하고(Listen), 그 일에 동참하는 삶(Obey)을 말합니다.

하나님이 세우시는 발의 무리

누가복음 10장에 나오는, 마르다와 마리아의 섬김은 예수님을 향한 두 종류의 섬김을 나타낸다고 말할 수 있습니다. 하나님은 오늘날 마리아와 같은 발의 무리들을 세우고 계십니다.

누가복음 10:38-42을 읽고, 다음의 물음에 답하십시오.

> 그들이 길 갈 때에 예수께서 한 마을에 들어가시매 마르다라 이름하는 한 여자가 자기 집으로 영접하더라 그에게 마리아라 하는 동생이 있어 주의 발치에 앉아 그의 말씀을 듣더니 마르다는 준비하는 일이 많아 마음이 분주한지라 예수께 나아가 이르되 주여 내 동생이 나 혼자 일하게 두는 것을 생각하지 아니하시나이까 그를 명하사 나를 도와 주라 하소서 주께서 대답하여 이르시되 마르다야 마르다야 네가 많은 일로 염려하고 근심하나 몇 가지만 하든지 혹은 한 가지만이라도 족하니라 마리아는 이 좋은 편을 택하였으니 빼앗기지 아니하리라 하시니라
>
> (눅 10:38-42)

예수님께서 자기 집에 오셨을 때, 마르다는 무슨 일로 예수님을 섬겼습니까?

그렇게 예수님을 섬기는 마르다의 마음의 상태는 어떠했습니까?(40, 42절)

마리아는 무엇을 하고 있었습니까?

당신은 마리아의 그러한 행동이 무엇을 의미한다고 생각합니까?

예수님은 누가 더 좋을 것을 택했다고 말씀하셨습니까?

마르다와 마리아 두 사람 중 예수님을 위해 옥합을 깨뜨린 사람은 누구였습니까?(요 12:1-3 참조)

예수님께서 삼 남매가 사는 집에 오셨을 때, 마르다는 예수님을 대접하기 위해 여러 가지 일로 바빴습니다. 물론 예수님의 식사를 준비하는 것 등 그러한 일들은 필요한 일이기도 했습니다. 그리고 마르다는 그것을 매우 헌신적으로 했습니다. 그러나 마르다의 헌신은 자기 임의적인 헌신이었습니다. 그러한 헌신의 특징은 항상 마음이 분주한 것입니다. 그리고 여러 가지 일로 인하여 마음에 염려와 근심이 많은 것입니다. 만약 당신이 지금 주님을 섬기면서 마음속에 분주함과 염려와 근심이 있다면, 당신은 아마 마르다와 같은 위치에 있을 것입니다.

반면에 마리아는 예수님의 발 앞에 앉아서 예수님의 말씀에 귀를 기울이고 있었습니다. 이 말은 그가 예수님(하나님)의 의중과 의도를 알기 원하여 예수님의 발 앞에 앉아서 그분을 바라보며 그분의 음성을 들었다는 것을 의미합니다. 사실 성경에 마리아에 대한 기록이 세 번 나오는데, 그 세 번 모두 마리아는 예수님의 발 앞에 있습니다(눅 10:39, 요 11:32, 요 12:3). 그래서 나는 마리아와 같은 무리를 발의 무리라고 부릅니다. 발의 무리는 마리아처럼 오직 하나님과의 친밀한 교제를 구하며, 주님이 계신 곳에 함께 있기 위해 하나님의 의중과 의도를 구하여 하나님 앞에 기다리는 무리를 말합니다. 그리고 하나님의 의도를 발견하면 온 삶으로 그 일에 동참하는 무리를 말합니다. 마르다와 마리아 중 옥합을 깨뜨린 사람은 마리아였습니다. 마르다의 섬김은 헌신적이긴 했지만, 자기가 정한 범위 내에서의 섬김이었습니다. 그러나 마리아는 하나님의 목적을 위해 가장 값비싼 옥합을 깨뜨렸습니다.

마르다와 같은 섬김의 특징이 분주함과 염려와 근심이라면, 마리아와 같은 섬김의 특징은 평안과 안식입니다. 하나님과의 친밀한 교제 가운데 있으면, 우리는 아무리 바빠도 진정한 평안과 안식 가운데 거합니다. 또한 그곳에서는 우리의 모든 노력이 내려집니다. 하나님께서 모든 것을 주관하고 계시다는 것을 우리가 마음속 깊이 알고, 우리는 우리 부분만 하면 되는 것을 알기 때문입니다. 다시 말해서, 우리는 하나님의 행하심을 보고 그 일에 온 힘으로 동참하면 되고, 나머지는 하나님께서 하실 것을 알기 때문입니다. 우리가 할 일은 그 무슨 일도, 그 무슨 사역도 아닙니다. 우리가 할 일은 오직 주님 앞에 엎드려 주님의 얼굴을 구하며, 그분을 사랑하는 것입니다. 그것이 우리의 목적이요, 목표요, 우리가 해야 할 한 가지 일입니다. 그리고 우리는 주님의 음성을 듣고, 그분이 인도하시는 대로 그저 우리 몫만 순종하면 됩니다. 나머지 일들은 모두 주님께서 하실 것입니다. 그분께서 다 이루실 것입니다. 반면에 우리가 주님과 올바른 관계에 있지 아니하면, 우리의 마음이 분주하고 복잡해집니다. 이것도 해야 하고, 저것도 해야 하고, 도무지 안식이

유월절 엿새 전에 예수께서 베다니에 이르시니 이곳은 예수께서 죽은 자 가운데서 살리신 나사로가 있는 곳이라 거기서 예수를 위하여 잔치할새 마르다는 일을 하고 나사로는 예수와 함께 앉은 자 중에 있더라 마리아는 지극히 비싼 향유 곧 순전한 나드 한 근을 가져다가 예수의 발에 붓고 자기 머리털로 그의 발을 닦으니 향유 냄새가 집에 가득하더라
(요 12:1-3)

없습니다. 하나님께 대한 믿음과 신뢰가 없는 채 모든 것을 내가 하려고 합니다. 그렇다고 해서 열매가 있는 것도 아닙니다. 또한 하나님께서 원하시는 방법대로 일이 진행되는 것도 아닙니다. 하나님의 음성을 듣고, 그분이 원하시는 대로 하는 것이 아니라, 내 생각과 경험을 따라 일하는 것이기 때문입니다.

예수님은 마르다에게 한 가지면 족하다고 말씀하셨습니다. 그리고 마리아가 그 좋은 한 가지를 택했다고 하셨습니다. 하나님(예수님)은 오늘날 마리아와 같은 발의 무리들을 세우고 계십니다.

날마다 하나님 앞에 서는 시간이 필수입니다

PLO의 삶을 위해, 즉 발의 무리의 삶을 살기 위해 우리에게 가장 중요한 것 중 하나는 날마다 하나님 앞에 서는 시간입니다. 이 시간이 없이 우리는 하나님과 동행하는 삶을 살 수 없습니다. 우리 삶의 모델이신 예수님께서도 날마다 하나님 앞에 서는 시간을 가졌습니다. 다음의 구절들을 읽고, 날마다 하나님 앞에 서는 시간과 관련하여 예수님께로부터 배울 수 있는 중요한 요소들이 무엇인지 써보십시오.

예수는 물러가사 한적한 곳에서 기도하시니라 하루는 가르치실 때에 갈릴리의 각 마을과 유대와 예루살렘에서 온 바리새인과 율법교사들이 앉았는데 병을 고치는 주의 능력이 예수와 함께 하더라
(눅 5:16-17)

누가복음 5:16-17

예수께서 나가사 습관을 따라 감람 산에 가시매 제자들도 따라갔더니
(눅 22:39)

누가복음 22:39

새벽 아직도 밝기 전에 예수께서 일어나 나가 한적한 곳으로 가사 거기서 기도하시더니
(막 1:35)

마가복음 1:35(출 33:7 참조)

누가복음 6:12

모세가 항상 장막을 취하여 진 밖에 쳐서 진과 멀리 떠나게 하고 회막이라 이름하니 여호와를 앙모하는 자는 다 진 바깥 회막으로 나아가며
(출 33:7)

우선적으로.
우리가 하나님 앞에 서는 시간을 가지려면 우선적으로 가져야 합니다. 그 시간을 우선적으로 가지지 않으면, 그 시간을 가질 수 없습니다. 예수님은 전국에서 사람들이 하나님의 말씀을 듣고 또한 치유 받으려고 몰려 왔을 때, 그들을 뒤로 하고 하나님 앞에 서셨습니다.

이 때에 예수께서 기도하시러 산으로 가사 밤이 새도록 하나님께 기도하시고
(눅 6:12)

정기적으로.
하나님 앞에 서는 시간이 하나의 건강한 일상(a routine)이 되어야 합니다. 예수님은 습관을 좇아 기도하셨습니다. 드러커는 일상의 습관이 *"이전에 천재에 가까운 사람들이나 할 수 있던 일을 판단력 없는 미숙한 사람들도 하게 한다"*고 말했습니다.

한적한 곳에서.
하나님과의 만남의 시간에서 중요한 또 하나의 요소는 한적한 장소입니다. 한적한 장소는 반드시 집에서 멀리 떨어진 장소를 말하는 것이 아니라, 일상생활에서 분리되어 하나님께 집중할 수 있는 장소를 말합니다.

충분한 시간.
예수님은 항상 하나님과의 충분한 시간을 가지셨습니다. 헨리 블랙가비 목사는 그의 책 「영적 리더십」에서 리더가 확보해야 할 시간 중 첫 번째로 하나님과의 충분한 시간을 들고 있습니다. *"영적 리더가 하는 모든 일은 하나님과의 관계에서 흘러나와야 한다. 조직을 향한 리더의 비전도 하나님께로서 온다. 리더의 하루 일정도 하나님께로서 온다. 하나님은 조직의 가치관을 정하시고, 리더의 인선을 인도하신다. 따라서 하나님과의 교제가 없는 영적 리더는 자기 조직을 위험에 빠뜨리는 것이다…열쇠는 리더가 하나님과 시간을 보내는가가 아니라 그 시간이 하나님이 하실 말씀을 다 하실 수 있을 만큼 충분한가이다"*

하나님의 얼굴을 구하여 하나님 앞에 서야 합니다

PLO의 삶을 위한 핵심적인 요소는 날마다 하나님의 얼굴을 구하여 하나님 앞에 서는 것입니다. 우리는 앞 단원에서 하나님의 얼굴을 구하는 삶과 하나님의 손을 구하는 삶을 살펴보았습니다. 우리는 하나님의 얼굴을 구하는 삶으로 전환해야 할 뿐 아니라, 날마다 하나님의 얼굴을 구하여 서야 합니다.

| 모든 염려를 내려놓아야 합니다

베드로전서 5:7은 염려를 어떻게 하라고 말합니까?

> 너희 염려를 다 주께 맡기라 이는 그가 너희를 돌보심이라
> (벧전 5:7)

왜 그렇게 하라고 말합니까?

빌립보서 4:6은 염려 대신 하나님께 어떻게 기도하라고 말합니까?

> 아무 것도 염려하지 말고 다만 모든 일에 기도와 간구로, 너희 구할 것을 감사함으로 하나님께 아뢰라
> (빌 4:6)

성경은 모든 염려를 주께 맡겨버리라고 말합니다. 우리가 그렇게 할 수 있는 이유는 하나님께서 우리를 보살피시고 돌보시기 때문입니다. 성경은 또한 우리에게 염려 대신 감사함으로 하나님께 기도하라고 말합니다. 감사의 기도는 하나님을 신뢰하는 믿음에서만 가능합니다.

우리가 하나님의 얼굴을 구하여 나아갈 때 반드시 해야 할 일이 몇 가지 있는데, 그 중 하나는 우리의 모든 염려를 내려놓는 것입니다. 만약 우리의 염려를 내려놓지 않으면, 우리는 염려에 휩싸여 전혀 하나님의 얼굴을 구할 수 없게 됩니다. 염려는 우리가 환경을 바라보고 의지하는 데서 나온 것으로써 그 배후에는 하나님에 대한 불신이 깔려 있습니다. 벽을 통해서 반대편을 볼 수 없는 것처럼 염려를 가지고 하나님을 볼 수 없습니다. 벽의 반대편을 보려면, 눈을 들어 벽 너머를 보아야 하는 것처럼, 우리가 하나님을 보려면 환경 너머로 하나님을 향해 눈을 들어야 합니다.

우리가 염려를 내려놓고 하나님을 바라보려면, 반드시 하나님을 신뢰하는 믿음을 가져야 합니다. 우리는 하나님이 성경이 말하는 그대로의 하나님임을 반드시 신뢰해야 합니다. 하나님은 예수님의 십자가를 통해 우리를 향한 자신의 사랑을 최종적이고 온전하게 확증해 주셨습니다. 하나님은 우리를 그토록 사랑하시기 때문에 우리를 향한 하나님의 뜻은 항상 최선입니다. 하나님은 우리의 미래, 마음의 생각, 우리의 처지와 필요 등을 포함해서 모든 것을 아시는 분입니다. 그러므로 우리를 향한 하나님의 뜻은 항상 온전하고 옳습니다. 하나님은 전능하신 분입니다. 그러므로 하나님은 우리를 향한 하나님의 모든 뜻을 능히 이루실 수 있는 능력이 있고, 우리로 하여금 그 뜻 가운데 행하도록 우리를 능히 도우실 수 있습니다. 또한 하나님은 실수가 없으시며, 약속하신 것은 반드시 지키시는 신실하신 분입니다.

| 우리의 모든 의제를 내려놓아야 합니다

하나님의 얼굴을 구하여 나아갈 때, 우리의 염려뿐 아니라, 우리의 모든 의제를 반드시 내려놓아야 합니다. 설령 그 의제가 하나님 앞에서 중요하고, 하나님께서 명령하신 것이라 할지라도 그 의제를 내려놓고 오직 하나님 자신만을 구하여 나아가야 합니다. 이 말은 우리가 하나님의 중요한 의제들을 위해 기도하지 않는다는 말이 아닙니다. 당연히 우리는 하나님의 목적들과 의도들이 이루어지도록 간절히 기도합니다. 이 말은 우리가 하나님 앞에 나아갈 때, 그 의제들을 위해서 기도하러 나아가는 것이 아니라, 하나님 자신을 구하여 나아간다는 말입니다. 이 점은 매우 중요합니다. 만약 우리가 그렇게 하지 않으면, 우리의 기도는 하나님의 손을 구하는 기도로 전락할 수 있습니다. 그래서 저는 전국 컨퍼런스를 앞두고 목회자들과 성도들이 중보기도 하기 위해 모일 때에도 자주 "여러분이 중보기도 하기 위해 모여서는 안 됩니다. 여러분은 하나님을 구하여 모여야 합니다" 라고 말합니다.

사랑하는 연인과 데이트할 때를 생각해 보십시오. 모든 의제를 내려놓고, 그저 상대방이 좋아서, 상대방과 함께 있는 것이 좋아서 서로 만나지 않습니까? 그것이 바로 하나님의 얼굴을 구하여 하나님 앞에 서는 자세입니다.

세계적인 기독교 상담가인 래리 크랩(Larry Crabb) 박사는 그의 책 『파파 기도』에서 그가 새롭게 발견한 하나님과의 친밀한 교제에 대해서 나누면서, 하나님과의 친밀한 교제를 위해 필수적인 관계형 기도와 잘못된 기도인 자기 중심적인 기도의 특징을 다음과 같이 나열합니다.

자기 중심적 기도	관계형 기도
간청	관계
중보	예배
감사	감사
예배	중보
관계 맺기	간청

자기 중심적인 기도는 무엇보다 간청으로부터 시작합니다. 그런 사람의 신앙생활과 기도생활의 중심에는 항상 자기 필요와 목적을 위한 간청이 놓여 있습니다. 그들은 그 토대 위에서 다른 사람들을 위해서 기도합니다. 크랩 박사가 말하는 중보는 다른 사람을 위한 기도를 말하는데, 자기 중심적인 기도를 드리는 사람들은 다른 사람들을 위해서 기도할 때에도 결국 자기의 목적과 유익을 위해서 그렇게 합니다. 예를 들어, 그들은 자기 교회의 목회자를 위해서 기도할 때에도, 그 목회자가 설교를 더 잘 하고 더 성숙해져서 자기를 보다 잘 섬겨주고, 자기가 은혜 받게 되도록 그렇게 기도합니다. 자기 중심적인 기도에도 감사가 있습니다. 그러나 그 감사는 하나님께서 자기 중심적인 필요와 목적을 이루어주셨을 때 드리는 조건적인 감사에 불과합니다. 그들은 성경에서 말하는 범사에 감사하는 삶을 전혀 살지 않습니다. 그리고 자기들의 필요와 목적이 이루어지지 않을 때 그들은 하나님을 원망합니다. 그들은 예배를 드리되 하나님께서 자기들의 목적을 이루어주시는 조건으로 예배를 드립니다. 그리고 그것을 토대로 하나님과 관계를 맺으려고 합니다. "하나님은 참 쓸만하신 분이네요. 계속 저를 위해 수고해 주십시오. 그럼 저도 하나님을 잘 믿겠습니다" 라는 가치관이 그들이 갖고 있는 하나님과의 관계의 밑바탕에 놓여 있습니다.

이러한 자기 중심적인 기도는 잘못된 기도입니다. 이것이 바로 제가 말하는 하나님의 손을 구하는 기도입니다. 이러한 기도와 자세를 가지고 우리는 절대로 하나님과의 올바른 관계를 가질 수 없습니다.

하나님을 예배함으로 나아가십시오

하나님의 얼굴을 구하여 나아갈 때, 하나님을 예배함으로 나아가십시오. 하나님은 우리의 모든 찬양과 예배를 받으시기에 홀로 합당하신 분입니다. 뿐만 아니라, 하나님은 우리를 진실로 사랑하시는 우리의 아버지가 되십니다. 그러므로 우리는 우리의 모든 염려와 의제를 내려놓고, 사랑의 아버지 앞에 오직 그분을 예배함으로 나아가는 것입니다.

찬양과 경배는 우리가 하나님을 예배하는 좋은 수단입니다. 하늘나라에서는 찬양과 경배를 통해 하나님께 지속적인 예배가 드려지고 있습니다. 찬양과 경배는 그 자체가 예배일 뿐 아니라, 최상의 형태의 예배입니다.

찬양과 경배는 하나님께서 우리를 위해서 행하신 그 놀라운 일들을 인하여 하나님께 마음껏 찬사를 드리는 것이고, 하나님 그분으로 인하여 기뻐하는 것이고, 우리의 마음 속 깊은 곳에서부터 그분께 우리의 사랑을 고백하는 것입니다.

하나님을 경배함에 있어 중요한 한 가지 요소는 직접 화법의 찬양입니다. 단순히 하나님에 관한 간증이 아니라, 하나님께 직접적으로 우리의 모든 찬사와 감사와 기쁨과 사랑을 드리는 것입니다. 다윗의 경우에도 단순히 "하나님은 나의 힘이시네" 라고 사람들에게 간증한 것이 아니라, "나의 힘이 되신 여호와여, 내가 주를(당신을) 사랑하나이다"(시 18:1) 라고 하나님께 경배를 드렸습니다.

하나님을 경배함으로 나아감에 있어 또 한 가지 중요한 요소는 경배의 단계입니다. 이 단계를 따라 나아갈 때, 우리는 하나님과의 친밀한 사랑의 교제 가운데로 점점 더 깊이 들어갈 수 있습니다. 첫 번째 단계는 경배로의 부름입니다. 이 단계의 바탕에 깔린 이해는 "하나님은 우리의 경배를 받으시기에 합당한 분이시니 우리가 그분을 경배하자"입니다. 이 단계에서는 간접 화법의 간증식 찬양들도 좋습니다. 두 번째 단계는 경배로 들어감입니다. 이제부터 본격적으로 하나님께 모든 관심을 집중하고 그분을 마음껏 높이며, 찬양하며, 우리의 구원 등 하나님께서 행하신 그 모든 일들을 인하여 진심으로 그분께 감사하며, 그분을 인하여 기뻐합니다. 이렇게 하나님을 마음껏 높이고 그분으로 인하여 기뻐할 때, 우리의 마음은 뜨거워지고 우리는 주님으로 인한 기쁨과 주님을 향한 사랑으로 충만해집니다. 그러면 우리는 세 번째 단계인 은밀한 사랑의 고백으로 넘어갑니다. 우리의 중심에서부터 하나님을 향한 우리의 사랑을 그리고 그분만을 사랑하기 원하는 우리의 열망을 하나님께 고백합니다.

당연히 하나님께 대한 예배 혹은 찬양과 경배는 우리의 삶의 모든 영역을 하나님께 산 제사로 드리는 예배로 이어져야 합니다(롬 12:1). 우리의 삶과 예배는 분리될 수 없습니다. 우리의 삶이 하나님을 향한 예배가 되어야 합니다.

하나님과 하나님의 목적과 길을 구합니다

하나님의 얼굴을 구하는 것은 하나님과 하나님의 목적과 길을 더욱 알기를 간절히 구하는 것입니다. 하나님의 영광을 더욱 보기 원하고, 하나님의 마음과 성품을 더욱 알기 원하고, 하나님의 의중을 더욱 알기 원하고, 하나님의 행하심을 더욱 보기 원하고, 하나님의 길을 더욱 알기를 구하는 것입니다.

다음의 구절들을 읽고, 하나님의 사람들이 무엇을 집중적으로 구했는지를 써보십시오.

고린도전서 2:2

출애굽기 33:13

시편 119:33-35

우리가 앞에서 살펴본 것처럼 바울은 주님을 아는 것이 그의 유일한 목표요 열망이었습니다. 모세는 하나님의 길을 알기를 간절히 구했습니다. 하나님의 길을 따라 행함으로 하나님을 더욱 알고, 하나님과 늘 동행함으로 하나님의 지속적인 은총 가운데 머물러 있기를 간절히 원했기 때문입니다. 모세가 구했던 하나님의 길은 하나님의 목적과 의도를 포함합니다. 또한 시편 기자는 하나님의 길을 따라 행하기 위해 하나님의 길을 보여주시도록 하나님께 간절히 구했습니다.

하나님과 하나님의 목적과 길을 알기를 구하는 것은 기도 이상을 포함합니다. 거기에는 하나님의 말씀을 묵상하는 것, 연구하는 것, 주위에서 하나님께서 행하시는 것을 주시하여 보는 것 등을 포함합니다.

하나님의 목적과 길을 구하는 것에는 우리가 처해 있는 당면한 처지와 상황에 대한 하나님의 목적과 길을 구하는 것도 포함입니다. 우리는 우리의 당면한 모든 상황에서 하나님의 목적을 발견하여 그것에 동참하고, 하나님의 길을 발견하여 순종하기 원하기 때문입니다.

여기서 중요한 것은 하나님과 하나님의 목적과 길을 구하는 것이라 할지라도 그것이 절대로 예배보다 앞서서는 안 된다는 것입니다. 우리는 하나님이 하나님 되심을 인하여, 그리고 하나님께서 이미 우리에게 주신 그 크신 사랑과 은혜로 인하여 먼저 하나님을 마음껏 예배하고, 찬양하고, 감사해야 합니다. 그리고 우리는 하나님을 더욱 알기를 간절히 사모하고 열망합니다. 우선적인 예배와 감사 없는 사모함과 열망은 우리를 해로운 강박관념으로 몰아놓을 수 있습니다.

내가 너희 중에서 예수 그리스도와 그가 십자가에 못 박히신 것 외에는 아무것도 알지 아니하기로 작정하였음이라
(고전 2:2)

내가 참으로 주의 목전에 은총을 입었사오면 원하건대 주의 길을 내게 보이사 내게 주를 알리시고 나로 주의 목전에 은총을 입게 하시며 이 족속을 주의 백성으로 여기소서
(출 33:13)

여호와여 주의 율례들의 도를 내게 가르치소서 내가 끝까지 지키리이다 나로 하여금 깨닫게 하여 주소서 내가 주의 법을 준행하며 전심으로 지키리이다 나로 하여금 주의 계명들의 길로 행하게 하소서 내가 이를 즐거워함이니이다
(시 119:33-35)

중보기도

우리가 이렇게 우리의 모든 것을 내려놓고, 오직 하나님을 예배하고 기뻐함으로 하나님께 나가면, 하나님께서 하나님의 임재로 우리와 함께 하십니다. "하나님을 가까이하라 그리하면 너희를 가까이하시리라"(약 4:8)고 말씀하신대로 하나님께서 하나님의 얼굴을 구하는 자들에게 성령으로 임재하십니다.

여기서 한 가지 중요한 사실은 우리가 하나님의 임재를 의식하지 못한다고 해서 우리의 이러한 예배가 하나님 앞에서 조금도 덜 소중한 것이 아니라는 것입니다. 사실 하나님을 예배하며 하나님의 얼굴을 구하여 서는 것 그 자체가 우리의 목적입니다. 그리고 하나님은 그것을 매우 기뻐하십니다.

그러나 보편적으로 우리가 그렇게 하나님을 예배함으로 나아갈 때 하나님은 성령으로 우리 가운데 임하셔서 우리에게 하나님 자신과 하나님의 목적과 하나님의 길들을 보이십니다. 그리고 하나님께서 그것들을 보이시면, 우리는 온 힘으로 그 일에 동참합니다.

하나님의 목적에 동참하는 한 가지 중요한 방법은 하나님의 목적과 뜻이 이 땅에 이루어지도록 간절히 기도하는 것입니다. 그래서 우리의 예배는 간절한 중보기도로 이어집니다. 이 부분이 바로 성경에 나오는 강청하는 기도에 해당하는 부분입니다. 이 강청하는 기도는 자기 중심적인 기도에서의 중보기도와 달리 하나님의 목적을 위해 하나님의 뜻이 이루어지도록 간절히 기도하는 것입니다. 모세, 사무엘, 다니엘, 느헤미야, 이사야, 안나, 시므온, 바울과 같은 하나님의 사람들은 이러한 기도를 드렸습니다.

순종

하나님께서 하나님의 목적을 알리시면, 우리는 우리의 삶을 조정하여 그 하나님의 목적에 동참합니다. 하나님께서 하나님의 목적을 우리에게 보이시는 것은 우리로 그 목적에 동참하라고 우리를 초청하시는 것입니다. 그리고 하나님께서 하나님의 길을 우리에게 보이시면 우리는 그 길에 순종합니다. 우리가 그렇게 할 때, 우리는 살아 계신 하나님을 우리의 삶에서 경험하게 됩니다.

그런데 하나님의 목적을 위해 우리의 삶을 조정하고 하나님의 길에 순종하기 위해서는 반드시 우리에게 두 가지가 필요합니다. 그것은 대가를 지불하는 것과 스티그마[1]를 지는 것입니다. 대가를 지불하지 않고 하나님의 목적에 동참하고 하나님의 길에 설 수 없습니다. 성경에 나오는 모든 하나님의 사람들을 보십시오. 또한 하나님의 목적에 동

1. 스티그마에 대해서는 우리가 앞으로 살펴볼 것입니다.

참하고 하나님의 길에 순종하려면 사람들로부터 오해와 핍박과 멸시를 당하는 것 등을 포함한 스티그마를 져야 합니다.그러나 하나님을 사랑하는 사람들은 그 대가나 스티그마를 부담이 아니라 특권으로 여기고, 기꺼이 하나님의 일에 동참합니다.

이렇게 우리가 PLO의 삶을 살 때, 우리는 우리의 삶에서 살아계신 하나님을 경험하게 됩니다. 그분의 놀라운 뜻이 우리의 삶속에 그리고 우리의 삶을 통해 성취되는 것을 경험하게 됩니다. 이것보다 더 기쁘고 보람 있는 일은 세상에 없습니다.

오늘 배운 것을 복습하십시오. 오늘 배운 내용 중에서 하나님께서 당신으로 하여금 이해하고, 배우고, 실천하기 원하는 부분이나 성구를 한두 개 지적해 주시도록 기도하십시오. 그리고 난 후 다음의 질문에 답하십시오.

✣ 오늘 배운 내용 중에서 어떤 부분이나 성구가 가장 뜻있게 와 닿았습니까?

✣ 위의 부분이나 성구를 하나님께 대한 당신의 기도로 바꾸십시오.

✣ 오늘의 학습에 대한 반응으로 하나님은 당신이 무엇을 하기를 원하십니까?

이 과의 요점

- 하나님은 오늘날 마리아와 같은 발의 무리를 세우고 계십니다.
- 마리아와 같은 섬김의 특징은 안식과 평안입니다.
- 날마다 하나님 앞에 서는 시간이 필수입니다.
- 하나님의 얼굴을 구하여 하나님께 나아가야 합니다.
- 하나님을 예배함으로 나아가십시오.
- 하나님과 하나님의 목적과 하나님의 길을 구하십시오.
- 중보기도도 중요한 한 부분입니다. 순종이 핵심입니다.

요단 사역정신

"그러므로 너희는 가서 모든 민족을 제자로 삼아 아버지와 아들과 성령의 이름으로
침(세)례를 베풀고 내가 너희에게 분부한 모든 것을 가르쳐 지키게 하라
볼지어다 내가 세상 끝날까지 너희와 항상 함께 있으리라 하시니라"

1. **For God and Church**
   하나님의 영광과 그의 몸 된 교회의 영적 성장과 성숙을 위한 도서를 엄선하여 출판한다.
2. **Prayer-focused Ministry**
   기획 · 편집 · 제작 · 보급의 전 과정을 기도 가운데 진행한다.
3. **Path to Church Growth**
   건강한 교회를 세우는 축복의 통로로 섬긴다.
4. **Good Stewardship and Professionalism**
   선한 청지기와 프로정신으로 문서 사역에 임한다.
5. **Creating a Culture of Christianity by Developing Contents**
   각종 문화 컨텐츠를 개발함으로 기독교 문화 창달에 기여한다.